Essentials of the Adjudication Methodology
of Similar Cases

类案裁判方法精要

第二辑

陆卫民 主编

人民法院出版社

图书在版编目（CIP）数据

类案裁判方法精要. 第二辑 / 陆卫民主编.-- 北京：人民法院出版社，2022.4
ISBN 978-7-5109-3473-5

Ⅰ.①类… Ⅱ.①陆… Ⅲ.①审判-案例-中国 Ⅳ.①D925.05

中国版本图书馆CIP数据核字（2022）第042267号

类案裁判方法精要（第二辑）

陆卫民　主编

责任编辑	周利航
封面设计	尹苗苗
出版发行	人民法院出版社
地　　址	北京市东城区东交民巷27号（100745）
电　　话	（010）67550691（责任编辑）　67550558（发行部查询）
	65223677（读者服务部）
客 服 QQ	2092078039
网　　址	http://www.courtbook.com.cn
E – mail	courtpress@sohu.com
印　　刷	天津嘉恒印务有限公司
经　　销	新华书店
开　　本	787毫米×1092毫米　1/16
字　　数	371千字
印　　张	25
版　　次	2022年4月第1版　2025年3月第5次印刷
书　　号	ISBN 978-7-5109-3473-5
定　　价	78.00元

版权所有　侵权必究

类案裁判方法精要丛书
编委会

主　任　陆卫民
副主任　汤黎明　澹台仁毅　孙　军
委　员　施　杨　赵卫平　周　强　王启扬　骁　克
　　　　　匡沪明　庞闻淙　郑天衣　唐春雷　余　剑
　　　　　郭海云　陈福才　曹克睿　周　峰　毛译宇
　　　　　王剑平　金　辉　曹　明

类案裁判方法精要（第二辑）
编委会

主　编　陆卫民
副主编　孙　军　赵卫平　庞闻淙　郑天衣
编　校　徐文进　郭　磊　侯文静　潘杰二

执笔人（以姓氏笔画为序）

丁　慧	王正叶	王列宾	王　征	王晓翔	王韶婧
毛海波	方　方	叶　佳	叶煜楠	成　阳	朱晨阳
任明艳	任德康	刘天翔	刘　月	刘　洁	刘　皓
阮国平	孙少君	孙路路	杨斯空	肖　洋	吴亚安
余　剑	宋　虹	张冰玢	张　昊	张金玉	陈　姝
岳婷婷	金绍奇	周　峰	周　清	周　婧	庞闻淙
郑军欢	胡天和	侯卫清	俞泊泓	俞俊俊	须海波
徐林祥宇	郭海云	郭　震	唐卓青	黄　蓓	盛　利
梁春霞	董礼洁	董　健	雷名星	詹文沁	詹志雄
蔡建辉	翟宣任	潘自强			

序

习近平总书记指出,要深化司法体制综合配套改革,全面落实司法责任制,努力让人民群众在每一个司法案件中感受到公平正义。实现社会公平正义,其核心要义是人人平等、法制统一,在司法实践层面就是要统一法律适用标准,促进类案同判,从而实现实体公正和程序公正的有机统一。2020年3月,中共中央办公厅印发《关于深化司法责任制综合配套改革的意见》进一步明确统一法律适用机制问题,强调要充分发挥审判委员会和专业法官会议功能,完善关联案件和类案强制检索制度,健全指导性案例工作机制等,有效规范法官自由裁量权行使,促进裁判标准统一,确保法官依法公正高效行使审判权。

近年来,各级人民法院全面贯彻习近平总书记重要指示精神,围绕"深化司法体制综合配套改革,全面落实司法责任制"主线,完善审判监督管理机制和法律统一适用机制,全面提升司法能力、司法效能和司法公信。最高人民法院严格按照中央部署要求,先后制定出台《关于完善人民法院司法责任制的若干意见》《关于健全完善人民法院主审法官会议工作机制的指导意见(试行)》《关于健全完善人民法院审判委员会工作机制的意见》《关于建立法律适用分歧解决机制的实施办法》等一系列改革文件,构建保障统一法律适用的制度体系。通过健全完善案例指导制度,持续发布具有规则确立意义的权威性指导性案例,不断促进法律适用和裁判标准统一,促进"类案同判"。各级人民法院结合自身工作实际,强化落实审判监督管理制度机制,通过强制检索初步过滤、专业法官会议研究咨询、审判委员会讨论决定,有效解决审判组织内部、不同审判组织以及院庭长与审判组织之间的分歧，促进裁判规则及法律适用标准统一，取得了良好效果。

当前，审判实践中还存在影响统一法律适用的问题，例如个别法院法官自由裁量权行使不够规范，类案强制检索情形、标准不够明确，专业法官会议功能发挥不充分等。对此，要更加重视统一裁判尺度对于审判体系和审判能力现代化建设的重要作用，将统一法律适用制度机制建设纳入深化司法责任制综合配套改革总体部署，让配套举措更加系统集成、协同高效。重点需要把握好几种关系：一是把握好案例指导与自由裁量的关系。在坚持依法独立公正行使审判权的基础上，健全指导性案例工作机制，规范高级法院办案指导文件、参考性案例发布程序，强化案例指导制度总结审判经验、统一裁判尺度的功能作用，让抽象的法律规则和概念更加具有操作性，为法官正确行使自由裁量权提供指导和参照。二是把握好类案检索与工作负担平衡的关系。完善关联案件和类案强制检索制度，提高类案检索效率和针对性，在合理界定类案和关联案件标准的基础上，针对案由、要件事实、争议焦点等方面进行集中高效检索，确保既帮助法官理清办案思路，又避免不合理增加法官工作负担，切实提升类案检索效能。三是把握好审理思路标准化与个案审理灵活性之间的关系。加强审判经验归纳、总结和提炼，推动标准化"集体经验"发挥审判实践指导作用。同时，根据经济社会发展和法律规范调整形势不断优化审理思路，在个案审理中正确践行思路、标准背后所蕴含司法精神，更好统一法律适用，杜绝不同地区办案标准的不合理差异。

上海市第一中级人民法院结合审判实际，创新建立审判委员会类案裁判方法梳理总结机制，通过强化审判委员会总结审判经验、讨论重大疑难复杂案件法律适用等宏观指导职能，提炼形成系统化裁判方法和裁判规则，形成了可复制推广的有益经验。首先，推动审判实践经验与司法理论有机结合。全面归纳审判实践中常见案件类型并与典型案例相结合，结合实际运用法律方法和法学理论进行总结提炼，为系统总结审判实践经验奠定良好基础。其次，注重裁判规则和裁判方法有机结合。将裁判规则与裁判方法适度区分，重视对办案思路、方法的提炼总结，注重发挥裁判价值引领作用。特别是对于疑难复杂案件，通过明确价值取向和审判理念统一法律适用，确保类案同判，推动规则建设与审判实践相互促进。最后，实现专项工作与机制建设有机结合。将类案裁判方法总结工作纳入该院总体部署，专门制定三年工作规划，通过 100 期左右系列类案报告，实现刑事、民事、商事、行政和执行等条线主要案件类型全覆盖，通过制度建设提升整体裁判水平和能力。

现在，上海市第一中级人民法院将类案裁判方法总结汇编成册，形成《类案裁判方法精要》，每篇类案总结包括裁判理念与原则阐述、裁判要点难点梳理和裁判步骤归纳三个部分，推动形成传承审判经验、促进统一法律适用的系统机制和科学方法，我认为，对其他地方法院探索此项改革具有非常好的借鉴价值。希望上海一中院的有益探索能够为人民法院建立健全案例工作机制、优化统一法律适用方式开拓思路、提供示范。其他地方法院也要按照中央司法体制改革的决策部署和最高人民法院的总体要求，以问题为导向，积极谋划、大胆实践、稳中求进、善作善成，为全面落实司法体制综合配套改革的各项任务，建设中国特色社会主义司法制度作出新的更大的贡献。

是为序。

李少平

2020 年 6 月 5 日

Contents 目录

1 刑事、行政篇

❶ 电信网络诈骗类案件的审理思路和裁判要点
　　　　　　　　　　　　　　　郭　震　周　婧 / 3

❷ 轻微暴力致人死亡案件的审理思路和裁判要点
　　　　　　　　　　　　　　　张金玉　潘自强 / 16

❸ 认罪供述得到印证型命案的审理思路和裁判要点
　　　　　　　　　　　　　　　余　剑　吴亚安 / 26

❹ 工伤认定行政案件的审理思路和裁判要点
　　　　　　　　　　　　　　　周　峰　刘天翔 / 39

❺ 道路交通行政处罚案件的审理思路和裁判要点
　　　　　　　　　　　　　　　岳婷婷　刘　月 / 52

❻ 行政协议类案件的审理思路和裁判要点
　　　　　　　　　　　　　　　董礼洁　张　昊 / 65

❼ 行政驳回起诉案件的审理思路和裁判要点
　　　　　　　　　　　　　　　方　方　王　征 / 79

2 民事篇

❶ 追索劳动报酬纠纷案件的审理思路和裁判要点
　　　　　　　　　　　　　　蔡建辉　刘　皓 / 97

❷ 消费领域惩罚性赔偿案件的审理思路和裁判要点
　　　　　　　　　　　　　　丁　慧　王晓翔 / 111

❸ 工伤保险待遇纠纷案件的审理思路和裁判要点
　　　　　　　　　　　　　　孙少君　王正叶 / 125

❹ 夫妻共同债务类案件的审理思路和裁判要点
　　　　　　　　　　　　　　郭海云　胡天和 / 137

❺ 共有房屋买卖合同纠纷案件的审理思路和裁判要点
　　　　　　　　　　　　　　金绍奇　朱晨阳 / 147

❻ 涉营运车辆保险责任案件的审理思路和裁判要点
　　　　　　　　　　　　　　任明艳　徐林祥宇 / 160

❼ 抚养纠纷类案件的审理思路和裁判要点
　　　　　　　　　　　　　　王列宾　俞俊俊 / 171

❽ 福利待遇纠纷类案件的审理思路和裁判要点
　　　　　　　　　　　　　　叶　佳　陈　姝 / 184

❾ 提供劳务者受害责任纠纷案件的审理思路和裁判要点
　　　　　　　　　　　　　　侯卫清　王韶婧 / 196

❿ 借名买房纠纷案件的审理思路和裁判要点

杨斯空　翟宣任 / 210

⓫ 离婚后财产纠纷案件的审理思路和裁判要点

黄　蓓　孙路路 / 221

⓬ 民间委托理财合同纠纷案件的审理思路和裁判要点

任明艳　盛　利 / 231

3 商事篇

❶ 仲裁司法审查案件的审理思路和裁判要点

成　阳　宋　虹 / 247

❷ 损害公司利益责任纠纷案件的审理思路和裁判要点

成　阳　俞泊泓 / 260

❸ 货运车辆挂靠经营合同纠纷的审理思路和裁判要点

毛海波　须海波 / 273

❹ 企业借贷纠纷案件的审理思路和裁判要点

郑军欢　刘　洁 / 285

❺ 企业承包经营合同纠纷案件的审理思路和裁判要点

周　清　肖　洋 / 301

❻ 股东出资加速到期纠纷案件的审理思路和裁判要点

庞闻淙　梁春霞 / 314

4 执行、程序篇

❶ 财产保全执行案件的办理思路和执行要点

唐卓青　叶煜楠 / 327

❷ 分配方案执行异议之诉案件的审理思路和裁判要点

阮国平　雷名星 / 343

❸ 案外人执行异议之诉案件的审理思路和裁判要点

阮国平　董　健 / 354

❹ 刑民交叉案件程序问题的审理思路和裁判要点

詹文沁　张冰玢 / 368

❺ 以鉴定意见为由申请再审案件的审理思路和裁判要点

任德康　詹志雄 / 377

1 刑事、行政篇

电信网络诈骗类案件的审理思路和裁判要点

郭 震 周 婧[*]

电信网络诈骗犯罪是指以非法占有为目的,利用通讯工具或互联网等技术手段,发布虚假信息、设置骗局,主要通过远程控制、非接触方式骗取不特定对象数额较大财物的行为。因电信网络诈骗主要利用电信网络技术手段实施,其与普通诈骗犯罪相比,犯罪参与人和被害人更多、社会危害性更大,作案环节复杂、犯罪手段更加隐蔽、侦查取证难度增大。最高人民法院、最高人民检察院、公安部(以下简称"两高一部")相关意见对电信网络诈骗犯罪作出特别规定:设置统一治罪数额,明示列举从重情节,规定数额与数量情节双重处罚标准等。近年来,该类案件犯罪手段不断翻新,防治犯罪形势日趋严峻复杂。为有效规制此类犯罪,统一法律适用,现以典型案例为基础,对电信网络诈骗类案件的审理思路和裁判要点进行梳理、提炼和总结。

一、典型案例

案例一:涉及犯罪数额的认定

万某购买大量他人手机卡并招募人员,通过拨打电话谎称节目组联系幸运观众并以支付297元兑奖手续费为名诱骗他人向其指定账户转款。上述人员在诈骗时不断更换手机卡号,现查实被害人17人,查获指定账户内资金140万余元。检察机关提出应以涉案账户内全部金额计算,辩护人则提出本案

---

[*] 郭震,刑事庭审判长,大学本科;周婧,刑事庭法官助理,法律硕士。(如无特别说明,本书作者单位均为上海市第一中级人民法院。)

犯罪数额应依据17名被害人一一对应的被骗金额予以计算。

案例二：涉及欺骗行为及犯罪形态的认定

2018年11月至12月，鄢某招募杨某设计虚假投资平台，沈某对虚拟币真实行情作分析报表，周某按照话术单诱骗微信好友至平台投资虚拟币，再以自行控制平台涨跌的方式骗取投资人钱款。2019年1月，鄢某等人欲再次以上述方式实施诈骗，在虚构身份搭识他人时被查获，此时已向1.4万余名微信好友发送信息65万余条但尚未骗得钱款。检察机关认为第二节犯罪行为已着手，且发送诈骗信息65万余条，辩护人则认为第二节犯罪尚处在预备阶段。

案例三：涉及电信网络诈骗共犯的认定

张某经与电信网络诈骗团伙共谋后，帮助该团伙提取诈骗所得赃款以牟取非法利益。王某将本人开办、控制的单位支付结算账户以1.6万元出售给张某使用。后张某告知陈某上述事实，并支付每日数百元报酬雇佣陈某在诈骗所得钱款到账后即时取出。期间，陈某临时安排刘某代为取款6万余元并支付刘某1000元报酬。控辩双方就上述人员是否均成立电信网络诈骗罪的共犯存在争议。

二、电信网络诈骗类案件的审理难点

（一）犯罪数额证明难

电信网络诈骗案件往往涉及多种数额，如诈骗金额、诈骗电话的拨打次数、诈骗信息的条数等，上述数额对于定罪量刑均具有重要意义。然而该类案件受害者人数众多且不特定、作案手段隐蔽、数据海量易损毁，不少案件难以确认全部的受害者人数和每一笔赃款账户的钱款来源，且由于信息基数庞大，从中梳理出据以定罪量刑的有效信息难度较大。

（二）犯罪形态认定难

电信网络诈骗犯罪依托技术通信媒介实施，时空跨度大，犯罪环节多，认定犯罪的着手以及既未遂形态争议较大。如当行为人依照话本虚构身份、事实，搭讪被害人建立联系，但尚未诱骗被害人处分财产时即被查获，此时是基于行为人已经开始实施虚构事实、隐瞒真相的行为认定为犯罪着手，还是当被害人财产存在紧迫危险即行为人提出处分财产时方认定着手，实践中尚存争议。

（三）主观明知程度及共犯认定难

电信网络诈骗犯罪通常采用团伙作案的方式，参与人数众多且分工细致。不同程度的参与人员、提供帮助的人员，结合其主客观方面的表现，既可能构成电信网络诈骗犯罪的共犯，也可能构成他罪或无罪。如案例二中提供技术支持的杨某、制作分析报表的沈某，案例三中主观上对正犯行为性质明知程度不同的帮助取款人员，这些参与人员、帮助人员是否均构成电信网络诈骗犯罪的共犯，亦是该类案件的审理难点。

三、电信网络诈骗类案件的审理思路和裁判要点

电信网络诈骗犯罪持续高发、相关上下游犯罪不断蔓延，严重干扰电信网络秩序，侵害人民群众财产安全和其他合法权益，社会危害性极大。审理该类案件应坚持全链条全方位打击、坚持依法从严从快惩处和坚持最大力度最大限度追赃挽损。在定罪处罚时，应坚持从严、全面、准确惩处方针，深入贯彻宽严相济刑事政策，通过准确界定打击范围、分析诈骗行为本质、综合认定犯罪数额、正确识别犯罪形态和稳妥认定共犯责任，作出罪刑相当的判决，以实现法律效果和社会效果的统一。

（一）准确界定电信网络诈骗案件的范围

电信网络诈骗犯罪的入罪标准、数额认定规则、未遂情节的处罚条件等规定均与普通诈骗犯罪存在较大差异，在打击电信网络诈骗犯罪时，首先应准确界定打击范围，判断相关犯罪是否属于电信网络诈骗。利用电信网络技

术手段实施诈骗是电信网络诈骗犯罪的典型特征，但并非所有利用电信网络技术手段的诈骗行为都属于电信网络诈骗犯罪，还必须具有与从严惩处要求相匹配的更为严重的社会危害性。具体根据犯罪对象的不特定性和犯罪过程的非接触性进行审查。

1. 犯罪对象不特定性的审查

普通诈骗在实施犯罪行为时，通常已经具备了明确的作案目标。电信网络诈骗则一般通过短信、电话、网络等媒介广泛散播诈骗信息寻找诈骗对象，或随意选取多个或一个对象实施诈骗，即电信网络诈骗的犯罪对象是不特定的。对犯罪对象不特定性的审查应注意结合整个犯罪过程，犯罪对象的不特定性体现在选择诈骗目标阶段，随意选定目标后，犯罪对象则转化为特定对象。如果行为人利用电信网络技术手段选择明确特定对象实施诈骗的，应认定为普通诈骗；行为人利用电信网络技术手段，随意、随机选择后锚定特定对象实施诈骗的，应为电信网络诈骗。

2. 犯罪过程非接触性的审查

电信网络诈骗犯罪依托电信网络技术所带来的隐蔽性，行为人与被害人之间建立联系和实施犯罪通常无需面对面接触。对于犯罪过程非接触性的审查，应着重审查行为人诈骗钱款及被害人处分钱款两个重要环节所处的状态。为实现诈骗目的，对不特定对象线下、线上并行进行接触式和非接触式诈骗的，只要主要的诈骗钱款和处分钱款行为是利用电信网络技术而无需接触实施的，宜认定为电信网络诈骗，反之则是普通诈骗。如行为人通过网络发布虚假招聘信息引诱被害人至线下地点应聘，当场再编造需要缴纳任职培训费等理由骗取被害人钱款的，行为人与被害人系在线下直接接触中完成诈骗活动，不应认定为电信网络诈骗，仍应适用普通诈骗犯罪的相关规定。

（二）审查行为是否符合诈骗罪的本质特征

利用电信网络技术手段实施的犯罪种类较多，在确定涉案行为是否属于电信网络诈骗犯罪的打击范围时，还需进一步审查相关行为是否符合诈骗罪的本质特征，以区分电信网络诈骗犯罪和利用电信网络技术实施的其他犯罪。为此需要明确对行为人最终取得财物起决定性作用的行为手段是否属于诈骗行为，重点审查行为人的欺骗行为和被害人的处分行为。

1. 行为人欺骗行为的审查

欺骗行为具体表现为虚构事实或隐瞒真相。成立诈骗犯罪的欺骗行为是欺骗被害人处分财产的行为。对欺骗行为的审查，应把握欺骗行为与被害人处分钱款间的关联性。利用电信网络技术群发的虚假信息不属于诱骗他人处分财产的，一般不以诈骗罪定性。对于实践中诱骗他人参与网络投资或赌博的，应着重审查投资平台和赌博平台是否虚假或存在欺骗行为。倘若平台真实，受骗人钱款实际进入了真实市场或赌池，诱骗他人参与投资或赌博的行为没有直接骗取被害人处分的财产，则可能构成非法经营罪或开设赌场罪。倘若平台具有欺骗性，受骗人钱款没有用于真实的投资交易或赌博，而是经后台操控数据等方式被行为人直接占有的，则应定性为诈骗犯罪。如案例二中，行为人设计虚假投资平台，按照话术单诱骗微信好友参与投资，再通过自行控制涨跌的方式直接占有被害人钱款，属于典型的投资交易型电信网络诈骗。

2. 被害人处分行为的审查

被害人的处分行为是指被害人被欺骗产生错误认识后自愿交付财物的行为，此时被害人主观上对处分财产的事实有认识。对于司法实践中利用电信网络技术，诱骗掺杂秘密窃取非法占有他人财物的案件，应着重审查被害人是否自愿处分财产。当被害人没有自愿交付财产，财产是基于秘密手段获取的，如行为人利用信息网络，诱骗他人回拨电话时通过预先植入的手机按键解码器程序窃取被害人的银行卡、个人信息资料后再实施盗刷的，诱骗行为只是为秘密窃取行为创造条件，被害人没有处分财产的行为和意识，行为人获取财产的主要手段是秘密窃取，不应认定为电信网络诈骗犯罪。反之，行为人利用电信网络技术获取财物起决定作用的手段是诈骗，被害人基于错误认识而自愿交付财物，盗窃行为作为辅助手段的，应认定为电信网络诈骗犯罪。

（三）准确认定电信网络诈骗犯罪的犯罪数额和情节

电信网络诈骗犯罪的地域性特征相对淡化，有较强的跨区域性，因此"两高一部"相关意见为该类犯罪设置了全国统一的入罪数额标准和数额加重标准，裁判时不宜适用本地普通诈骗罪的数额标准。同时，该类犯罪还涉及跨区、跨境证据提取和海量庞杂的电子证据等，犯罪数额认定难度较大，因此相关意见规定了情节入罪标准和情节加重标准，裁判时应兼顾数额和数量的综合认定方法。

1. 诈骗数额的审查与认定

在传统侵财类案件中，被害人的指认和陈述往往是认定犯罪数额不可或缺的证据，但电信网络诈骗案件中，被害人众多、分散且不特定，基本无法一一核实。按照传统印证证明方法，最终能够认定的犯罪数额往往远低于实际数额，不利于惩治该类犯罪，也不符合罪刑相适应原则。

（1）整体性综合认定犯罪数额

对于该类犯罪，"两高一部"相关意见明确了犯罪数额的综合认定方法，在有确实、充分证据证明涉案数额足以构成犯罪的前提下，当被害人数量庞大，逐一查证极度消耗司法资源甚至客观上无法实现时，可以对犯罪数额予以整体性综合认定。综合认定是对犯罪数额的推定，适用时应注意充分保障行为人的辩护权。当行为人对综合认定的数额提出异议且提供相应证据，并引起合理怀疑时，若没有更多的证据排除该合理怀疑，应将异议的数额从综合认定的数额中予以扣除。

（2）综合认定的具体方法

确因被害人人数众多、分散等客观条件限制无法逐一收集被害人陈述的，可以结合已收集的被害人陈述以及经查证属实的银行或第三方支付结算账户交易记录、通话记录、电子数据等证据，综合认定诈骗数额。如果查明涉案的银行账户在案发期间是专门用于诈骗活动的，尽管只查找到部分被害人，根据在案证据认定行为人没有其他收入来源，账户所得没有其他可能性时，可以将账户金额推定为犯罪数额。

如案例一中，行为人在诈骗过程中不断更换手机号，致使查实的被害人人数较少，但查获银行卡账户专门用于电信诈骗，行为人对卡内款项来源不能作出合理解释，结合行为人对案件事实的供述以及卡内汇入金额均为兑奖手续费297元的倍数等证据，可以综合认定卡内收入款项均系诈骗所得。

2. 数额难以查证时诈骗信息的认定与计算

对于行为人诈骗数额难以查证的，满足诈骗信息条数、电话人次、网页浏览量的次数、出境赴境外诈骗窝点时间和次数的要求，可以成立"其他严重情节""其他特别严重情节"，以诈骗罪（未遂）定罪处罚。

（1）准确界定诈骗信息

利用话术逐步实施电信网络诈骗的案件中，行为人与被害人先行联络建立信任，后骗取钱款，整个过程信息往来频繁。有观点认为，自行为人与被害人搭讪时即已着手实施犯罪，发送的信息均应认定为诈骗信息。然而如此计算的信息数量势必巨大而致出现量刑与罪责不相当的情况。我们认为，诈骗犯罪要求行为人实施的欺骗行为是欺骗他人处分财产的行为，因而对于作为定罪量刑依据的诈骗信息，应是含有明确诱骗他人处分财产的信息。用于铺垫但不含处分财产要求的欺骗信息属于一整套"为了取财而实施的虚构事实"的组成部分，应与诱骗处分财产的信息视为一条完整诈骗信息。

因此，一条诱骗处分财产的信息为一条诈骗信息，未提出处分财产要求的信息均视为对同一诱骗对象的同一条诈骗信息。如案例二中，65万余条信息并非全都是含有明确诱骗他人处分财产的诈骗信息，针对每名被害人的一整套信息应认定为一条诈骗信息。

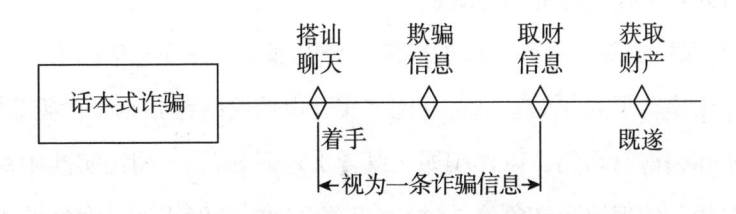

思维导图1　话本式诈骗中信息数量计算

（2）信息数量的计算方法

反复拨打同一电话号码以及反复向同一被害人发送诈骗信息的，拨打电话次数、发送信息条数累计计算。因犯罪嫌疑人、被告人故意隐匿、毁灭证据等原因，致使拨打电话次数、发送信息数量的证据难以收集的，可以根据经查证属实的日拨打人次数、日发送信息条数，结合犯罪嫌疑人、被告人实施犯罪的时间，犯罪嫌疑人、被告人的供述等相关证据，综合予以认定。

首先，审查行为人日拨打电话人次数和日发送信息条数，该基本数据不得推定，须有客观证据直接证明，可采用取样认定的方式，保证样本具有无可争议的代表性和典型性；存在争议时则遵循有利于被告人原则就低认定。其次，审查行为人实施犯罪的总体时间，依据现有证据以及行为人的供述就低推算，不能大体估算。最后，结合行为人的供述等在案证据，用查明的日数量乘以实施诈骗的时间，综合得出总拨打电话人次数或发送信息条数。

（四）准确认定电信网络诈骗犯罪的犯罪形态

实施电信网络诈骗犯罪，犯罪嫌疑人、被告人实际骗得财物的，以诈骗罪（既遂）定罪处罚。诈骗数额难以查证，但发送诈骗信息5000条以上、拨打诈骗电话500人次以上、在互联网上发布诈骗信息的页面浏览量累计5000次以上，或参与境外诈骗犯罪集团、团伙对境内居民实施电信网络诈骗犯罪一年内出境赴境外诈骗犯罪窝点累计时间30日以上或多次出境赴境外诈骗犯罪窝点的，应认定为《刑法》第266条规定的"其他严重情节"，以诈骗罪（未遂）定罪处罚。

1. 行为人实际骗得财物为既遂

《最高人民法院、最高人民检察院、公安部关于办理电信网络诈骗等刑事案件适用法律若干问题的意见》规定"实施电信网络诈骗犯罪，犯罪嫌疑人、被告人实际骗得财物的，以诈骗罪（既遂）定罪处罚"。司法实践中对于"实际骗得财物"的理解存在争议。《检察机关办理电信网络诈骗案件的指引》将被害人失去对被骗钱款的实际控制认定为既遂，也有意见认为行为人实际控制钱款方可认定为既遂。

通常情况下,被害人失去对钱款控制的同时,行为人实际控制钱款。24小时内可以止付、撤回转账的,被害人尚未失去对钱款的控制,行为人亦未控制钱款,此时被害人失去对钱款的控制和行为人实际控制钱款依然是同步的,24小时钱款到账后行为人才实际骗得财物。当行为人到案后钱款方才进入其账户,被害人失去对钱款的控制但行为人因被抓获而无法实现对钱款的控制时,被害人转款与行为人控制钱款存在时间差,行为人因意志以外的原因犯罪未能得逞,属于犯罪未遂。因此对"实际骗得财物"应理解为被骗款项实际转入行为人或团伙成员控制的账户内,并且行为人或团伙成员实际控制了钱款,此时为犯罪既遂。

2. 行为人与被害人建立联系即为"着手"

电信网络诈骗犯罪作案环节多、持续时间长,在认定犯罪"着手"时易产生争议。以话本式电信网络诈骗案件为例,行为人按照话本,虚构身份和事实搭讪被害人,经过频繁的信息或通话往来逐步增强信任,最后提出让被害人处分财产。有观点认为刑法理论将犯罪着手定义为行为人已经开始实施刑法分则条文规定的犯罪构成要件行为,行为人虚构身份和事实与被害人搭讪即着手犯罪。也有观点指出,刑法所保护的法益面临现实危险性的侵害或威胁时,也即提出处分财产时,方可认定为着手。我们认为,着手应从全部犯罪行为整体性角度进行分析和判断。

如案例二中,第二节犯罪至案发时尚未提出转移财产的要求,但是从话术演绎开始直至取得财产完成,是一个连续性、整体性行为,也即从感情联络到提出处分财产要求是一整套"为了取财而实施的虚构事实"行为。从话术演绎开始,被害人就已经成为犯罪行为侵害的目标,至于处分财产何时提出只是法益侵害程度轻重缓急而非有无的问题。因此自行为人与被害人建立联系时,行为的危害性已经呈现,应认定着手。

3. 既遂、未遂情形并存时的处理

电信网络诈骗犯罪通常为连续性犯罪,行为人实施的行为中会存在既有既遂、又有未遂的情形。鉴于行为人实施该类行为时通常系基于同一的概括故意，对此不应实行数罪并罚，应按一罪处理。电信网络诈骗既有既遂，又有未遂，分别达到不同量刑幅度的，依照处罚较重的规定处罚；达到同一量刑幅度的，以诈骗罪既遂处罚。在确定量刑起点和基准刑时，一般应就重选择；在确定宣告刑时，应综合全案事实情节，准确把握从重、从轻量刑情节的调节幅度，确保罪责刑相适应。

（五）综合认定电信网络诈骗犯罪共同犯罪的主观明知

依据共犯理论和现行法律规定，成立电信网络诈骗罪的共犯除了参与犯罪过程或提供帮助，行为对犯罪结果具有原因力外，还需行为人主观上对非法占有不特定对象的财产具有故意，具体通过对参与或帮助实施电信网络诈骗主观明知程度进行审查和判断。

1. 主观明知的审查

明知包括知道和应当知道。对明知的审查应结合全案的事实、证据对明知状态和明知程度进行综合判断。当行为人否认犯罪事实，不能依据其供述对主观明知作出直接认定时，应根据客观证据，以常识经验为依据，结合行为人的认知能力，行为次数和手段，行为作用和地位，与他人的关系，获利情况，是否曾因电信网络诈骗受过处罚，是否故意规避调查等对主观明知的状态和程度进行推定。

如案例二中，杨某为电信网络诈骗犯罪提供技术支持，设计了可后台操控、篡改交易数据的平台且不能作出合理解释，可推定其主观上对实施电信网络诈骗犯罪系明知；沈某对虚拟币真实行情作分析报表，现有证据材料证明其仅获取日常工资报酬且未参与公司运营管理，不足以推定其主观上对其他行为人参与实施电信网络诈骗犯罪系明知。

2. 帮助转账、套现、取现行为的刑事规制

帮助转账、套现、取现行为通常发生在电信网络诈骗犯罪既遂之后，对诈骗犯罪的成立没有行为上的原因力，但当帮助取款人事先或事中和正犯通

谋或存有犯意联络时，其提供了精神上的支持力，应以电信网络诈骗罪的共犯论处。对于通谋的审查，应结合主客观因素综合判断。帮助取款人与诈骗团伙之间形成较为长期稳定的配合模式，被害人钱款到账后即时帮助取款且不能提出相反证据的，均可推定事先通谋。无法证明通谋时，应对帮助取款人对正犯行为的主观明知程度进行审查。明知他人实施电信网络诈骗犯罪，是指明知他人在实施犯罪，且知晓行为的性质是电信网络诈骗，此时对帮助取款人以共犯论处。对具体犯罪行为尚不确切知晓，但明知是犯罪所得及其收益的，对帮助取款人以掩饰、隐瞒犯罪所得、犯罪所得收益罪定罪。

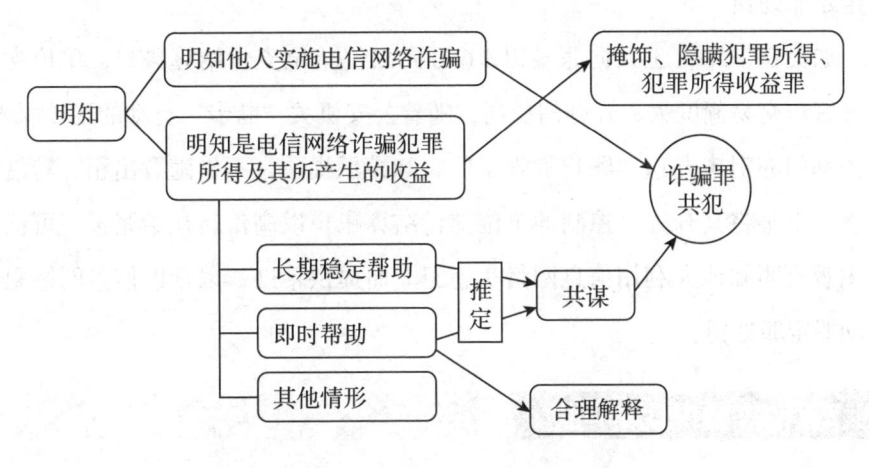

思维导图2　帮助转款行为的刑事规制

如案例三中，张某与电信网络诈骗犯罪团伙共谋后，帮助诈骗团伙取款以牟取非法利益，张某应以电信网络诈骗犯罪的共犯论处。陈某受张某雇佣帮助取款，虽无法证明陈某与诈骗团伙存在通谋，但其明知是电信网络诈骗犯罪所得而长期稳定帮助取款并收取高额报酬，也应以电信网络诈骗犯罪的共犯论处。刘某临时帮助取款并收取高额回报，尚不能证明其对正犯实施电信网络诈骗犯罪主观明知，现有证据仅能推定其应当知道相关钱款系犯罪所得，故构成掩饰、隐瞒犯罪所得罪。

3.非法交易"两卡"行为的刑事规制

为他人利用信息网络实施犯罪而实施收购、出售、出租信用卡、银行账户、非银行支付账户、具有支付结算功能的互联网账号密码、网络支付接口、网上银行数字证书、手机卡、流量卡、物联网卡的，依据行为人主观上对他人实施信息网络犯罪的明知程度不同而在罪名的适用上有所区别：明知他人实施电信网络诈骗犯罪而非法提供信用卡、资金支付结算账户、手机卡、通讯工具的，以电信网络诈骗犯罪的共犯论处。明知他人利用信息网络实施犯罪而收购、出售"两卡"，对他人具体实施何种信息网络犯罪尚不明确知晓的，以帮助信息网络犯罪活动罪定罪处罚；非法提供信用卡、银行账户且帮助转账、套现、取现，同时构成掩饰、隐瞒犯罪所得罪的，依照处罚较重的规定定罪处罚。

如案例三中，王某向张某以1.6万元出售单位支付结算账户，单位支付结算账户交易额度大、开办门槛高，随着公安机关"断卡"行动的逐步深入，有关部门亦对申办这类账户加强了监管和警示提醒，不得随意出租、转借和买卖。王某将其开办、控制的单位支付结算账户以高价转让给张某，可认定其主观上明知他人利用信息网络实施犯罪而提供帮助，以帮助信息网络犯罪活动罪定罪处罚。

四、其他需要说明的问题

电信网络诈骗除侵犯公私财产的所有权外，还可能侵犯电信网络秩序、公民隐私权、金融管理秩序等。在办理该类案件时，应全面审查犯罪行为、手段和侵犯的法益，清楚把握行为之间触犯的罪名和罪数，严密对上下游关联犯罪的刑事规制。

如果一行为同时侵犯数个法益、触犯数个罪名，系想象竞合犯，应择一重罪处罚。如冒充国家机关工作人员实施电信网络诈骗犯罪，同时构成诈骗罪和招摇撞骗罪的，依照处罚较重的规定定罪处罚。

如果实施数个犯罪行为、侵犯数个法益，应结合主客观相统一原则，同时明确手段行为与目的行为，原因行为与结果行为之间是否密切关联，其行为是否存在"通常性"，如果数行为之间主客观都存在牵连关系，且手段行为与结果行为的发生存在通常性，则构成牵连犯，择一重罪处罚。例如在实施电信网络诈骗活动中，非法使用"伪基站""黑广播"，干扰无线电通讯秩序，符合《刑法》第288条规定的，以扰乱无线电通讯管理秩序罪追究刑事责任，同时构成诈骗罪的，依照处罚较重的规定定罪处罚。

如果实施数个犯罪行为、侵犯数个法益，手段行为与结果行为的发生不存在通常性，触犯数个罪名的，应数罪并罚。如违反国家有关规定，向他人出售或者提供公民个人信息，窃取或者以其他方法非法获取公民个人信息，符合《刑法》第253条之一规定的，以侵犯公民个人信息罪追究刑事责任。使用非法获取的公民个人信息，实施电信网络诈骗犯罪行为，构成数罪的，应当依法予以并罚。

轻微暴力致人死亡案件的审理思路和裁判要点

张金玉　潘自强[*]

轻微暴力致人死亡案件是指亲友、邻里或其他人员之间因日常生活琐事突发争执、打斗，造成他人意外死亡的案件。由于这类案件中被告人的主观故意内容较为模糊，客观方面的因果关系较为复杂，实践中经常引发定性分歧与量刑差异。为确保同类案件法律适用的统一性和公正性，现结合典型案例，对该类案件的审理思路和裁判要点进行梳理总结。

一、典型案例

为便于分析问题，从因果关系角度切入，按照暴力行为导致危害结果的原因力大小，将此类案件细分为四种情形。

案例一：涉及暴力行为直接导致被害人死亡

被告人曹某因比拼酒量，与同桌被害人唐某发生争执并相互推搡。其间，曹某将处于严重醉酒状态的唐某推倒并压在身下掐其脖颈，致唐某因胃内食物返流呼吸道，造成异物堵塞气管而窒息死亡。检察机关指控曹某犯故意伤害（致人死亡）罪，辩护人认为曹某构成过失致人死亡罪。

案例二：涉及暴力行为偶合外在介入因素导致被害人死亡

被告人王某对路过的被害人徐某进行言语调戏。徐某折回进行责问，又遭王某恶语回复，徐某遂抽打王某一记耳光。王某暴怒，双手先后推打徐某的左右肩膀，致徐某在后退过程中被身后驶过的卡车碰撞倒地，头部遭车轮

---

[*] 张金玉，刑事庭审判长，法学硕士；潘自强，刑事庭法官助理，法学硕士。

碾压而死。检察机关指控王某犯过失致人死亡罪，一审法院认定王某构成故意伤害（致人死亡）罪，王某不服提出上诉。

案例三：涉及暴力行为诱发严重疾病导致被害人死亡

被害人陆某有酒后殴打妻子赵某的陋习。某日，陆某酒后再次追打被告人赵某。赵某在逃离过程中，随手捡起陆某脚上滑脱的一只皮鞋，朝陆某头部和身上抽打两下。两天后，陆某在自身脑血管硬化的基础上，因头部遭受钝性外力作用致闭合性颅脑损伤，引起中枢神经功能障碍死亡。一审法院以故意伤害（致人死亡）罪判处赵某有期徒刑十年，赵某不服提出上诉。

案例四：涉及非攻击性行为合并被害人自身失误导致被害人死亡

被告人张某与被害人陶某因争抢座位在公交车上发生争执并推搡。其间，陶某站在车后门处欲将张某拉下车，张某用力转身甩脱陶某奔向车内。陶某后背朝车外踏空摔倒在地，不治身亡。经鉴定，陶某系因左枕部受外力作用致广泛性脑挫伤、硬膜下血肿、蛛网膜下腔出血而死亡。检察机关指控张某犯过失致人死亡罪，辩护人则认为张某的行为属于意外事件，不应负刑事责任。

二、轻微暴力致人死亡案件的审理难点

轻微暴力虽然不是法定概念，但轻微暴力致人死亡案件却存在明显的共性特征：一是涉案行为本身具有一定节制性，通常不会直接造成轻伤以上的后果；二是涉案行为与其他因素共同导致危害结果发生，是典型的多因一果案件；三是行为人主观上对严重危害结果的发生缺乏应有的认知。总体上，该类案件的外观形式与过失致人死亡罪的构成要件行为具有相当性，但是具体案件类型及个案特点又有差异，不能排除认定故意伤害（致人死亡）罪或者意外事件的可能性。司法实践中，主要存在以下两个审理难点。

（一）故意伤害（致人死亡）罪与过失致人死亡罪区分难

轻微暴力致人死亡案件中，客观上行为人均实施了故意暴力打击他人的

行为，但未直接造成被打部位机体的严重损伤，且暴力打击行为通常在打击工具、打击力度、打击频次、打击部位等方面表现出一定的节制性，难以准确区分涉案行为属于严重加害行为还是一般殴打行为。主观上行为人对死亡结果的发生均持过失心态，难以准确判断行为人是否具有严重伤害他人身体的犯罪故意。此类案件存在故意伤害（致人死亡）罪还是过失致人死亡罪的定性困难。

（二）过失致人死亡罪与意外事件区分难

在轻微暴力合并被害人自身失误或诱发严重疾病，抑或偶合外在介入因素致人死亡的案件中，死亡结果由轻微暴力打击、自身疾病或被害人自身失误、外在介入因素等共同导致，因果关系较为复杂，通常难以清楚预见死亡结果的发生，且司法实践中缺乏具有操作性的判断标准，难以准确判断行为人对死亡结果属于"应当预见"还是"无法预见"。此类案件存在过失致人死亡罪还是意外事件的定性困难。

三、轻微暴力致人死亡案件的审理思路和裁判要点

轻微暴力致人死亡案件的审理，总体上应当立于实质合理性的基础立场适用法律，坚持罪质与罪量要素的统一考量，事实甄别与价值判断的一体运用，最终以实现罪刑相当的刑法基本原则为依归。具体而言，在厘清个罪内部结构、合理界定个罪规制对象及其边界的基础上可分三步进行审查：第一步，审查涉案行为的类型，区分攻击性行为和非攻击性行为；第二步，同时审查攻击性行为的致害危险性和行为人的主观故意内容，区分严重加害行为和一般殴打行为以及伤害故意和殴打故意；第三步，审查判断行为人在实施相应行为时应否预见严重危害结果的发生，区分行为人是否应承担刑事责任。

```
         ┌─────────────────────────┐
         │ 第一步：审查涉案行为的类型 │
         └─────────────────────────┘
         ↓                         ↓
┌──────────────┐           ┌──────────────┐
│ 非攻击性轻微暴力 │           │ 攻击性轻微暴力 │
└──────────────┘           └──────────────┘
         ↓
┌──────────────────────────┐
│ 第二步：同步审查涉案行为的致害 │
│ 危险性和行为人的主观罪过    │
└──────────────────────────┘
         ↓              ┌──────────┐  ┌──────────┐
                        │ 一般殴打行为│  │ 严重加害行为│
                        │   殴打故意 │  │   伤害故意 │
                        └──────────┘  └──────────┘
┌──────────────────────────┐
│ 第三步：审查判断行为人实施相应行 │
│ 为时对严重危害结果的预见程度    │
└──────────────────────────┘
    ↓           ↓              ↓              ↓
┌────────┐ ┌──────────────┐ ┌────────┐ ┌──────────────┐
│ 无法预见 │ │应当预见而没有预见│ │ 无法预见 │ │  故意伤害（致 │
│ 意外事件 │ │  过失致人死亡罪 │ │ 意外事件 │ │   人死亡）罪  │
└────────┘ └──────────────┘ └────────┘ └──────────────┘
```

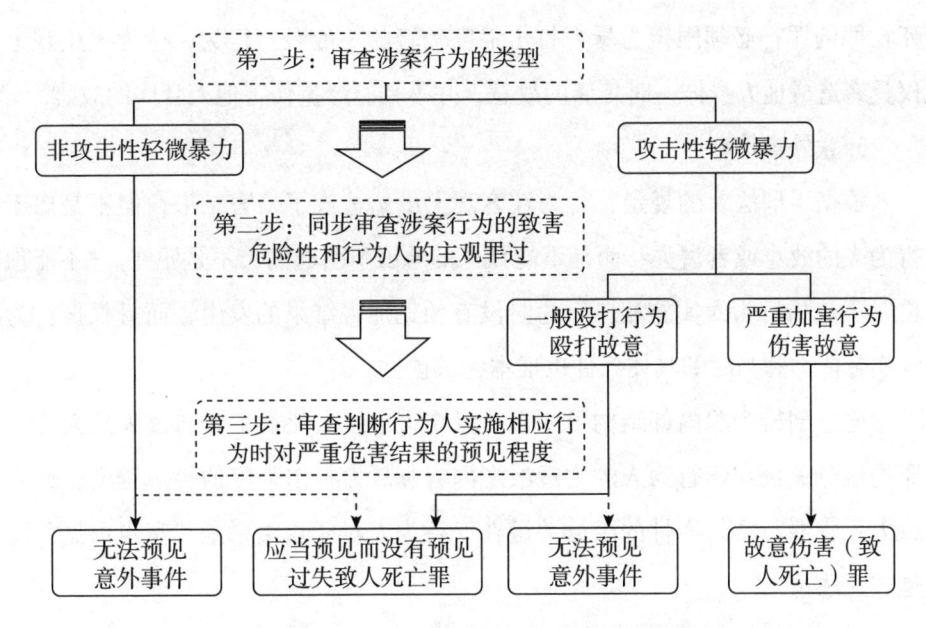

思维导图 1　轻微暴力致人死亡案件审查步骤

（一）厘清个罪内部结构以准确区分各罪间的罪责界限

1. 故意伤害罪

从罪行结构分析，《刑法》中并列规定罪行的罪状一般都具有三个特征，即罪行之间互不相同、彼此衔接、互不交叉。故意伤害罪包含由轻到重的三个并列罪行，分别是致人轻伤处三年以下有期徒刑、致人重伤处三年至七年有期徒刑、致人死亡处十年以上有期徒刑直至死刑。三种行为与结果依次加重，最后一种行为强度理应重于前一种行为。从罪刑关系分析，故意伤害（致人死亡）罪包含故意伤害行为和过失致人死亡行为，最低法定刑是十年有期徒刑，而过失致人死亡罪的最高法定刑是七年有期徒刑，由此可知，故意伤害（致人死亡）罪的伤害行为强度应当至少具有造成他人身体严重伤害的可能性。

2. 过失致人死亡罪

从过失犯罪的犯罪构成来看，过失犯罪是指故意实施一般违法或轻微犯罪行为，加上疏忽大意或者过于自信的过失，造成严重危害后果。过失致人死亡罪的罪行必须限定为暴力打击强度较轻的一般殴打行为，行为人主观上仅具有造成他人身体一时疼痛的故意，并不具有严重伤害他人身体的故意。

3. 意外事件

根据《刑法》的规定，行为在客观上虽然造成了损害结果，但不是出于行为人的故意或者过失，而是不能预见的原因所引起的，不是犯罪。"不能预见"不仅指行为人实施相应行为时没有预见损害结果的发生，而且根据行为人实际能力和当时的具体条件也根本无法预见。

通过剖析个罪内部结构可知，故意伤害（致人死亡）罪与过失致人死亡罪的区分关键在于行为人的主观故意内容和暴力打击强度的轻重程度；过失致人死亡罪与意外事件的区分关键在于行为人对死亡结果是"应当预见"还是"无法预见"。

（二）同步审查行为致害危险程度和行为人主观罪过，以区分故意伤害（致人死亡）罪和过失致人死亡罪

轻微暴力致人死亡案件中的涉案行为通常可以分为两类，即攻击性行为和非攻击性行为。非攻击性行为较易区分，一般表现为猛然转身、甩手挣脱等，行为人没有加害被害人的故意，可以直接排除故意伤害（致人死亡）罪。攻击性行为有些表现为推搡、掌掴、拍打等致害危险程度较低的行为，有些则表现为拳击头部、扼压颈部等致害危险程度较高的行为，但是被直接打击部位却没有明显伤势，对该类行为的认定就存在一般殴打行为与严重加害行为的分歧，继而影响行为人主观伤害故意与殴打故意的区分判断。

一般情况下，行为的致害危险性可以通过打击工具、打击部位、打击力度、打击频次等行为构成要素综合判断，以此区分严重加害行为与一般殴打行为。

1. 打击工具

所持打击工具为具有一定杀伤力器械的，通常具有高度致害危险性，则更多考虑为严重加害行为；徒手殴打或所持打击工具仅为随手获取的日常用品的，通常不具有高度致害危险性，则更多考虑为一般殴打行为。

2. 打击部位

打击部位为人体要害部位，且打击方式通常认为具有高度致害危险的，如手掐脖子、拳击头部等，则更多考虑为严重加害行为；打击部位为非要害部位，且打击方式不具有高度致害危险的，如拍打臀部、掌推胸部等，则更多考虑为一般殴打行为。

3. 打击力度

打击力度主要通过被直接打击部位的伤势情况得以反映，若打击力度较大，则更多考虑为严重加害行为；若打击力度较小，则更多考虑为一般殴打行为。

4. 打击频次

打击频次主要通过打击时间和打击次数得以反映，若打击频次高，则更多考虑严重加害行为；若打击频次低，则更多考虑为一般殴打行为。

通过以上四个要素，一般可以区分涉案行为属于严重加害行为还是一般殴打行为，再根据主观现于客观，客观反映主观的原则，严重加害行为通常表明行为人具有伤害故意，一般殴打行为通常表明行为人仅有殴打故意，就可以直接认定行为人是否构成故意伤害（致人死亡）罪。然而，当以上四个要素指向不一致而无法直接判断涉案行为属于严重加害行为还是一般殴打行为时，就需要再结合双方关系亲疏程度、双方力量强弱对比等因素认定行为人的主观罪过，进而认定行为人是否构成故意伤害（致人死亡）罪。

5. 双方关系亲疏程度

某些特殊关系可以成为排除伤害故意的关键要素，通常情况下，夫妻之间、父母与子女之间一般并无严重加害的故意。如父母出于教育目的，使用随手获取的拖鞋击打年幼子女臀部等非致命部位，年幼子女因承受能力较弱而死亡，一般不宜认定涉案父母具有伤害故意。

6. 双方力量强弱对比

力量差异悬殊可以作为认定行为人具有伤害故意的因素。如年轻武术运动员拳打脚踢幼童或老者，只要幼童或老者确因殴打行为而死亡，则一般会认为被告人的行为具有高度致害危险，进而认定其具有伤害故意。

7. 其他要素

案发原因、犯意顽固程度、时空条件等可以作为帮助判断行为人主观罪过的要素进行考虑。

如案例一中，被告人曹某系心智正常的成年人，因比拼酒量等生活琐事而打斗，将被害人压在身下用双手掐其脖颈，打击部位和打击力度均表明被告人的行为具有高度致害的危险性，可以认定为严重加害行为。根据主观现于客观的原则，应当认定曹某具有严重伤害他人身体的故意，但结合案发原因、双方关系等因素，可以排除被告人具有杀人的故意，结合自首、积极赔偿等情节，法院以故意伤害（致人死亡）罪减轻判处曹某有期徒刑三年，既充分体现刑法的谦抑精神，又符合罪刑相当原则。

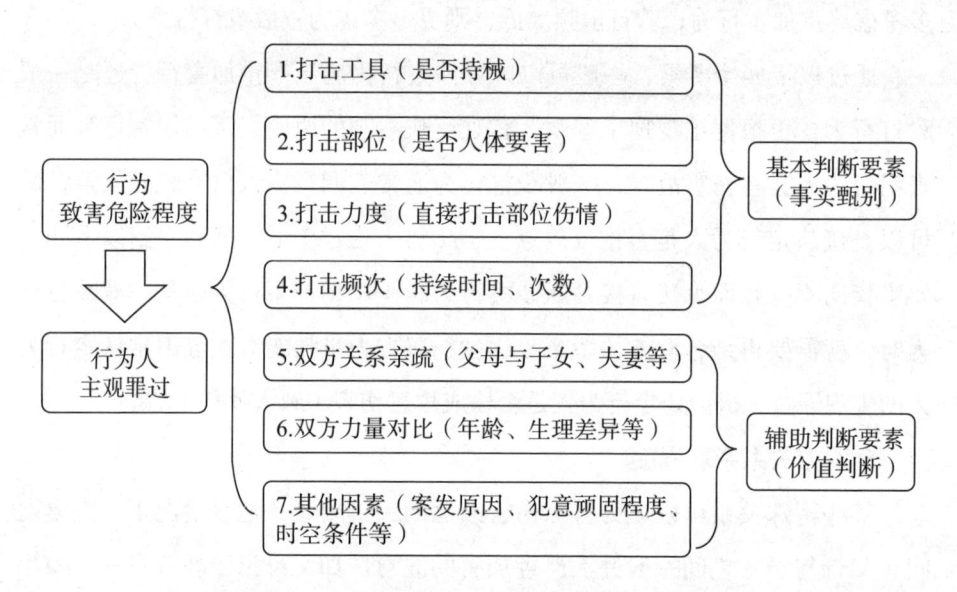

思维导图2　同步审查行为致危险程度和行为人主观罪过

值得注意的是，判断涉案行为究竟是严重加害行为还是一般殴打行为，必须结合具体案情、运用综合评判方法才能得出定论，不可一味沿用常规思维判断。比如，出于犯罪恶意持械追赶他人致其泅水逃避溺水死亡的，应当结合行为人犯意的顽固性、时空条件等因素综合考量，认定持械追赶行为系具有高度致害危险性的严重加害行为,行为人的主观罪过仍然是故意伤害的故意,而非寻衅滋事的故意。

(三)审查行为人实施相应行为时应否预见死亡结果的发生,以区分过失致人死亡罪与意外事件

在非攻击性行为和一般殴打行为致人死亡的案件中,审查行为人实施相应行为时应否预见死亡结果的发生,是区分过失致人死亡与意外事件的关键。通常情况下,行为的致害危险性越高、因果关系越简单,危害结果的可预见性就越强,但在涉案行为系非攻击性行为和一般殴打行为的轻微暴力致人死亡案件中,一般是行为人突然转身、拉扯、推搡、掌掴等行为致使被害人倒地磕碰死亡或诱发原有病症发作死亡,行为致害危险性不大、因果关系复杂,难以清晰判断行为人对死亡结果发生的预见程度。至于是否达到"无法预见"的程度,在很多场合下仅凭事实本身可能很难得出明确的结论。在此情形下,有必要引入法律价值取向,据此作出最终取舍和决断。

对于主观事实的认定通常需借助于客观行为表现,依据社会上一般人的认识水准,运用经验法则予以推定,具体可以综合案发时空环境、双方过错程度、行为人的主观状态、被害人的身体状态以及社会普遍观念等因素判断行为人实施相应行为时应否预见严重危害结果的发生。现结合各类案件分析如下:

1.一般殴打行为偶合外在介入因素导致被害人死亡的案件,通常构成过失致人死亡罪

该类案件中,死亡结果通常与案发地点地面不平、空间狭窄或者案发地点存在来往车辆等危险因素有关。对于该类较为显见的外部要素,行为人应当负有更多的注意义务并避免在该种环境下实施可能造成被害人严重伤亡结果的行为。在此情形下,发生"无法预见"意外事件的可能性不大,多为疏忽大意的过失而"没有预见"严重伤亡结果的发生。若行为人故意利用外在介入因素或环境条件加害被害人的,则应以故意犯罪论处。

如案例二中，被告人王某用双手推打被害人的肩膀，一般情况下不足以直接导致被害人产生轻伤以上的后果，属于一般殴打行为，行为人亦无严重伤害他人身体的故意。然而，在车来车往的马路旁边推搡他人，被告人只要稍加留心就可以预见现实危险，只是因为被告人疏忽大意，加之天色已晚，没有注意到驶来的卡车，属于典型的应当预见而没有预见的情形。二审法院最终以过失致人死亡罪对王某判处有期徒刑七年，体现了罪刑相当原则。

2. 一般殴打行为诱发严重疾病导致被害人死亡的案件，通常情况下构成过失致人死亡罪，但在极少数例外情况下，可能构成意外事件

该类案件中，行为人可能事先并不知晓被害人患有严重疾病，但是对于徒手打击行为在某些情况下会导致他人受伤甚至死亡，属于基于日常生活经验能够预见的事实，而行为人没有预见，故一般认为其存在过失。然而，当被害人身体表征格外强健，且涉案行为暴力程度确实较小时，不能排除意外事件的可能。

如案例三中，被害人死亡的主要原因系患有脑血管硬化的严重疾病，皮鞋抽打只是外在因素，被告人赵某虽然与被害人系多年夫妻，但并不知晓被害人患有脑血管硬化疾病，在逃离丈夫酒后追打过程中随手拾起一只皮鞋抽打丈夫两下，显然没有严重加害自己丈夫的犯意及行为，应当认定皮鞋抽打的行为仅为一般殴打行为，可以排除故意伤害（致人死亡）罪，但是用皮鞋抽打头部可能会造成一定的危险，属于日常经验能够预见的情形，加之被害人存在严重过错，故二审法院以过失致人死亡罪对赵某从轻处罚，改判有期徒刑三年六个月。

3. 非攻击性行为合并被害人自身失误导致死亡的案件，通常认定为意外事件，仅在外部环境极为危险的情况下认定为过失犯罪

该类案件中，行为人并未实施攻击性的暴力行为，在导致死亡结果发生的多重原因中，被害人自身失误占相当大的比重，通常无法要求被告人对被害人的失误行为及其后果迅速作出预判和适当反应。在刑事法律关系上宜作意外事件处理，在民事法律关系上宜依因果关系判定被告人承担必要的赔偿

责任，可以起到良好的社会效果。

如案例四中，被告人张某为摆脱被害人的拉扯而用力转身、奔向车内，该行为本身并不会造成对被害人的严重伤害，也无明显过错；被害人死亡的主要原因是自身失误，即因拖拽不住和脚底踏空倒向车外受伤而死亡。在当时的情形下，要求张某对被害人的自身失误行为及其后果作出预判并及时采取避免措施，实为强人所难，故法院最终认定张某的行为属于意外事件，不负刑事责任。

因此，轻微暴力致人死亡案件中，一般认定过失致人死亡罪是适宜的，在暴力行为直接致死与偶合外在介入因素两种场合，行为人对自身行为及其结果的认识程度较高，可能认定故意伤害（致人死亡）罪；在暴力行为诱发严重疾病或合并被害人自身失误的场合，行为人对于危害结果的认识可能性趋小，则可能认定为意外事件。只有区分不同情形分别定罪处罚，才能做到罪刑相当、罚当其罪。

四、其他需要说明的问题

尽管多数案件可以归入上述四种类型作出判断，但实践中总会存在例外，如明知他人患有严重疾病而故意言语激怒、推搡拍打引起严重疾病发作，或故意利用外部环境推搡他人致人死亡的，应当结合具体案情进行综合评判，不排除构成故意伤害（致人死亡）罪或故意杀人罪的可能。在具体量刑上，应当关注类别差异，以实现刑罚处罚的协调性及司法裁判的公正性为依归，除法定量刑情节之外，通常还应当考虑案发原因、双方关系、被害人过错、被告人案发后态度和行为等要素。若量刑畸重又无法定减轻情节的，切不可因量刑不协调而轻易改变定性，可依法定程序层报最高人民法院在法定刑以下量刑。

认罪供述得到印证型命案的审理思路和裁判要点

余 剑 吴亚安[*]

根据侦破命案时所收集主要证据的结构特点，按繁简程度分类，大致可以将命案分为四种类型：现场目击型、现场留痕型、认罪供述得到印证型及拒不认罪型。认罪供述得到印证型命案是指既无现场目击证人，又未发现重要留痕，而是依据个别侦破线索找到犯罪嫌疑人，犯罪嫌疑人随后供述犯罪事实，并相继取得现场情景证据等印证，从而告破的故意杀人、故意伤害致人死亡、抢劫致人死亡等类型案件。

实践中，认罪供述得到印证型命案中较为常见的破案线索，有被害人死于嫌疑人住处、嫌疑人与被害人同住后去向不明、证人证明嫌疑人与被害人失踪前同行、监控录像证明嫌疑人接近犯罪现场，以及嫌疑人自首五种情形。

上海法院近五年的统计结果显示，认罪供述得到印证型命案在所有命案中占比超过40%。准确把握该类型命案证据的特点、明确其审查步骤和方法，厘清证据，综合分析认定思路，对于查明案件事实，防止事实误认，准确定罪量刑，具有重要意义。

一、典型案例

案例一：涉及对先供后证情形的审查

2011年3月1日，邱某向公安机关投案并供述称，2011年2月23日其

---

[*] 余剑，刑事庭庭长，法学博士；吴亚安，刑事庭法官助理，法学博士。

与女友王某在租住房发生争执，邱某用双手掐住王某脖子致其死亡后将其平放在床上，把被子盖到头部以下做成睡眠状，整理房间并锁上门窗后离开。侦查人员前往其供述地点，砸开门锁后进行勘验，发现案发地床上躺一具女尸，面向上、身盖一条棉被，尸体脸部露出且呈青黑色。经辨认，死者系王某。经尸检，死者系生前被他人扼压颈部致机械性窒息死亡。

案例二：涉及对先证后供情形的审查

徐某报案称邻居女儿汪某死在家中。经尸检，死者头部、面部有多处钝器伤，系生前被他人扼压颈部、用钝器打击头面部等致机械性窒息合并颅脑损伤死亡。侦查人员通过走访发现徐某手背、手腕处有多处新鲜抓痕，有作案嫌疑。首次讯问中徐某否认作案，讯问期间发现徐某皮带、钥匙均有血迹。经鉴定，该血迹均系被害人所留。之后徐某逐步承认其为强奸而用磨刀石将汪某砸晕后拖入汪某家中。后汪某苏醒，徐某因怕事情败露又用磨刀石多次击打汪某头、面部致汪某死亡的事实，并指认了抛弃作案工具及所穿衣服的地点。后在其供述地点打捞到所称衣服和工具。

案例三：涉及被告人先供认后翻供情形的审查

侦查人员接报警称在地铁站附近发现一具男尸，附近居民和亲属辨认死者为李某。经尸检，死者系生前被他人用钝器打击头面部等处致颅脑损伤死亡。侦查人员通过排查死者社会关系，发现赵某与死者之妻罗某有不正当关系，遂传唤赵某。赵某到案后否认作案，后又改称为与罗某长期姘居，遂与罗某密谋后用铁管击打李某头面部致其死亡。罗某到案供认多次与赵某商量后，让赵某将李某杀害的事实。后赵某又翻供称案发时间段其回宿舍睡觉，同事白某为其开的门，但白某对此予以否认。庭审中，赵某重新作认罪供述。

案例四：涉及被告人主观内容供述的审查

刘甲报案称其母刘乙驾驶私家车跑出租，彻夜未归且失联。刘甲报案当日另有人报警称在某地发现一辆可疑车辆停在路边。经勘验，侦查人员发现该车与刘甲所报失踪车辆相符，副驾驶躺一女子，已死亡，随身财物被劫。经亲属辨认，死者系刘乙。经尸检，死者系生前被他人用锐器切割颈部伤及左侧颈动脉等处致使失血性休克死亡。经侦查，发现黄某活动轨迹与刘乙一致，据此判断黄某具有作案嫌疑。后侦查人员将黄某抓获归案，并在其住处查获被害人的首饰等财物。黄某到案后供述称因打车过程中与刘乙发生争执，遂用美工刀捅刺刘乙颈部等处致死。

二、认罪供述得到印证型命案的审理难点

实践中，认罪供述得到印证型命案在审理时存在以下难点：

一是证明标准把握难。刑事案件中长期适用的"事实清楚，证据确实、充分"的法定证明标准比较原则和抽象，具体适用中的理解会存在差异。在认罪供述得到印证型命案中，被告人供述是串起整个证据链的关键，但对其供述的印证方法并不统一。在"重证据，重调查研究，不轻信口供"的要求下，如何判断该类案件中以言词证据为主的证据链条已达到确实、充分的标准存在一定难度。

二是翻供审查判断难。被告人供述具有较强的主观性，被告人在诉讼中的地位决定其供述易趋利避害。随着诉讼进程的推进，容易出现供述前后不一致或翻供的现象。被告人供述一般表现为讯问笔录和当庭供述。笔录证据会存在口语转化、内容取舍、归纳总结等情形，容易造成口述信息的缺失或失真，出现笔录前后不一致情形时需认真核实。被告人的当庭供述也容易出现反复或翻供等现象。在物证不充足时，如何有效甄别被告人的谎言和正确判断事实是审理此类命案的难点之一。

三是证据综合分析难。在认罪供述得到印证型命案中，排除第三人作案、排除第三人配合作案和冒名顶替等情形是构建完整证据链条不可或缺的环节，需要法官对被告人的供述与查证的其他证据进行比对分析和综合判断。既要确保各个证据所印证的事实不存在矛盾之处，也要确保诸项证据印证事实串联之后指向的结论事实具有唯一性，还要确保完全排除嫌疑人通过其他途径获知相关作案细节后予以供述的可能。因此，有必要针对本类命案构建包含单一证据审查和关联证据分析在内的综合分析方法。

三、认罪供述得到印证型命案的审理思路与裁判要点

认罪供述得到印证型命案的特点是,案发现场没有目击证人,没有提取到重要痕迹,通常需通过梳理被害人社会关系、排摸多种犯罪线索锁定嫌疑人。取证的重点在于及时获取嫌疑人的完整供述,并着重查明先供后证的事实,再与犯罪现场进行细节比对,形成被告人非亲历作案无法说明与现场细节高度吻合事实的判断后,再依据查证的事实进行定罪量刑。对该类命案证据的审查要准确把握司法真实与客观真实的辩证关系,坚持证据裁判原则,遵循重证据、重调查研究、不轻信口供的基本要求,在确认单项证据合法、真实、有效的基础上,注重审查口供与关联证据的印证性、逻辑性、全面性。具体可分六步进行审查。

(一)审查案发经过的完整性

案发经过是案件发现及侦破的完整过程,是侦查阶段运用证据查明嫌疑人及案件事实的证明过程。通过审查案发经过可以全面知晓侦查机关的侦查思路、直观了解案件与嫌疑人的关联,大体掌握案件的由来过程、证据情况。司法实践中的案发经过通常表现为《案发经过》《破案经过》等材料以及与此相关的证据材料。审查时要注意相关书面材料是否完整,是否涵盖侦查机关如何获知案发、如何锁定被害人、如何抓获嫌疑人、嫌疑人到案后的供述情况等,重点关注供述内容是否与其他证据相互印证、是否符合情理逻辑。具体可以审查以下内容:

一是案件来源及被害人身份的查明过程。案件来源主要有报案和投案两种方式,报案案件主要审查报警记录、案件接报回执单等材料与案发说明材料在报警时间、出警地点等方面是否一致。投案案件主要审查报警手机号与投案人手机号是否一致、投案人的首次供述情况等。对报案人或投案人与被害人熟识的案件,可根据报案人陈述或投案人供述确定被害人身份,如案例一、案例二即属此种情况。对被害人身份无法直接确定的案件,要审查侦查

机关查明被害人身份的过程，并审核 DNA 鉴定书、相关工作情况等材料。如案例三中，被害人的身份系通过附近居民和亲属辨认得以确认，侦查机关也提供了相关材料予以说明。

二是锁定嫌疑人的过程。除嫌疑人自首外，侦查机关会通过各种侦查活动锁定嫌疑人。锁定过程大体可分为三类：侦查机关通过排摸案发现场附近监控等客观证据锁定嫌疑人，对此可审核监控视频等证据与案发经过表述是否一致；侦查机关通过走访知情人员查清被害人人际关系，并加以分析锁定嫌疑人，对此可审查侦查人员的推理是否符合逻辑、嫌疑人供述的起因是否与案发经过表述一致；侦查机关运用技术手段锁定嫌疑人，对此可以审查相关报告等。如果技侦证据因保密需要无法出示时，要询问技侦材料在锁定嫌疑人中发挥了何种作用等，确保锁定嫌疑人的过程完整。

三是抓获嫌疑人的过程。审查该部分内容时，要注意查看案发经过是否写明嫌疑人被抓获时的状态，如是否在投案途中、是否准备投案等。因为这些因素与嫌疑人到案后的供述情况会共同决定其是否具有自首、坦白等法定量刑情节。同时，还需审查案发经过是否遗漏锁定嫌疑人所在位置的途径方法等，如有遗漏可通过询问侦查人员补充完善。

（二）审查被告人认罪供述取得的合法性

对供述合法性的审查，需重点关注供述是否有全程录音录像、供述的取得过程、被告人及其辩护人是否提出非法证据排除等。

一是审查有无全程录音录像。对可能判处无期徒刑、死刑的案件或者其他重大犯罪案件，应当对讯问过程进行全程录音录像。重点审查以下六点内容：（1）录音录像反映的时间、地点、内容是否有与供述活动相应的、不间断的时间、地点信息；（2）是否全程录音录像；（3）清晰度是否达到可当庭播放予以质证的标准，无法达标的应有相关说明；（4）是否系原始内容；（5）是否附制作人或者持有人的身份说明，制作的时间、地点和条件以及制作方法的说明；（6）是否能排除刑讯逼供等。

二是审查历次认罪供述的过程。被告人认罪供述的取得过程决定了该供述的可采信程度。(1)如果被告人到案后即作完整认罪供述,历次供述对犯罪事实的交代前后一致、较为稳定时,其认罪供述的可采性相对较高。(2)如果被告人到案后不供述或仅作部分供述,后逐步作完整认罪供述的,需对其供述进行重点审查,查明被告人态度变化的原因。(3)如果被告人作认罪供述后翻供、变供,在庭审中又供认的,需查明口供变化的时间、分析变化原因,结合最初的认罪供述和其他证据综合判断该认罪供述能否采信。

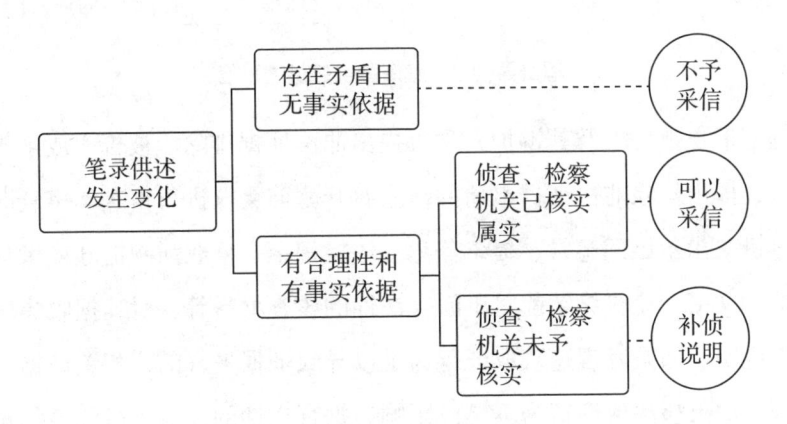

```
                    ┌─ 存在矛盾且无事实依据 ──── 不予采信
笔录供述发生变化 ──┤
                    │                        ┌─ 侦查、检察机关已核实属实 ── 可以采信
                    └─ 有合理性和有事实依据 ──┤
                                              └─ 侦查、检察机关未予核实 ── 补侦说明
```

思维导图1　笔录供述变化的采信

如案例三中,赵某到案后先拒绝认罪,后改作认罪供述是因侦查活动取得突破(在其房间查获带有被害人李某血迹的皮靴)。之后赵某又翻供称案发时自己回宿舍睡觉,室友白某能够证明,但白某对此予以否认,赵某的辩解不存在事实依据。赵某描述的作案工具为事先准备的铁管,作案方式为多次砸击死者头、面部,被害人被砸后仰面倒在草丛,该类细节与法医所说"作案工具为中空有质量的钝器"、勘验报告中"男尸仰面躺卧,头面部有多处击打痕迹和血迹"、尸检报告中"死者系生前被他人用钝器打击头面部等处致颅脑损伤死亡"等细节高度吻合,其认罪供述可以被采信。

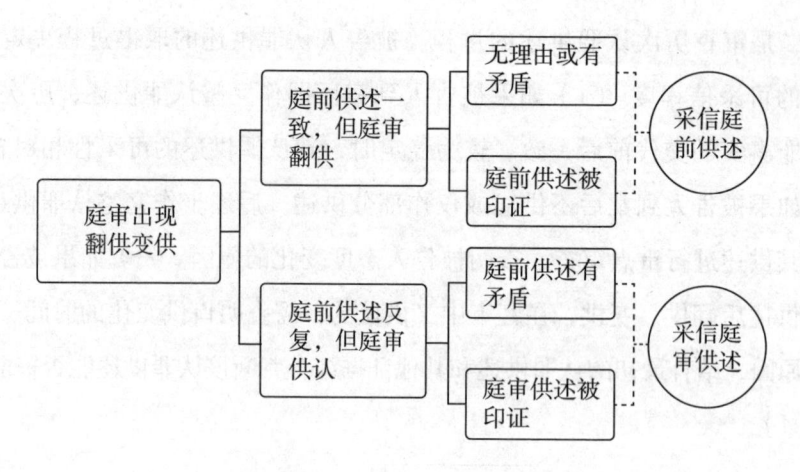

```
┌─ 庭前供述一致,    ┌─ 无理由或有矛盾 ─┐
│  但庭审翻供  ────┤                    ├─→ 采信庭前供述
│                   └─ 庭前供述被印证 ─┘
庭审出现翻供变供 ─┤
│                   ┌─ 庭前供述有矛盾 ─┐
└─ 庭前供述反复,   │                    ├─→ 采信庭审供述
   但庭审供认  ────┴─ 庭审供述被印证 ─┘
```

思维导图2 庭审翻供变供的采信

三是审查被告人及其辩护人是否提出非法证据排除。被告人或辩护人提供线索、提出排除非法证据申请的,应召开庭前会议进行审查。审查时可要求检察机关出示讯问笔录、提讯登记、体检记录、采取强制措施或者侦查措施的法律文书、侦查终结前对讯问合法性的核查材料等,对证据收集的合法性作出说明。如果发现违法取证行为足以导致证据失真的,相关证据一律予以排除;如果违法取证行为不足以影响证据真实性的,应进行法益衡量,在被害人权益更为重大时,相关证据也可采信;如果证据存在笔误等瑕疵,可要求侦查机关进行补正或合理解释,经审查符合证据真实性、关联性、合法性要求的,可以作为证据使用。

(三)审查被告人认罪供述与其他证据的印证性

认罪供述得到印证型命案须比对被告人供述与现场客观事实及其他在案证据之间是否高度符合,对其中存在矛盾或不一致的内容,须逐一研判、说明,确保排除合理怀疑。

一是对先供后证的证据重视细节比对。该种情形中侦查机关事先不掌握证据或掌握不充分,相关证据能否与被告人建立可靠的印证关系,关键在于是否基于该口供查证了非亲历无法知晓的细节事实,是否根据口供查到了作案工具、找到较为隐蔽的作案现场、提取到关键物证等。

如案例一中，案发现场虽然没有提取到邱某指纹、生物性物质等，但邱某自首后先供述"用双手掐王某的脖子致其死亡""将其平放在床上，把被子盖到头部以下""一周前作案"等细节，后来的尸检报告说明"死者系生前被他人扼压颈部致机械性窒息死亡"、勘验笔录记载"床上躺一具女尸，面向上、身盖一条棉被，尸体脸部露出且呈青黑色"，该内容与邱某的供述高度吻合，其供述可以被采信。

二是对先证后供的证据重视合法性审查。该种情形中侦查机关事先查获相关证据，被告人事后供述犯罪事实。对此要避免诱供等情形，注重对口供自愿性和真实性的审查。

如案例二中，锁定被告人的线索是其身上出现多处新鲜抓痕、有证人证实其案发前后曾有换衣服等可疑行为，这些线索多在徐某供述前查证。徐某被列为嫌疑人后在首次讯问中拒不认罪，后在次日改作认罪供述。经审查发现，首次审讯当日从徐某身上查获了带有可疑血迹的钥匙和皮带，经鉴定系被害人血迹；当晚也排除了徐某辩解的事实基础，徐某曾辩称其身上的伤痕系发生交通事故所致，经排查在其供述的时间、地点并无交通事故发生，之后徐某对伤痕的形成未再作出合理解释。在侦查活动取得突破后徐某供述发生变化符合常理，查阅审讯录像也未发现违法取证情形，足以形成徐某系自愿、真实作出认罪供述的判断。

三是审查供述与其他证据是否一致。具体证据分析应以被告人供述为基础区分犯罪事实要素，组织证据比对，判断口供与特定证据是否在交叉事实上相互印证：（1）作案时间和地点。可将口供与讯问笔录、查获的手机数据、监控视频、现场勘验笔录等比对。（2）作案人员情况。可将口供与讯问笔录、户籍证明、监控视频、身份证件、DNA及指纹鉴定书等比对。（3）作案手段和经过。可将口供与尸检报告、现场勘验笔录、提取痕迹物证登记表、物证检验报告、辨认笔录等比对。（4）加害程度和死因。可将口供与尸检报告、物证照片、现场勘验笔录等比对。只有当供述与其他证据之间不存在矛盾，或者对矛盾能够进行合理解释或排除合理怀疑时，才能认定相关事实。

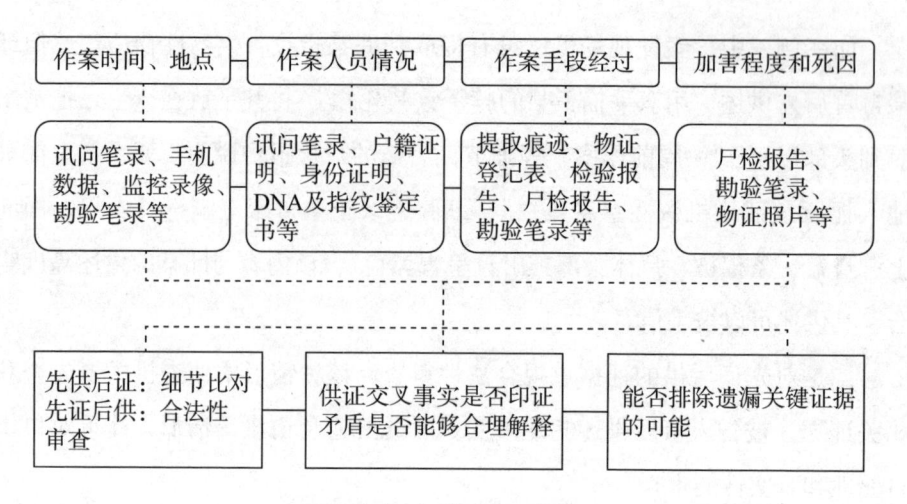

```
┌─────────────┐  ┌─────────────┐  ┌─────────────┐  ┌─────────────┐
│作案时间、地点│  │作案人员情况 │  │作案手段经过 │  │加害程度和死因│
└──────┬──────┘  └──────┬──────┘  └──────┬──────┘  └──────┬──────┘
┌──────┴──────┐  ┌──────┴──────┐  ┌──────┴──────┐  ┌──────┴──────┐
│讯问笔录、手机│  │讯问笔录、户籍│ │提取痕迹、物证│ │尸检报告、   │
│数据、监控录像│  │证明、身份证明│ │登记表、检验报│ │勘验笔录、   │
│、勘验笔录等 │  │、DNA及指纹鉴│ │告、尸检报告、│ │物证照片等   │
│             │  │定书等       │  │勘验笔录等   │  │             │
└─────────────┘  └─────────────┘  └─────────────┘  └─────────────┘
```

┌──────────────┐ ┌──────────────────┐ ┌──────────────┐
│先供后证：细节比│ │供证交叉事实是否印证│ │能否排除遗漏关键│
│对先证后供：合法│ │矛盾是否能够合理解释│ │证据的可能   │
│性审查   │ │   │ │   │
└──────────────┘ └──────────────────┘ └──────────────┘

思维导图3 供证印证性审查

如案例三中，被告人赵某供述的作案时间、地点得到报警人及证人的印证，与根据监控录像查到李某出门时间后推测李某到达案发现场的时间大体吻合。赵某供述的具体作案方式和尸体的肢体形态，与现场勘查中发现的尸体样态及尸检报告中的被害人死因等相互印证。赵某供述的作案工具虽未找到，但其供述的用铁管作案及击打部位与法医说明的"中空类的钝器"相符，也与尸检报告中被害人头部被击打造成的伤势情况相吻合。综上足以判断，赵某故意杀人事实的证据确实、充分。

四是对能够印证被告人认罪供述的其他证据补充查证。本类命案中，也需查证在案证据之外是否有其他可以印证认罪供述的证据。尤其是当被告人供述中提到了某一具有重要价值的实物证据，但卷宗材料中没有出现时，需进行及时补充查证，以避免直接承载或附着特定犯罪痕迹或信息的证据灭失。

如案例二中，徐某供述自家车库的磨刀石系作案工具，且该工具与尸检报告确定的钝器相符，但卷宗材料中并未出现磨刀石。庭审后，经法官与相关部门沟通，最终在被告人供述的区域通过筑坝抽水的方式发现了作案用的磨刀石。徐某的认罪供述可予采信。

（四）审查排除其他人参与作案的可能性

认罪供述得到印证型命案得以定案的关键，是以言词证据为主的证据要形成完整的链条，要排除其他人作案的可能。因此对在案证据进行综合审查后，还需查证是否有第三人作案可能，判断全案证据在指向犯罪人时是否具有内在联系、是否指向一致的作案人。

一是审查案发现场是否有第三人的痕迹以查证是否系第三人作案。通过审查案发现场的监控视频、现场勘验笔录、现场照片、现场提取痕迹物证登记表、DNA鉴定书及物证检验报告等材料，梳理案发现场是否存在第三人痕迹。若没有发现第三人痕迹，或虽在案发现场发现第三人痕迹、但能够对此进行合理解释的，一般可初步排除第三人作案的可能。

如案例二中，被害人死于浴室，但在被害人卧室和客厅提取到两枚H牌烟蒂，无法检出生物性物质。经查被告人平时不抽烟，被害人父亲虽抽烟但并非H牌。该两枚烟蒂属第三人留在现场的痕迹。为排除第三人作案，法官对全案进行梳理发现，被害人母亲曾在证言中说明，案发后其叫邻居亲戚等多人来现场帮忙送医。侦查机关随后提供《补充说明》，案发后有多名邻居进入客厅，协助家属将被害人送医。据此，可以判断该两枚烟蒂很有可能系救助群众所留。

二是审查供述是否存在非亲历无法供述的细节以查证被告人是否系替人顶罪。查证被告人供述的犯罪过程是否完整、犯罪细节是否充分且属于非亲历作案无法供述的内容、是否依据其供述查证了隐蔽性较强的书证或物证等，以此排除未参与者替人顶罪的情形。

如案例二中，徐某到案后供称，其为了实施强奸使用磨刀石将被害人砸晕后拖入被害人家中，后在强奸过程中被害人苏醒，就用手掐住被害人脖子，再用磨刀石砸被害人的头面部。该供述与尸检报告记载的死者系生前被他人扼压颈部，用钝器打击头面部等致机械性窒息合并颅脑损伤死亡的死因相符。之后，侦查人员也在被告人供述的地点查获其作案时所穿血衣及作案工具磨刀石。据此，足以认定本案系徐某所为。

三是审查犯罪是否可由在案的被告人独自实施以查证是否系共同犯罪。当被告人为一人时，需审查犯罪行为能否由其单独实施；当被告人为数人时，需审查相关犯罪是否还需有其他人辅助方能完成。如果综合全案证据审查后发现，当前查清的犯罪事实需要由其他案外人配合方能实施的，应要求检察机关或侦查机关进行补充侦查或作出合理说明，以做到完全排除遗漏同案犯的可能。

如案例三中，赵某对被害人并不熟悉，不能完全掌握被害人的行踪。赵某供称在被害人妻子罗某的帮助下，方才获知被害人的活动轨迹及其电动车特征等情况。该供述具有较高的可采性，罗某参与作案的可能性也较大。经后续审查，罗某亦供称因欲与赵某共同生活，多次与赵某商量后将李某杀害的作案事实。本案最终确定系赵某与罗某共同作案。

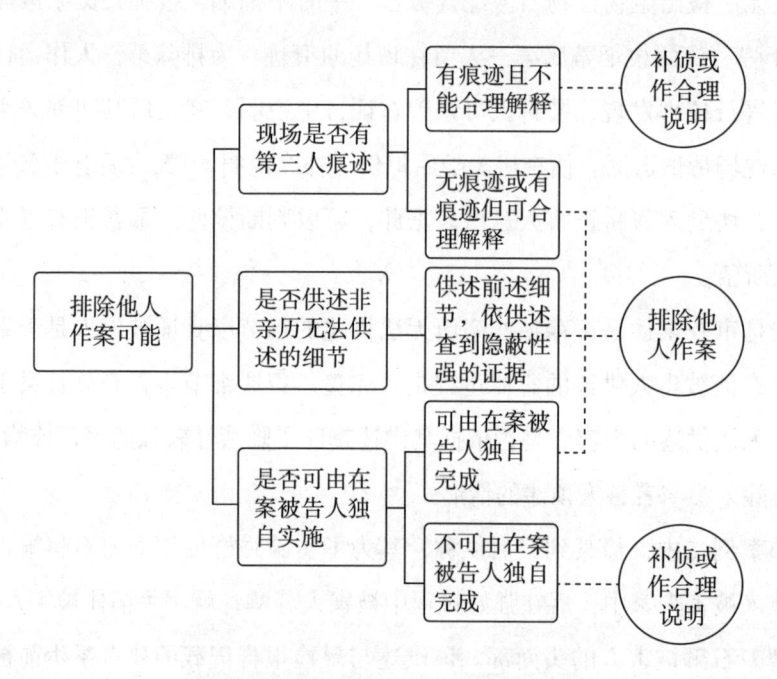

思维导图4　排除他人作案可能性审查

（五）审查被告人关于犯罪起因供述的合理性

认罪供述得到印证型命案中，被告人的犯罪起因对案件定罪、量刑具有关键影响，有必要对被告人供述的犯罪起因进行重点审查。对犯罪主观方面的证明，需要根据客观证据进行推断和认定，不能轻信口供，要审查供述中说明的作案起因是否与客观证据相符、是否与常理相符，供述的作案起因与案件查实的作案工具选择、犯罪暴力程度、具体作案方式等事实是否匹配等。如果其供述的作案起因与客观证据存在矛盾或明显与常理不符，不能适用存疑有利于被告人规则，而应以查证的证据为基础，根据常理合理推断真实的作案起因；对于真实作案起因确实无法查明的，可对作案起因不作明确表述，但需在判决中对作案过程进行客观表述，并根据证据的证明程度认定行为性质和判处刑罚。

如案例四中，黄某到案后供称，其因被害人索要车费较多，故与被害人发生争执后临时起意对被害人行凶。然而黄某供述的作案起因存在诸多疑点：如其供述案发当晚随身仅携带80多元，与其供述欲前往较远的目的地存在矛盾；其供述因被害人不识路故由其代为驾驶，但被害人系有经验的客运驾驶员，通常不会让陌生乘客代为驾驶；其供述行凶的美工刀系在车内拿取，但多名证人均证实车内没有刀具。因此，黄某供述的作案起因与其供述的其他内容存在矛盾，且明显违背常理不足采信。黄某的暴力程度、作案方式等与抢劫杀人行为较为类似，但在无充分证据证明黄某系为图财而抢劫杀人的情况下，认定其构成故意杀人罪较为妥当。在其真实作案起因无法查明时，可在判决中客观表述作案过程，并作出罪责刑相适应的判决。

（六）审查其他影响定罪量刑证据的可采性

认罪供述得到印证型命案在查清上述事项之后，还需审查被告人的供述辩解及全案证据，判断是否存在其他足以影响定罪量刑的情节，以实现对被告人所实施的行为进行充分完整评价的目的。（1）有关被害人有无过错及过错程度，是否对矛盾激化负有责任及责任大小的证据；（2）有关被告人的近亲属是否协助抓获被告人的证据；（3）有关被告人平时表现及有无悔罪态度的证据；（4）有关被害人附带民事诉讼赔偿情况，被告人是否取得被害人近亲属谅解的证据；(5) 其他影响量刑的证据。

发现既有证明从轻、减轻处罚等情节的证据，又有证明从重处罚等情节的证据的，应当依法对全部证据进行综合考虑。此外，在不能排除被告人具有从轻、减轻处罚等量刑情节时，判处死刑应当特别慎重。

在被告人认罪供述得到印证型命案的审理中，严格依照上述步骤对全案证据进行审查核实、补充调查和分析论证，就能确保此类案件事实认定达到证据确实充分、排除合理怀疑的证明标准，使命案审判质量经得起法律和历史的检验。

四、其他需要说明的问题

现场目击型、现场留痕型、认罪供述得到印证型、拒不认罪型四类命案的证据结构虽然繁简不同、各有侧重，但在证据链条的构建及证据综合分析方面仍具有共性要求。此类案件审理时，除了要兼顾各自证据结构特点外，在案发经过查证、供证印证性审查、证据充分性及排他性说明、罪前罪后表现等量刑情节审查方面，也可借鉴认罪供述得到印证型命案的审理思路，以确保个案的证据审查达到确实、充分，排除合理怀疑的证明标准。

工伤认定行政案件的审理思路和裁判要点

周　峰　刘天翔[*]

工伤认定是社会保险行政部门根据职工及用人单位的申请，按照《工伤保险条例》规定的条件，在法定期间内作出是否赔付工伤保险待遇的行政确认行为。工伤认定行政案件围绕认定或者不予认定工伤行为的合法性进行审查，以监督社会保险行政部门依法行政，维护职工和用人单位的合法权益。现立足于审判实践，对工伤认定行政案件的审理思路和裁判要点进行梳理、提炼和总结。

一、典型案例

案例一：涉及与履行工作职责相关合理场所的判断

孙某受公司指派去机场接人。孙某从公司办公大楼下楼，欲至院内停车场开车，行至一楼门口台阶处脚滑摔倒，经医院诊断为颈髓过伸位损伤合并颈部神经根牵拉伤、上唇挫裂伤、左手臂擦伤、左腿皮擦伤。孙某申请工伤认定，区人社局认为没有证据表明摔伤事故系工作原因造成，决定不予认定工伤。孙某不服，诉至法院请求撤销上述不予认定工伤决定。

案例二：涉及上下班途中交通事故诱发疾病的认定

胡某在上班途中发生交通事故致右大腿外伤。当日，胡某因急性下壁心肌梗死就医诊治。经司法鉴定，胡某原有冠状动脉粥样硬化心脏病，本次交通事故诱发冠心病急性发作，存在间接因果关系，关联度为15%。区人社局

---

[*] 周峰，行政庭庭长，法律硕士；刘天翔，行政庭法官助理，法学硕士。

据此作出决定，认定胡某因交通事故致使右大腿外伤属于工伤，但未将冠心病认定为工伤。胡某不服，认为区人社局对此事故诱发冠心病未认定为工伤明显不当，诉至法院请求撤销被诉工伤认定决定。

案例三：涉及外地出差期间因突发疾病死亡的审查

毕某按公司要求赴外地出差，在出差期间突发疾病，送医抢救后48小时内死亡。医院诊断为心源性猝死导致死亡。毕某家属向区人社局提出工伤认定申请，区人社局经调查后认定毕某外地出差期间突发疾病导致死亡视同工伤。该公司不服，以毕某突发疾病死亡并非在工作岗位和工作时间为由诉至法院，请求撤销工伤认定决定。

二、工伤认定行政案件的审理难点

工伤保险是社会保险体系的重要组成部分，既注重对受伤职工的医治关怀，又考虑督促用人单位改善劳动保护条件，实现社会整体利益的最大化。实践中，职工所从事的行业类型相对多样，不同工种面临的职业环境风险亦存在差异，对工伤认定行为的司法审查存在若干难点。

（一）"三工"因素判断难

"三工"因素（工作时间、工作地点、工作原因）构成工伤认定的基本要件，也是审判实务中最难把握的问题。职工主动加班、因工外出以及"八小时"工作制外的时间能否认定为工作时间，往往存在不同理解。固定工作岗位外的相关区域以及单位控制范围外的地点是否属于工作场所，在司法实践中亦有争议。工伤认定还要考虑"因工受伤"的因素，因特定职务或者特殊工作性质，在外出途中、就餐期间、工作间隙等受伤是否系工作原因所致，无法径行作出判断，认定结果往往存在分歧。

（二）工伤认定特殊情形把握难

《工伤保险条例》通过列举的方式，明确应当认定为工伤和视同工伤的不同情形，并且将故意犯罪、醉酒或者吸毒、自残或者自杀等情形排除在工伤范围之外。实践中的劳动用工形态非常多样，不同领域工作内容亦差异明显，案件涉及的工伤认定事实远比法律列举的情形更加复杂。尤其针对可能视同工伤的特殊情形，职工、用人单位以及社会保险行政部门往往出现分歧意见，司法审查标准亦难以把握。

（三）事实劳动关系证明难

职工能否享受工伤保险待遇与劳动关系的存在具有密切联系，但对于事实劳动关系的证明存在困难。部分职工受无用工主体资格的单位或个人指派进行工作，只能提供证明效力较低的关联材料，用人单位往往以劳务、承包、租赁、代理等关系否认事实劳动关系存在，甚至以职工在岗前培训期、试用期或招工时提供虚假个人信息等作为否认事实劳动关系的依据，需要对这些抗辩理由逐项甄别。

（四）职工和用人单位之间权益平衡难

工伤认定行政案件的审理需要考虑相应的社会效果，坚持预防为主、康复优先、救助及时的原则，有效防范和减少工伤事故。同时，也要在保障职工合法权益和降低用人单位负担之间实现平衡。在工伤认定领域，职工和用人单位之间往往存在利益冲突且不易调和，案件裁判难以综合平衡两者权益，涉案行政争议的实质性化解阻力较大。

三、工伤认定行政案件的审理思路和裁判要点

公民、法人或者其他组织对于工伤认定行政行为不服，可以提起行政诉讼。法院受理的该类案件范围，主要涉及社会保险行政部门作出的不予受理工伤认定申请的决定、工伤认定结论，以及其他具体行政行为。针对工伤认定行为的司法审查，法院应当从职权依据、执法程序、事实认定和法律适用等方面进行综合判断，既体现人文关怀和示范导向，又综合考虑社会承受能

力，保障受伤职工的医疗和生活救助有效实现。

（一）确定诉讼参加人和分配举证责任

工伤认定行政案件诉讼参加人主要包括职工及其近亲属、用人单位及社会保险行政部门等。根据案件具体情况，上述主体的诉讼地位对应原告、被告或者第三人。法院要在考虑职工、用人单位和社会保险行政部门举证能力差异的基础上合理分配举证责任。

1. 确定案件诉讼参加人

一是适格原告。用人单位、受到事故伤害或者患有职业病的职工及其近亲属，可以提起工伤认定申请，对社会保险行政部门作出的行政行为或者行政不作为不服，亦可以提起行政诉讼。

二是适格被告。因不服社会保险行政部门对工伤认定申请作出的行政行为提起诉讼，由作出工伤认定的行政机关作为被告。经过复议程序后，复议机关决定维持原行政行为的，原行政行为作出机关和复议机关作为共同被告；复议机关改变原行政行为的，复议机关作为被告。针对行政不作为提起诉讼的，由具有工伤认定职责的社会保险行政部门作为被告。

三是适格第三人。职工或其近亲属提起工伤认定行政诉讼，法院受理后通知用人单位作为第三人参加诉讼。用人单位对工伤认定决定不服提起诉讼，法院受理后通知受伤害职工作为第三人。如果职工死亡则由其法定代理人、近亲属或者其他利害关系人参加诉讼。

2. 举证责任分配

一是用人单位的举证责任。根据《工伤保险条例》第19条的规定，职工或者其近亲属认为是工伤，用人单位不认为是工伤的，由用人单位承担举证责任。这是由于职工和用人单位在证据持有、举证能力、生产经营地位和安全保障义务等方面存在明显区别，举证责任倒置更有利于查明案件事实。在对"三工"因素以及与"在工作时间和工作岗位突发疾病"等事实的认定中，用人单位承担排除一切因工受伤可能性的反证责任。职工若在试用期、培训期与用人单位形成管理与被管理、监督与被监督关系，用人单位亦不能否认劳动关系的存在。

二是职工的举证责任。职工在劳动关系中处于被管理的从属地位，在工伤认定申请过程中承担对工伤事实的初步证明责任，对工伤事故发生的时间、地点、原因和受伤害程度进行客观陈述，并提供劳动关系证明、医疗诊断证明或者职业病诊断证明等材料。职工主张社会保险行政部门对其工伤认定申请行政不作为的，应提供其曾向该部门提出过申请或者该部门已经受理申请的证据。

三是社会保险行政部门的举证责任。社会保险行政部门就工伤认定申请作出的行政行为或者行政不作为承担举证责任，应当提供证据证明被诉行政行为合法以及所依据的法律、法规和规范性文件。在认定工伤过程中，社会保险行政部门可以根据审核需要对事故伤害进行调查核实，进而作出认定结论。

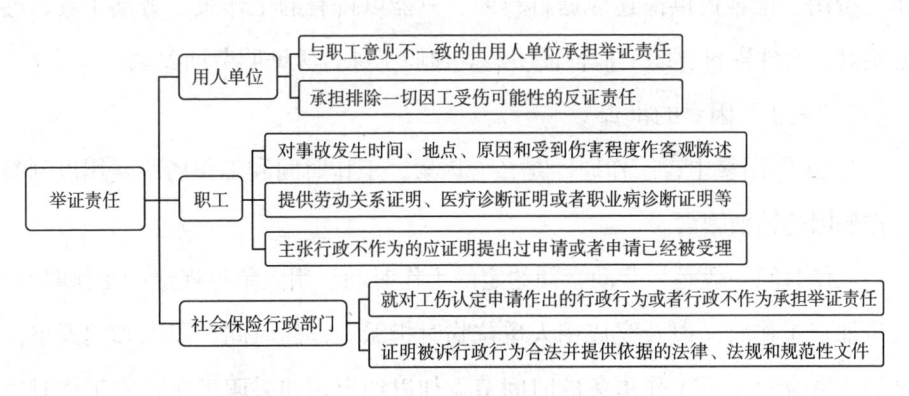

举证责任
- 用人单位
  - 与职工意见不一致的由用人单位承担举证责任
  - 承担排除一切因工受伤可能性的反证责任
- 职工
  - 对事故发生时间、地点、原因和受到伤害程度作客观陈述
  - 提供劳动关系证明、医疗诊断证明或者职业病诊断证明等
  - 主张行政不作为的应证明提出过申请或者申请已经被受理
- 社会保险行政部门
  - 就对工伤认定申请作出的行政行为或者行政不作为承担举证责任
  - 证明被诉行政行为合法并提供依据的法律、法规和规范性文件

思维导图1　工伤认定行政案件的举证责任分配

（二）工伤认定行政案件的审理要素

在工伤认定行政案件中，职权依据一般不存在争议，当事人争议焦点往往集中在事实认定和法律适用两方面。工作时间、工作场所和工作原因构成工伤认定的重要标准，工伤保险义务主体的确定对于职工权益的实现也至关重要。

1. 劳动关系存续期间的审查

劳动关系是职工与用人单位依据劳动法律规范，在劳动过程中形成的权利义务关系。用人单位自用工之日起即与劳动者建立劳动关系，实践中一般以签订劳动合同作为认定职工地位的依据。通过签订书面劳动合同形成的劳动关系是规范的劳动关系，在该情形下劳动关系存续期间的认定并不困难。劳动者与用人单位依法应当签订而未签订书面劳动合同，但同时具备下列情形的，可以认定双方形成了事实劳动关系：一是用人单位和劳动者符合法律、法规规定的主体资格；二是用人单位依法制定的各项劳动规章制度适用于劳动者，劳动者受用人单位的劳动管理，从事用人单位安排的有报酬的劳动；三是劳动者提供的劳动是用人单位业务的组成部分。一般可以根据工资支付凭证或者记录、社会保险证明、工作证、服务证、招工登记表、报名表、考勤记录等证据，综合认定双方之间是否存在事实劳动关系。然而，在特殊情况下，如职工因工作时间很短尚未领取工资、尚未办理相关证件、尚未缴纳相关费用，很难提供前述证据材料的，只能以持有的工作服、劳动工具、办公用具、文件资料、职工宿舍证明、其他职工证言等证明劳动关系。

2. "三工"因素的审查

"三工"因素中，工作原因是核心因素，工作时间和工作场所是用以判断工作原因的辅助因素。

工作时间一般是指劳动合同约定的工作时间、用人单位规定的工作时间、加班加点工作时间以及完成用人单位临时指派工作的时间。职工和用人单位之间通常会对从事工作事务的时间节点加以约定，如果职工在正常工作时间之外未经单位强制安排主动加班，只要从事本职工作则一般可以认定为工作时间，用人单位有充分证据证明职工该时间处理私人事务的除外。

工作场所是指用人单位能够对其日常生产经营活动进行有效管理的区域、职工为完成特定工作涉及的相关区域以及自然延伸的合理区域。一般而言，工作岗位可以确定为工作场所。职工为完成某项特定工作应当经过或者可能经过的相关区域亦属于工作场所。

如案例一中，孙某在公司办公大楼中的工作岗位属于工作场所，而其为完成赴机场接人任务需驾驶车辆所在的停车场是另一工作场所。从办公大楼到停车场，属于孙某往返于两个工作场所之间的合理区域，也应当认定为工作场所。区人社局认为孙某摔伤地点不属于工作场所，将完成工作任务的合理路线排除在工作场所之外，既不符合立法本意，也有悖于常理。因此，法院判决撤销区人社局作出的不予认定工伤的决定。

工作原因是指职工所受事故伤害系因从事本职工作、用人单位临时指派工作或因从事工作的相关行为所致。职工受伤与从事本职工作之间存在因果关系。判断职工受伤的原因，应当考虑是否履行工作职责、是否受用人单位指派、是否与工作职责有关、是否基于用人单位的正当利益等因素，职工在从事工作的过程中存在过失并不影响因果关系的成立。职工在工作时间和工作场所内受到事故伤害，用人单位或者社会保险行政部门没有证据证明是由于非工作原因导致的，一般应当认定属于工伤范围。

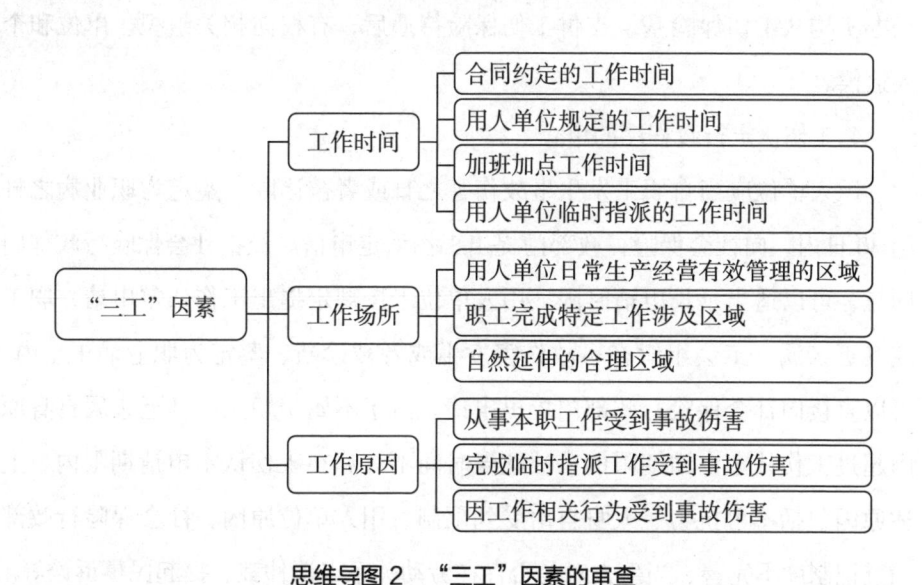

```
                      ┌─ 合同约定的工作时间
                      ├─ 用人单位规定的工作时间
              工作时间 ┤
                      ├─ 加班加点工作时间
                      └─ 用人单位临时指派的工作时间

                      ┌─ 用人单位日常生产经营有效管理的区域
 "三工"因素 ── 工作场所 ┼─ 职工完成特定工作涉及区域
                      └─ 自然延伸的合理区域

                      ┌─ 从事本职工作受到事故伤害
              工作原因 ┼─ 完成临时指派工作受到事故伤害
                      └─ 因工作相关行为受到事故伤害
```

思维导图2 "三工"因素的审查

3.工伤保险责任承担主体的审查

由于劳动用工形态复杂多样，在特殊情况下确定工伤保险责任的承担主体相对复杂。鉴于实践中存在双重或者多重用工的情形，职工在实际用人单位发生伤亡事故，如果符合认定工伤条件应当认定为工伤。根据原劳动和社会保障部的规定，部分职工在两个或两个以上用人单位同时就业，各用人单位应分别为职工缴纳工伤保险费，发生工伤后由职工受到伤害时的工作单位承担工伤保险责任。

在涉及劳务派遣、挂靠、指派、转包等关系时，确定承担工伤保险责任主体的规则如下：一是劳务派遣单位派遣的职工在用工单位工作期间因工伤亡的，派遣单位为承担工伤保险责任的主体。二是个人挂靠其他单位对外经营，其聘用的人员因工伤亡的，被挂靠单位为承担工伤保险责任的主体。三是单位指派到其他单位工作的职工因工伤亡的，指派单位为承担工伤保险责任的主体。四是用工单位违反法律、法规规定将承包业务转包给不具备用工主体资格的组织或者自然人，该组织或者自然人聘用的职工从事承包业务时因工伤亡的，用工单位为承担工伤保险责任的主体。

在挂靠关系和转包关系中，承担工伤保险责任的单位赔偿或者社会保险经办机构从工伤保险基金支付工伤保险待遇后，有权向相关组织、单位和个人追偿。

4. 工伤认定行政程序的审查

用人单位应当自职工发生事故伤害之日或者被诊断、鉴定为职业病之日起30日内，向社会保险行政部门提出工伤认定申请。经报社会保险行政部门同意，可以适当延长申请时限。用人单位未按规定提出工伤认定申请，职工或其近亲属、工会组织在事故伤害发生或者被诊断、鉴定为职业病1年内，可以直接向社会保险行政部门提出申请。由于不属于职工或其近亲属自身原因超过工伤认定申请期限的，被耽误时间不计算在工伤认定申请期限内。上述原因包括不可抗力、人身自由受到限制、用人单位原因、社会保险行政部门登记制度不完善、当事人对是否存在劳动关系申请仲裁、提起民事诉讼等。

社会保险行政部门应当自受理之日起60日内作出工伤认定决定，并书面通知职工或其近亲属和用人单位。社会保险行政部门对事实清楚、权利义务明确的申请，应当于15日内作出工伤认定决定。作出工伤认定决定需要以司法机关或者有关行政主管部门的结论作为依据的，在尚未作出结论期间，作出工伤认定决定的时限中止。

（三）应当认定为工伤情形的审查要点

符合工伤认定的情形相对复杂，需要充分考量工作时间、工作场所和工作原因等因素，综合判断是否符合工伤认定条件。

1. 上下班途中发生非本人主要责任通勤事故的审查

将通勤事故纳入工伤保险范围，是社会保障制度发展的必然结果，但该通勤事故仅限于上下班途中。"上下班途中"一般是指职工在合理时间和合理路线范围内往返于单位和住处的过程。

对于上下班时间，除考虑距离因素外，还应结合路况条件、交通工具、季节气候、偶然事件等作出客观合理的判断。

对于上下班路线，上下班的合理途径并非必经或者唯一的路线，职工居住地和工作场所之间的路线并不限于最短的路线，也不应由用人单位进行指定。在涉及是否绕行的问题上，可以综合考虑绕行的必要性和距离长短，并结合交通拥堵、车辆故障等因素作出判断。

下列情形可以认定为"上下班途中"：一是在合理时间内往返于工作地与住所地、经常居住地、单位宿舍等合理路线的上下班途中；二是在合理时间内往返于工作地与配偶、父母、子女居住地等合理路线的上下班途中；三是从事日常工作生活所需要的活动，且在合理时间和合理路线的上下班途中；四是在合理时间内其他合理路线的上下班途中。在工伤认定的过程中，需要从法律内在逻辑出发正确理解通勤事故的范围，在涉及诱发原有疾病等情况下，不宜过宽或者过窄适用。

如案例二中，胡某在上班途中发生己方无责的交通事故，由此导致的外伤应认定为工伤。然而，胡某在交通事故后诱发的冠心病急性发作，并非由交通事故直接导致，经鉴定与交通事故之间并不存在较大关联。上下班途中发生交通事故直接产生的伤害应认定为工伤，间接诱发的疾病则不属于工伤认定的疾病范畴。区人社局将胡某因交通事故直接造成右大腿外伤认定为工伤，而未将胡某在交通事故后诱发的冠心病、急性心肌梗死认定为工伤，并无不当。因此，法院判决驳回胡某提出的撤销工伤认定决定的请求。

2. 因工外出期间由于工作原因受到伤害的审查

根据《工伤保险条例》第14条的规定，因工外出期间，由于工作原因受到伤害或者发生事故下落不明的，应当认定为工伤。"因工外出期间"限于职工受单位指派或者因工作需要离开本职岗位到本地其他地方、外地或者境外等，从事与工作职责有关的活动。下列情形一般属于"因工外出期间"：一是职工受用人单位指派或者因工作需要在工作场所以外从事与工作职责有关活动期间；二是职工受用人单位指派外出学习或者开会期间；三是职工因工作需要的其他外出活动期间。

因工外出期间具有特殊性，工作时间中包含休息、旅途等时间，工作场所具有流动性，工作内容和工作状态也存在很多不可预测性。一般认为，职工受单位指派外出学习期间在安排的休息场所受到伤害的，应当认定为工伤；但从事与工作或者受用人单位指派外出学习、开会无关的个人活动受到伤害，一般不认定为工伤。对于造成事故伤害的原因，应从是否属于本岗工作、是否属于单位临时指派的工作、是否属于单位重大紧急情况等方面综合考量。

3. 工作时间和工作场所内因履行职责受到意外伤害的审查

职工在工作时间和工作场所内，因履行工作职责受到暴力等意外伤害的，应当认定为工伤。暴力伤害与履行工作职责是否具有必然的、直接的因果关系判断，核心标准在于伤害是否属于履行工作职责所引发。在工作期间因工作产生纠纷受到他人伤害，可以认定为工伤；如果并非工作原因引起，则属于普通人身伤害，不应认定为工伤。如果基于工作原因、工作需要或者就餐、如厕等正常生理需要受到不可预见的意外伤害，可以认定为属于工作原因；如果因个人恩怨引发，则不能认定为工作原因。

履行工作职责受到暴力伤害可能存在滞后性。可能当场没有出现暴力侵害，但在一段时间后出现暴力侵害，甚至由第三人加害。此种情况下，即使不在工作时间或不在工作场所,如果伤害确因履行工作职责引起,也能认定为工作原因,则认定为工伤更符合保护职工合法权益的立法目的和立法原则。

4.其他应当认定为工伤情形的审查

根据《工伤保险条例》第14条的规定,工作时间前后在工作场所内从事与工作有关的预备性或者收尾性工作受到事故伤害的,应当认定为工伤。这里的"预备性或者收尾性工作"是指工作所必需的准备或收尾工作,以及为保障人体正常生理、生活需要所必需的活动。

患职业病的应当认定为工伤。关于"患职业病"的认定,一般以职业病诊断证明书或者职业病诊断鉴定书的结论为准。鉴定意见不符合国家规定的要求和格式,社会保险行政部门可以要求重新提供。职业病诊断鉴定意见所列明的单位对其承担工伤保险责任有异议的,社会保险行政部门可以依据鉴定意见先行认定职工的职业病为工伤。

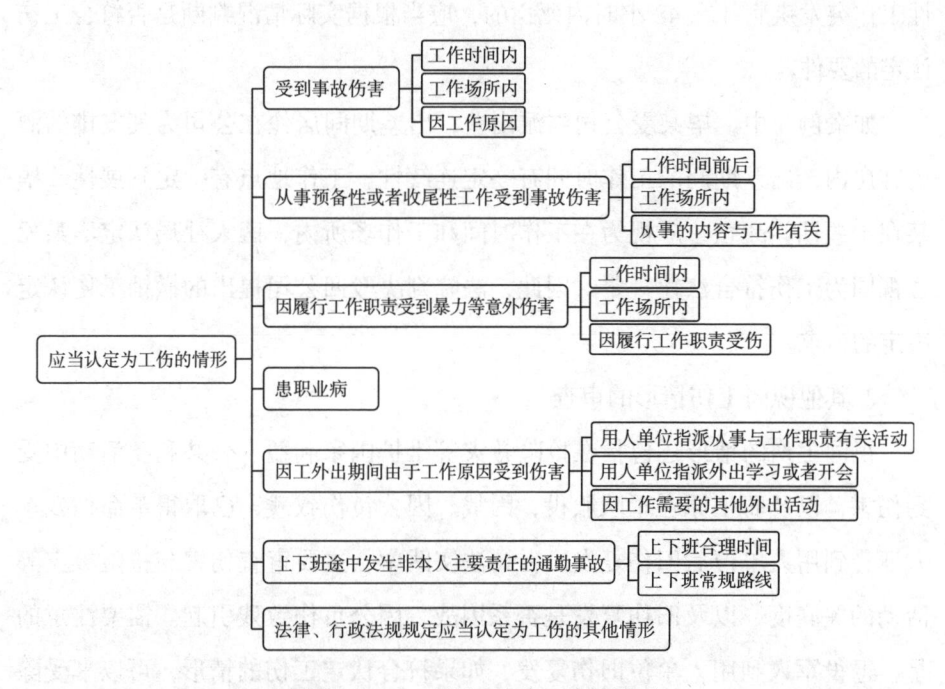

思维导图3 应当认定为工伤的情形

(四)视同工伤情形的审查要点

在司法审查中,应当准确查明案件涉及的有关事实,并依据有关立法精神和裁量基准,对是否符合视同工伤的条件作出判断。

1. 在工作岗位因突发疾病导致死亡的审查

突发疾病认定为工伤需满足相应条件:一是在工作时间和工作岗位;二是导致死亡或者在48小时内经抢救无效死亡。满足上述条件,即使疾病发生是由于个人身体原因而不是工作原因,也可以认定为工伤。根据《劳动和社会保障部关于实施〈工伤保险条例〉若干问题的意见》(劳社部函〔2004〕256号)第3条规定,上述"48小时"应以医疗机构的初次诊断时间作为突发疾病的起算时间。在工作时间和工作岗位因突发疾病当场死亡,认定符合视同工伤的情形通常争议不大。如果不是当场死亡,则需要提供医疗机构的诊疗记录等作为证明,进而作出工伤认定决定。出差途中以及从事准备性、收尾性工作突发疾病并在48小时内死亡的,应当根据实际情况判断是否符合工伤认定的要件。

如案例三中,毕某受公司委派出差,出差期间居住在公司为其安排的酒店客房内,出差期间的工作时间有一定连续性,工作地点有一定延展性。毕某在出差期间死亡,应视为在工作时间和工作场所内,区人社局认定毕某死亡视同为工伤符合法律规定。因此,法院判决驳回公司提出的撤销工伤认定决定的请求。

2. 其他视同工伤情形的审查

视同工伤的情形还包括在抢险救灾等维护国家利益、公共利益活动中受到伤害,以及职工原在军队服役,因战、因公负伤致残,已取得革命伤残军人证,到用人单位后旧伤复发。在司法实践中,主要审查伤害与抢险救灾等活动的关联度,以及旧伤复发是否系因战、因公负伤致残引起。需要注意的是,退役军人到用人单位旧伤复发,如果符合认定工伤的情形,可以享受除一次性伤残补助金以外的工伤保险待遇。

（五）工伤认定排除情形的审查要点

职工符合应当认定工伤的要件，但是故意犯罪、醉酒或者吸毒、自残或者自杀的，不得认定为工伤或者视同工伤。审查是否符合工伤认定的排除情形，一般以有权机构出具的事故责任认定书、结论性意见和人民法院生效裁判等法律文书为依据，但有相反证据足以推翻事故责任认定书和结论性意见的除外。前述法律文书不存在或者内容不明确，社会保险行政部门就相关事实作出认定的，应当结合相关证据进行审查。

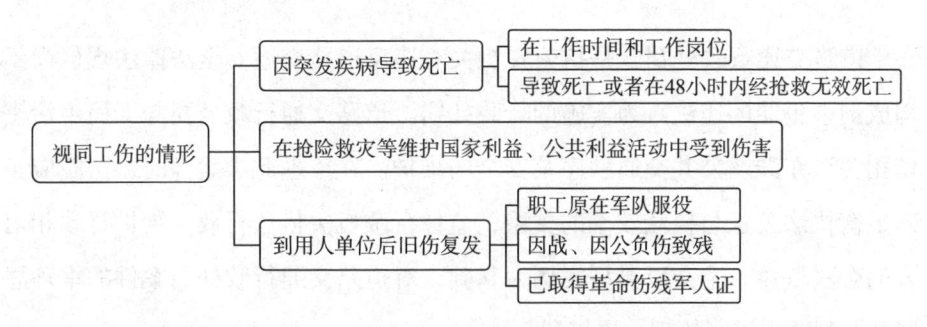

```
                              ┌─ 在工作时间和工作岗位
            ┌─ 因突发疾病导致死亡 ─┤
            │                  └─ 导致死亡或者在48小时内经抢救无效死亡
视同工伤的情形 ─┼─ 在抢险救灾等维护国家利益、公共利益活动中受到伤害
            │                  ┌─ 职工原在军队服役
            └─ 到用人单位后旧伤复发 ┼─ 因战、因公负伤致残
                                └─ 已取得革命伤残军人证
```

思维导图 4　视同工伤的情形

四、其他需要说明的问题

本文主要涉及针对社会保险行政部门作出认定或者不予认定工伤行为的司法审查，不涉及工伤保险待遇问题，当事人对工伤保险待遇问题有异议可以通过民事诉讼途径解决。

道路交通行政处罚案件的审理思路和裁判要点

岳婷婷 刘 月[*]

道路交通行政处罚，是指公安机关对违反道路交通安全法律法规但尚不构成刑事犯罪的违法行为实施的行政处罚。道路交通行政处罚与人民生活密切相关，亦涉及公共交通秩序及安全的维护。在审理此类案件时，法院应正确平衡执法公正与执法效率的关系，监督行政机关依法行政，维护行政相对人的合法权益。本文以典型案例为基础，对道路交通行政处罚案件的审理思路和裁判要点进行梳理、提炼和归纳。

一、典型案例

案例一：涉及告知事项的程序审查

陈某驾驶机动车与另一辆机动车发生碰撞，造成两车车损及乘客轻伤，公安机关交通管理部门认定陈某发生事故后逃逸，对其作出罚款2000元的行政处罚。陈某认为公安机关交通管理部门作出行政处罚前未向其告知举行听证的权利，程序违法，故诉至法院请求撤销行政处罚决定。

案例二：涉及行为次数的事实认定

周某驾驶摩托车驶入设置有摩托车禁行标志的主路，随后违法驶入应急车道。公安机关交通管理部门以周某分别实施两个违法行为、违反两个交通法规为由，分别作出罚款200元、100元的行政处罚决定。周某认为其行为具有不可分割性，属同一行为，公安机关交通管理部门的两个罚款处罚违反

---

[*] 岳婷婷，行政庭副庭长，法律硕士；刘月，行政庭法官助理，法学硕士。

"一事不再罚"原则，故诉至法院请求撤销后一个行政处罚决定。

案例三：涉及法律条款的理解适用

张某因涉嫌酒后驾驶摩托车被交警查获。经查，张某构成醉酒驾驶机动车，且其准驾车型为B2，无摩托车驾驶证。公安机关交通管理部门作出吊销张某B2机动车驾驶证的行政处罚。张某以不能因醉酒驾驶摩托车而吊销其B2机动车驾驶证为由，诉至法院请求撤销行政处罚决定。

案例四：涉及处罚裁量的合理审查

何某驾驶机动车与另一辆机动车碰撞造成车辆损坏，无人员伤亡。交警接报后至现场处理，发现何某车辆未撤离现场，遂在作出交通事故责任认定后以何某未及时撤离现场妨碍交通为由，对其作出罚款500元的行政处罚。何某以旁边系公交专用道，无法及时将车辆撤离到安全位置、处罚金额不合理为由诉至法院请求撤销行政处罚决定。

二、道路交通行政处罚案件的审理难点

道路交通行政处罚案件中，行政相对人常以未实施违法行为、违法存在特殊事由、行为不具有违法性、行政机关执法程序存在瑕疵等为由进行抗辩，法院如何区分不同情形对执法程序进行审查，如何正确运用证据规则查明事实，如何判断处罚自由裁量是否适当以及如何正确适用法律是该类案件审理中的难点问题。

（一）程序审查难

一是程序规定繁杂。对于程序审查，不仅要遵照《行政处罚法》《公安机关办理行政案件程序规定》关于程序的一般性规定，还要遵照《道路交通安全违法行为处理程序规定》的特别程序规定。不仅要区分简易程序和一般程序，还需关注听证、集体讨论等特别程序，且部分条文存在重复、交叉，审查难度较大。

二是程序类型多样。实践中，交通行政处罚方式多样，程序各异。如对于

驾驶员在现场、不在现场、利用交通技术监控查处、到现场窗口接受处理、未到窗口接受处理的，均有相应的程序规定，需要区分具体类型进行程序审查。此外，重新修正的《道路交通安全违法行为处理程序规定》已于2020年5月1日正式施行。其中部分程序规定调整较大，而相关地方性法规、规范性文件的修改尚存在一定滞后，在具体审查过程中容易造成错误和遗漏，增加审查难度。

（二）违法事实认定难

一是行为次数认定难。根据《行政处罚法》的规定，对当事人的同一个违法行为，不得给予两次以上罚款的行政处罚。对违法行为个数的认定系判断是否违反"一事不再罚"原则的前提。因部分交通违法行为具有持续性、连续性、重合性的特征，且部分违法行为人在特定时间段存在多次违法，此类行为是否属于同一违法行为往往成为司法认定中的难点。

二是行为样态认定难。交通违法行为具有瞬时性、突发性、临时性的特点，因现场无法重现且取证时间紧迫，执法记录仪常存在记录不够准确，甚至与客观事实出现偏差等情况。部分道路缺乏监控措施、拍摄角度选取不当均会导致视频资料缺失或成像模糊，从而使监控视频不能清晰、准确地反映机动车类型、号牌、外观等特征以及违法时间、地点等要素。在此情形下，当事人对于违法行为是否存在以及行为状态的描述往往存在较大争议，增加了事实认定的难度。

（三）处罚裁量把握难

行政处罚应当做到"罚责相当"，对于符合从轻、从重、免除处罚条件的，应当根据具体情节给予合法、合理的处罚。部分地区已对同类违法行为实施统一处罚标准，但实践中违法的原因及情况各异，当事人往往以其违反交通法规行为系救助危难或紧急情况下作出，应当减免处罚等作为抗辩理由。执法标准统一的情况下，判定当事人所主张的特殊事由是否构成影响量罚情节以及影响程度亦是法院审查的难点。

（四）法律适用难

道路交通行政处罚所涉法律、法规及规范性文件较多，易造成理解歧义。此外，道路交通违法行为种类多样，法律、法规列举情形有限，对于新类型违法行为如何适用法律易引发争议。如醉酒驾驶摩托车是否应当吊销其机动车驾驶证、对妨碍安全驾驶行为的条文如何理解和把握等，法律规定不够完全、细致，增加了法律适用难度。

三、道路交通行政处罚案件的审理思路和裁判要点

审理此类案件，既要结合行政处罚的一般原则，判定行政行为是否符合处罚法定、公正公开、正当程序及比例原则的要求，又要结合交通执法特性平衡执法公正与执法效率的关系，及时纠正违法行政行为，维护行政相对人的合法权益。同时，对于认定事实清楚、争议不大的案件，应坚持罚教结合的原则，加强协调化解力度，避免诉累和司法及行政资源的浪费，达到法律效果和社会效果的统一。对道路交通行政处罚案件的审查应当依据《行政诉讼法》对行政行为的合法性及合理性进行审查，具体审查要素如下。

（一）交通行政执法职权的审查要点

作出行政处罚的执法主体是否具有相应的法定职权是首先需要审查的内容。总体而言，应坚持"法无授权不可为"的原则，严格依照法律、法规规定的执法主体、范围对职权进行审查。

1. 执法主体审查

一是在地域管辖方面，道路交通违法行为原则上由违法行为发生地的公安机关交通管理部门管辖。需要注意以下两点：第一，特殊场所的行政职权范围。在部分地区（如上海），对于发生在机场或高架等特殊地点的道路交通违法行为，由专门的机场分局交通管理部门或高架交通管理部门进行处理。在审查时应注意查清交通执法机构的具体组成，厘清执法权限。第二，异地处理交通违法行为的行政职权范围。违法行为人在违法行为发生地以外的地

方处理交通技术监控设备记录的违法行为的，处理地公安机关交通管理部门可以协助违法行为发生地公安机关交通管理部门调查违法事实、代为送达法律文书、代为履行处罚告知程序，但作出处罚决定的主体仍应当是违法行为发生地公安机关交通管理部门。

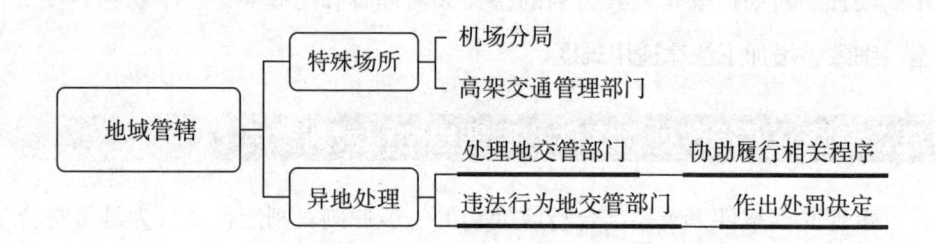

```
                    ┌─ 特殊场所 ─┬─ 机场分局
地域管辖 ─┤           └─ 高架交通管理部门
                    └─ 异地处理 ─┬─ 处理地交管部门 ── 协助履行相关程序
                                └─ 违法行为地交管部门 ── 作出处罚决定
```

思维导图 1　道路交通行政执法地域管辖

二是在级别管辖方面，应审查不同行政处罚所对应的行政机关层级是否正确，并根据不同处罚类型分别判定。交通行政处罚的种类包括警告、罚款、暂扣和吊销机动车驾驶证、行政拘留等。对于不同处罚种类，执法主体有所不同。对违法行为人处以警告、罚款或者暂扣机动车驾驶证处罚的，由县级以上公安机关交通管理部门作出处罚决定。处以吊销机动车驾驶证处罚的，由设区的市公安机关交通管理部门作出处罚决定。对违法行为人处以行政拘留处罚的，由县、市公安局、公安分局或者相当于县一级的公安机关作出处罚决定。在诉讼中，应注意审查行政机关是否存在超越法定权限的情形。

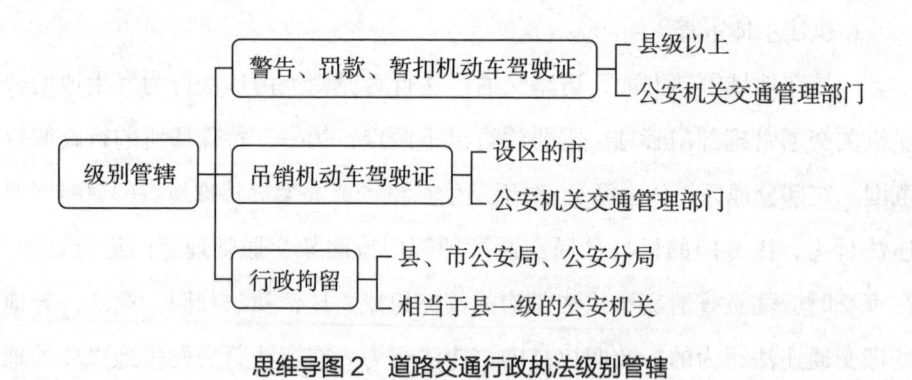

```
                    ┌─ 警告、罚款、暂扣机动车驾驶证 ─┬─ 县级以上
                    │                              └─ 公安机关交通管理部门
级别管辖 ─┤         
                    ├─ 吊销机动车驾驶证 ─┬─ 设区的市
                    │                   └─ 公安机关交通管理部门
                    └─ 行政拘留 ─┬─ 县、市公安局、公安分局
                                └─ 相当于县一级的公安机关
```

思维导图 2　道路交通行政执法级别管辖

2. 执法范围审查

公安机关交通管理部门依据《道路交通安全法》进行执法，地域范围原则上限定在"道路"，即"公路、城市道路和虽在单位管辖范围但允许社会机动车通行的地方，包括广场、公共停车场等用于公众通行的场所"。此外，《道路交通安全法》还规定，对于道路以外通行时发生的事故，公安机关交通管理部门接到报案的，参照该法规定办理。因此在部分情形下，公安机关交通管理部门行政执法的地域范围亦可拓展到"道路"以外。

（二）交通行政执法程序的审查要点

对于执法程序的审查，应当严格依照法律、法规的规定，根据正当程序原则进行审查。一般包括以下三个方面。

1. 简易程序的审查

一是适用范围。对道路交通违法行为人予以警告、200元以下罚款，可以适用简易程序。二是适用程序。可以由一名交警作出，口头告知违法行为人违法事实、拟作出的行政处罚、依据及依法享有的权利，听取违法行为人陈述和申辩，制作简易程序处罚决定书。三是送达程序。处罚决定书应当当场交付被处罚人，被处罚人拒收的，由交通警察在处罚决定书上注明，即为送达。

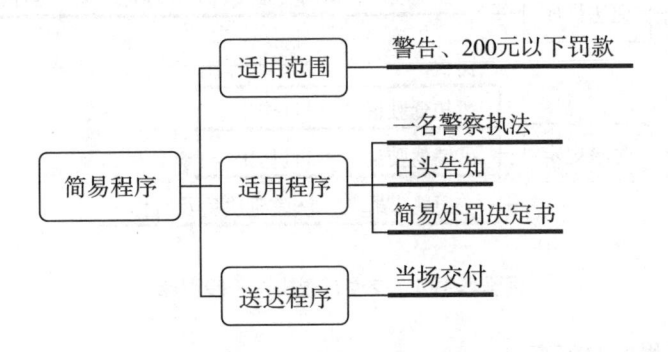

```
                    ┌─ 适用范围 ── 警告、200元以下罚款
                    │
                    │              ┌─ 一名警察执法
简易程序 ───────────┼─ 适用程序 ──┼─ 口头告知
                    │              └─ 简易处罚决定书
                    │
                    └─ 送达程序 ── 当场交付
```

思维导图3　交通行政执法简易程序

2. 一般程序的审查

一是适用范围。对200元（不含）以上罚款、暂扣或者吊销机动车驾驶

证的，适用一般程序。二是适用程序。应当由两名以上交警执法，应当调查询问当事人并制作笔录，采用书面形式或者笔录形式告知当事人拟作出行政处罚的事实、理由及依据，并告知其依法享有的权利。对当事人陈述、申辩进行复核，复核结果应当在笔录中注明。制作行政处罚决定书并由被处罚人签名。对违法行为人单处200元（不含）以上罚款的，可以通过简化取证方式和审核审批手续等措施快速办理。三是送达程序。行政处罚决定书应当当场交付被处罚人；被处罚人拒收的，由交警在处罚决定书上注明，即为送达；被处罚人不在场的，应当依照《公安机关办理行政案件程序规定》送达。四是时限规定。对于违法事实清楚，需要按照一般程序处以罚款的，应当自违法行为人接受处理之日起24小时内作出处罚决定；暂扣机动车驾驶证的，3日内作出处罚决定；处以吊销机动车驾驶证的，自违法行为人接受处理或者听证程序结束之日起7日内作出处罚决定；交通肇事构成犯罪的，应当在法院判决后及时作出处罚决定。

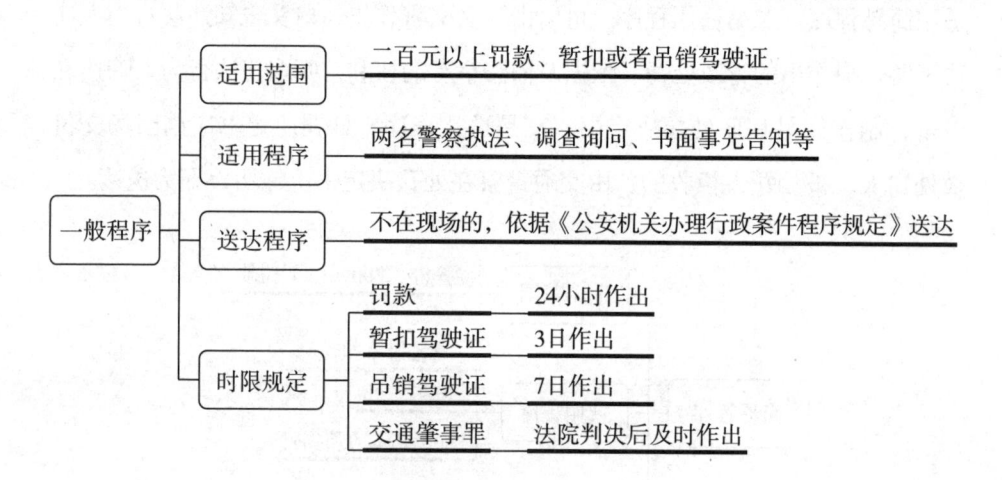

一般程序
- 适用范围——二百元以上罚款、暂扣或者吊销驾驶证
- 适用程序——两名警察执法、调查询问、书面事先告知等
- 送达程序——不在现场的，依据《公安机关办理行政案件程序规定》送达
- 时限规定
  - 罚款　　　　24小时作出
  - 暂扣驾驶证　3日作出
  - 吊销驾驶证　7日作出
  - 交通肇事罪　法院判决后及时作出

思维导图4　交通行政执法一般程序

3.听证程序的审查

对于较大数额罚款、吊销驾驶证的，执法部门在作出行政处罚决定前应当告知当事人有要求举行听证的权利。执法部门不得因当事人要求听证而加重处罚。执法部门应当在听证的7日前通知当事人听证时间、地点。对于听

证的具体程序应当结合《行政处罚法》《公安机关办理行政案件程序规定》进行审查。

如案例一中，2000元属于交通行政处罚中较大数额的罚款，对行政相对人权利义务影响较大，行政机关应当在作出处罚前告知行政相对人有要求举行听证的权利。因公安机关交通管理部门作出行政处罚前未向陈某告知有要求举行听证的权利，程序违法，故法院判决撤销被诉处罚决定。

（三）交通违法事实认定的审查要点

审查公安机关交通管理部门作出行政处罚决定所认定的事实是否正确，不仅需查明违法行为的次数、样态，还需查明影响量罚的事实情节以及是否存在可以消除记录的特殊事由。具体需依据《行政诉讼法》《道路交通安全违法行为处理程序规定》及《最高人民法院关于行政诉讼证据若干问题的规定》等，结合举证责任、证据效力等进行审查。

1. 违法事实认定

（1）处罚对象

一是实际违法行为人，即违反交通安全法规的行人、驾驶员、乘车人以及与道路交通活动有关的单位和个人。二是车辆所有人、管理人。公安机关交通管理部门根据交通技术监管记录资料无法确定驾驶人的，可以对违法的机动车所有人或者管理人依法予以处罚。三是直接主管人员。运输单位的车辆如有超载或违反规定载货，经处罚不改的，对直接负责的主管人员进行处罚。

（2）违法行为

第一，对违法行为次数的认定。违法行为的次数需结合具体案件综合判定，一般需要考虑以下几个要素：违法时间及地点、违法行为人内在意思表示及外在行为表现、法律规范评价、行为是否被纠正等。例如对于超载、骑车载人等行为，应查明行为人的违法行为是否已纠正：如纠正后再次实施，则属于多次行为；如未纠正，因违法状态具有持续性，仍属同一个行为。对于超速行为，根据公安部门出具的指导意见，同一辆机动车在同一道路、同一行使方向，违反限速规定且处于持续状态，被同一县（市、区）公安机关交通管理部门或者高速公路交警大队辖区的测速取证设备记录多次的，作为一个行为处罚。对于行为动作部分重合的违法行为，应结合行为人的内在意思表示、法律规范评价、行为是否具有可分割性进行综合判断。

如案例二中，周某驾驶摩托车驶入主路应急车道时，其违法驶入主路及应急车道的外在行为动作虽然出现重合，但周某具有两个违法意思表示且具体行为由两个不同的法律规范所规制。违法驶入主路及违法驶入应急车道的行为在事实上相互独立，并非具有不可分割性，应认定为两个行为。法院据此认为公安机关交通管理部门对周某作出的处罚并不违反"一事不再罚"原则，判决驳回周某诉讼请求。

第二，对违法行为样态的认定。对于动态式违法行为，首要目的是制止违法以有效控制动态危险源，坚持效率优先、兼顾公平的原则。其中，对适用简易程序的案件，因处罚幅度较低，对当事人权利义务影响相对较小，此时可采取"优势证据"的证明标准。例如上海市为提高执法规范化水平，要求交警执法过程中佩戴执法记录仪，但实践中存在因时间紧迫未开启执法记录仪、仪器损坏、视频记录被覆盖或清除的情况。根据2021年修订的《行政处罚法》相关规定，行政机关应当对执法过程进行全过程记录并归档保存，故公安机关交通管理部门一般应当提交执法记录仪记载的视听资料作为证据，不能提供的应当说明理由。如视听资料不能提供存在正当事由并能排除交警与当事人存在利害关系，且没有相反证据对交警陈述事实予以否定的情形下，可以认定交警的陈述具有优势地位，对交警认定的违法事实予以采信。

对于静态式违法行为尤其是适用一般程序的案件，应当遵循公平优先、兼顾效率原则或使两者处于均衡状态。此时应当适用更高的证明标准，需要执法部门提供更为充分的证据，如现场执法记录、执法人员陈述、询问笔录、视听资料等，还需结合不同证据的证明力以及证据之间能否形成证据链条对事实进行综合判定，做到事实清楚、证据充分。

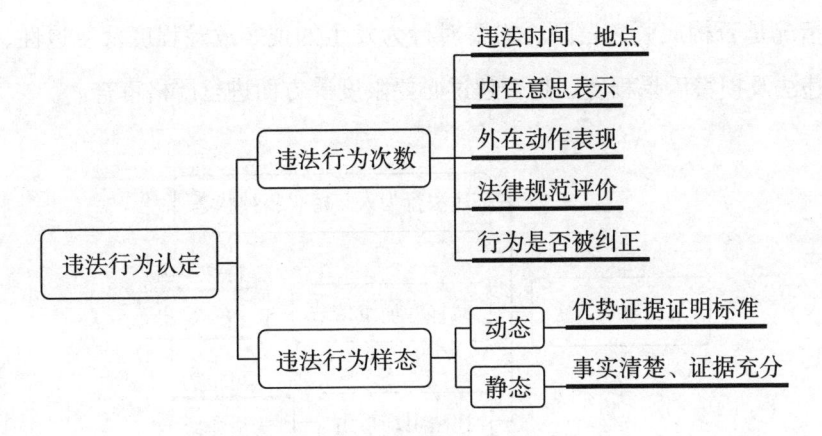

思维导图5 交通违法行为的认定

第三，特殊情形。根据《道路交通安全违法行为处理程序规定》第22条，特殊情形下因行为具有一定合理性和不可非难性，可对违法行为信息予以消除。在审查中，应注意查明是否存在应当消除记录的情形。

2. 量罚事实认定

一是需查明违法行为人的年龄和精神状态，以确定是否属于《行政处罚法》规定的不予行政处罚或从轻减轻处罚的情形。实践中存在未成年人、精神病人无证驾驶的情形，对于不满十四周岁以及精神病人、智力残疾人在不能辨认或者不能控制自己行为时违法的，不予处罚。

二是需查明违法行为的产生是否具有可减轻或加重处罚的特殊情形，需适当考量行为人违法的主观过错及相应后果等因素：第一，应当查明是否存在违法的特殊事由，如接送老弱病残孕等弱势群体，避让警车、救护车辆的。第二，应当查明违法行为造成的后果，如违法停车是否造成严重交通拥堵或妨碍他人经营、出行等正常活动，变道及闯红灯是否造成严重事故等。

三是需查明是否存在不可抗力、紧急避险等违法阻却事由。如在雨雪、大雾等恶劣天气导致路面积水、积雪或遮蔽信号灯及指示线等情形下违法，需判断是否属于不能预见、不能避免且不能克服的客观情况。又如行驶中为避让违反交规的行人、车辆或障碍物，在紧急状态下实施的违法行为，对于此种情况是否构成紧急避险，需要对行为发生的现实危险程度及急迫性、造成的违法及损害后果程度、是否超过必要限度等方面进行严格审查。

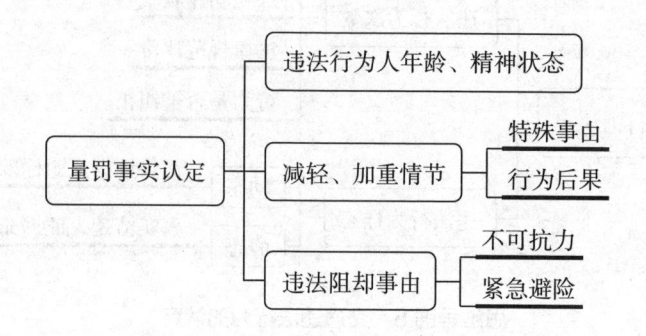

思维导图6　交通违法量罚事实的认定

（四）交通处罚法律适用的审查要点

法院要在查明事实及量罚情节基础上，审查行政机关适用法律是否正确、适当。

1. 正确适用法规

因交通行政处罚领域所涉法律、法规及规范性文件较多，在具体审查过程中应注意区分是否存在法条冲突，运用上位法优于下位法、新法优于旧法、特别法优于一般法的规则判断行政机关适用法律是否正确。

2. 综合运用法律解释方法

鉴于交通违法行为种类多样，法律无法对所有情形均作出明确规定。对于新型违法行为的法律适用，应综合案情，运用文义解释、体系解释、目的解释等法律解释方法作出合法、合理认定。如在对妨碍安全驾驶条文进行理解时，对于吸烟、浏览导航等行为的认定，需要结合事实情节、日常经验、立法目的等要素进行合理解释，避免任意扩大或限缩解释。再如关于醉驾吊销机动车驾驶证条文的理解，法院在审查法律适用问题上，应结合维护道路交通秩序、预防和减少交通事故、保护人身安全的立法目的进行解释。

如案例三中，因醉驾属严重交通违法行为，吊销机动车驾驶证应当是指吊销违法行为人驾驶机动车的资格，而非仅剥夺持证人违法时驾驶的某一准驾车型的资格。因此法院认定醉驾应当吊销其所有车型的机动车驾驶证，判决驳回张某诉讼请求。

3. 合理审查自由裁量幅度

法院除应对行政行为合法性进行审查外，仍应结合查明的量罚情节判定行政行为裁量幅度是否合理。对于已出台具体裁量标准的，应当审查行政机关依据该裁量基准作出行政处罚是否合理。鉴于裁量基准系公安机关交通管理部门行政处罚过程中的自由裁量权，除行政机关适用该裁量基准作出的行政处罚明显违反比例原则、平等原则外，一般情况下法院应对该裁量基准予以参照。

在审查中，若存在特殊事由时，还需考察按照该裁量基准进行处罚是否合理。存在可从轻、减轻或从重情节的，应在法律规定的自由裁量幅度内作出合理处罚，而非直接依据裁量基准进行统一标准处罚。如对于因接送老弱病残孕等弱势群体而违法停车且未造成严重后果的，可作为减轻情节；对于违法停车造成严重交通拥堵且违法行为持续时间过长的，可作为从重处罚情节。公安机关交通管理部门在处罚过程中应适当对前述特殊事由予以考量，如未考量而直接适用裁量基准进行处罚导致明显不合理的，则应判决撤销或变更。如案例四中，被诉处罚决定未结合案件具体情况及后果进行合理裁量，直接顶格进行处罚明显不当且显失公平，故法院判决撤销被诉处罚决定。

对于未出台具体裁量标准的，法院应当结合比例原则、平等原则对行政处罚进行严格审查。如行政机关是否结合从轻、减轻、从重情节作出合理处罚，是否做到罚责相当。在审查中，应注意在决定给予的处罚与处罚目的之间进行衡量，行政处罚不能对当事人给予超出行政目的的侵害。如对违法情节较轻的行为，仅适用警告即可达到行政管理目的，适用大额罚款或拘留则属明显不当，法院应判决撤销或变更。

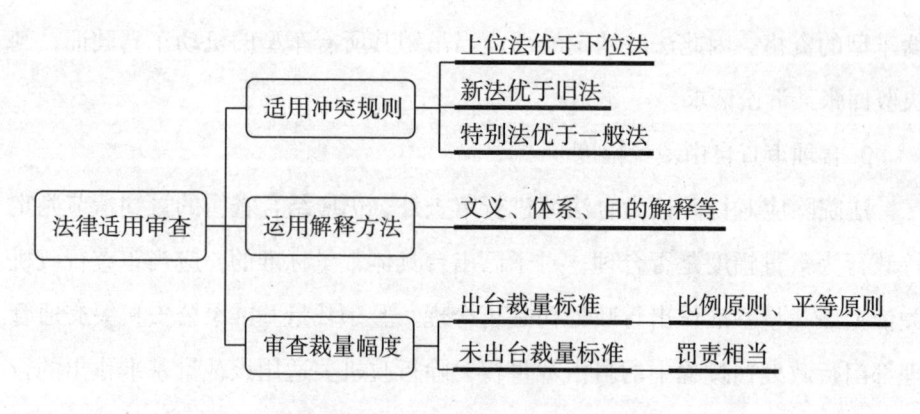

```
                              ┌──────────────┬── 上位法优于下位法
                              │ 适用冲突规则 ├── 新法优于旧法
                              │              └── 特别法优于一般法
                              │
            ┌─────────────┐   │ ┌──────────────┐
            │ 法律适用审查 ├───┼─┤ 运用解释方法 ├── 文义、体系、目的解释等
            └─────────────┘   │ └──────────────┘
                              │
                              │ ┌──────────────┐   出台裁量标准 ── 比例原则、平等原则
                              └─┤ 审查裁量幅度 ├──
                                └──────────────┘   未出台裁量标准 ── 罚责相当
```

思维导图 7　交通处罚的法律适用审查

四、其他需要说明的问题

　　本文所总结的案件不包括违反道路交通运输法律法规行政处罚案件，亦不包括航空、海事、铁路、轻轨领域发生的交通行政处罚案件。实践中，当事人多对交通违法扣分行为不服提起行政诉讼，因该行为属于行政处罚还是行政管理手段在学界尚有争议，实践中各地法院处理亦有不同，且该行为与《道路交通安全法》所调整的法律行为不属同一性质，故本文对此亦不作论述。

行政协议类案件的审理思路和裁判要点

董礼洁　张　昊[*]

　　行政协议是行政机关为实现行政管理或者公共服务的目标，与公民、法人或者其他组织协商订立的具有行政法上权利义务内容的协议。行政协议在本质上属于行政行为，但在形式上又采用"合意"方式作出，具有公法和私法双重属性。行政协议的这种"二元性"在实践中易导致法律适用混乱，本文从行政协议的基本性质出发，结合典型案例，对行政协议类案件中的审理思路和裁判要点进行梳理、提炼和总结。

一、典型案例

案例一：涉及行政协议诉讼时效的认定

　　李甲与A区土地储备中心于2005年签订征用集体所有土地房屋拆迁安置补偿协议。2019年，李甲的父亲李乙认为其系拆迁户的户主，A区土地储备中心在未与其协商一致的情况下，与李甲签订协议拆除涉案房屋，侵害其权益，遂向法院提起诉讼，请求确认协议无效。一审法院认为安置补偿协议具有行政协议属性，应适用行政诉讼关于起诉期限的规定，以李乙的起诉已经明显超出最长2年的起诉期限为由，裁定驳回起诉。李乙不服提起上诉。

案例二：涉及行政协议内容的合法性审查

　　王某与B区房管局（签约甲方）、B区三征所（房屋征收实施单位）签订国有土地上房屋征收补偿协议，约定补偿金额、补偿面积以及王某户不享受居住

---

[*] 董礼洁，行政庭副庭长，法学博士；张昊，行政庭法官助理，法学硕士。

困难户保障。协议签订后,王某户向B区三征所交付涉案房屋并领取征收补偿款。后王某以B区房管局未认定其为居住困难户且其受到胁迫为由诉至法院,请求确认该协议条款无效并要求按照居住困难户标准进行补偿。一审法院认为王某已经签署相关协议不能反悔,判决驳回其诉讼请求。王某不服提出上诉。

案例三:涉及行政协议履行行为的审查

林甲与C区房管局签订国有土地上房屋征收补偿协议约定:采用产权房屋调换方式安置林甲,林甲户不符合居住困难户标准,林甲作为承租人有义务对同住人进行安置,房管局应当在林甲腾空房屋后60日向林甲交付安置房和补偿款。协议签订后,林甲的侄女林乙向房管局提出林甲户应当认定为居住困难户。房管局以林甲户家庭内部不能协商一致为由,拒绝向林甲交付安置房和补偿款。一审法院判决房管局向林甲户履行协议,林甲以房管局履行协议对象错误为由提出上诉。

案例四:涉及行政协议条文的理解

2015年,D区住房局与被征收人签订协议。协议中关于交房期限的空白处未填写日期,但在房源使用单中记载交房日期为"该项目取得施工许可证后36个月"。该征收基地其他安置房源的交房日期约定为3年。征收部门工作人员前期通过展板、触摸屏机器等公示了载有交房日期为该项目取得施工许可证后36个月的安置房源清单等相关征收信息。被征收人在协议订立3年后,起诉要求征收人承担未按时交房的违约责任。

二、行政协议类案件的审理难点

行政协议不同于一般行政行为,是行政机关与行政相对人之间达成合意后共同履行的双方法律行为,而非行政机关单方法律行为。行政协议与单方行政行为相比,最本质的区别在于行政相对人的意思表示对行政协议的成立和生效具有决定性作用。需要注意的是,行政机关订立、履行、解除行政协议的行为仍然应当遵循行政法的基本原则。同时,行政协议类案件的审查还必须考虑协议行政性部分的审查以及行政法规范和民法规范的衔接问题。如何处理好依法行政和意思自治的关系，做到既保障公共利益又维护个人利益，是行政协议类案件审查的重点和难点。

（一）起诉期限和诉讼时效区分难

审理行政协议类案件首要解决的问题是，当事人对行政协议提起诉讼应适用行政诉讼中的起诉期限制度还是民事诉讼中的诉讼时效制度。起诉期限属于程序审理的范畴，针对的是诉讼中的诉权，由法院主动审查。起诉期限届满后，法院对行政争议不再进行实体审理。诉讼时效属于实体审理的范畴，需由当事人自行提出抗辩，法院不主动审查。诉讼时效届满后，债权人丧失胜诉权。行政协议作为行政行为与民事合同融合的产物，具体应适用起诉期限还是诉讼时效，需要依据诉讼请求进行判断。针对行政优益权提起的撤销之诉应适用行政诉讼起诉期限的规定，而针对行政机关不依法履行、未按照约定履行行政协议提起诉讼的，应适用民事诉讼时效的规定。

（二）举证责任分配难

一般行政诉讼中，行政机关对其作出行政行为的合法性负有举证责任。然而因行政协议本身具有契约性、双务性的特征，行政协议类案件中引入民事诉讼"谁主张，谁举证"的举证规则。行政相对人对其要求撤销、解除行政协议的事由，以及是否履行协议约定义务承担举证责任。行政机关则需参照行政行为对其职权、职责，以及履行、变更、撤销协议等行为的合法性和程序等承担举证责任。实践中，由于协议签订履行情况复杂，双方权利义务交织，如何理清案件事实、正确适用举证规则是行政协议类案件的审理难点之一。

（三）意思自治与依法行政平衡难

行政协议允许行政机关与行政相对人通过意思自治达成协议，但行政机关的意思表示不能违反法律、行政法规和规章的规定。与民事合同审理不同的是，即使行政机关与行政相对人对于协议约定的内容不存在争议，法院在审理行政协议案件时仍需对行政行为的合法性进行审查，以保障依法行政的基本要求。因此如何平衡好意思自治与依法行政的关系，也是行政协议类案件的审理难点之一。

（四）法律规范适用难

行政协议需要同时符合行政与民事两方面法律规范的要求，但两者可能存在边界模糊、重叠的情况。例如行政协议无效既适用行政法律规范中关于行政行为无效的规定，也适用民事法律规范中关于合同无效的规定。在行政和民事法律关系交织的情况下，如何根据案件事实准确适用行政、民事法律规范存在一定难度。

（五）行政协议条款认定难

行政协议文本多为格式条款，实践中往往某些关键内容表述不清楚、不规范、不严谨，甚至留有空白。协议关键性内容的缺失给行政审判带来一定困难，需要法院花费较大精力分析认定协议约定所指向的内容。在法院依法作出认定后，一方当事人往往对此认定不予认可，进而对判决结果不服，难以实现实质性解决行政争议的效果。

三、行政协议类案件的审理思路和裁判要点

行政协议类案件的审理，应以《行政诉讼法》及相关司法解释、《民法典》相关条款为主要法律依据，在保证国家利益、社会公共利益的前提下，运用依法行政、诚实信用、正当程序等原则保护协议双方合法权益，平衡好依法行政与意思自治之间的关系，督促行政机关严格依法行政，合法高效开展行政活动，达到良好的社会治理效果。

（一）行政协议的认定标准

根据最高人民法院《关于审理行政协议案件若干问题的规定》第1条，

行政协议应包含四方面要素：一是主体要素。缔结行政协议的一方应当是行政机关，或者法律、法规、规章授权的组织以及其他依法接受行政机关委托行使公共管理职能的组织。另一方是作为行政相对人的公民、法人或其他组织。行政机关之间的公务协助协议及行政机关与其工作人员订立的劳动人事协议不属于行政协议。二是目的要素。行政协议的订立目的具有公益性，即为实现行政管理或者公共服务目标而订立行政协议。行政机关为自身需要与合同相对方订立的建设、维修、采购等协议不属于行政协议。三是协商要素。行政协议是双方法律主体经过协商达成的合意，应体现平等、自愿、协商等特征。需要指出的是，在行政协议中，协议双方法律地位并不完全平等，行政机关需受行政法律法规的规制。四是内容要素。行政协议需具有行政法上的权利义务内容，可以从行政机关是否行使行政职权、协议是否为实现行政管理目标或公共利益、是否存在法定或约定的优益权进行判断。

如案例一中，案涉协议一方当事人是土地储备中心，虽然其性质是事业单位，但事业单位也可以民事主体的身份与他人订立协议，必须结合相关法律法规及双方法律地位确定协议性质。该案发生于2005年，李甲与土地储备中心依据《城市房屋拆迁管理条例》订立拆迁协议，土地储备中心为拆迁人，李甲为被拆迁人。在城市房屋拆迁制度框架下，拆迁人与被拆迁人属于平等民事主体，如果双方对订立协议或协议履行发生争议，需通过行政裁决或者民事诉讼予以解决。因此本案中土地储备中心属于民事主体，不符合《关于审理行政协议案件若干问题的规定》中确立的主体标准，该协议并非行政协议，而是民事合同，不应当适用行政诉讼起诉期限的规定，而应当适用民事法律规范进行审理。故二审法院撤销一审裁定，指定一审法院继续审理。

（二）行政协议的分类审查

行政协议类案件的审理首先需要明确案涉协议属于行政协议还是民事合同。行政协议类案件不同于传统行政案件，其诉讼请求多样，举证规则、法律适用等亦有不同。根据《关于审理行政协议案件若干问题的规定》，可以将行政协议案件分为行政协议缔约之诉、效力之诉、履行之诉及相关行为之诉四种诉讼类型。

1.行政协议缔约之诉

行政协议缔约之诉是指《关于审理行政协议案件若干问题的规定》第9条第4项规定的,原告"请求判决行政机关依法或者按照约定订立行政协议"的诉讼。这类案件的审查重点是原告主体资格。

(1)原告资格限于中标人、公平竞争权人和行政允诺相对人

行政协议缔约之诉原告资格的获得方式分为两类:第一类是依法获得原告资格的情形,如中标人、公平竞争权人。根据《招标投标法》第46条规定,招标人和中标人应当自中标通知书发出之日起30日内,按照招标投标文件订立书面合同。如果作为招标人的行政机关未按照上述规定与中标人签订协议,中标人可以提起缔约之诉。此外,参与招标、拍卖、挂牌等竞争性活动的公民、法人或者其他组织认为行政机关的行为侵犯其公平竞争权的,也有权提起行政诉讼。第二类是依据行政允诺获得原告资格的情形。当行政机关已经通过协议等方式承诺与特定相对人订立行政协议时,如行政机关不履行该义务,行政相对人则有权就此提起行政诉讼。

(2)起诉期限参照请求履行法定职责的规定

关于行政协议缔约之诉的起诉期限,《行政诉讼法》及相关司法解释均无明确规定。若其他单行法律法规有规定的,应当从其规定;若无其他规定的,可以参照要求行政机关履行法定职责的规定来审查原告的诉讼是否超出法定起诉期限:行政相对人或利害关系人应当首先在合理期限内向行政机关提出要求缔约的请求,如果行政机关予以拒绝或者超过2个月未予以答复,行政相对人或利害关系人可以自行政机关拒绝之日或2个月期限届满之日起6个月内提起行政诉讼。

(3)结合实体法进行司法审查

行政协议缔约之诉应根据原告的诉讼请求分别进行审查。如果原告依据特别法的规定,如《招标投标法》《政府采购法》《土地管理法》《城市房地产管

理法》《政府采购法实施条例》等作为公平竞争权人提起诉讼，应当着重审查行政机关是否依照法定程序进行招标、拍卖或者政府采购；如果原告作为中标人要求行政机关与其订立书面协议，应当着重审查行政机关不订立协议的行为是否合法；如果原告依据行政允诺或者行政协议获得相应的请求权，主要应当审查行政机关是否违反承诺或者协议的约定。

（4）判决结果

行政协议缔约之诉案件的判决结果分为三种：一是判决驳回行政相对人的诉讼请求。二是判决行政机关在一定期限内履行职责。三是确认违法，主要是针对公平竞争权人认为行政机关不与其订立协议的行为违法，经审理后认为其诉请和理由成立的，应认定行政机关行为违法。

需要说明的是，此类案件的原告必须是行政行为相对人，故判决双方缔约不涉及判决行政相对人履行签约义务。行政机关被判决履行法定职责而拒绝履行的，法院可以采取罚款、通知被诉行政机关的上级机关、拘留等措施督促行政机关履职。

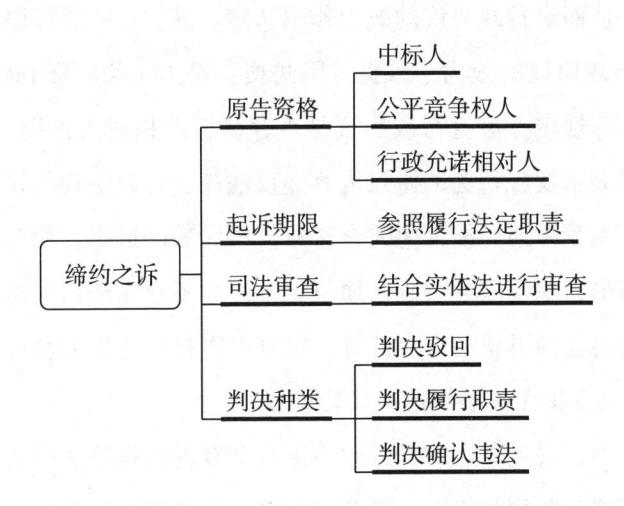

```
                        ┌─ 中标人
           ┌─ 原告资格 ─┼─ 公平竞争权人
           │            └─ 行政允诺相对人
           │
缔约之诉 ──┼─ 起诉期限 ── 参照履行法定职责
           │
           ├─ 司法审查 ── 结合实体法进行审查
           │
           │            ┌─ 判决驳回
           └─ 判决种类 ─┼─ 判决履行职责
                        └─ 判决确认违法
```

思维导图 1　行政协议缔约之诉的审查

2. 行政协议效力之诉

行政协议效力之诉包括行政协议无效之诉和行政协议撤销之诉，某些特殊情况下也存在确认行政协议有效之诉。行政协议效力之诉的审理一般可参照民事合同效力之诉进行。需要注意的是，与民事合同效力之诉相比，行政协议效力之诉的审查重点还包括以下几项。

（1）原告资格仅限于行政协议相对人和利害关系人

依据《关于审理行政协议案件若干问题的规定》，行政机关不具有提起行政诉讼的资格，因此也就无权起诉要求确认协议无效、撤销协议或者解除协议。然而，行政机关在行政协议法律关系中依据法律规定和合同约定享有一定的行政优益权。在行政协议履行过程中行政机关有权进行指挥和监督，有权单方变更和解除协议，有权对违反合同义务的相对人进行制裁。因此，一般情况下，行政机关无需通过司法程序就能单方面解除行政协议，但行政机关的这种单方解除和变更权并非无限制的，也应当接受司法审查。

（2）认定行政协议无效需同时符合行政法规范和民事法规范

法院认定行政协议无效，首先应根据《行政诉讼法》第75条、《关于审理行政协议案件若干问题的规定》第12条认定行政行为是否存在重大且明显违法的情形，从而对行政协议的效力作出认定。其次，法院可以适用民事法律规范确认行政协议的效力。根据《民法典》第144条、第146条、第153条、第154条等规定，审查行政协议是否存在行政相对人无民事行为能力，以虚假的意思表示实施行为，协议内容违反法律、行政法规的强制规定，违背公序良俗，恶意串通、损害他人合法权益等无效的情形。如存在法律规定协议无效的情形，法院应判决确认协议无效；如不存在法律规定的协议无效的情形，应判决驳回诉讼请求。此外，限制民事行为能力人签订的行政协议需根据《民法典》第145条规定确认其效力。

如案例二中，首先应当审查行政协议是否存在明显违法的情形，相对人的意思表示不能免除司法审查。因此，本案应当对订立征收补偿协议的主体是否具有行政主体资格或者是否有职权和法律依据等进行实体审查，还应当审查行政协议是否存在民法上的无效情形。经审查，行政协议既不存在行政法上的无效情形，也不存在民法上的无效情形，二审法院遂判决驳回王某的上诉请求。

（3）认定可撤销行政协议需符合几种法定情形

行政协议的撤销有两种理解：一是基于《行政诉讼法》第70条规定，行政协议存在主要证据不足、适用法律法规错误、违反法定程序、超越职权、滥用职权、明显不当等情形时，法院应判决撤销或者部分撤销，并可以判决被告重新作出行政行为。二是根据《关于审理行政协议案件若干问题的规定》第14条，原告认为行政协议存在胁迫、欺诈、重大误解、显失公平等情形而请求撤销，法院经审理认为符合法定可撤销情形的，可以依法判决撤销该协议。

实践中，原告对行政协议提起诉讼时，往往混用确认行政协议无效和撤销行政协议的诉请。法院应通过法律释明，引导当事人明确其诉讼请求和事实理由，适用正确的法律规定，从实质上保障当事人的合法权益。

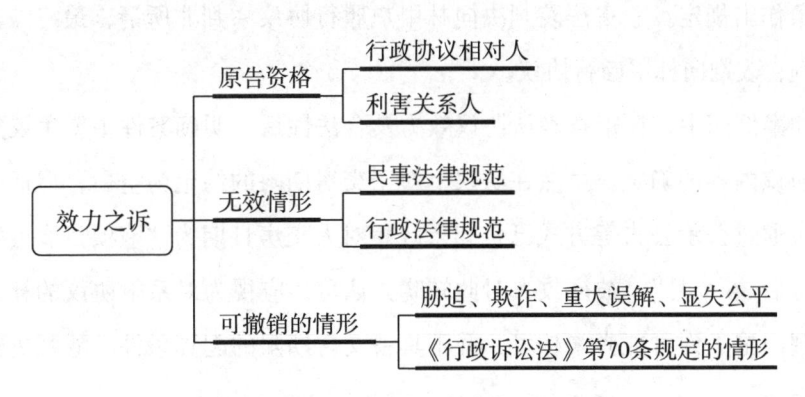

```
                     ┌─ 原告资格 ──┬─ 行政协议相对人
                     │             └─ 利害关系人
                     │
         效力之诉 ───┼─ 无效情形 ──┬─ 民事法律规范
                     │             └─ 行政法律规范
                     │
                     └─ 可撤销的情形 ┬─ 胁迫、欺诈、重大误解、显失公平
                                     └─《行政诉讼法》第70条规定的情形
```

思维导图2　行政协议效力之诉的审查

3. 行政协议履行之诉

行政协议履行之诉是行政协议诉讼中行政法规范和民法规范交织范围最广的一类诉讼。与民事合同的履行之诉和传统的行政诉讼相比，行政协议履行之诉的审理需要注意以下几个要点。

（1）行政协议的利害关系人亦享有原告资格

行政协议的订立和履行不仅涉及协议当事人的权利义务，也涉及利害关系人的权利义务，因此行政协议的利害关系人也具备原告资格。如为保障公房承租人、被征收、征用人等弱势群体的实体权益,赋予用益物权人和公房承租人原告资格。

（2）依合法性、合约性顺序依次进行审查

行政诉讼一般是对行政行为的合法性进行全面审查,因此行政协议履行之诉的前提是对行政协议的效力和合法性进行审查。即使行政相对人对协议效力并无异议,法院也应当对行政协议的合法性主动进行全面审查。经审查认定协议合法性后,进一步审查协议内容及履行情况。

如案例三中,在确认行政协议合法性的前提下,重点审查行政机关向林甲个人履行协议是否符合协议约定。本案中行政协议的相对方是林甲个人,协议中约定的义务主体也是林甲个人,且林甲的诉讼请求也是请求向其本人履行协议。行政机关所主张《上海市国有土地上房屋征收与补偿实施细则》第44条规定,是为强调公有房屋承租人对同住人的安置义务,并非对协议履行对象作出规定。一审法院判决向林甲户履行协议系判非所请,最终二审撤销原判,改判向林甲履行协议。

如案例四中,在审查确认协议效力及合法性后,明确案件主要争议焦点是对协议内容的确定。虽然在协议上对于交房期限的约定为空白,但征收实施单位通过公示公告等方式已告知行政相对人交房日期为"该项目取得施工许可证后36个月",被征收人对此知晓并认可,应视为对系争协议的补充约定。现因施工许可证尚未核发,并不具备交房期限的起算条件,故判决驳回原告诉请。

（3）诉讼时效适用民事法律规范的规定

依据《关于审理行政协议案件若干问题的规定》第25条,行政相对人请求行政机关履行合同义务的请求权基础是债权请求权,故行政协议履行之诉案件不适用行政案件关于起诉期限的规定,而适用民事案件诉讼时效的规定。

（4）负有履行义务的当事人对协议是否履行承担举证责任

《关于审理行政协议案件若干问题的规定》第10条第3款规定,对行政协议是否履行发生争议的,由负有履行义务的当事人承担举证责任。因此在行政协议中,原被告均有可能就自身负有的履行义务承担相应的举证责任。

(5) 行政机关要求行政协议相对人履行协议须通过非诉执行程序

基于我国行政诉讼的架构及定位,行政机关不具有行政诉讼的原告主体资格,所以行政机关不能通过履行之诉要求相对人履行协议。对于行政机关要求相对人履行协议义务的,《关于审理行政协议案件若干问题的规定》第24条设置了专门的非诉程序,行政机关可以作出书面决定要求行政协议相对人履行协议。如果行政协议相对人收到决定后申请行政复议或者提起行政诉讼,该书面决定视为单方行政行为,法院按照行政行为合法性审查的要件,即职权、程序、事实及法律适用进行审查。如果行政协议相对方收到书面决定后在法定期限内未申请行政复议或者提起行政诉讼,且仍不履行,协议内容具有可执行性的,行政机关可以向法院申请强制执行。

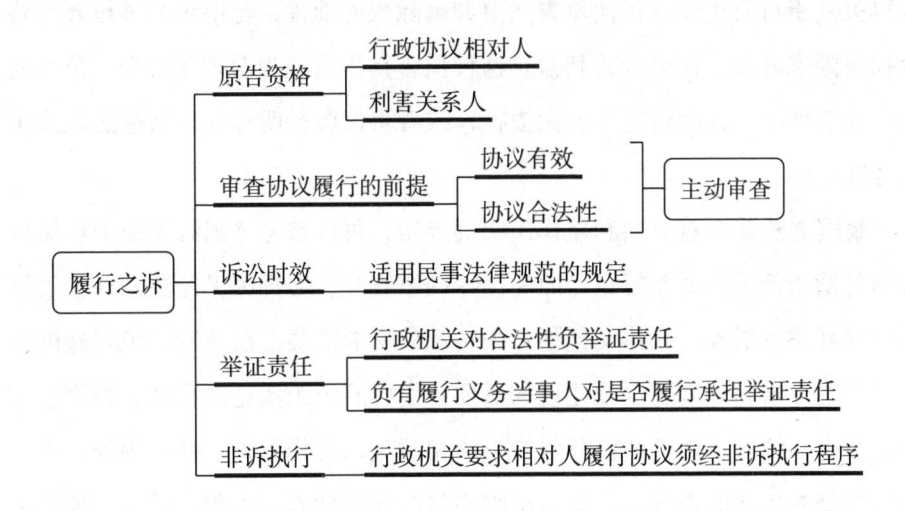

履行之诉
- 原告资格
  - 行政协议相对人
  - 利害关系人
- 审查协议履行的前提
  - 协议有效
  - 协议合法性 —— 主动审查
- 诉讼时效 —— 适用民事法律规范的规定
- 举证责任
  - 行政机关对合法性负举证责任
  - 负有履行义务当事人对是否履行承担举证责任
- 非诉执行 —— 行政机关要求相对人履行协议须经非诉执行程序

思维导图3　行政协议履行之诉的审查

4. 行政协议相关行政行为之诉

在行政协议的订立和履行过程中,行政机关也可能基于行政优益权作出单方行政行为,包括对协议履行的监督、对协议相对人的处罚等。所谓行政优益权,是指为实现行政管理或行政服务目的、维护国家利益及社会公共利益,赋予行政机关基于其职务所获得的超出协议本身约定的特别权力。目前在行政审判活动中最为常见且争议最大的行政优益权是行政机关单方变更和解除权。双方当事人的主要争议往往在于单方变更和解除权的行使是否合法、正当。

《关于审理行政协议案件若干问题的规定》第16条奠定了单方变更和解除权的法律框架，即在履行行政协议过程中可能出现严重损害国家利益、社会公共利益的情形，行政机关可以作出变更、解除协议的行政行为。行政协议相对人对行政机关的上述行政行为不服，可以提起行政诉讼，这类诉讼就是行政协议相关行政行为之诉。此类案件的审理需注意以下几个要点。

（1）公共利益的需要是单方变更解除权行使的前提

行政机关行使行政优益权需要符合特定前提，即继续履行行政协议可能出现严重损害国家利益、社会公共利益的情形。行政协议本质上是一种公法合同，其根本目的在于实现国家利益及社会公共利益的最优配置。因此，行政机关基于行政优益权行使单方变更和解除权的前提，是协议的继续履行将会损害国家利益、社会公共利益。这种损害具体表现为对国家安全、公共安全、社会秩序、社会财富等重大损害，或者协议履行明显违反法律法规或重大方针政策。

我国立法并未对公共利益作出明确界定，可以参考《国有土地上房屋征收与补偿条例》第8条规定，即为保障国家安全、促进国民经济和社会发展等公共利益的需要，具体又包括：国防和外交的需要；由政府组织实施的能源、交通、水利等基础设施建设的需要；由政府组织实施的科技、教育、文化、卫生、体育、环境和资源保护、防灾减灾、文物保护、社会福利、市政公用等公共事业的需要；由政府组织实施的保障性安居工程建设的需要；由政府依照《城乡规划法》有关规定组织实施的对危房集中、基础设施落后等地段进行旧城区改建的需要；法律、行政法规规定的其他公共利益的需要。

（2）单方变更、解除权的行使应遵循正当程序原则

行政机关因国家利益、社会公共利益需要，需解除、变更行政协议的，应当及时告知行政协议相对人相关情况并说明理由，并与其协商修改方案或补救措施。确实无法继续履行协议或双方对协议修改方案及补救措施未能达

成一致的，可以解除协议。如果造成行政协议相对人权益受到损害的，应当给予合理补偿。

（3）判决结果

法院对行政机关单方行使解除和变更权进行审查后，应根据不同情况进行判决。

第一，对行政机关行为的合法性作出判决。

对于行政机关的单方变更和解除行为的审查，首先要判断行政行为是否存在《行政诉讼法》第75条规定的行政行为无效情形。其次，审查行政行为是否存在《行政诉讼法》第70条规定撤销和重作判决的情形，以及行政协议继续履行是否存在严重损害国家利益、社会公共利益的情形。

第二，对协议的效力作出判决。

行政机关的单方变更和解除行为如果不存在无效和可撤销的情形，法院应当判决驳回原告的诉讼请求，行政协议自行政行为作出之日起，其效力发生相应变更。如果行政机关的单方变更和解除行为被认定为无效或者因违法被撤销，法院可以依据《行政诉讼法》第78条规定判决被告继续履行协议、采取补救措施。需要注意的是，如果行政机关的行为虽因违法被撤销，但行政协议继续履行将严重损害国家利益、社会公共利益的，法院应当在作出撤销判决的同时，责令行政机关重新作出行政行为。

第三，对是否应当进行赔偿或者补偿作出判决。

如果行政机关基于国家利益和社会公共利益的需要单方变更、解除行政协议行为合法，但给行政协议相对方造成损失的，仍应判决行政机关予以补偿；如果行政机关单方变更、解除协议行为不合法，给行政协议相对方造成损失的，应判决行政机关予以赔偿。

对于补偿和赔偿的金额，当事人之间对此有约定的，应当遵照当事人之间的约定计算补偿和赔偿金额。没有约定的，可以适用民事法律规范，同时参照国家赔偿法的相关规定进行计算。

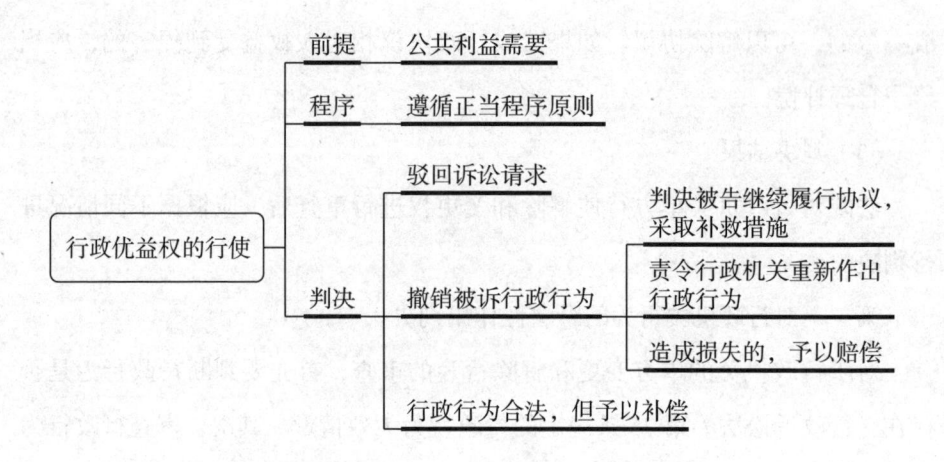

```
                            ┌─ 前提 ── 公共利益需要
                            │
                            ├─ 程序 ── 遵循正当程序原则
                            │
                            │         ┌─ 驳回诉讼请求
                            │         │                    ┌─ 判决被告继续履行协议，
                            │         │                    │   采取补救措施
行政优益权的行使 ──┤         │                    │
                            │         │                    ├─ 责令行政机关重新作出
                            └─ 判决 ──┤ 撤销被诉行政行为 ──┤   行政行为
                                      │                    │
                                      │                    └─ 造成损失的，予以赔偿
                                      │
                                      └─ 行政行为合法，但予以补偿
```

思维导图 4　行政优益权行使的审查

四、其他需要说明的问题

行政协议类案件中行政民事法律关系相互交织，当事人对诉讼类型的选择也可能产生程序问题。例如当事人先通过民事诉讼对国有土地上房屋征收补偿协议的标的物进行分割，当民事生效判决已对标的物作出分割但未对行政协议本身效力作出评判时，当事人又提起行政诉讼要求确认协议无效。此时行政案件是否应当受理、受理后如何避免与生效民事判决产生冲突等，都是我们需要进一步探讨的问题。

行政驳回起诉案件的审理思路和裁判要点

方方 王征[*]

行政驳回起诉案件是行政案件审查立案后,因原被告主体资格、起诉对象、起诉期限等不符合行政诉讼起诉条件,法院在程序上裁定驳回原告起诉的案件。在立案登记制的背景下,除明显不符合起诉条件裁定不予立案的情形外,对案件起诉条件的审查,也应坚持对行政行为的合法性进行审查。《行政诉讼法》和《最高人民法院关于适用〈中华人民共和国行政诉讼法〉的解释》(以下简称《行政诉讼法司法解释》)中涉及起诉条件的规定繁多、类型多样,对法院准确适用起诉条件提出较高要求。本文结合司法实践中的典型案例,对较为常见的行政驳回起诉案件的审理思路和裁判要点进行梳理、提炼和总结。

一、典型案例

案例一:涉及原告诉讼主体资格的认定

桂某在停车场停车过程中车辆受损,其认为车辆受损系停车场车位设计缺陷且无人进行安全告知和引导所导致,故向A区交通委提出履职申请,要求A区交通委对物业公司进行行政处罚。A区交通委答复对其反映事项进行了调查,对桂某要求处罚的申请不予采纳。桂某认为物业公司存在违法违规行为,对桂某造成了财产损失,A区交通委拒绝对物业公司作出处罚损害了桂某的合法权益,故诉至法院要求A区交通委对物业公司进行处罚。

---

[*] 方方,立案庭副庭长,大学本科;王征,立案庭审判员,法学硕士。

案例二：涉及被告是否具有法定职责的认定

范某因工伤伤情复发向B区人保局提出工伤复发确认申请，B区人保局受理后未作处理。范某诉至法院，请求判令B区人保局履行法定职责，受理并处理范某工伤复发确认申请。一审法院认为范某应向劳动能力鉴定委员会提出工伤复发确认申请，范某申请事项并非人保局的法定职责，遂裁定驳回范某的起诉。范某提起上诉，认为区劳动能力鉴定委员会由B区人保局组建，因劳动能力鉴定委员会并非行政机关，无法通过诉讼途径解决问题，故其只能以B区人保局为被告提起诉讼，起诉符合法律规定。

案例三：涉及行政行为可诉性的认定

龚某名下的集体土地上房屋被列入征收范围。因对被征收房屋面积存在异议，龚某向C镇政府请求出具可建建筑面积认定证明。C镇政府认为龚某户现有住房的建筑面积已经高于该地区现行农村村民住房建设标准，并无可认定的可建建筑面积，依法作出不予出具可建建筑面积认定证明的答复。龚某对答复不服，诉至法院要求C镇政府重新作出认定。

案例四：涉及是否超过起诉期限的认定

吴某因不服市公安局D区分局强制戒毒决定向市公安局申请行政复议，市公安局于2019年6月19日作出维持的复议决定，吴某于6月22日签收并于7月12日向E区法院起诉。E区法院认为，吴某应在收到复议决定书之日起15日内即7月7日前提起诉讼，本案已经超过起诉期限，故裁定驳回起诉。吴某上诉认为，其因被限制人身自由，信件来往不便，且已于2019年6月26日按照复议决定书上的告知内容向D区法院邮寄起诉状，D区法院于7月7日退回起诉状并告知其应向E区法院起诉，本案超期应属情有可原。

二、行政驳回起诉案件的审理难点

（一）原告主体资格把握难

随着经济社会发展和公民权利意识的增强，行政诉讼原告资格呈现扩张趋势，原告资格的扩张也易引发滥用诉权的现象。由于行政行为一般具有公益性，与多数公民均具有一定的利害关系，如不限制易导致诉权被滥用。利害关系是判断原告资格的核心要素，不仅牵涉保护规范等理论问题，也需要在维护公共利益和保护私人权益之间寻求一定的平衡。

（二）被告主体资格争议较大

被告是指作出被诉行政行为的行政机关或者法律、法规、规章授权的组织。司法实践中，行政机关履行公共事务的职能转移至事业单位等较多，如公房管理职能由房管部门转移至公房物业公司，房管部门对涉公房职能定位容易引起纷争。此外，也有部分行政机关在旧城区改建、违章建筑治理中经常组织居委会、村委会出面进行协商甚至拆除房屋等，相关行政机关是否参与进而可以作为被告争议较大。

（三）可诉的行政行为认定难

虽然行政诉讼法律规范对可诉行政行为的规定越来越细致，但对可诉行政行为的认识，仍然存在较多误区。行政行为是否可诉不仅受到法律规定的限制，也在很大程度上受限于国家政策变化、纠纷化解机制改革以及法院纠纷化解能力等因素。此外，行政主体作出的阶段性行为、层级监督行为、行政指导行为等向公众越来越公开，亦增加了可诉行政行为的识别难度。

（四）行政诉讼是否超过起诉期限把握难

不同于民事诉讼的诉讼时效制度，行政诉讼实行的是起诉期限制度。起诉期限是指当事人不服被诉行政行为请求司法救济的时间限制。起诉期限并无中止、中断制度，相对人因此丧失起诉权的情形较多。当事人超过起诉期限起诉的，将丧失进入实体审理的权利。是否超过起诉期限系法院主动审查的事项，但当事人往往认为法院对起诉期间起始点的认定有误，客观上也存在行政机关未送达、信访处理耽误起诉期限、不可抗力等正当事由,此类因素的审查不当易引起当事人对法院裁判公正性的质疑。

三、行政驳回起诉案件的审理思路和裁判要点

法院在审理此类案件时应遵循以下原则:首先,以行政实体法与诉讼法的规定为基础,对当事人是否符合起诉条件进行审查;其次,在法律规定的基础上,准确把握原被告资格、受案范围、起诉期限等审查要点,特别是以被诉行为的性质为核心,原则上只要有一项不符合起诉条件,案件即不应进入实体审理;最后,对不适宜进入实体审理的案件,及时作出驳回起诉裁定,并在说理部分引导当事人通过更加直接、更加有效的途径维权。

(一)原告主体资格的审查要点

1. 原告资格审查的一般思路

原告是指认为行政机关及其工作人员的行政行为侵犯其合法权益,以自己的名义,依法向法院提起诉讼从而引起行政诉讼程序发生的公民、法人或其他组织。

第一,行政诉讼的原告是公民、法人或其他组织,明确排除了行政机关作为原告。第二,原告至少应初步证明其权益受损系行政机关的行政行为所致,否则将因缺乏事实根据而不符合起诉条件。第三,原告的外延包含行政相对人和利害关系人两种类型。相对人即行政行为直接作用的对象,如行政处罚中的被处罚人;利害关系人则较为复杂,是指除相对人之外受到行政行为实际影响的其他主体。两者均要求存在利害关系,即利害关系的判断是审查原告资格的核心要素。下文着重阐述利害关系人的审查要点。

2. 利害关系人的要件审查

《行政诉讼法司法解释》第12条列举了六类"与行政行为有利害关系"的情形。此处的列举是认定利害关系的典型情形,实践中应当着重关注以下三个要件:

（1）合法权益要件

一方面，当事人应在行政争议中具有合法权益。合法权益的存在是认定利害关系的前提。如原告认为第三人建造房屋影响了通风采光的相邻权，要求行政机关予以查处，但原告自己的房屋就是违章建筑，故其与行政机关是否查处以及如何查处相邻房屋违建的行为之间不具有利害关系。另一方面，原告的合法权益应当归属于行政法上的权利义务范畴。当事人的民事权益，只有在行政法律规范对其加以专门保护的情形下才能成为行政法所保护的权益，形成行政法上的利害关系，进而取得原告主体资格。如债权人认为税务机关变更债务人公司税务登记导致其债权受损，要求撤销变更登记。债权人对税务登记不具有行政法上的权利义务，其民事权益应当通过民事救济途径予以维护。

（2）主观诉讼要件

行政诉讼的权益保障初衷应在于原告为保护自身合法权益提起诉讼，而非为维护团体的集合利益提起诉讼。如小区个别业主对业主委员会的备案行为、小区公共部位的规划建设行为等涉及小区业主公共利益的行为不服的，不能以自己的名义提起诉讼，只能由业主委员会或者专有部分占建筑物总面积过半数或者占总户数过半数的业主作为原告起诉。

（3）合法权益可能受侵害要件

当被诉行政行为对当事人的合法权益已经造成或势必造成现实的、直接的、特别的影响时，原告方可通过行政诉讼解决争议。司法实践中，法院应当重点审查被诉行政行为是否确与当事人权利义务增减密切或直接相关，当事人权益是否有遭受行政行为侵害的可能性、现实性。现在以及将来都不可能对当事人权益造成影响的行为，如已经与征收部门签订并履行了补偿协议，仍然起诉征收决定行为的，由于被征收人已经对征收行为失去利害关系，不应获得原告主体资格。

```
                          ┌─ 合法权益要件 ── 归属于行政法权利义务关系
                          │
            利害关系人     │                  ┌─ 为维护自身合法权益
            的审查要件 ───┼─ 主观诉讼要件 ──┤
                          │                  └─ 不应为维护集体利益
                          │
                          │                  ┌─ 现实性
                          └─ 合法权益可能 ──┤─ 直接性
                             受侵害要件      └─ 特别性
```

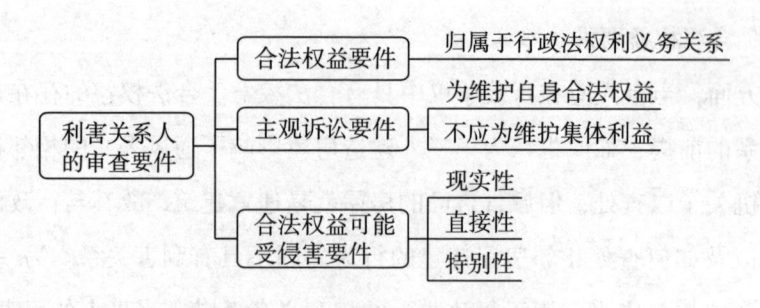

思维导图 1　利害关系人的审查要件

3. 投诉人原告主体资格的审查要点

当事人以其投诉（举报）权利受损起诉行政机关履行法定职责或者要求重新处理，法院对此类案件是否受理及处理的边界，实践中存在较多争议。在运用前文利害关系要件分析时，法院既要考虑原告投诉事项涉及公共利益还是私人利益，也要考虑相关实体法律规范对原告主张维护的权益是否提供专门保护，更要考虑相关纠纷是否有必要通过行政诉讼予以解决。

（1）为维护自身合法权益的投诉人的审查要点

依据《行政诉讼法司法解释》第12条规定，为维护自身合法权益向行政机关投诉，具有处理投诉职责的行政机关作出或者未作出处理的，投诉人具有原告主体资格。该条关于受害人原告资格的概括性规定将投诉人分为私益投诉和公益举报，认定为自身利益投诉的投诉人一般具有原告资格；如果为他人利益或者公共利益而举报的，一般不具备原告资格。如投诉人认为有市民侵占城镇用地建造违法建筑向行政机关投诉并要求处理，投诉人对处理不服的情形，由于行政机关是否处理及如何处理主要是为了维护公共利益，对投诉人合法权益不产生实际影响，所以投诉人不具有原告资格。

（2）实体法律规范设置目的的审查要点

需要注意的是，并非所有私益投诉者均具有原告资格。私益投诉者能否获得原告资格，除审查是否为维护自身合法权益外，还要审查行政实体法规范是否着重对私人利益予以保护，是否存在行政机关对投诉事项应依法定程序作出处理的明确规定。如《治安管理处罚法》第97条明确规定：公安机关在行政处罚后,有被侵害人的,公安机关应当将决定书副本抄送被侵害人。这就表明,该法维护受害人人身财产权益,受害人具有对相应处罚起诉的权利。该规定与《行政诉讼法司法解释》第12条第3项"要求行政机关依法追究加害人法律责任的"规定具有一致性,体现了应当依照行政实体法的具体规定判定利害关系的意旨。上述投诉权利转化为起诉权利,主要是针对行政机关是否履行职责,而行政机关一般都具有行政裁量权,受害人并无要求行政机关对加害人作出某项特定处罚的请求权。

(3)对投诉涉及纠纷的解决具有直接性、实效性的审查要点

从表面影响来看,投诉人背后的权益保护似乎都受到了行政机关是否处理以及如何处理的影响,这种影响从心理感受上给投诉人造成足够大的冲击,以致认为是行政机关的拒绝履职导致其权益受损。如果投诉涉及纠纷完全可以通过民事诉讼或其他途径解决,不宜再进入行政诉讼,不能因为民事途径未实现目的而诉诸行政诉讼。放任投诉人寄希望于行政诉讼来解决民事争议,会使民事诉讼和行政诉讼之间的必要分工遭到破坏。

如案例一中,桂某要求交通部门处罚停车场设计不合理等问题,根据《上海市停车场(库)管理办法》规定,区交通委对公共停车场(库)未规范设置经营服务标志、未按照标准划设停车泊位等情形可以进行罚款。然而综观该规定全文,并没有针对一般消费者因停车库不规范经营可以要求管理机关在一定期限内予以处罚的规定。桂某与停车场关于财产损失的纠纷完全可以通过民事诉讼的途径解决,桂某也不能从处理中直接获益,故桂某要求行政机关对停车场进行罚款,不符合原告主体资格要件,其起诉应予驳回。

(二)被告主体资格的审查要点

1. 一般审查思路

判断行政诉讼的被告是否适格,首先审查被诉行为实施者是否具有相应的行政职权,名称是否明确、具体,进而结合法律规定以及起诉事项判断被告是否具有行政主体资格。其次,原告应当对被告是否适格问题承担初步证

明责任。如强制拆除房屋案件中，如果原告举证证明行政机关已经发布征收决定或者责令强制拆除违法建筑决定的，原则上应推定作出征收决定或者强制拆除违法建筑决定的行政机关是适格被告。除非上述行政机关有证据证明强制拆除行为确属其他组织所为。在此类案件中，原告仅以被拆除房屋在被诉行政机关辖区范围为由要求行政机关承担责任，将可能因缺乏事实依据或者被告主体不适格而不能进入实体审理。最后，若被告主体不适格，原告将民事主体和行政机关作为共同被告提起诉讼的，法院应告知原告变更被告，原告拒不变更的，方可裁定驳回起诉。

2.确定被告资格规则的审查要点

（1）确定被告资格一般规则的审查

"谁作为，谁被告""谁署名，谁被告""谁委托，谁被告"是确定被告资格的一般规则。通常情况下，行政行为一经作出，该行为的主体就已确定，相关行政决定的落款机关即作出行政行为的主体，亦即适格被告。应当注意的是，行政管理的复杂性决定除行政机关外，尚有大量被授权组织也在行使行政职能，即被法律、法规、规章授权的组织。这里的组织不仅包括行政机关、行政机构，还包括企业、事业单位，如高校履行颁发学位证职责、村民委员会行使本村公共事务和公益事业职责时可以作为被告。

如果被授权组织的行为并非在法律、法规、规章的授权范围内，而是行政主体依据其他的规范性文件如通知、会议纪要等所作"授权"实施的行为，此时的"授权"一般应理解为委托，相应的行政责任应当由委托方负责。如乡镇规土所接受区级规划部门委托核发农村宅基地房屋规划许可，没有相应的法律、法规、规章依据，其权利义务承受主体应为区级规划部门，乡镇规土所及其所属乡镇政府不应属于适格被告。

（2）确定被告资格特殊规则的审查

对内设机构、派出机构、派出机关等是否具有被告资格，应结合相应授权法律规范的层级、被告的设立文件等判定被告能否独立承担行政法律责任。如国务院、省级政府批准设立的开发区管理机构及其职能部门均可作为被告；

而对其他层次的开发区管理机构及其职能部门来说，仅能以具有行政主体资格的开发区管理机构或者相应的设立开发区管理机构的地方政府为被告。对于类似综合整治指挥部、综合执法大队等行政机关临时组建的组织，也应以其能否以自己的名义行使职权、是否有独立的编制、能否独立承担行政法律责任为标准综合认定，并应由被告承担主要举证责任。

3.被告明显不具有法定职责的审查

《行政诉讼法司法解释》第93条第2款规定：人民法院经审理认为原告所请求履行的法定职责或者给付义务明显不属于行政机关权限范围的，可以裁定驳回起诉。司法实践中较为常见的申请事项如要求上级政府直接履行下级职能部门固有的职责，混淆上下级层级监督职责与各自法定职责之间的关系。

对于是否明显不属于被告职责权限范围，应综合行政机关法定职权和原告申请事项审慎判定。如果将被告法定职权和原告申请事项综合比对，可以清楚、直观地认定二者不相匹配，则可以将该申请事项认定为明显不属于行政机关权限范围。在事实清楚的情况下，亦可以通过阅卷、调查或者询问当事人，径行裁定驳回起诉，并可以在驳回起诉裁定中，对行政机关应当履行的职责予以必要阐述，引导当事人另行对最有利于行政争议化解的行政行为起诉。反之，若对二者是否匹配尚存在疑问，特别是职权交叉情形下行政机关职责权限较为模糊，应主要由行政机关举证，听取双方对行政机关职责的法律规定及申请事项涉及领域的陈述，判断是否应当进入实体审理。

如案例二中，根据《工伤保险条例》的规定，劳动能力鉴定委员会由社会保险行政部门、工会组织、经办机构代表以及用人单位代表组成，其主要职能是作出工伤职工劳动能力鉴定。劳动能力鉴定委员会在法律性质上属于技术鉴定机构，其行使的职能属于专门性的技术鉴定行为，不属于行政职权范畴。因此，若对劳动能力鉴定委员会的行为不服，不能申请复议或提起行政诉讼，一审法院裁定驳回起诉正确。

（三）可诉性行政行为的审查要点

1.基本审查思路

行政诉讼起因于行政争议，以行政行为的合法性审查为主体，但并非所有行政行为均可接受审查。行政行为的可诉性属于行政诉讼法规定的受案范围。审查行政行为是否可诉，首先明确被诉行为，被起诉的对象应是行政主体行使行政职权的作为或者不作为，而不能是司法行为或者民事行为。原告笼统要求行政机关履行职责的属于诉讼请求不明确，应要求其对起诉的行为内容予以明确，并不得违反一行为一诉的基本规则。其次，要结合《行政诉讼法》和《行政诉讼法司法解释》以及行政管理方面关于受案范围的实体法律规定，对照行政行为的内容、性质、特点及权益保护类型，确定原告起诉事项是否属于行政诉讼受案范围。

关于受案范围的法律规定，《行政诉讼法》采取特征描述加肯定列举和否定列举的方式，明确行政诉讼独特的受案范围。《行政诉讼法》第12条列举了行政处罚、行政强制、行政许可、行政确定、征收征用补偿等11种可诉的行政行为，第13条则列举了国家行为、抽象行为、内部行为及行政终局裁决行为等四种不可诉行为。《行政诉讼法解释》第1条又进一步规定了11种不可诉行为，如刑事司法行为、调解仲裁行为、行政指导行为、重复处理行为等。除程序法外，其他行政实体法律、法规对关于当事人可以提起行政诉讼的事项也有规定。如根据《土地管理法》第14条规定，当事人可以就土地所有权与使用权的争议向法院提起诉讼。

2.对行政行为可诉性三个特征的审查要点

（1）具体事件的个别性

抽象性行为一般不能转化为公民的请求权，可诉的行政行为一般是具体行政行为。这里的具体主要是强调行政行为应当是个别的、针对特定对象特定事件的行为，而不应包含针对不特定对象、可反复适用的抽象行政行为，如规范性文件的发布行为等。对规范性文件不服的，当事人可通过附带审查的方式向法院提出。

（2）具有对外法律效果性

可诉的行政行为可直接设定当事人的权利义务，具有直接的执行效力，其核心特征是对当事人的权利义务产生实际影响。反之，对当事人权利义务不产生实际影响的行为，缺乏实际的法律效果，不属于行政诉讼受案范围。如上级行政机关不直接对外发生法律效力的内部批准行为，驳回当事人对行政行为提起申诉的重复处理行为，行政机关对信访事项作出的登记、受理、交办、转送、复查、复核意见等行为，尚未外化的政府会议纪要，行政机关维持登记内容不变的补发户口簿等证件行为均对当事人的权利义务不产生增减的影响。

（3）法律效果的终局性

一项完整的行政行为，通常要经过一系列过程性行为才能最终完成。可诉的行政行为属于最终影响当事人权利义务的行为，一般属于成熟性、终局性行为。因此内部行为、过程性行为、行政机关对事实状态的认定行为一般不可诉。上述行为本质上仍属于对当事人未产生最终实际影响的行为。如较为常见的受理通知、补正告知等过程性行为，不具有可诉性。对上述行为是否合法的判断应通过最终的行政行为来确定。若上述行为直接导致相关行政程序终止，则对当事人的权利产生了实际影响，如行政复议中直接告知申请人终结复议程序，则应属于可诉的行为。此外，内部业务指令、多阶段行政行为等属于内部行政领域，不具有可诉性。

如案例三中，龚某认为根据相关法律规定，在征地拆迁时，镇政府应根据具备条件家庭的申请，制作可建建筑面积认定证明，C镇政府拒绝作出认定属于行为违法。镇政府出具可建建筑面积认定证明属于政府机关在征收拆迁过程中作出的阶段性事实认定行为，并不具有设定被征收人行政法上权利义务的效果。只有在政府部门作出征收补偿裁决或者签订行政协议时，才对被征收人产生实际影响，故本案系争行为不属于单独可诉的行政行为。其他类似行为还有对被征收房屋的面积、产权等核定与公示等。

```
行政行为可诉        针对具体事件的个别性 ── 排除抽象行政行为
性的审查要点                             ┌ 重复处理不可诉
                   具有对外法律效果性 ──┤ 信访行为不可诉
                                         └ 层级监督不可诉
                                         ┌ 过程性行为不可诉
                   具有法律效果的终局性 ┤
                                         └ 内部审批行为不可诉
```

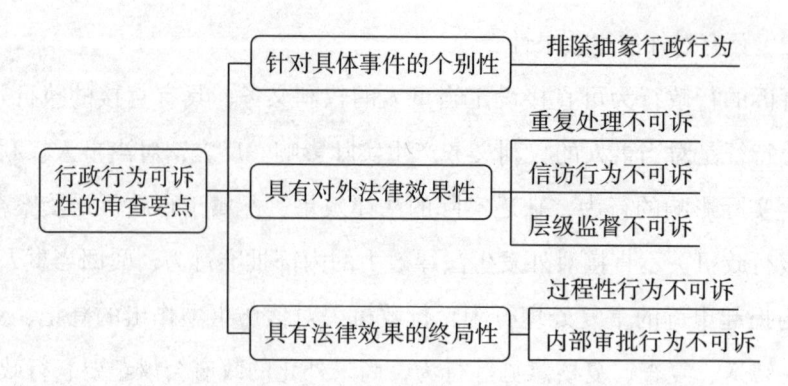

思维导图 2　行政行为可诉性的审查要点

（四）起诉期限的审查要点

1. 一般审查思路

行政立案阶段，除不符合《行政诉讼法》第 49 条规定的四项要件不予立案外，超过起诉期限也是常见不予立案的理由，如原告起诉时明显超过 5 年或 20 年最长起诉期限的情形。对于大部分案件，立案阶段不宜直接认定当事人起诉已经超过期限，应由被告举证答辩后结合双方证据作出处理。根据被告送达证明、原告对超过起诉期限事由的说明及证明材料、原告是否积极行使诉权等，准确认定起诉期限的起始时间，从有利于保护当事人诉权的角度认定是否超过起诉期限。超过起诉期限的，裁定驳回起诉时应阐明起诉期限的起始时间和截止时间。

2. 起诉期限的相关规定

（1）直接起诉期限

原告直接向法院起诉的期限是 6 个月，自其知道或者应当知道作出行政行为之日起计算。"知道"应有充分证据证明原告收悉了行政行为的载体或知晓行政行为的内容；"应当知道"则是运用逻辑推理和一般生活经验，根据在案证据推定原告收悉了行政行为的载体或知晓行政行为的内容。"作出行政行为"不仅包含行政机关依据一定的事实和法律规范作出一项具体行政行为，也包含对诉权和起诉期限的告知，只有在这种情况下才直接适用 6 个月的起诉期限。行政机关以公告方式送达的，原告知道行政行为的时间应当以公告之日起计算，公告有期限的，从公告期结束之日的次日起计算。对行政机关不履行法定职责提起诉讼的，应当在行政机关履行法定职责期限届满之日起 6 个月内提出。紧急情况下行政机关不依法履行职责的，则无须等待履行法定职责期限届满。原告不服行政复议决定的，可以在收到复议决定之日起 15 日向法院提起诉讼，复议机关未作出复议决定，起诉期限自复议期限届满之日起计算。

```
直接起诉期限 ┬─ 6个月 ┬─ 知道诉权
            │        ├─ 知道起诉期限
            │        └─ 自知道或者应当知道作出行政行为之日计算
            └─ 15日  ┬─ 经过复议的案件
                     ├─ 收到复议决定书之日起计算
                     └─ 复议机关未作出决定，自复议期限届满之日起计算
```

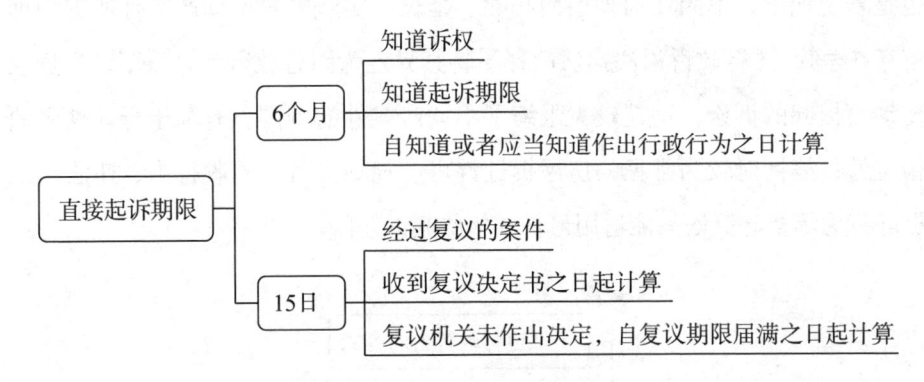

思维导图 3　直接起诉期限

（2）行政机关未履行告知义务的起诉期限

原告知道行政行为的内容，但行政机关未告知起诉期限，致使原告逾期起诉的，起诉期限从知道或者应当知道起诉期限之日起计算，但从知道或者应当知道行政行为内容之日起最长不得超过 1 年。复议机关未告知起诉期限，原告对复议决定不服提起诉讼的，起诉期限从其知道或者应当知道行政行为内容之日起最长不得超过 1 年。

```
未履行告知义务的起诉期限 ┬─ 知道行政行为内容 ┬─ 知道行政行为内容
                       │                 └─ 应当知道行政行为内容
                       └─ 未告知起诉期限 ┬─ 以6个月为基准
                                       ├─ 最长1年
                                       └─ 复议决定未告知诉期限的，适用最长1年的规定
```

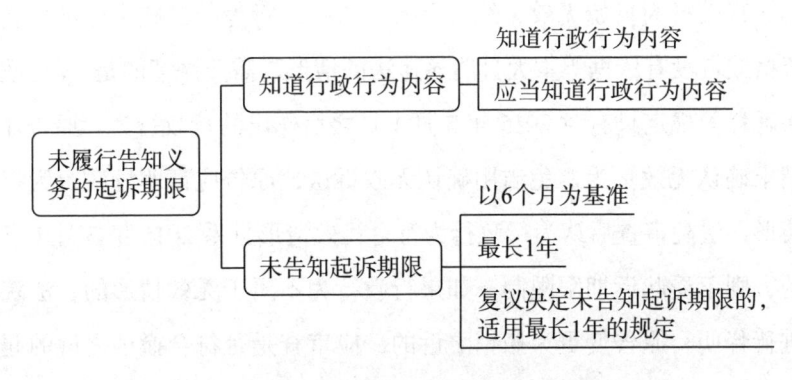

思维导图 4　未履行告知义务的起诉期限

（3）最长起诉期限

原告不知道行政行为内容的，起诉期限从其知道或者应当知道行政行为内容之日起计算，此时仍然首先适用前述6个月或1年的起诉期限，但涉及不动产的案件自行政行为作出之日起超过20年、其他案件自行政行为作出之日起超过5年提起诉讼的，不予受理。上述期限是行政诉讼起诉的最长期限，也是不变期限，不因任何理由而扣除、延长。实践中对不动产案件范围的理解存在争议，《行政诉讼法司法解释》将其界定为因行政行为导致不动产物权变动而提起的诉讼，这就较大限缩了不动产案件的范围，有利于行政秩序的稳定性，故针对较为常见的房屋拆迁许可、规划许可、验收行为、违法建筑拆除行为等提起诉讼只能适用最长5年的起诉期限。

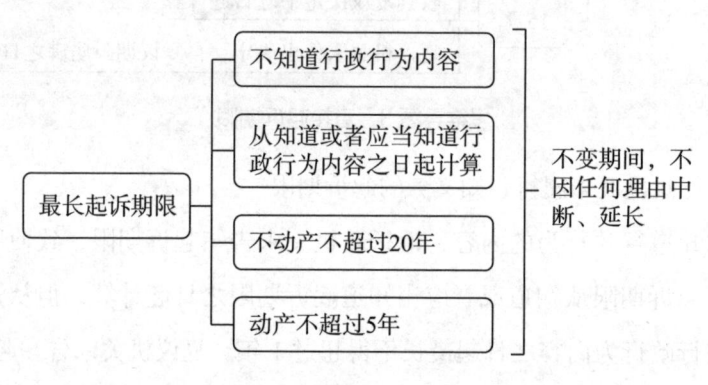

思维导图5　最长起诉期限

（4）无效行政行为的起诉期限

无效行政行为自始无效、绝对无效，指行政行为的实施主体不具有行政主体资格或者没有依据等重大且明显违法的情形。需要注意的是，《行政诉讼法司法解释》规定只有对2015年5月1日之后作出的行政行为，原告才有权起诉请求确认无效。为避免滥用确认无效诉讼，原告应证明行政行为符合无效的情形，法院审查后认为行政行为符合无效情形且系2015年5月1日之后作出的，则不受起诉期限限制。如果行政行为不属于无效情形的，法院应向原告进行释明。原告变更为撤销之诉的，应审查是否符合撤销之诉的起诉期限并作出相应裁判，如果原告拒绝变更的，判决驳回其诉讼请求。

（5）起诉期限的例外规定

因不可抗力或者其他不属于起诉人自身的原因超过起诉期限的，被耽误的时间不计算在起诉期限内；如因其他客观原因耽误起诉期限的，起诉人可以申请延长期限。耽误起诉期限的原因，应当是不可抗力等不属于起诉人怠于行使起诉权利的情形。耽误起诉期限的情形一般指存在直接导致起诉人在起诉期限内客观上不能起诉的因素。有部分起诉人以其多年信访为由要求延长起诉期限，此种情况不足以成为阻却起诉期限计算的正当事由。

此外，因管辖权调整如行政案件由原来的属地管辖变为集中管辖，有可能造成当事人超过起诉期限。如案例四中，吴某起诉的强制戒毒行为由市公安局 D 区分局作出，本应由 D 区法院受理，在本案起诉期限内 D 区行政案件全部集中由 E 区法院管辖。吴某曾向复议决定书上告知的管辖法院 D 区法院邮寄起诉状，此时尚未超出起诉期限。D 区法院于 7 月 7 日退回吴某起诉状并告知其应向 E 区法院起诉，吴某遂于同年 7 月 12 日向 E 区法院起诉，本案超出 15 日起诉期限。因此，吴某并非怠于行使诉权，本案超过起诉期限不属于起诉人自身原因的情形，E 区法院裁定驳回起诉不当，本案应继续审理。经过复议的案件，因起诉期限为 15 日，期限较短，对短暂超期的案件，法院应尤其注意听取原告意见，存在合理理由的应扣除被耽误的期间。

2 民事篇

追索劳动报酬纠纷案件的审理思路和裁判要点

蔡建辉 刘 皓[*]

劳动报酬即工资,是指劳动关系中劳动者因履行劳动义务而获得的、由用人单位以货币方式支付的对价,包括加班工资、奖金、提成等。追索劳动报酬纠纷案件在劳动争议案件中占比较大,与其他劳动争议案件的不同之处在于,此类案件涉及对劳动者报酬请求权和用人单位工资分配权的平衡保护,且存在劳动报酬与福利待遇区分难、加班工资基数计算难、年终奖支付条件认定难、提成发放条件确定难等问题。因此,有必要以典型案件为基础,对追索劳动报酬纠纷案件的审理思路和裁判要点进行梳理、提炼和总结。

一、典型案例

案例一:涉及劳动报酬及适用时效的确定

严某在A公司工作,于2015年提出辞职,并要求A公司支付2005年3月至2014年5月期间应休未休年休假工资。A公司辩称,未休年休假工资属于用人单位应当安排劳动者享受年休假而未安排的福利待遇,并非劳动报酬;严某于2015年11月5日方申请劳动仲裁,2014年之前的年休假工资已超过仲裁时效。

案例二:涉及加班工资计算基数的认定

李某在B公司工作,劳动合同约定正常出勤月工资由基本工资、职务津贴、岗位津贴及绩效浮动奖金等组成,加班工资计算基数为基本工资。后李

---

[*] 蔡建辉,民事庭审判长,大学本科;刘皓,民事庭法官助理,法学硕士。

某以 B 公司长期不按时足额支付劳动报酬为由解除劳动合同，并要求 B 公司以正常出勤月工资为基数，支付平时延时、休息日及法定节假日加班工资差额。B 公司辩称根据双方劳动合同约定，加班费的计算基数应以基本工资为准。

案例三：涉及年终奖应否支付的审查

张某在 C 公司工作，C 公司规章制度规定如劳动者严重违纪被解除劳动合同或在发放奖金时已离职，则无任何奖金。2016 年和 2017 年，C 公司分别支付张某相应年终奖。2019 年初 C 公司以张某存在辱骂同事、旷工等严重违纪行为为由解除劳动合同。张某认为其未构成严重违纪，公司解除劳动合同违法，要求 C 公司支付 2018 年的年终奖。C 公司辩称其与张某未约定年终奖，且根据公司的规章制度，张某属严重违纪被解除劳动合同，故不同意支付张某年终奖。

案例四：涉及提成发放条件的判断

王某在 D 公司工作，劳动合同约定王某工资包括底薪加提成，提成工资根据王某销售业绩予以确定。后王某提出辞职，双方结算劳动报酬时产生争议。D 公司认为，销售未回款则公司无法获取利润，故不同意发放未回款部分的销售提成。王某认为，只要其与客户签订销售合同即完成销售任务，销售回款存在多种影响因素，不属于其职责范围，故要求 D 公司按照销售合同金额发放提成。

二、追索劳动报酬纠纷案件的审理难点

（一）劳动报酬与福利待遇的区分难

《劳动争议调解仲裁法》第 27 条第 1 款和第 4 款对劳动报酬仲裁时效与其他劳动争议仲裁时效加以区分，故在审查是否超过时效时需首先确定是否属于劳动报酬纠纷。实践中，劳动报酬的范畴并不十分明确，如未休年休假工资是否属于劳动报酬即存在争议。一种意见认为，未休年休假工资包含

"工资"名称，应属劳动报酬，适用特殊时效规定。另一种意见认为，年休假本质是劳动者可以享受的福利待遇，未休年休假工资系对未休年休假劳动者的补偿，仍属福利待遇，应适用普通时效规定。

（二）加班工资计算基数的确定难

实践中，在劳动合同约定的加班工资计算基数低于约定的月工资时，如何确定加班工资的计算基数存在争议。一种意见认为，根据《上海市企业工资支付办法》第9条第3款规定，劳动合同对劳动者月工资有明确约定的，加班工资的计算基数应按劳动合同约定的劳动者所在岗位相对应的月工资确定，而非以合同约定的加班工资基数来确定。另一种意见认为，根据该条第2款规定，加班工资和假期工资的计算基数为劳动者所在岗位相对应的正常出勤月工资，法院需先行确定劳动合同约定的月工资是否包括年终奖、上下班交通补贴等。如包括在内，在约定的加班工资基数不低于正常出勤月工资时，从约定；在约定的加班工资基数低于正常出勤月工资时，以正常出勤月工资为标准计算。

（三）年终奖支付依据的认定难

现行法律中并未明确规定年终奖的发放方式、数额和发放时间，因此发放年终奖并非用人单位必须承担的强制性义务。对单位规章制度规定"劳动者离职则不发放任何奖金"是否适用，一种意见认为，年终奖也是劳动报酬的一部分，用人单位不能以规章制度排除劳动者获得年终奖的权利。另一种意见认为，年终奖作为激励机制，与工资并不完全等同，并非法律规定用人单位必须承担的支付义务。用人单位在规章制度中已明确规定支付条件且劳动者知晓的，法院应予适用。

（四）是否符合提成的发放条件认定难

提成一般与项目进展阶段相关。实践中，提成的发放条件是否成立或合理存在较大争议。如有的用人单位规定货款回收作为提成的发放条件。一种意见认为，该规定并无不当，劳动者离职时劳动成果尚未出现，不符合提成的发放条件，需货款到账后再予支付。另一种意见认为，将销售回款作为提成的发放条件是用人单位将自身经营风险转嫁给劳动者，该规定违反法律禁止性规定，故不具有合理性。

三、追索劳动报酬纠纷案件的审理思路和裁判要点

劳动报酬是劳动者生存的重要保障。依法支持劳动者的劳动报酬请求权，是落实《劳动法》《劳动合同法》保护劳动者合法权益的重要内容。同时，如何维护用人单位合法的经营自主权，促进经济发展和社会进步，不仅是《劳动法》的立法宗旨，也是最终保障全体劳动者合法权益的基石。在追索劳动报酬纠纷案件中，法院要秉持公平与正义，平衡好劳动者与用人单位的合法权利，以构建、发展和谐稳定的劳动关系。

需要注意的是，劳动者通常对数年任职期间的劳动报酬一并提出主张，而用人单位通常提出超过时效的抗辩。因此，法院首先要确定劳动者的主张是否属于劳动报酬以确定所适用的时效，再确定劳动者应获得的工资、加班工资、奖金、提成等具体数额，然后根据劳动者已获得的数额计算出差额。法院在审查中应坚持以合同约定为主、其他依据为辅的原则，平衡保护劳动者报酬请求权和用人单位的经营自主权。对于劳动者追索的工资，法院要注意把握应发和实发两个要素，相关公式如下：

$$T = X \times Y - (Z + W)$$

其中：$T=$追索的工资　$X=$工资基数　$Y=$劳动时间　$Z=$已发工资　$W=$扣减工资

（一）确定是否属于劳动报酬并确定适用时效

劳动争议的仲裁时效期间从当事人知道或者应当知道其权利被侵害之日起计算1年，但劳动关系存续期间因拖欠劳动报酬发生争议的，劳动者申请仲裁不受前述仲裁时效期间的限制；劳动关系终止的，应当自劳动关系终止

之日起1年内提出。因此，在审理该类案件时，法院首先要确定劳动者主张的是否为劳动报酬，进而确定所适用的时效。

1. 劳动报酬与福利待遇的区分

福利待遇不是劳动报酬，仅是按劳分配的补充，是指用人单位在工资和社会保险之外向劳动者及其亲属提供一定货币、实物、服务等形式的物质帮助。两者的区别在于：一是与劳动者付出劳动的联系不同。劳动报酬与劳动者的工作岗位，以及付出劳动的质量、数量、强度等要素紧密关联，是劳动者付出劳动后用人单位必须支付的报酬；而福利待遇则与上述要素的关联程度较小。二是支付的方式和周期不同。用人单位需按月向劳动者支付劳动报酬；而福利待遇不一定按月支付，且可采用报销等支付方式。三是支付的形式不同。劳动报酬以货币形式支付；而福利待遇可以货币、实物、服务等形式支付。例如，年休假是指法律规定的劳动者工作满一定工作年限后，每年享有的保留工作带薪连续休假，与工作年限呈正相关性，与劳动者的工作岗位、劳动质量等要素关联程度较小，故具有福利待遇的属性。用人单位向未休年休假的劳动者支付工资补偿，符合福利待遇的认定范畴。法院在审理未休年休假工资纠纷时不宜将其认定为劳动报酬。

2. 适用时效的审查

法院应根据《劳动争议调解仲裁法》第27条第4款、《职工带薪年休假条例》第5条第2款规定，对适用时效进行审查：一是存在劳动关系是前提条件。如双方不存在劳动关系而是雇佣、承揽、委托等关系，则不适用该条款的规定。二是劳动关系终止后的1年期间属于仲裁时效，可依法中断、中止。三是劳动关系终止并不仅限于劳动合同期满终止，还包括用人单位被依法宣告破产、单方解除或双方协商解除劳动合同等。四是年休假在一个年度内可集中安排或分段安排，一般不跨年度安排。因此，在劳动关系存续的情况下，如果劳动者只主张年度内某个时间段的应休未休年休假工资，则该年休假工资申请仲裁的时效期间从次年1月1日起算。

如案例一中，严某未休年休假工资属于年休假待遇未安排情况下的福利待遇，并非劳动者固有劳动报酬，其申请仲裁的时效期间为1年。严某直至2015年11月方申请劳动争议仲裁，故其2013年12月31日前的未休年休假工资已超过申请仲裁的法定期限，法院不予支持；严某2014年1月至5月期间应休未休年休假，可在2014年12月31日前安排，故其2015年11月5日申请仲裁时效未超过1年，法院依法应予支持。

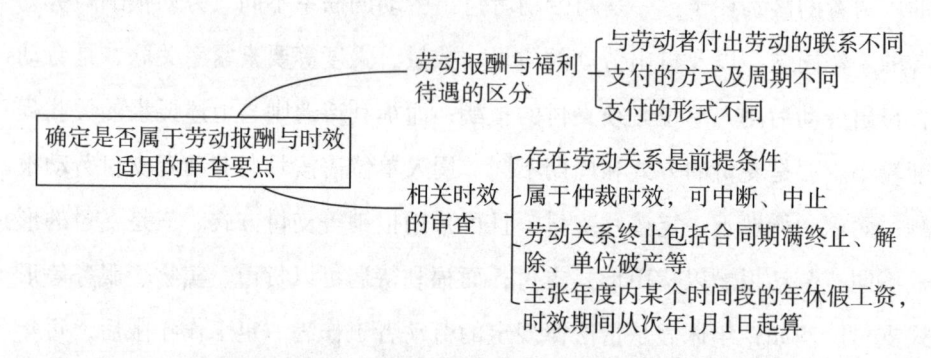

```
                                      ┌─与劳动者付出劳动的联系不同
                      ┌─劳动报酬与福利─┼─支付的方式及周期不同
                      │  待遇的区分    └─支付的形式不同
确定是否属于劳动报酬──┤
与时效适用的审查要点  │              ┌─存在劳动关系是前提条件
                      │              ├─属于仲裁时效，可中断、中止
                      └─相关时效─────┼─劳动关系终止包括合同期满终止、解
                          的审查      │  除、单位破产等
                                      └─主张年度内某个时间段的年休假工资，
                                        时效期间从次年1月1日起算
```

思维导图1　确定是否属于劳动报酬与时效适用的审查要点

（二）确定劳动者工资标准的审查要点

确定劳动者工资标准时，法院应先审查劳动合同的约定，通过劳动合同确定劳动者的工资标准，然后再审查用人单位规章制度关于薪酬标准的规定。在两者不一致的情况下，应先按劳动合同约定确定劳动者的工资标准，如规章制度规定的标准高于劳动合同的约定，也可按规章制度的相关规定予以认定。当然，无论通过哪种方式确定的工资标准，均不得低于法律规定的最低工资等劳动基准。

此外，根据《最高人民法院关于审理劳动争议案件适用法律问题的解释（一）》第43条规定，用人单位和劳动者双方可以对工资标准加以口头变更，只要已经实际履行口头变更的劳动合同超过1个月，且变更后的标准不违反法律、行政法规、国家政策以及公序良俗的，法院即可予以支持。在无任何约定或规定的情况下，法院也可通过实际履行的支付惯例来确定工资标准。支付惯例的审查应结合支付的周期、金额、款项备注等重复性、规律性的内容进行综合判断。如尚未支付过劳动报酬的，则可根据同岗位、同级别、同时期其他劳动者的工资标准作为确定依据。

1. 试用期工资的计算标准

《劳动合同法》第 20 条规定：劳动者在试用期的工资不得低于本单位相同岗位最低档工资或劳动合同约定工资的 80%，并不得低于用人单位所在地的最低工资标准。这里的 80% 只是工资的下限，并不禁止试用期内的工资等于试用期后的工资。

2. 加班工资的计算标准

在劳动合同既约定了月工资，又约定了加班工资计算基数的情况下，在确定加班工资计算基数时应当首先审查约定的月工资是否包括年终奖、上下班交通补贴等。如不包括在内，则应以约定的月工资和加班工资计算基数中金额高者作为审理时计算加班工资的基数。如约定的月工资包括年终奖、上下班交通补贴等，则不应以约定的月工资作为参照，而应以正常出勤月工资的 70% 作为参照，以约定的加班工资基数和以正常出勤月工资的 70% 计算的金额中较高的作为审理时计算加班工资的基数。

如案例二中，双方劳动合同约定加班工资计算基数为李某的基本工资，但李某每月固定工资不仅为基本工资，还包括职务津贴、岗位津贴及绩效浮动奖金等其他固定组成项目。双方约定的加班工资基数明显低于李某正常出勤月工资的 70%，故 B 公司仅以基本工资为基数计算加班工资缺乏合理性，法院对其主张不予采纳。

需要注意的是，试用期内加班工资的计算基数是以试用期工资为标准，还是以试用期后的工资为标准，在相关劳动法律法规中并无规定。根据公平合理原则，法院应按试用期内工资为标准作为加班工资的计算基数。

3. 病假工资的计算标准

对于病假工资的支付，劳动者患病或非因工负伤停止工作治病休息的期间须在医疗期内，且一般不超过 6 个月。连续医疗期间在 6 个月以内的，用人单位支付病假工资；连续医疗期间超过 6 个月时停发病假工资，改由按月支付疾病或非因工负伤疾病救济费。劳动者疾病或非因工负伤休假待遇高于本市上年度月平均工资的，可按本市上年度月平均工资计发。

劳动者疾病或非因工负伤休假待遇低于本单位月平均工资40%的，应补足至本单位月平均工资的40%，但不得高于本人原工资水平、不得高于本市上年度职工月平均工资。用人单位月平均工资的40%低于当年本市企业职工最低工资标准80%的，应补足至当年本市企业职工最低工资标准的80%。

此外，根据《上海市企业工资支付办法》第9条规定，病假工资的计算基数为劳动者所在岗位相对应的正常出勤月工资，不包括年终奖、上下班交通补贴、工作餐补贴、住房补贴，中夜班津贴、夏季高温津贴、加班工资等特殊情况下支付的工资。

表1　病假工资计算系数

连续病假6个月内（疾病休假工资）					连续病假超6个月（疾病救济费）		
工作不满2年	2-4年	4-6年	6-8年	8年以上	工作不满1年	1-3年	3年以上
60%	70%	80%	90%	100%	40%	50%	60%

注："不满"不包含本数，如不满2年，不包含2年；2-4年，包含2年但不包含4年。

病假工资计算公式：

$$病假工资 = (计算基数 / 21.75) \times 计算系数 \times 病假天数$$

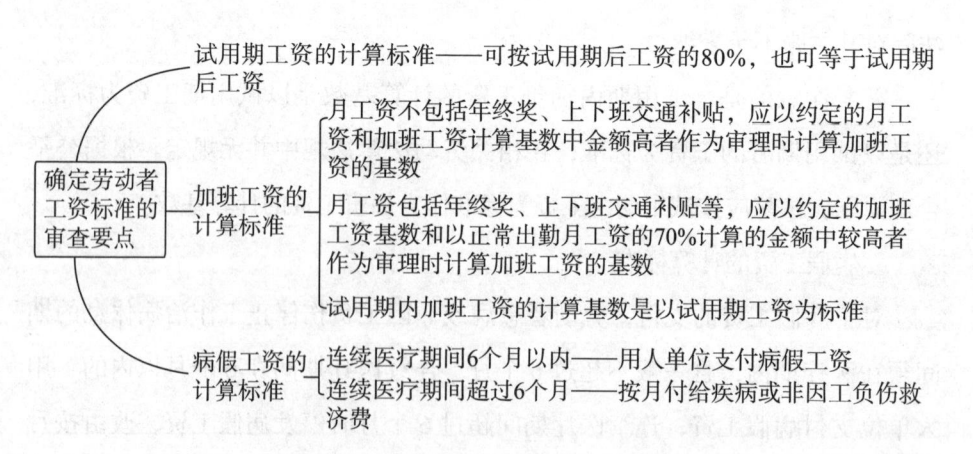

确定劳动者工资标准的审查要点
- 试用期工资的计算标准——可按试用期后工资的80%，也可等于试用期后工资
- 加班工资的计算标准
  - 月工资不包括年终奖、上下班交通补贴，应以约定的月工资和加班工资计算基数中金额高者作为审理时计算加班工资的基数
  - 月工资包括年终奖、上下班交通补贴等，应以约定的加班工资基数和以正常出勤月工资的70%计算的金额中较高者作为审理时计算加班工资的基数
  - 试用期内加班工资的计算基数是以试用期工资为标准
- 病假工资的计算标准
  - 连续医疗期间6个月以内——用人单位支付病假工资
  - 连续医疗期间超过6个月——按月付给疾病或非因工负伤救济费

思维导图2　确定劳动者工资标准的审查要点

（三）确定劳动时间及假期的审查要点

1. 确定工时制度

目前，用人单位的工时制度以标准工时制度为主体、特殊工时为补充。特殊工时制度包括综合计算工时工作制和不定时工作制。根据上海市劳动和社会保障局印发的《本市企业实行不定时工作制和综合计算工时工作制的审批办法》第5条规定，综合计算工时工作制和不定时工作制需办理审批手续。用人单位未经审批，双方劳动合同约定为综合计算工时工作制，劳动者工作岗位也确具有综合计算工时工作制特点的，法院需酌情认定劳动报酬。综合计算周期工作超时的，支付1.5倍工资；法定节假日安排工作的，支付3倍工资；不定时工作制下，用人单位无需支付延时加班及休息日加班工资，但要支付法定节假日的加班工资。

2. 确定工作时间

对于工作时间的确定，法院应注意以下审查要点：一是该时段应对劳动者产生拘束性。拘束性是指用人单位对劳动者在工作时间内劳动力的交换方式享有支配的权利。若该时段内的拘束性真实存在且并非由劳动者自身原因所致，法院可认定劳动者处于工作时间，如疫情期间在家办公，且需定时向单位报送实时地点等。二是该时段应与工作具有关联性。如系争时段内劳动者所从事的行为，涉及用人单位的业务或构成生产经营的组成部分，法院可认定该时段为工作时间；反之，如劳动者为用人单位管理人员接送家属、处理婚丧嫁娶等，不宜认定为工作时间。三是该时段应对用人单位产生利他性。这需要从劳动者的主观视角进行审查，不以客观结果为标准。即使劳动者在客观上并未给用人单位带来利益，也应认定为工作时间，如以单位名义参与志愿活动等。四是特殊情况下工作时间的认定。如被动缺勤的情况下，劳动者因用人单位原因被拒绝进入工作场所，未被安排工作任务，此时也可认定为正常工作时间。五是非工作时间的认定。用人单位在电工、拖车司机、工程维修员等特殊岗位中安排的值班，其工作强度、工作要求等方面与正常上班不同。尤其是在有休息设施可以休息的情况下，可不认定为加班，劳动者据此要求支付加班费的,法院可不予支持。当然,加班费诉请不获支持,并不影响劳动者主张值班费等待遇。值班费的具体金额由用人单位规章制度或劳动合同等方式确定。

3. 确定假期

在法定节假日、婚假、丧假等假期中,劳动者虽未提供劳动,但用人单位应计发劳动报酬;在其他无法律法规规定的休息期中,对于劳动者未提供劳动可否获得劳动报酬,有约定的从约定,无约定的用人单位可不予支付,如劳动者请事假且无相关约定的,用人单位可不支付工资。当然,用人单位亦不得以劳动者请假为由多扣发其上班期间工资,如规定请事假1天扣2天工资等。此外,劳动者连续请事假期间恰逢法定节假日的,法定节假日应计发工资。

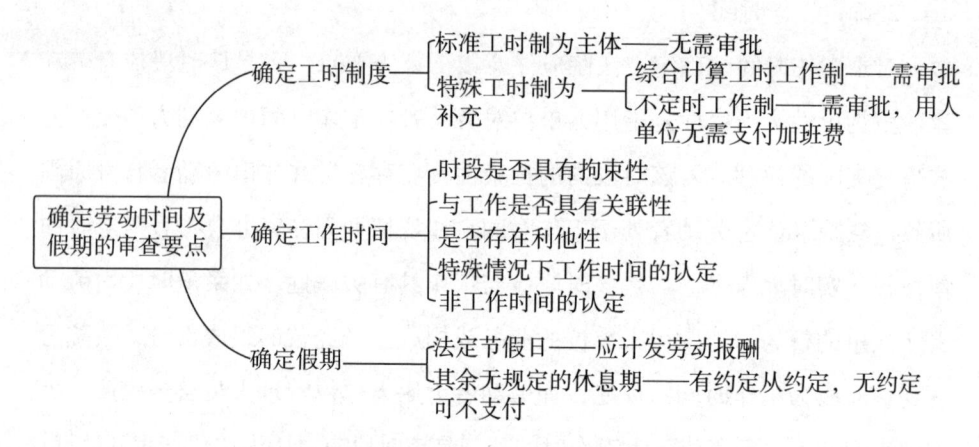

思维导图3　确定劳动时间及假期的审查要点

(四)劳动报酬发放情况的审查要点

1. 年终奖支付的审查要点

追索劳动报酬纠纷案件中关于年终奖的支付,法院需审查劳动合同是否有约定、用人单位规章制度是否有规定、历年年终奖的发放情况以及相应年度的年终奖是否已履行考核程序。其中,对于劳动合同约定或规章制度规定"劳动者因严重违纪被解除劳动合同或在发放奖金时已经离职的没有年终奖",

法院应根据劳动关系消灭的原因适用不同的审理思路。一是因劳动者个人原因离职的。由于提前离职系劳动者个人原因，不符合年终奖的发放条件。二是因单位解除而劳动关系消灭的。法院应判断用人单位是合法解除还是违法解除。如系合法解除，则用人单位可不发放年终奖；如系违法解除，则可视为用人单位恶意阻却年终奖发放条件的成立，法院应支持劳动者要求支付年终奖的诉请。

如案例三中，张某和C公司之间就年终奖发放事宜未作约定，但双方确认2016年和2017年均发放了年终奖，且C公司确认2018年确有年终奖，但以张某已离职为由拒绝支付。法院确认C公司解除与张某劳动关系系违法解除，故对张某主张C公司支付2018年年终奖的诉请予以支持。

2. 提成发放的审查要点

对于提成发放法院需审查劳动合同是否约定、用人单位规章制度是否规定、是否确定提成的计算方法以及实际履行中劳动者是否享有提成的情况。其中，对于劳动者主张的具体项目提成，法院需审查劳动者与获得客户信息、报价、洽谈、签订项目合同、跟单、发货、催款等环节的关联。对于双方已约定提成的计算方法与标准，因提成是劳动报酬的一部分，用人单位需与劳动者协商一致才可变更提成比例。如用人单位单方面提高提成比例，且劳动者未提出异议的，可视为劳动者予以接受；如用人单位单方面降低提成比例或扣除某些费用等，劳动者未明确表示接受的，法院需审查用人单位该行为的合理性。如无法证明合理性，劳动者有权主张支付提成差额，或以"未及时足额支付劳动报酬"为由提出解除劳动合同，用人单位应承担相应的法律责任。

对于部分用人单位提出销售回款后才可发放提成的抗辩，法院应注意以下审查要点：一是如用人单位与劳动者约定提成以销售回款为发放条件的，则该约定合法有效，双方应予遵守。二是双方对提成以销售回款为发放条件未作约定，而在规章制度中予以规定的，如该规定系经民主程序制定则合法有效。三是在双方未作约定且未制定规章制度的情况下，用人单位以销售未回款为由抗辩的，法院不予支持。

需要注意的是，在此类案件中，由于用人单位抗辩销售未回款属于否定性事实，亦无法举证，只能由劳动者承担举证责任。在劳动者已提供初步证据证明销售已回款的前提下，法院应根据案件具体情形确定是否由用人单位对销售回款的具体金额承担举证责任。

如案例四中，D公司与王某之间对是否以销售回款作为提成的发放条件未作约定，亦无规章制度规定。王某付出劳动促使销售合同的签订，且已完成一定数量的工作，故D公司应支付与之相对应的报酬。D公司主张以销售回款作为提成发放条件，是对支付劳动报酬附加额外限制性条件，法院对其不予支持。

3. 降低劳动报酬标准的审查要点

在未经劳动者同意的情形下，用人单位原则上不得单方对劳动者的报酬标准予以降低。对于用人单位通过直接或间接方式降低劳动报酬标准的，法院需审查以下三个方面：（1）劳动合同等对劳动报酬是否有明确约定；（2）降薪是否有相应依据，如依据的规章制度是否经过民主程序；（3）综合降薪的原因对降薪的合理性进行综合评判。需要注意的是，在实践中该类案件情况复杂，难以确定统一的标准，法院应结合各案中的具体情形予以综合判断。

4. 扣罚工资的审查要点

用人单位出于内部管理需要可以在规章制度中规定，劳动者存在违规行为的扣罚其当月部分工资。然而，工资作为劳动者的生活来源，即使劳动者确有违反劳动纪律或规章制度的，用人单位也不能无正当理由地随意扣罚。对于此类案件，法院需首先审查用人单位相关规章制度的具体规定、劳动者违纪行为性质、严重程度、危害程度等因素，其次需审查规章制度是否经过民主程序，最后还需审查是否符合《工资支付暂行规定》第16条规定，即用人单位每月扣罚的部分不得超过劳动者当月工资的20%，扣罚后的工资亦不得低于单位所在地最低工资标准。需要注意的是，劳动者因违规行为造成用人单位直接经济损失，用人单位解除劳动合同后主张损害赔偿的，不受前述《工资支付暂行规定》第16条规定的限制。

5. 举证责任分配的标准

《工资支付暂行规定》第6条规定：用人单位须书面记录支付劳动者工资的数额、时间、领取者的姓名以及签字，并保存2年以上备查。因此在2年保存期间内，劳动者的工资发放由用人单位承担举证责任。需要注意的是，法院应根据案件具体情况适当放宽对证据形式的认定标准，不宜机械地一概否定无劳动者签字证据的效力。对于用人单位提供的未经劳动者签字认可的考勤记录、工资发放表等证据，法院也不宜简单否定其证明力，应结合是否有其他相关证据进行综合判断。

劳动者主张加班费的，应当就加班事实的存在承担举证责任。在劳动者提供初步证据证明确实存在加班，只是难以确定具体加班时间、时长的情形下，应由劳动者对加班时间、时长作出说明。若用人单位未能提供证据反驳，则法院可在综合劳动者的岗位特点、工作内容、同岗位其他员工的出勤情况等因素基础上综合认定其加班时长。

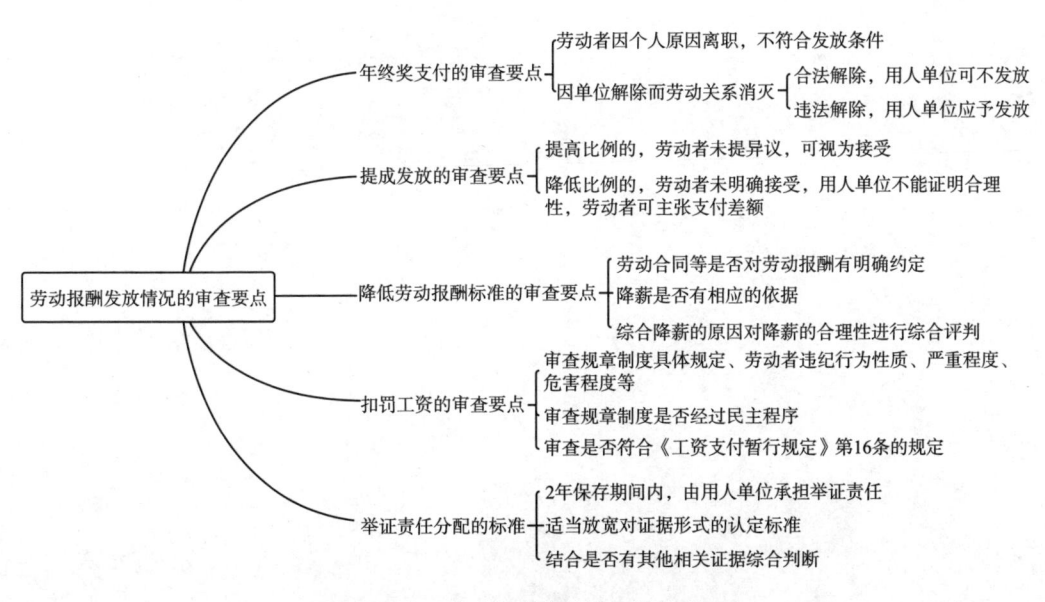

劳动报酬发放情况的审查要点
- 年终奖支付的审查要点
  - 劳动者因个人原因离职，不符合发放条件
  - 因单位解除而劳动关系消灭
    - 合法解除，用人单位可不发放
    - 违法解除，用人单位应予发放
- 提成发放的审查要点
  - 提高比例的，劳动者未提异议，可视为接受
  - 降低比例的，劳动者未明确接受，用人单位不能证明合理性，劳动者可主张支付差额
- 降低劳动报酬标准的审查要点
  - 劳动合同等是否对劳动报酬有明确约定
  - 降薪是否有相应的依据
  - 综合降薪的原因对降薪的合理性进行综合评判
- 扣罚工资的审查要点
  - 审查规章制度具体规定、劳动者违纪行为性质、严重程度、危害程度等
  - 审查规章制度是否经过民主程序
  - 审查是否符合《工资支付暂行规定》第16条的规定
- 举证责任分配的标准
  - 2年保存期间内，由用人单位承担举证责任
  - 适当放宽对证据形式的认定标准
  - 结合是否有其他相关证据综合判断

思维导图4　劳动报酬发放情况的审查要点

四、其他需要说明的问题

劳务报酬是指个人独立从事如讲学、咨询、投稿、翻译、技术服务等劳务所得。提供劳务的个人与被服务单位不存在稳定、连续的劳动人事关系和劳动合同关系，其所得也不以工资薪金形式领取。对于劳务关系双方发生的纠纷，法院应按一般合同纠纷案件而非劳动争议案件进行审理。

消费领域惩罚性赔偿案件的审理思路和裁判要点

丁 慧 王晓翔[*]

惩罚性赔偿是指由法院作出的赔偿数额超出实际损害数额的赔偿，其意在惩戒不法行为人并遏制他人采取类似行为。消费领域惩罚性赔偿案件涉及一般消费领域以及食品、药品、旅游、医疗产品等特殊消费领域。在处理此类纠纷时，法院应平衡好保护消费者的合法权益、保障商家的正常生产经营行为和惩罚不法行为的关系，从而规范市场经营，促进市场经济健康发展。本文以典型案例为基础，结合相关法律规范和审理难点，对该类案件的审理思路和裁判要点进行梳理、提炼和总结。

一、典型案例

案例一：涉及经营者欺诈的认定

王某与 A 公司签订车辆买卖合同，购买一辆价格为 20 万元的二手车，该车里程显示为 7000 公里。后王某对该车维修时得知该车于购买前实际行驶里程数已达 50 000 公里。王某以 A 公司篡改里程数为由，要求 A 公司返还购车款并赔偿案涉车辆价款 3 倍的损失。A 公司辩称案涉车辆系从案外人处购得，其未篡改里程数。

案例二：涉及经营者明知食品不符合安全标准的审查

刘某向 B 公司购买 25 盒新西兰进口麦片，该麦片外包装配料中写明含有亚麻籽，而《中华人民共和国药典》2015 版中记载亚麻籽为药材。刘某遂以

---

[*] 丁慧，民事庭审判长，法学硕士；王晓翔，民事庭法官助理，法学博士。

案涉麦片添加亚麻籽违反《食品安全法》为由,要求B公司退款并承担10倍惩罚性赔偿责任。B公司提交了案涉麦片的出入境检验检疫证明、进口货物报送单、食品流通许可证等材料,证明其已履行法定查验义务,以此抗辩对销售不符合安全标准的食品不明知。

案例三:涉及食品标签的处理

2016年周某向C公司购买六箱葡萄酒,该葡萄酒酒瓶标签上显示原料为"葡萄汁100%(含微量二氧化硫)"。根据《预包装食品标签通则》及卫生部门相关规定,2013年8月1日以后生产、进口的使用食品添加剂二氧化硫的葡萄酒,应标示为二氧化硫或微量二氧化硫及含量。周某以案涉产品标签仅标注"含微量二氧化硫"而未标注二氧化硫具体含量为由要求退一赔十。C公司提交证据证明上述标签瑕疵不影响食品安全,要求驳回对方诉请。

二、消费领域惩罚性赔偿案件的审理难点

(一)经营者欺诈的认定难

《消费者权益保护法》第55条第1款规定的3倍惩罚性赔偿前提为经营者存在"欺诈行为",但未对欺诈作出特别规定。民法理论关于欺诈的一般认定标准是否同样适用于经营者欺诈的认定,特别是欺诈的主观构成要件是否仅限于故意,存在较大分歧。实践中,经营者的欺诈行为和相对人陷入错误认识之间的因果关系如何认定亦存在难点。

(二)经营者明知的审查难

《消费者权益保护法》第55条第2款和《食品安全法》第148条第2款均规定经营者明知情形下的惩罚性赔偿。然而法院对经营者明知的审查中,明知具体包括哪些情形,经营者履行哪些义务方可排除明知,明知的归责原则和举证责任分配等问题,一直是审理此类案件的难点。

(三) 食品标签瑕疵的认定难

食品标签瑕疵是指预包装食品包装上的文字、图形、符号等内容存在瑕疵。实践中,食品标签瑕疵在哪些情况下可适用10倍惩罚性赔偿、标签瑕疵不影响食品安全能否适用惩罚性赔偿以及《食品安全法》第148条第2款"不会对消费者造成误导"的认定等存在争议。

(四) "职业索赔人"的定性和处理难

"职业索赔人"本身并非法律概念,而是民间对于一些利用生产者或经营者在生产或销售商品过程中侵害消费者权益行为进行诉讼的职业群体的泛称。实践中对于"职业索赔人"是否属于消费者、知假买假行为能否适用惩罚性赔偿的认识并不统一,导致该类案件的裁判结果存在差异。

三、消费领域惩罚性赔偿案件的审理思路和裁判要点

在消费领域惩罚性赔偿案件中,法院既要平衡好保护消费者合法权益和规范名为打假实为牟利的行为,又要平衡好保障商家正常的生产经营行为和惩罚欺诈消费者的不法经营行为。此类案件涉及一般商品、食品药品、旅游等诸多消费领域,其中对于汽车等具有较大价值的一般商品以及关乎消费者健康和生命安全的食品药品,当事人之间的矛盾更为突出,引发的社会关注度也更高,法院对此更应审慎审查并妥善处理。

审理此类案件的一般思路如下:首先,审查原告的诉讼主体资格;其次,审查原告的请求权基础;再次,审查案件事实,判定是否符合惩罚性赔偿的构成要件;最后,确定赔偿范围。

(一) 原告资格的审查要点

消费领域惩罚性赔偿案件的原告一般是消费者。消费者是指为生活消费需要购买、使用商品或接受服务的主体。消费者原则上应当是自然人,法律主要基于其弱者地位而给予倾斜保护。此外,提起消费领域惩罚性赔偿的主

体不限于与生产者或经营者存在消费合同关系的相对方，还应包括商品的使用者，即购买商品一方的家庭成员、受赠人等使用商品的主体均是适格的原告。除此之外，依据《消费者权益保护法》第55条第2款规定，因经营者提供的商品或服务缺陷造成死亡或健康严重损害的受害人亦有权诉请惩罚性赔偿。

需要注意的是，实践中经营者往往以原告为"职业索赔人"不具备消费者身份进行抗辩。关于职业索赔人是否属于消费者，我们认为消费者的概念应作广义理解，判断是否属于消费者的标准是其购买商品或接受服务的目的是否为了再次交易，而不应以其主观状态、身份而有所差别。此外，仅以职业区分是否属于消费者，不利于消费者权益的保护。职业索赔人的出现客观上能起到监督商家、规范企业经营行为的作用，有利于保护其他消费者，符合《消费者权益保护法》的立法目的。只要生产经营的商品或提供的服务确实存在问题，职业索赔人就有存在的合理性，不应否认其属于消费者的主体地位。然而对职业索赔人能否适用惩罚性赔偿，法院应坚持严格的事实认定标准，发挥职业索赔人的积极作用，抑制其可能带来的各种消极影响。

（二）请求权基础的审查要点

消费者可基于违约或侵权提起惩罚性赔偿。当两者发生竞合时，消费者应依据《民法典》第186条规定择一行使。

1. 基于违约的惩罚性赔偿审查要点

基于违约的惩罚性赔偿涉及合同请求权和惩罚性赔偿请求权，其中合同请求权涉及消费者请求撤销或解除合同。合同请求权和惩罚性赔偿请求权是两个独立的请求权，在同一案件中消费者基于自愿原则可同时主张也可择一主张。实践中，消费者往往要求经营者返还购买商品或接受服务的价款并主张惩罚性赔偿，对合同效力问题却未涉及。消费合同如果不撤销或不解除，消费者返还价款的诉请则无法实现。因此，在该情形下法院应向原告释明，询问其是否增加有关合同的诉请，并告知撤销或解除合同后其负有相应的返还商品、无法返还时按购买价格抵扣相应价款等义务，以及不行使合同撤销权或解除权的法律后果。经释明后,当事人同意撤销或解除合同的应与原诉请一并处理;当事人明确放弃的,则对其返还价款的请求不予处理,仅处理惩罚性赔偿问题。如案例一中,王某主张返还购车款并赔偿系争车辆价款三倍的损失,并未主张撤销或解除合同,此时法院应对其进行释明。

2. 基于侵权的惩罚性赔偿审查要点

基于侵权的惩罚性赔偿涉及损失赔偿请求权和惩罚性赔偿请求权,其中损失赔偿请求权涉及消费者请求赔偿人身伤害损失、财产损失、精神损害等。由于该类惩罚性赔偿的数额一般以受害人实际所受损失为计算标准,如受害人在诉讼中主张惩罚性赔偿,应同时主张损失赔偿请求权;受害人未主张损失赔偿请求权的,法院应对其进行释明。

(三)惩罚性赔偿构成要件的审查要点

1. 一般消费领域惩罚性赔偿构成要件的审查要点

一般消费领域的惩罚性赔偿适用《消费者权益保护法》第 55 条规定,包括经营者 3 倍惩罚性赔偿及经营者 2 倍以下惩罚性赔偿两类。其中,经营者 3 倍惩罚性赔偿是以购买商品的价款或接受服务的费用为计算基数;经营者 2 倍以下惩罚性赔偿则以所受损失为计算基数。

(1)经营者 3 倍惩罚性赔偿构成要件的审查要点

根据《消费者权益保护法》第 55 条第 1 款规定,消费者提起经营者 3 倍惩罚性赔偿的请求权基础是违约,该惩罚性赔偿的构成要件如下:一是经营者和消费者存在消费合同关系,即以书面或口头等形式表现出的各类消费合同;二是经营者存在欺诈行为。

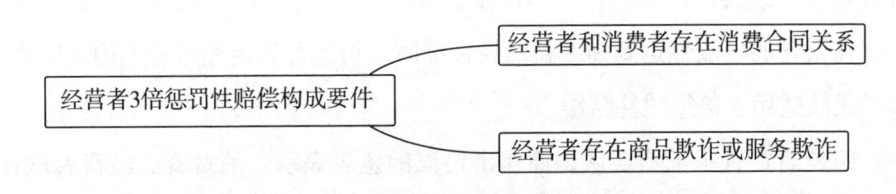

经营者3倍惩罚性赔偿构成要件 —— 经营者和消费者存在消费合同关系
                            —— 经营者存在商品欺诈或服务欺诈

思维导图 1　经营者 3 倍惩罚性赔偿构成要件

第一，经营者欺诈行为的认定。在《消费者权益保护法》未对"欺诈"作出特别规定的情况下，应适用民法理论关于欺诈的一般认定，即一方当事人故意告知对方虚假情况，或故意隐瞒真实情况，诱使对方当事人作出错误意思表示的，可以认定为欺诈行为。据此，经营者欺诈行为的认定应同时满足四个要件：

一是经营者主观上存在欺诈的故意。由于当事人的内心意思往往难以查明，对于经营者欺诈故意的认定标准，法院只能通过外在的客观行为来判断其是否具有主观故意。因此，司法实践中法院对经营者欺诈故意的认定一般采用过错推定的方法。只要经营者客观上存在告知消费者虚假情况或隐瞒真实情况的行为，一般即可推定经营者存在欺诈的故意，除非经营者能举证证明不存在故意。

如案例一中，系争车辆在王某购买前实际行驶里程数已达50 000公里，远超购买时显示的7000公里，显然该车里程数存在明显不合理之处。A公司作为正规的二手车经营公司，有义务也有能力了解包括车辆里程数在内等可能影响车辆安全性能或对车辆价值产生较大影响的重要信息，而A公司未告知消费者，应推定A公司存在欺诈故意。

二是经营者客观上存在告知消费者虚假情况或隐瞒真实情况的行为。实践中，欺诈行为在客观上既包括虚假陈述，也包括负有告知义务的行为人故意隐瞒真实情况。

三是经营者的欺诈行为导致消费者陷入错误认识。对于经营者的欺诈行为和消费者陷入错误认识之间的因果关系判断，法院应结合消费者购买案涉商品的数量、过程，特定时间内购买类似商品的次数，案涉购买行为之前是否曾就同一或类似商品进行过多次维权等因素综合判断。当法院认为消费者不存在误导的可能性达到高度盖然性标准时，可据此认定经营者不构成欺诈，自然无法适用3倍惩罚性赔偿。

四是消费者基于错误认识而作出错误的意思表示。消费者因经营者欺诈行为陷入错误认识后，须基于该错误认识作出错误的购买商品或接受服务的意思表示。如果消费者仅因欺诈行为陷入错误认识而未作出任何意思表示，则不构成欺诈。

实践中，汽车销售领域涉及的商品标的金额较大，对此应如何准确理解和适用经营者3倍惩罚性赔偿是司法实务亟待解决的难题。在处理此类案件时，法院应对案件事实进行实质性审查，重点审查经营者隐瞒的信息是否属于可能影响车辆安全性能或对车辆价值产生较大影响的重大瑕疵，并根据个案具体情况综合判断是否构成经营者欺诈。

在新车销售情形中，新车一般指全新、未经使用、未经维修的车辆，而新车从主机厂到4S店往往需要经过长途运输，而运输过程中可能会造成车辆瑕疵。4S店不可能因存在小瑕疵就将车辆重新运回厂家处理，故汽车行业普遍存在PDI（Pre-delivery Inspection，交付前检查）作业程序，即由厂家授权经销商向用户交付车辆前对车辆进行最后检测，对发现的一般瑕疵和缺陷及时校正、修补或更换原厂配件，使车辆达到原厂标准。因此，如经营者未将诸如车辆漆面瑕疵处理、车辆零部件更换等并不影响车辆安全性能或未对车辆价值产生较大影响的信息告知消费者，其可能仅涉及侵犯消费者的知情权，不宜认定为欺诈行为；如经营者对车辆曾发生事故导致前纵梁等部件受损而进行过重大维修或对试驾车私自篡改里程表数据等事实未告知消费者，一般可认定构成经营者欺诈。

在二手车销售情形中，基于二手车的特性，车辆正常使用过程中的自然老化、磨损，以及不影响车辆安全性能或不会导致车辆价值重大贬损的轻微事故及维修一般不属于重大质量瑕疵，如经营者未如实告知一般不宜认定为欺诈行为；如存在因积极篡改里程表数据、对车辆有其他改装行为或隐瞒车辆曾发生安全结构部件受损、车辆浸水等重大维修的事实，经营者未如实告知消费者的，一般可认定构成经营者欺诈。

在平行进口车销售情形中，平行进口车不同于一般的新车和二手车，是指未经品牌厂商授权，贸易商从海外市场购买并引入中国市场进行销售的汽车。该类车的生产销售对象并非中国，故车辆的部分配置和性能可能需要按照中国的标准进行改装。在改装过程中，车辆可能会出现油漆脱落等外观瑕疵，甚至会留有拆装痕迹。作为平行进口车的消费者，对于此种情形应当具备基本的心理预期。因此，对于消费者提出的车辆质量问题，法院应注意审查是否因正常改装而引起，如是则不宜认定构成经营者欺诈。

需要注意的是，如经审查经营者不构成欺诈，法院可对当事人进行释明，引导当事人提出相应的预备诉请，并根据经营者违约的具体内容、情节轻重、涉及利益大小等因素综合确定责任承担方式。

第二，经营者3倍惩罚性赔偿不以消费者实际损害后果为要件。实践中，消费者在主张惩罚性赔偿时多存在未造成实际人身或财产损害后果的情况，经营者往往以此抗辩不承担惩罚性赔偿责任。然而依据《消费者权益保护法》第55条第1款，首先，惩罚性赔偿金并未以消费者的损失作为计算标准，而是以商品的价款或接受服务的费用作为计算标准；其次，就惩罚性赔偿制度的功能定位而言，其不同于传统民法理论的补偿性赔偿，该制度的主要目的在于惩罚而非填补损害，通过高额的经济惩罚制裁欺诈行为，从而达到威慑和预防的作用；再次，该条款中的"损失"并非出现在法条的要件部分而是效果部分，该"损失"仅指合同预期利益的损失，并非消费者固有利益的损失。因此，是否造成消费者实际损害后果并非经营者3倍惩罚性赔偿的构成要件。

（2）经营者2倍以下惩罚性赔偿构成要件的审查要点

依据《消费者权益保护法》第55条第2款，经营者2倍以下惩罚性赔偿的构成要件如下：一是经营者提供的商品或服务存在缺陷；二是经营者明知缺陷的存在；三是造成消费者或其他受害人死亡或健康严重损害的实际后果；四是商品或服务缺陷与损害后果之间存在因果关系。

需要注意的是，该类惩罚性赔偿的适用条件较经营者3倍惩罚性赔偿更为严格，要求请求主体所受损害应达到消费者或其他受害人死亡或健康受到严重损害的程度。其中，健康严重损害的判断标准需依照人身损害有关法律和司法解释规定具体确定。

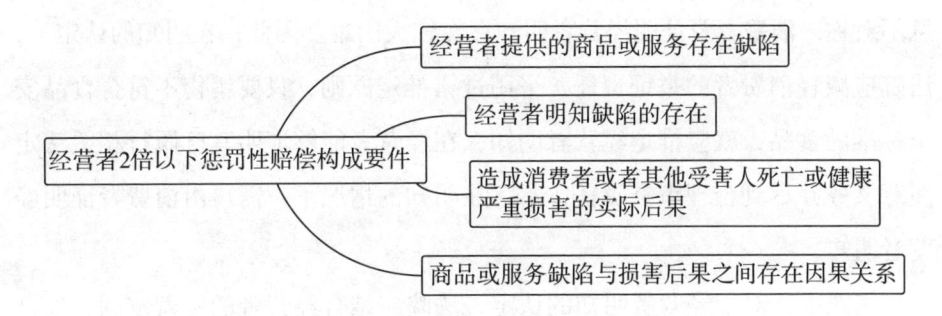

```
                    ┌─── 经营者提供的商品或服务存在缺陷
                    │
                    ├─── 经营者明知缺陷的存在
经营者2倍以下惩罚性   │
赔偿构成要件         ├─── 造成消费者或者其他受害人死亡或健康
                    │    严重损害的实际后果
                    │
                    └─── 商品或服务缺陷与损害后果之间存在因果关系
```

思维导图2　经营者2倍以下惩罚性赔偿构成要件

2. 食品领域惩罚性赔偿构成要件的审查要点

食品领域惩罚性赔偿纠纷在消费领域惩罚性赔偿案件中占比较大，且该类惩罚性赔偿构成要件的审查在事实认定和法律适用上均存在较多难点。依据《食品安全法》第148条第2款规定，承担惩罚性赔偿的主体有两类，即食品生产者和食品经营者。食品生产者承担惩罚性赔偿的构成要件是其生产了不符合食品安全标准的食品；食品经营者承担惩罚性赔偿的构成要件如下：一是销售不符合食品安全标准的食品，二是明知是不符合食品安全标准的食品而销售。

```
                      ┌─ 食品生产者惩罚性赔偿 ──── 生者产生产了不符合食品安全标
                      │  构成要件                 准的食品
食品领域惩罚性        │
赔偿构成要件          │                        ┌── 经营者销售不符合食品安全标准
                      │                        │   的食品
                      └─ 食品经营者惩罚性赔偿 ──┤
                         构成要件               └── 经营者明知是不符合食品安全标
                                                   准的食品而销售
```

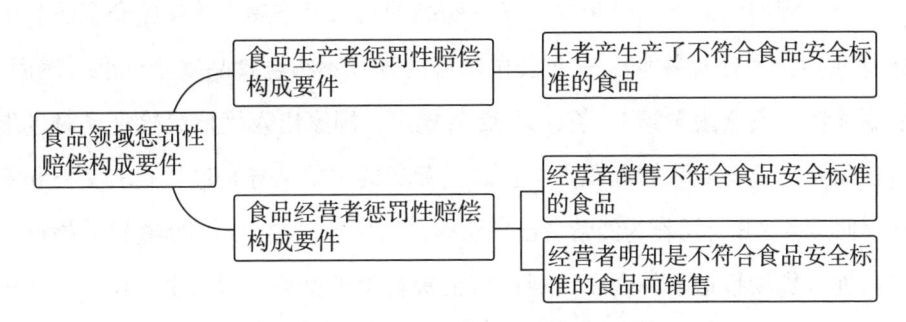

思维导图3　食品领域惩罚性赔偿构成要件

（1）经营者明知的审查要点

"明知"包括确定知道和应当知道两种情形。"确定知道"是指经营者明确理解或了解相关情况；"应当知道"是指依据经营者提供的商品或服务推断其应当了解商品或服务的相关情况。无论确定知道还是应当知道，均为经营者的主观状态，法院只能通过经营者的客观行为来认定其是否明知。由于信息不对称，消费者要证明经营者明知存在较大困难。因此，在明知的认定上，法院应减轻消费者的举证责任，采用过错推定原则，只要销售不符合食品安全标准的食品，就应推定经营者明知；在经营者能够证明其已履行相关法定注意义务并尽到合理审查责任，不存在明知的情况下，需再由消费者证明经营者明知。

实践中，对于经营者明知的认定，法院应结合经营者的经营范围、经营能力、履行相关法定义务等客观情况予以综合判断。具体可区分为两种情形：一是对无需专业检验检疫就能判断是否存在食品安全风险的，如食品是否已过保质期、食品标签存在影响食品安全或对消费者造成误导的瑕疵等情形，经营者应尽必要的注意义务，否则应推定经营者明知。二是对需要专业检验检疫机构检查才能判断是否存在食品安全风险的，由于经营者不具备专业检验检疫能力，不能苛责和扩大其审查注意义务。只要经营者可以证明销售的食品已由相关部门检验检疫且已尽到必要注意义务，即可推定经营者不构成明知。

如案例二中，案涉麦片添加了中药材亚麻籽，而亚麻籽并未列入国家卫生行政主管部门公布的既是食品又是药品的目录，不属于《食品安全法》第38条规定的可添加物质，故B公司销售的麦片不符合食品安全标准。然而，依据《食品安全法》第91条、第92条规定，国家出入境检验检疫局对进出口食品安全负有监督管理职责。食品经营者的主要义务是进货查验义务和安全存储义务。B公司作为经营者已依法履行对案涉麦片的入境货物检验检疫证明、进口货物报送单、食品流通许可证等材料的必要查验义务。B公司基于对行政机关颁发卫生证书的信赖而销售案涉麦片，难以认定B公司明知案涉麦片不符合食品安全标准而销售，故B公司不应承担10倍惩罚性赔偿责任。

（2）食品标签瑕疵的审查要点

食品标签是指预包装食品包装上的文字、图形、符号等一切说明食品的内容，包括食品名称、净含量、生产日期、保质期、生产者、生产地等。食品领域惩罚性赔偿纠纷多涉及标签瑕疵，主要表现为食品添加物含量标注和实际不相符、标注多个生产日期、更改或虚假标注生产日期，或未标注生产者名称、添加物具体含量、不适宜人群等。

依据《食品安全法》第 148 条第 2 款规定，食品标签瑕疵是否适用惩罚性赔偿应结合标签、说明书是否存在影响食品安全以及是否会对消费者产生误导的瑕疵进行综合判断，只有食品的标签、说明书存在不影响食品安全且不会对消费者造成误导的瑕疵才不适用惩罚性赔偿。需要注意的是，该条款规定的食品标签瑕疵不适用惩罚性赔偿的特定情形，并未否定该食品标签瑕疵仍属于违反食品安全标准的行为。

对于食品标签瑕疵是否影响食品安全的判断应采用严格标准，某些不影响食品安全的标签瑕疵仅为行政管理的范畴。如食品标签瑕疵系笔误、配料实际含量数额标注有出入等不会对人体健康造成任何危害的，法院不应支持消费者 10 倍惩罚性赔偿的诉请。对于食品标签瑕疵对消费者产生误导应严格限定于食品安全方面的误导，包括食品的营养成分、功用、有效期等。因此，食品标签瑕疵不影响食品安全且不会对消费者造成食品安全方面误导的，不适用 10 倍惩罚性赔偿。

如案例三中，案涉葡萄酒的标签"含微量二氧化硫"不符合食品安全标准有关标签标示的规定。C 公司作为经营者应对其销售的食品及其标签负有审核、注意义务，案涉产品存在明显的标签瑕疵，属于不符合食品安全标准的食品。然而根据 C 公司提交的官方检测报告，案涉葡萄酒的成分及含量并未违反相关食品安全标准，上述标签瑕疵尚不影响食品安全。同时，周某未能举证证明饮用案涉葡萄酒会对其产生损害，故法院对周某 10 倍惩罚性赔偿的主张不予支持。

（3）小额商品重复诉请惩罚性赔偿的审查要点

依据《食品安全法》第 148 条第 2 款规定，消费者对小额商品要求惩罚性赔偿而增加赔偿的金额不足 1000 元的，生产者或经营者需赔偿 1000 元。目的在于加大对生产、经营不符合食品安全标准的生产者和经营者的惩戒，实现惩罚性赔偿制度设立的初衷。然而，实践中经常出现同一消费者在同一超市采取单日多次结算的方式多次购买若干食品,或一定时间段内多次购买同一食品,并以每张购物小票对应一份起诉状的方式诉至法院,分别要求获得1000元的惩罚性赔偿金。对于上述情形应分别适用惩罚性赔偿还是同时适用惩罚性赔偿存在争议。

首先,从诉讼诚信原则出发,在当事人存在小额多次购买、分别按照惩罚性赔偿最低限额主张赔偿的情况下,如分别适用惩罚性赔偿会助长社会中的不诚信行为,同时对生产者、经营者造成过重负担。其次,就惩罚性赔偿制度的立法目的而言,惩罚性赔偿是要制裁生产和经营不符合食品安全标准的同一商家针对与其发生交易的同一消费者作出一次性赔偿,而非针对同一消费者的数次交易行为进行分别赔偿。再次,就行为效果而言,在一定时间段内分多次消费同类商品与一次消费全部商品具有相同的行为效果。因此,对于相同诉讼主体、同类商品发生的同案由案件,法院应作为一案审理,并以多起案件的商品总额为计算标准,要求生产者或经营者一并承担惩罚性赔偿责任。

需要注意的是,消费者尤其是职业索赔人首次起诉判决惩罚性赔偿后再次购买类似商品并诉请惩罚性赔偿的,法院对之后的诉请能否支持应区分一般商品和食品药品予以分别讨论。对于一般商品,职业索赔人的再次购买行为显然是为了牟利而非因经营者的欺诈行为陷入错误认识,故不适用惩罚性赔偿。对于食品药品,《最高人民法院关于审理食品药品纠纷案件适用法律若干问题的规定》第3条将食品药品的知假买假行为囊括在法律保护范围内,其主要原因在于食品药品安全与人民的健康和生命安全休戚相关,相比于职业索赔人的打假获利,法律更注重对食品药品领域制假售假者的制裁以及对该领域市场秩序的规范。此外,《食品安全法》第148条第2款和《药品管理法》第144条第3款相较于《消费者权益保护法》第55条第1款而言,并未要求经营者有欺诈行为。因此,生产者或经营者以购买者明知食品药品存在质量问题而仍然购买为由进行抗辩的,法院不予支持。

3. 其他特殊消费领域惩罚性赔偿构成要件的审查要点

除食品之外，其他特殊消费领域包括药品、旅游、医疗产品等。在这些特殊消费领域涉及惩罚性赔偿构成要件的审查需适用相关特别法的规定。

在药品领域，依据《药品管理法》第144条第3款规定，有关假药、劣药的惩罚性赔偿基本参照《食品安全法》第148条第2款规定，对于生产假药、劣药或明知是假药、劣药仍然销售、使用的，受害人或其近亲属可以请求支付价款10倍或损失3倍的赔偿金。

在旅游领域，依据《旅游法》第70条规定，有关惩罚性赔偿的构成要件如下：一是旅行社具备履行条件；二是经旅游者要求履行合同后仍拒绝的；三是造成旅游者人身损害、滞留等严重后果。旅游者在满足上述条件时可主张旅游费用1倍至3倍的赔偿金。

在医疗产品领域，依据《最高人民法院关于审理医疗损害责任纠纷案件适用法律若干问题的解释》第23条规定，有关惩罚性赔偿的构成要件如下：一是医疗产品存在缺陷；二是生产者或销售者明知缺陷的存在；三是造成患者死亡或健康严重损害；四是医疗产品缺陷和损害后果之间存在因果关系。被侵权人在满足上述条件时可主张所受损失2倍以下的赔偿金。

（四）赔偿范围的确定

1. 一般消费领域惩罚性赔偿范围的确定

（1）合同之诉惩罚性赔偿的赔偿范围

在一般消费领域，消费者主要基于合同之诉要求惩罚性赔偿。在满足经营者3倍惩罚性赔偿构成要件的前提下，消费者要求惩罚性赔偿的金额为所购买商品价款或接受服务的费用的3倍；增加赔偿的金额不足500元的为500元。需要注意的是，由于消费者和经营者的消费合同在起诉前已履行，消费者会为此支出相应费用或遭受损失。当合同撤销或解除后，除惩罚性赔偿外，经营者仍需赔偿消费者的实际经济损失。

（2）侵权之诉惩罚性赔偿的赔偿范围

在一般消费领域，依据《消费者权益保护法》第55条第2款规定，受害人基于侵权之诉主张惩罚性赔偿的，除有权要求经营者依据《消费者权益保护法》第49条、第51条等规定赔偿人身伤害损失、财产损失、精神损害外，还有权主张上述损失2倍以下的惩罚性赔偿。需要注意的是，与合同之诉的惩罚性赔偿不同，侵权之诉的惩罚性赔偿赋予法官自由裁量权，法官应根据侵权人的过错程度、行为恶性、损害后果等因素合理确定惩罚性赔偿。

2. 特殊消费领域惩罚性赔偿范围的确定

特殊消费领域中，食品与药品领域的惩罚性赔偿范围相同，消费者除要求赔偿损失外，可主张支付价款10倍或损失3倍的惩罚性赔偿，并设置1000元的最低惩罚性赔偿。旅游、医疗产品领域的惩罚性赔偿均赋予法官自由裁量权。其中，旅游领域消费者除要求赔偿损失外，可主张旅游费用1倍以上3倍以下的惩罚性赔偿；医疗产品领域的被侵权人除要求赔偿损失外，可主张所受损失2倍以下的惩罚性赔偿。

工伤保险待遇纠纷案件的审理思路和裁判要点

孙少君　王正叶 *

工伤保险待遇纠纷是指工伤当事人之间因工伤保险责任的分担和工伤保险权利义务的实现所引发的争议。工伤保险待遇纠纷案件涉及的主体宽泛、规定庞杂、争议较多，导致此类案件的审理相对复杂。现结合典型案例对此类案件的审理思路和裁判要点进行梳理、提炼和总结。

一、典型案例

案例一：涉及工伤保险待遇责任主体的确定

钱某与A公司签订劳动合同，被A公司劳务派遣至B公司担任操作工。钱某在B公司工作时受伤，后被认定为工伤、因工致残程度十级。钱某辞职后申请仲裁，要求A公司和B公司共同支付其一次性伤残就业补助金和停工留薪期工资差额。

案例二：涉及工伤保险待遇项目支付义务的承担

侯某与C公司签订劳动合同，在工作时被压伤食指，并被认定为工伤、因工致残程度十级。后侯某被C公司以严重违纪为由解除劳动合同。侯某遂申请仲裁，要求恢复与C公司的劳动关系。后生效判决认定C公司为合法解除，对侯某请求不予支持。侯某再次申请仲裁，要求C公司赔付其一次性伤残就业补助金。

---

* 孙少君，民事庭审判长，法学硕士；王正叶，民事庭法官助理，法律硕士。

案例三：涉及与第三人侵权责任的竞合

胡某系D公司员工，在上班途中发生交通事故，第三人为主要责任人。胡某被认定为工伤、因工致残程度十级，且在与第三人交通事故责任纠纷案件中已获赔残疾赔偿金。胡某在职期间D公司未为其缴纳工伤保险费。胡某辞职后申请仲裁，要求D公司赔付其包括一次性伤残补助金、一次性工伤医疗补助金、一次性伤残就业补助金在内的工伤保险待遇。

二、工伤保险待遇纠纷案件的审理难点

（一）工伤保险待遇主体宽泛易疏漏

工伤保险制度作为社会保险制度的重要组成部分，实践中工伤保险待遇主体较为多样化。一方面，我国从业人员种类多样，除典型劳动关系下的劳动者外，还有非全日制从业人员、非正规就业劳动组织从业人员、超过法定退休年龄的劳动者、在中国境内就业的外国人等。这些从业人员符合一定条件时，均可享受工伤保险待遇。另一方面，我国用工模式较为复杂，除典型劳动关系外，还有诸如劳务派遣、挂靠、指派、借调、违法转包等多种形态，工伤事故发生时需明确工伤责任承担方。由于涉及工伤保险待遇主体范围的规定较为分散，实践中易产生疏漏。

（二）工伤保险待遇项目繁杂难把握

工伤保险待遇适格主体确定后，因工伤保险待遇赔付主体、赔付项目及赔付标准的确定涉及受工伤劳动者的切身利益，法院需着重审查。根据用人单位有无按规定参加工伤保险、有无存在漏缴又补缴等不同情形，工伤保险待遇赔付主体亦有区别。实践中，由于工伤保险待遇项目繁多，相关规定分散在不同层级的法律规范中，工伤保险待遇赔付项目及赔付标准的审查较难把握。

（三）与第三人侵权责任竞合处理存争议

出于对劳动者权益的特殊保护，工伤认定的范围已作适当扩张，在第三人侵权导致工伤事故时易引发工伤保险赔偿与第三人侵权损害赔偿竞合。该两种诉讼请求权基础和归责原则不尽相同。实践中对于劳动者因第三人侵权造成人身损害并构成工伤的情形，具体赔偿项目如何认定、重复赔偿项目能否兼得、重复赔偿项目赔偿标准如何确定等存在争议。

三、工伤保险待遇纠纷案件的审理思路和裁判要点

对于工伤保险待遇纠纷案件，法院应注意充分保障受工伤劳动者的合法权益，分散用人单位工伤风险，保障企业正常经营发展，促进工伤预防和职业康复，维护社会和谐稳定。审理此类案件时，法院应首先审查主体是否适格，其次审查是否经过工伤认定程序，最后审查工伤保险待遇具体赔付主体、赔付项目、赔付标准的主张能否成立。此外，当遇到双方当事人就工伤保险待遇私下签订一次性赔偿协议、工伤保险赔偿与第三人侵权损害赔偿竞合等特殊情形时，法院也要注意把握相应的审查原则。

（一）审查主体是否适格

工伤保险待遇适格主体包括工伤保险待遇权利人和工伤保险待遇责任方。

1. 工伤保险待遇权利人

（1）典型劳动关系下的劳动者

我国境内的企业、社会团体、民办非企业单位等组织的职工和个体工商户的雇工，均依法享受工伤保险待遇。

（2）因工死亡职工的近亲属

如职工因工死亡，其近亲属可享受相应的工伤保险待遇。

（3）非全日制从业人员

非全日制从业人员因工作遭受事故伤害或患职业病后，可享受相应的工伤保险待遇。

（4）超过法定退休年龄的劳动者

劳动者达到法定退休年龄但未办理按月领取基本养老保险待遇手续或不符合按月领取基本养老保险待遇条件，且继续在原用人单位工作期间发生事故伤害的，可享受相应的工伤保险待遇。用人单位为其招用的超过法定退休年龄的劳动者已缴纳工伤保险费，该劳动者在用工期间因工作原因受到事故伤害或患职业病的，亦可享受相应的工伤保险待遇。

（5）符合工伤保险参保条件的外国人与我国港澳台地区居民

在中国境内就业并符合参加工伤保险条件的外国人，以及在内地（大陆）就业且参加工伤保险的我国港澳台地区居民，均依法享受工伤保险待遇。

2. 工伤保险待遇责任方

（1）典型劳动关系下的用人单位

典型劳动关系下的劳动者发生工伤时，用人单位为工伤保险待遇责任方。劳动者存在多重劳动关系的，工伤事故发生时劳动者所在用人单位为工伤保险待遇责任方。劳动者被用人单位指派到其他单位工作的，指派单位为工伤保险待遇责任方。用人单位分立、合并、转让的，承继单位为工伤保险待遇责任方。

（2）劳务派遣单位

劳务派遣单位派遣的劳动者在用工单位工作期间因工伤亡的，劳务派遣单位为工伤保险待遇责任方。劳务派遣单位可与用工单位约定补偿办法，但双方约定不得对抗被派遣劳动者。如案例一中，钱某在劳务派遣期间发生工伤，工伤保险待遇责任方应为劳务派遣单位，因此应由A公司支付钱某的工伤保险待遇。

（3）违法转包业务的用工单位

用工单位违反法律法规规定将承包业务转包给不具备用工主体资格的组织或自然人，该组织或自然人聘用的劳动者从事承包业务时因工伤亡的，用工单位为工伤保险待遇责任方。

（4）被挂靠单位

个人挂靠其他单位对外经营，其聘用的人员因工伤亡的，被挂靠单位为工伤保险待遇责任方。

（5）从事房屋建筑和市政基础设施工程的建筑施工企业

未按项目参保的本市建设工程从业人员发生工伤的，由其所在的用人单位赔付工伤保险待遇，施工总承包企业、建设单位承担连带责任。

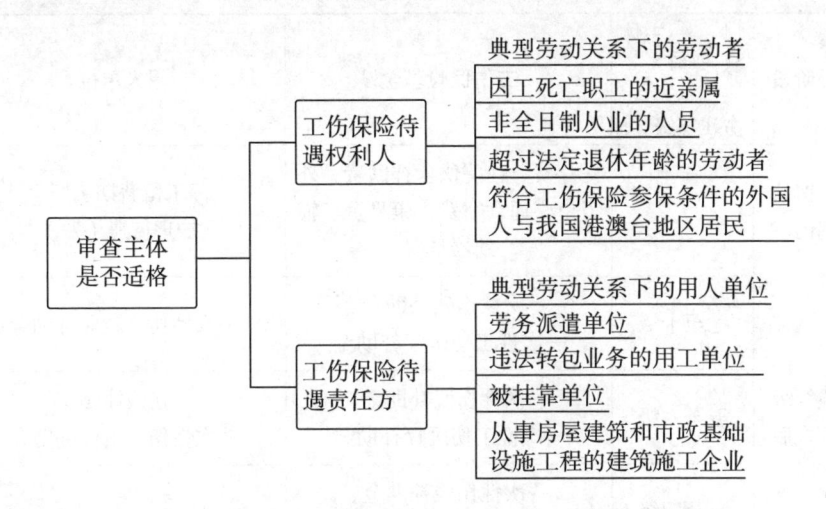

```
审查主体
是否适格
├── 工伤保险待遇权利人
│   ├── 典型劳动关系下的劳动者
│   ├── 因工死亡职工的近亲属
│   ├── 非全日制从业的人员
│   ├── 超过法定退休年龄的劳动者
│   └── 符合工伤保险参保条件的外国人与我国港澳台地区居民
└── 工伤保险待遇责任方
    ├── 典型劳动关系下的用人单位
    ├── 劳务派遣单位
    ├── 违法转包业务的用工单位
    ├── 被挂靠单位
    └── 从事房屋建筑和市政基础设施工程的建筑施工企业
```

思维导图1　工伤保险待遇主体是否适格的审查

（二）审查是否经过工伤认定程序

工伤保险待遇一般需经工伤认定程序。对于当事人已提交工伤认定决定书等证据证明所涉伤害已经过工伤认定程序的，可直接进入下一审查步骤。

对未经工伤认定程序直接起诉的当事人，法院告知当事人应及时按规定申报工伤认定。

（三）审查工伤保险待遇主张能否成立

在确定工伤保险待遇的适格主体以及是否经过工伤认定程序后，法院需对工伤保险待遇各项主张进行审查。根据用人单位有无按规定为劳动者缴纳工伤保险费、是否存在漏缴又补缴等不同情形，工伤保险待遇赔付主体、赔付项目、赔付标准等均存在差别。

1. 对用人单位按规定为劳动者缴纳工伤保险费的处理

用人单位按规定为劳动者缴纳工伤保险费的,根据劳动者所处阶段的不同,以上海市为例,工伤保险待遇的赔付主体及赔付项目如表1所示:

表1 工伤保险待遇赔付主体及赔付项目

所处阶段	伤残等级	工伤保险基金	用人单位
停工留薪期内		医疗费、住院伙食补助费、外省市交通食宿费、康复费、辅助器具费	停工留薪期工资、护理待遇(费)
伤残等级评定之后	七至十级	一次性伤残补助金、一次性工伤医疗补助金	一次性伤残就业补助金
	五至六级	一次性伤残补助金、一次性工伤医疗补助金	伤残津贴、一次性伤残就业补助金
	一至四级	一次性伤残补助金、伤残津贴	
工亡		丧葬补助金、供养亲属抚恤金、一次性工亡补助金	
备注	①生活护理费:工伤职工已经评定伤残等级并经劳动能力鉴定委员会确认需要生活护理的,从工伤保险基金按月支付生活护理费,支付标准按照生活完全不能自理、生活大部分不能自理或者生活部分不能自理分为3个等级,具体按照本市公布的同期生活护理费标准执行。②伤残津贴:1-4级伤残津贴不低于本市公布的同期伤残津贴最低标准。③劳动能力鉴定费:初次鉴定费用由工伤保险基金支付;再次鉴定或者复查鉴定的意见无变化的,鉴定费用由申请方承担;鉴定意见有变化以及需要定期复查鉴定的,鉴定费用由工伤保险基金承担。		

实践中,易引发争议的具体工伤保险待遇的审查要点如下:

(1)医疗费

对符合工伤保险诊疗项目目录、工伤保险药品目录、工伤保险住院服务标准,医疗费从工伤保险基金支付;对目录以外的非必要、非合理医疗费,由劳动者自行承担。对于用人单位在工伤事故发生后超过30天不满1年提出工伤认定申请的，医疗费的工伤保险基金支付标准以社保部门核定为准。因用人单位导致医疗费不能或仅能部分获工伤保险基金理赔的，不能获赔部分费用由用人单位承担。

（2）停工留薪期工资

停工留薪期是劳动者工伤或患职业病需要暂停工作接受治疗的期间。关于停工留薪期工资，一般以与劳动者原工资福利相符的正常出勤月工资收入或工伤事故发生前12个月平均工资收入加以确定，并不得低于本市同期最低月工资标准。关于停工留薪期的截止期限，原则上应为就医记录或病情证明单中记载的医疗期或休息期结束之日。如劳动者自愿放弃病假单或病情证明单中记载的休息时间回到用人单位正常工作的，可以劳动者回到用人单位正常工作之日作为停工留薪期的截止日；如伤残等级鉴定意见作出之日早于就医记录或病情证明单中记载的医疗期或休息期结束之日的，则应以伤残等级鉴定意见作出之日作为停工留薪期的截止日。

停工留薪期一般不超过12个月，伤情严重或情况特殊且经鉴定委员会确认的，可以适当延长，但延长不得超过12个月。如劳动者经过24个月的停工留薪期后仍需继续治疗、无法提供正常劳动的，用人单位应按病假工资标准发放劳动者病假待遇。

（3）一次性工伤医疗补助金、一次性伤残就业补助金

因工致残五至六级的工伤人员本人提出与用人单位解除或终止劳动关系的，以及因工致残七至十级的工伤人员本人提出与用人单位解除劳动关系或劳动合同期满终止的，由工伤保险基金支付一次性工伤医疗补助金、用人单位支付一次性伤残就业补助金。如解除劳动关系时距劳动者法定退休年龄不足5年的，不足年限每减少1年，全额一次性工伤医疗补助金和一次性伤残就业补助金递减20%，但属于法定的劳动者可单方解除劳动合同的情形除外。

对于用人单位单方解除或双方协商解除劳动关系，用人单位应否支付一

次性伤残就业补助金的问题。一次性伤残就业补助金是对劳动者因工受伤致劳动就业能力减弱而由用人单位给予劳动者的一种经济补偿，与劳动关系解除的原因并无直接关联。同时，不以劳动关系解除的原因为标准判定劳动者应否享有一次性伤残就业补助金，更符合公平合理原则。因此，对于用人单位单方解除或双方协商解除劳动关系的，用人单位仍需支付一次性伤残就业补助金。如案例二中，在C公司单方合法解除侯某劳动关系的情形下，C公司仍有义务赔付侯某一次性伤残就业补助金。

2. 对用人单位未按规定为劳动者缴纳工伤保险费的处理

在用人单位应当参加工伤保险而未参加或未按规定缴纳工伤保险费期间，从业人员发生工伤的，由用人单位按照法定的工伤保险待遇项目和标准赔付费用。用人单位不赔付的，从工伤保险基金中先行赔付；从工伤保险基金中先行赔付的费用，应当由用人单位偿还；用人单位不偿还的，由社保经办机构依法追偿。

3. 对劳动者在用人单位欠缴工伤保险费期间发生工伤的处理

用人单位参加工伤保险并补缴应当缴纳的工伤保险费、滞纳金后，由工伤保险基金和用人单位依法赔付新发生的费用。如劳动者在用人单位欠缴工伤保险费期间发生工伤的，对用人单位补缴后仍未获工伤保险基金理赔的部分，法院需审查不予理赔的原因。如因缺少材料不能理赔的，法院应指定期限要求当事人互相配合及时补足材料，办理工伤保险待遇申领手续，并告知相应法律后果；如仍不符合工伤保险基金赔付条件的，则判定用人单位承担相应工伤保险待遇赔付责任。

4. 特殊情况下工伤保险待遇问题的处理

（1）非全日制从业人员的工伤保险待遇

非全日制从业人员可享受的工伤保险待遇为：由工伤保险基金支付的工伤保险待遇；用人单位支付的停工留薪期待遇（不低于本市职工月最低工资标准）；致残五至十级情形下，由用人单位支付一次性伤残就业补助金；致残一至四级伤残情形下，用人单位和工伤人员一次性缴纳基本医疗保险费至工伤人员达到法定退休年龄后，享受基本医疗保险待遇。

（2）超过法定退休年龄劳动者的工伤保险待遇

超过法定退休年龄继续在用人单位工作的劳动者经工伤认定后，可依照《工伤保险条例》《上海市工伤保险实施办法》规定的条件和标准享受工伤保险待遇。用人单位已为超过法定退休年龄的劳动者缴纳工伤保险费的，依照《工伤保险条例》《上海市工伤保险实施办法》由工伤保险基金承担的部分，仍由工伤保险基金承担；超过法定退休年龄的劳动者不能参加工伤保险或用人单位可缴却未缴纳工伤保险费的，该劳动者经工伤认定后的相关工伤保险待遇由用人单位承担。

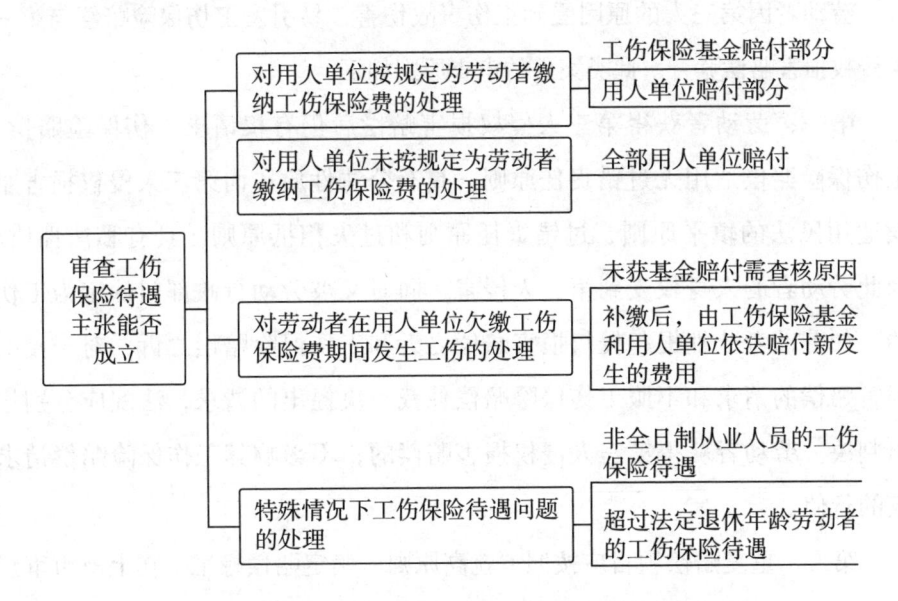

审查工伤保险待遇主张能否成立	对用人单位按规定为劳动者缴纳工伤保险费的处理	工伤保险基金赔付部分
		用人单位赔付部分
	对用人单位未按规定为劳动者缴纳工伤保险费的处理	全部用人单位赔付
	对劳动者在用人单位欠缴工伤保险费期间发生工伤的处理	未获基金赔付需查核原因补缴后，由工伤保险基金和用人单位依法赔付新发生的费用
	特殊情况下工伤保险待遇问题的处理	非全日制从业人员的工伤保险待遇
		超过法定退休年龄劳动者的工伤保险待遇

思维导图2　工伤保险待遇主张能否成立的审查

（四）当事人就工伤保险待遇达成一次性赔偿协议的审查原则

工伤事故发生后，双方当事人就工伤保险待遇私下达成一次性赔偿协议的情况时有发生。由于劳动者与用人单位在缔约地位上不平等，以及劳动者为尽快得到赔偿而放弃一部分权益的情形客观存在，实践中对于此类协议的效力存在争议。目前，工伤保险待遇纠纷案件中对于双方当事人已达成一次性赔偿协议的审查原则如下：

第一，在已出具劳动能力鉴定结论的情形下，工伤保险待遇权利人与责任方签订的、不存在法定无效情形的一次性赔偿协议对双方均有约束力。

第二，如上述协议的签订确实存在欺诈、胁迫、重大误解、显失公平情形的，受损害方有权请求仲裁机构或法院予以撤销。

第三，一次性赔偿协议被撤销的，由工伤保险待遇责任方根据法定工伤保险待遇标准支付工伤保险待遇差额。

（五）工伤保险赔偿与第三人侵权损害赔偿竞合的审查原则

劳动者因第三人的原因受到工伤事故伤害，易引发工伤保险赔偿与第三人侵权损害赔偿竞合。此类案件的审查原则如下：

第一，劳动者获得第三人侵权损害赔偿后仍有权请求工伤保险赔偿。工伤保险赔偿适用无过错责任原则，具有公法性质；而第三人侵权损害赔偿适用民法的填平原则、过错责任原则和过失相抵原则，具有私法性质。因此劳动者的人身权受到第三人侵害，同时又被劳动行政部门认定为工伤的，如劳动者分别提起侵权损害赔偿之诉和工伤保险赔偿之诉，对于侵权损害赔偿的请求和不服工伤保险赔偿仲裁裁决提出的请求，法院应分别作出判决。劳动者获得第三人侵权损害赔偿的，不影响其工伤保险赔偿请求权的行使。

第二，重复赔偿项目应按照"就高原则"确定赔偿标准。在上海市审判实践中，工伤保险赔偿和第三人侵权损害赔偿中存在重复赔偿的项目如表2所示：

表2 工伤保险赔偿与第三人侵权损害赔偿中的重复赔偿项目

工伤保险赔偿项目	第三人侵权损害赔偿项目
停工留薪期工资	误工费
医疗费	医疗费

续表

工伤保险赔偿项目	第三人侵权损害赔偿项目
护理费（停工留薪期内） 生活护理费	护理费
住院伙食补助费	住院伙食补助费
外省市交通食宿费	交通费、外省市就医住宿费、伙食费
康复费	康复费、整容费 其他后续治疗费
辅助器具费	残疾辅助器具费
供养亲属抚恤金	被抚养人生活费
丧葬补助金	丧葬费

如劳动者因上述项目获重复赔偿，则违反民法的填平原则和实际赔偿原则。因此，法院对重复赔偿项目应采取"就高原则"来确定赔偿标准，即以工伤保险赔偿和侵权损害赔偿计算标准确定数额较高者作为劳动者应获赔偿的数额。如劳动者在第三人侵权损害赔偿案件中已就上述重复赔偿项目按照"就高原则"获得足额赔偿，劳动者仍在工伤保险赔偿中主张的，法院不予支持。

如案例三中，胡某发生非本人主要责任的交通事故同时又被认定为工伤，胡某在提起第三人侵权损害赔偿之诉并获得相应赔偿后仍有权主张相应的工伤保险待遇。同时，一次性伤残补助金、一次性工伤医疗补助金、一次性伤残就业补助金均不属于重复赔偿项目，故法院对胡某要求D公司赔付上述三项工伤保险待遇的主张予以支持。

四、其他需要说明的问题

非法用工单位的伤亡职工一般包括：（1）用人单位使用童工造成的伤残、死亡童工；（2）在无营业执照或未经依法登记、备案的单位以及被依法吊销营业执照或者撤销登记、备案的单位受到事故伤害或患职业病的职工。此种情形下，职工受到的事故伤害或所患职业病不作工伤认定，而由劳动监察部门在处理违法行为的过程中进行确认。非法用工单位伤亡职工的近亲属依法享有一次性赔偿权利，相关赔偿标准依照《非法用工单位伤亡人员一次性赔偿办法》确定。赔偿主体为非法用工单位（对应上述第一种情形）或其出资人（对应上述第二种情形）。双方就赔偿数额发生争议的，按照劳动争议处理。

夫妻共同债务类案件的审理思路和裁判要点

郭海云　胡天和[*]

夫妻共同债务，是指夫妻双方合意举债或者其中一方为家庭日常生活需要所负的债务。一方超出家庭日常生活需要所负债务且未用于夫妻共同生活、生产经营的，不属于夫妻共同债务。夫妻债务在内的夫妻财产问题是《民法典》婚姻家庭编中的重要内容。夫妻共同债务的认定，不仅与夫妻双方的财产权利息息相关，也影响到债权人利益和交易安全。审理该类案件需严格依照夫妻共同债务的认定标准，合理分配举证责任，平衡保护各方当事人的合法权益。为提高该类案件的审理质量与效率，现以典型案件为基础，对审理思路和裁判要点进行归纳和总结。

一、典型案例

案例一：涉及债务真实性的认定

张某与高某原系夫妻。张某父母通过银行转账给张某75万元用于其婚内购买房产，转账汇款单的附言注明"支付购房款"，该房产登记在张某、高某名下。后高某诉张某离婚并要求将该房产作为夫妻共同财产予以分割。张某提供其与父母签订的借条一份，以证明借款75万元属于夫妻共同债务。高某抗辩称借条形成于张某父母得知双方离婚诉讼后，当事人之间并不存在真实的借贷关系。

案例二：涉及债务是否用于共同生产经营的认定

李某与周某原系夫妻。A公司成立于夫妻关系存续期间。李某系法定代

---

[*] 郭海云，少年家事庭庭长，法律硕士；胡天和，少年家事庭法官助理，法学硕士。

表人并担任执行董事职务,工商登记的财务负责人及联络人均为周某。婚姻存续期间,李某以企业经营需要资金周转为由向王某借款300万元,约定由A公司承担连带担保责任。借款到期后,王某向法院起诉要求李某、周某、A公司承担还款责任。周某抗辩称其系A公司普通员工,他人在A公司注册成立过程中利用周某身份信息进行工商登记,该债务非夫妻共同债务。

案例三:涉及如何分配举证责任

邵某与钟某原系夫妻。邵某向吕某借款15万元用于支付父亲重病医疗费用,吕某诉至法院要求邵某、钟某共同归还借款及逾期利息。吕某认为,借款发生在邵某、钟某夫妻关系存续期间,邵某称其父亲身患重病需要大额医疗费,故应由邵某、钟某举证证明借款为个人债务,否则应认定为夫妻共同债务。钟某则认为,邵某父亲未患重病,其医疗费用在家庭收入可负担的合理范围内,该借款应认定为邵某的个人债务。

案例四:涉及婚姻不安宁期间夫妻一方举债性质认定

石某与盛某原系夫妻。石某在与盛某婚姻存续期间与他人育有一子。石某、盛某夫妻关系存续期间,金某向石某出借大额资金。金某认为,借款发生在夫妻关系存续期间且投入石某经营的公司,应为夫妻共同债务。盛某认为,石某出具借条时已因夫妻关系恶化与盛某分居多年,且石某已在外非婚生子,借条所载钱款未用于夫妻共同生活。

二、夫妻共同债务类案件的审理难点

(一)家庭日常生活、夫妻共同生活、共同生产经营界定难

家庭日常生活水准界定难表现在:经济发展不平衡、城乡差异、家庭成员财产状况和消费模式不同,导致难以确定统一的家庭日常生活具体标准。

夫妻共同生活范畴界定难表现在:家庭消费模式和生活结构的升级变化,使夫妻共同生活支出不再局限于传统的消费开支。

共同生产经营标准界定难表现在:《民法典》及相关司法解释中提出的

"夫妻共同生产经营",与《公司法》《合伙企业法》等法律及司法解释规定的"共同经营"含义不尽相同。判断生产经营活动是否属于夫妻共同生产经营的标准在司法实践中并不统一。

(二)证据获取审查难

第一,从《民法典》第1064条的规定来看,确定债务的用途是判断和认定债务性质的关键。该类案件所涉标的通常为货币,债权人、债务人对借贷发生后货币在家庭内部的使用目的和使用轨迹均很难举证证明。第二,证明夫妻感情是否破裂(如是否处于分居、矛盾激化、婚姻危机状态)对于甄别夫妻间是否存在规避债务、债务是否用于夫妻共同生活具有重要意义。然而,证明夫妻感情优劣对于夫妻一方或债权人均非易事。第三,司法实践中存在夫妻双方具有举债合意但未共同签名确认的情形。一旦未签名举债配偶否认,法院往往很难认定夫妻双方存在举债合意。

(三)父母家庭对核心家庭出资性质认定难

实践中,在核心家庭遭遇婚姻危机时,对核心家庭有过出资贡献的父母或其子女往往凭借据等(或为补签)要求法院认定借贷关系成立,进而主张夫妻共同债务。各地法院对此种情形的判决结果并不统一:某些法院认为在当前高房价背景下,父母在其子女购房时给予资助属于常态,但不能将此视为理所当然,认为除父母明确表示赠与外,应当视为以帮助为目的的临时性资金出借,子女应负有偿还义务;另有法院认为父母于子女婚后为核心家庭购置房屋出资的,应当认定为对夫妻双方的赠与。

三、夫妻共同债务类案件的审理思路和裁判要点

审理夫妻共同债务类案件应遵循以下原则:第一,平等保护原则。既不能让夫妻一方承担不应该承担的债务,也要防范夫妻双方串通损害债权人利益,要通过举证责任的合理分配平衡保护各方当事人利益。第二,一般性和特

殊性相结合原则。各地经济发展不平衡，不同家庭成员构成也存在较大差异。法院要根据当地一般社会生活习惯和夫妻共同生活状态（如借款名义、夫妻社会地位、职业、资产、收入等）作出正确认定和恰当裁判。第三，配套适用原则。《民法典》并未就夫妻共同债务作出全面系统的规定，审理中应当将《民法典》相关规定与其他法律和司法解释的有关规定配套适用。

（一）夫妻共同债务案件的前置审查步骤

法院应首先审查债务关系是否成立，再对债务人及其配偶是否应当承担共同清偿责任进行审查。债务关系不能狭义理解为借贷关系，还应包括其他合同之债、担保之债、侵权之债等。

第一，就民间借贷关系引发的此类纠纷，法院应着重审查是否有借贷意思、资金往来、借条等确定债务的真实性和款项用途，亲属间借款应尤其注意。如案例一中，如无确实证据证明借款的事实或子女家庭存在共同举债的合意，父母于子女婚后为核心家庭购置房屋出资的，应当依据相关法律规定认定为父母对夫妻双方的赠与。

第二，由于侵权行为有其特定的人身属性，侵权行为之债一般不符合夫妻共同债务的特征，但在从事家庭经营等活动时侵权、夫妻双方共同侵权或依照法律规定夫妻双方需要承担连带赔偿责任的除外。

第三，担保之债作为债务的一种，同样适用于法律关于夫妻共同债务的审查认定标准。当夫妻一方对外担保之债与夫妻共同生活或共同生产经营密切相关，对外担保产生的利益用于夫妻共同生活或共同生产经营时，该担保之债宜认定为夫妻共同债务。

（二）认定为夫妻共同债务的情形及审查要点

1. 夫妻就债务达成合意

夫妻双方共同签名、夫妻一方事后追认或者有其他共同意思表示共负债务的，应认定为夫妻共同债务。配偶双方的合意，既可以明示也可以默示。

明示包括夫妻双方共签借据或一方以短信、微信等方式表示合意；非举债配偶以其名下财产为借款设立抵押，借款后曾归还借款等追认行为。默示包括作出能推断出共同负债的行为，如借款汇入配偶名下实际控制账户等。非举债配偶事后知情但未作出追认的不能认为就债务达成夫妻共负债务的合意。夫妻双方共同举债时均应具有民事行为能力。

2. 夫妻一方负债用于家庭日常生活

夫妻一方在婚姻关系存续期间以个人名义为家庭日常生活需要所负债务，属于夫妻共同债务。"家庭日常生活需要"是指夫妻双方及其共同生活的未成年子女在日常生活中的必要开支，包括正常的衣食住行消费、日用品购买、医疗保健、子女教育、老人赡养，以及正当的娱乐、文化消费等，其金额和目的应符合"日常性"和"合理性"。

不同家庭的合理日常家事代理额度存在较大差异，在认定债务是否"为家庭日常生活需要所负"时要注意以下两点：一是法院要根据负债金额大小，当地经济水平，借款名义，夫妻社会地位、职业、资产、收入等因素，综合认定债务是否超出合理日常家事代理额度，并在判决书中载明判断、推理的过程；二是大额债务虽于婚后长时间内形成，但每次金额较小且债务确用于家庭日常生活开销的，应认定为夫妻共同债务。

3. 债权人能够证明属于夫妻共同债务

相对于家庭日常生活需要所负的债务，对于夫妻一方以个人名义对外所负债务且明显超出家庭日常生活范畴时，债权人需证明该债务用于夫妻共同生活、共同生产经营或者基于夫妻双方共同的意思表示。

（1）"夫妻共同生活"的审查要点

"夫妻共同生活"范围大于"家庭日常生活"。夫妻共同生活支出是指夫妻双方共同消费支配、形成夫妻共同财产或者基于夫妻共同利益管理共同财产产生的支出。下列情形可认定为债务用于"夫妻共同生活"：一是购买住房和车辆、装修、休闲旅行、投资等金额较大的支出；二是夫妻一方因参加教育培训、接受重大医疗服务所支付的费用；三是夫妻一方为抚养未成年子女所支付的出国、私立教育、医疗、资助子女结婚等，以及为履行赡养义务所支付的费用。非举债配偶可以说明以上大宗支出资金来源的除外。

审理案件时，法院应注意以下两点：一是婚前举债但用于婚后夫妻共同生活的，仍可依其用途属性认定为夫妻共同债务；二是对于大额借贷中存在部分用于夫妻共同生活、部分用于个人消费的情形，法院应在查明事实后按照实际用途分别作出处理，未有证据证明用途部分的债务为个人债务。

（2）"夫妻共同生产经营"的审查要点

夫妻共同生产经营审查包括三个要素：债务款项专用性（债务专用于生产经营）、夫妻经营共同性、经营利润共享性。其中，夫妻经营共同性是指生产经营活动系夫妻双方基于共同意志协力经营，实践中表现为夫妻共同决策、共同投资、分工合作、共同经营管理。夫妻经营共同性以合意参与为核心要素，在共同经营要素的认定上应适当放宽标准。经营利润共享性是指无论生产经营活动是否产生盈利结果，经营收益一贯为家庭主要收入或用于夫妻共同生活。有明确证据可以确定债务款项专用性和夫妻经营共同性时，则对经营利润共享性可无需再作审查；当夫妻经营共同性难以认定时，可以依据债务款项专用性、经营利润共享性判定该债务属于夫妻共同债务。

如案例二中，财务、人事、后勤等属于公司治理的重要职能部门。周某在A公司担任会计及财务负责人，足以证明周某在A公司参与共同经营，所涉债务应认定为夫妻共同债务。

（三）认定为个人债务的情形及审查要点

1. 一方以个人名义所负超出家庭日常生活需要的债务

夫妻一方在婚姻关系存续期间以个人名义所负超出家庭日常生活需要的债务，不属于夫妻共同债务。债权人能够证明该债务用于夫妻共同生活、共同生产经营或者基于夫妻双方共同意思表示的除外。

2. 与夫妻共同生活明显无关的不合理开支

债务系用于夫妻一方且与夫妻共同生活明显无关的不合理开支，均不具有家庭使用属性，应界定为个人债务。例如无偿担保，夫妻一方为前婚所生子女购买房产、车辆，挥霍消费（如购买与自身消费能力极不匹配的奢侈品、负债打赏网络主播等），违反婚姻忠诚义务（如包养情人、抚养私生子等），危害家庭利益等行为所产生的债务，均不应认定为夫妻共同债务。

3. 虚假债务及非法债务不属于夫妻共同债务

为家庭利益所负债务应当具有正当性和合法性。夫妻一方为在离婚时侵吞共同财产而虚构的共同债务不属于夫妻共同债务。夫妻一方因盗窃、抢劫、赌博、非法集资等违法犯罪行为所生债务，即使为家庭利益也不构成夫妻共同债务。

如有虚构债务行为的，法院可以根据情节轻重予以罚款、拘留；构成犯罪的依法追究刑事责任。同时，一方有伪造夫妻共同债务等严重损害夫妻共同财产利益行为的，另一方可以要求婚内分割共同财产。

4. 另有约定的认定为个人债务

如果债务人与债权人之间明确约定为个人债务，或夫妻之间约定为分别财产制且债权人知情的，也应当直接认定为个人债务。

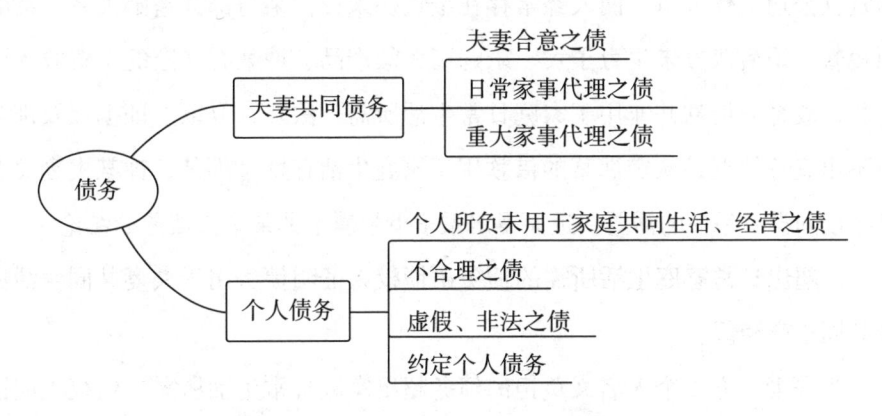

```
                    ┌─ 夫妻合意之债
         ┌─ 夫妻共同债务 ─┼─ 日常家事代理之债
         │              └─ 重大家事代理之债
债务 ──┤
         │              ┌─ 个人所负未用于家庭共同生活、经营之债
         │              ├─ 不合理之债
         └─ 个人债务 ──┼─ 虚假、非法之债
                        └─ 约定个人债务
```

思维导图1　认定夫妻共同债务的审查要点

（四）举证规则：根据不同情况合理分配举证责任

1. 证明夫妻合意的举证责任在债权人

当事人对于自己提出的主张有责任提供证据，债权人应提供证据证明夫

妻具有共同举债的意思表示。夫妻双方共同签字的借款合同、借据，以及夫妻一方事后追认或者电话、微信等体现共同举债意思表示的有关证据，都是债权人用以证明债务系夫妻共同债务的有力证据。

2. 日常家庭生活范围内的债务由债权人举证债权存在，债务人举证反驳

夫妻一方为家庭日常生活所负债务，原则上应当推定为夫妻共同债务，债权人只需举证证明债务关系存在、债务符合当地一般认为的家庭日常生活范围即可，不需要债权人举证证明该债务实际用于家庭日常生活。非举债配偶可以提供家庭收入情况、收入水平，证明借款数额明显超过家庭日常生活必要消费或该债务未用于家庭日常生活进行反驳。

如案例三中，因涉案债务金额不大，应推定为夫妻一方为家庭日常生活所负债务，故债权人吕某证明债务关系存在即已完成其举证责任，此时应由非举债配偶钟某举证反驳。钟某举证证实借条记载的借款用途与邵某父亲患病的实际医疗费用存在明显出入；吕某称与邵某为多年朋友和同事，却有违常理地在邵某用于家人就医借款时约定24%的高额利息；邵某、吕某均系小额贷款公司工作人员，两人经常存在金钱往来；钟某与邵某婚姻关系存续时间短暂、婚后双方未生育子女、未购买大额产品、钟某有稳定的工资收入和存款，故系争借款并非用于家庭日常生活所需。法院综合以上证据以及邵某拒不出庭等情况，认定邵某的借款用于家庭生活存疑，邵某、钟某夫妻关系存续期间没有举债的需要，进而得出系争借款属于邵某个人债务的结论。

3. 超出日常家庭生活所需的债务由债权人证明债务用于夫妻共同生活或者共同生产经营

当夫妻一方以个人名义负担的债务超出家庭日常生活所需，债权人应证明债务用于夫妻共同生活或者共同生产经营，进而证明债务系夫妻共同债务。考虑到债权人对于夫妻家庭生活用款举证难度较大，可以对其举证责任予以适当缓和。法院可对债权人和债务人是否具有亲友关系，双方交往是否亲密，对债务人家庭是否熟稔等加以审查。

债权人举证达到证明标准后，债务人对债权人主张不予认可仍坚持其抗

辩意见的，债务人应当承担进一步举证责任，以证明借款并非用于夫妻共同生活或共同生产经营。

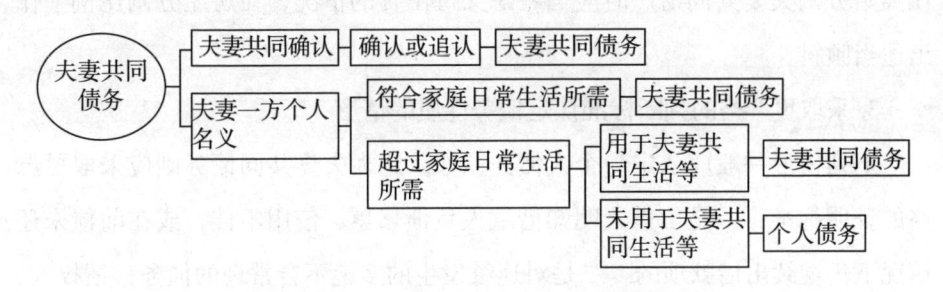

思维导图2　夫妻共同债务类案件举证规则

（五）涉夫妻债务案件中几种特殊情形的审查

1. 债务产生于婚姻不安宁阶段的考量

夫妻债务类纠纷应充分考虑夫妻分居、提起离婚诉讼后产生债务的情形。非举债配偶主张债务发生期间其与举债方配偶感情严重不合，应提供居委会证明、租房协议、家庭支出单据等相关证据。如确有证据证明夫妻状态处于婚姻不安宁阶段，且非举债配偶有固定工作和稳定收入，无需负债且未分享举债利益、经营投资所得的，则应认定为举债一方个人债务。相反，如果查明夫妻因避债而分居或分居后借款仍用于共同生活的，则该债务应当认定为夫妻共同债务。

如案例四中，石某在婚姻存续期间与他人同居多年并生育子女，石某与盛某因矛盾激化确处于婚姻危机中，故难以认定石某将涉案借款用于夫妻共同生活，应当认定该债务为石某个人债务。

2. 父母家庭对核心家庭出资性质的认定

法院判断出资转账性质应注意审查债权人和债务人之间是否存在借贷的真实意思。考虑到借贷双方的血缘关系，双方对借条的形成具备便利条件，不能仅凭借条简单认定借贷关系存在，而应对债权人提出更高的证明要求。如无确实证据证明借款的事实或核心家庭存在共同举债的合意，父母于子女婚后为核心家庭购置房屋出资的,应根据产权登记情况认定为对夫妻双方的赠与或是对一方的赠与。需要指出的是,在认定对夫妻双方赠与的情形下,在离婚分割夫妻共同财产时应当考虑父母出资的情况,在房屋分割比例上作出适当倾斜。

3. 采取更严格的判断标准认定债务性质的情形

下列情形一般应认定为个人债务,如认定为夫妻共同债务则应采取更严格的证明标准:一是出借人明知借款人负债累累、信用不佳,或在前债未还情况下仍继续出借款项的。二是对连续发生的多笔不合常理的债务,债权人、债务人对此陈述不清或者陈述前后矛盾的。

四、其他需要说明的问题

本文仅确定夫妻债务性质的认定规则,不涉及案件中产生的夫妻共同债务承担比例、一方偿还后的追偿问题以及执行个人债务程序中如何析出个人财产等问题。

共有房屋买卖合同纠纷案件的审理思路和裁判要点

金绍奇　朱晨阳[*]

共有房屋买卖合同纠纷,是指部分共有人以全体共有人名义或以自己名义与买受人就共有房屋签订买卖合同后,合同当事人或其他共有人对合同效力及履行提出异议而引发的纠纷。共有房屋买卖既涉及共有人之间的内部关系,又涉及外部买卖双方的合同关系。该类纠纷的处理应当注意平衡保护静态的物权归属与动态的交易安全,维护诚信原则,避免违约方因违约行为而获益。现结合典型案例,对共有房屋买卖合同纠纷案件的审理思路和裁判要点进行梳理、提炼和总结。

一、典型案例

案例一:涉及是否追加当事人的审查

石某为房屋A的登记产权人,与薛某签订房屋买卖合同,约定将房屋A售予薛某。后石某反悔拒不履约。薛某起诉请求判令继续履行合同。一审法院判决支持薛某的诉讼请求。石某不服提起上诉,诉称房屋A系其与案外人刘某的夫妻共同财产,一审未追加刘某为当事人参加诉讼属于严重违反法定程序。

案例二:涉及房屋买卖合同是否有效的审查

张某为房屋B的登记产权人,与孙某系夫妻关系。张某因无力归还胡某借款而将房屋B售予胡某。房屋买卖合同除约定房屋坐落、转让价款、过户

---

[*] 金绍奇,民事庭副庭长,法学博士;朱晨阳,民事庭法官助理,法律硕士。

时间外，其余主要条款均未约定。后房屋B变更登记至胡某名下，但胡某未实际支付购房款。张某向胡某出具署名为孙某的承诺书对张某出售房屋B的行为予以追认。后孙某起诉胡某、张某，以二人签订房屋买卖合同构成通谋虚伪意思表示，且承诺书上孙某签名系伪造、张某构成无权处分为由，请求确认房屋买卖合同无效。

案例三：涉及房屋买卖合同是否继续履行的审查

李甲为房屋C的登记产权人，与丁某系夫妻关系。李乙系二人之子。在李乙参与磋商的情况下，李甲与周某签订房屋买卖合同，约定将房屋C售予周某。在约定过户日前李甲死亡，丁某、李乙与周某就房屋C的转让价格重新磋商但未能达成一致。周某遂起诉丁某、李乙，要求二人继续履行房屋买卖合同。丁某则主张房屋C系夫妻共同财产，李甲构成无权处分，房屋买卖合同应予解除。

案例四：涉及其他共有人是否承担合同责任的审查

郭某为房屋D的登记产权人，与林某系夫妻关系。郭某与徐某签订房屋买卖合同，约定将房屋D售予徐某。后因房价上涨，郭某拒绝履行合同。徐某遂起诉郭某、林某，请求判令二人继续履行合同，办理过户及交房手续，并支付违约金。

二、共有房屋买卖合同纠纷案件的审理难点

（一）共有人的诉讼地位认定难

审判实践中，部分共有人出售房屋产生的纠纷，其他共有人存在不参加诉讼、作为被告参加诉讼和作为第三人参加诉讼三种情形。其他共有人参加诉讼的形式又存在原告起诉时已将其列为当事人、诉讼中法院依当事人申请或依职权追加其参加诉讼等情形。实践中，其他共有人的诉讼地位认定规则亟待明确。

（二）房屋买卖合同效力认定难

有效的民事法律行为要求意思表示真实，且无其他法定无效情形。当其他共有人以部分共有人构成无权代理或无权处分、与买受人通谋虚伪意思表示、与买受人恶意串通损害其权利为由，主张房屋买卖合同无效时，如何准确认定合同效力较难把握。

（三）部分共有人是否构成有权处分认定难

部分共有人以自己名义与买受人签订房屋买卖合同的，法院需审查该共有人的处分行为是否获得其他共有人的授权。由于处分行为的授权发生在共有人内部，买受人往往难以提供证据证明部分共有人构成有权处分。因此，法院通过审查哪些事实形成内心确信，从而推定部分共有人构成有权处分，是审理此类案件的难点。

（四）责任承担主体认定难

部分共有人以自己名义签订房屋买卖合同的，相关过户及交房义务、违约责任的承担主体如何认定？其他共有人应承担何种责任？如部分共有人以全体共有人名义签订房屋买卖合同，上述各项责任的承担主体又如何认定？审判实践中责任承担主体的认定存在较大争议。

三、共有房屋买卖合同纠纷案件的审理思路和裁判要点

在共有房屋买卖合同纠纷案件中，法院需结合证据并运用逻辑推理和经验法则，探究当事人在合同订立时及合同履行中的真实意思，从而在保护共有人对共有房屋享有物权权利的同时，维护交易秩序，保障交易安全。审理此类案件时，法院首先需明确案件当事人的诉讼地位，其次需对合同效力作出认定。合同无效的，一般应对双方返还因合同履行而取得的财产、损失赔偿等无效后果一并予以处理；合同有效的，基于物债区分原则，还应审查是否存在无权处分等履行障碍；合同解除的，应正确认定守约方的实际损失，

合理调整违约金，并注意对其他解除后果一并予以处理。

（一）程序性事项的审查

共有房屋买卖合同纠纷案件可能涉及共有人的内部代理和共有物处分，法院需根据个案中的不同情形准确认定当事人的诉讼地位。

1. 共有人均系合同当事人

共有人均系合同当事人的情形包括：一是全体共有人作为出卖人在房屋买卖合同中签字；二是部分共有人作为出卖人暨其他共有人的代理人在房屋买卖合同中签字。上述两种情形中，全体共有人均系合同当事人，应当作为共同原告或共同被告参加诉讼。

审判实践中，部分共有人构成代理的情形主要包括：一是合同明确载明部分共有人代理全体共有人签订合同；二是部分共有人签订合同的同时出具承诺函，承诺其他共有人授权其代为签字；三是合同首部载明出卖人为全体共有人，但落款处仅部分共有人签字。

2. 部分共有人系合同当事人

部分共有人以自己名义签订房屋买卖合同，买受人诉请解除合同的，案件处理结果一般与其他共有人无关，故其他共有人原则上无需参加诉讼。买受人诉请继续履行合同的，涉及房屋的物权变动，案件处理结果与其他共有人直接相关，故其他共有人应当作为第三人参加诉讼。需要注意的是，房屋登记在夫妻一方名下但可能为夫妻共同财产的，法院应当听取配偶方的意见。如配偶方确认房屋为登记产权人的个人财产，或明确表示放弃对该房屋所享有权利的，则其无需作为第三人参加诉讼。

如案例一中，薛某诉请继续履行合同，虽然房屋A的登记产权人为石某一人，但法院应当主动审查房屋A是否为夫妻共同财产。二审法院查明房屋A确系石某与刘某婚姻关系存续期间购买并登记于石某名下，遂以一审判决遗漏诉讼当事人为由，裁定撤销一审判决，发回重审。

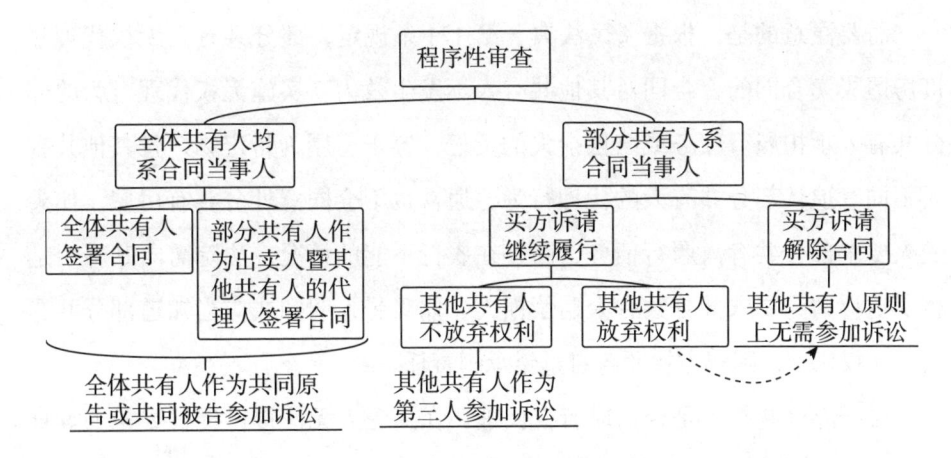

思维导图1 共有房屋买卖合同纠纷案件当事人诉讼地位的认定

（二）当事人主张合同无效的审理思路和裁判要点

1. 合同效力的审查

共有房屋买卖合同纠纷案件中，当事人常以出卖人无权代理、无权处分、合同双方通谋虚伪意思表示或存在恶意串通损害其他共有人权利等为由，要求确认房屋买卖合同无效。

（1）对当事人主张无权代理的审查

部分共有人以全体共有人名义签订房屋买卖合同的，法院应当审查部分共有人是否构成有权代理或表见代理。需要注意的是，《民法典》第1060条第1款规定：夫妻一方因家庭日常生活需要而实施的民事法律行为，对夫妻双方发生效力，但是夫妻一方与相对人另有约定的除外。一般情况下，房屋作为家庭重大财产，处分房屋不属于因家庭日常生活需要而实施的民事法律行为，因此不适用家事代理。

部分共有人无权代理且不构成表见代理的，如其他共有人对代理行为予以追认则合同有效，全体共有人承担合同项下权利义务。如其他共有人对代理行为不予追认，因欠缺效果归属要件，代理效果不归属于其他共有人；又因部分共有人作出代理行为时未产生效果归属于自己的意思，代理效果亦不归属于该部分共有人。

需要注意的是，根据《民法典》第 171 条规定，部分共有人无权代理签订房屋买卖合同的，合同对其他共有人不发生效力；实施无权代理行为的部分共有人承担履行债务或赔偿损失的责任。鉴于房屋为特定物，且其他共有人不同意追认部分共有人的代理行为，通常也不会同意处分共有房屋。如买受人要求部分共有人履行债务，因存在履行不能的情况，法院需向其释明是否变更诉请为要求部分共有人赔偿损失。如买受人明知或应当知道部分共有人为无权代理，则双方按照各自过错承担责任。

对于部分共有人是否构成有权代理，在买受人无法提供授权委托书等直接证据的情况下，法院可综合以下六个方面进行审查：一是共有人之间是否存在特殊身份关系；二是其他共有人是否参与房屋出售过程，包括挂牌、与中介及买受人接洽谈判等；三是房屋是否由共有人共同居住，其他共有人与买受人在看房时有无接触；四是其他共有人是否收取过定金或房款；五是部分共有人签订合同时，是否持有其他共有人的个人证件；六是其他共有人是否作出过追认合同的意思表示，或者在明知合同已经签订、买受人支付部分房款并实际占有使用房屋的情况下，是否在合理期限内提出异议等。结合上述事实，如可认定其他共有人事先授权或事后追认部分共有人代签房屋买卖合同，则部分共有人构成有权代理。

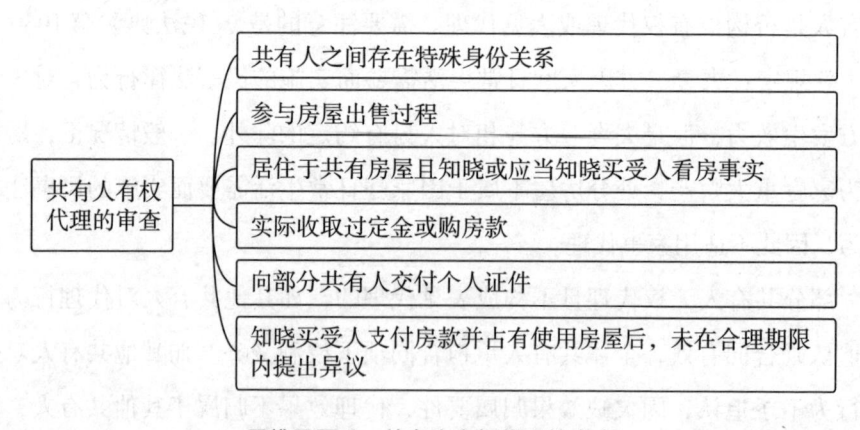

共有人有权代理的审查：
- 共有人之间存在特殊身份关系
- 参与房屋出售过程
- 居住于共有房屋且知晓或应当知晓买受人看房事实
- 实际收取过定金或购房款
- 向部分共有人交付个人证件
- 知晓买受人支付房款并占有使用房屋后，未在合理期限内提出异议

思维导图 2　共有人有权代理的审查

对于部分共有人是否构成表见代理，法院需严格把握。如部分共有人持其他共有人出具的授权委托公证书，与买受人签订房屋买卖合同。后公证机构查明该授权委托并非其他共有人的真实意思表示，或授权委托公证书存在其他应予撤销的情形，而对授权委托公证书予以撤销的，因买受人基于对授权委托公证书的合理信赖而签订合同，故可认定部分共有人构成表见代理。其他共有人以订立合同的部分共有人构成无权代理为由请求确认房屋买卖合同无效的，法院一般不予支持。

（2）对当事人主张无权处分的审查

当事人订立房屋买卖合同的行为属于典型的债权行为。依据《民法典》第597条第1款规定，因出卖人未取得处分权致使标的物所有权不能转移的，买受人可以解除合同并请求出卖人承担违约责任。由此可见，债权行为有效不以负担义务者享有处分权为必要。根据2020年修正前的《最高人民法院关于审理买卖合同纠纷案件适用法律问题的解释》第3条第1款规定，部分共有人以自己名义与买受人就共有房屋签订房屋买卖合同，其他共有人以该共有人无权处分为由，主张房屋买卖合同无效的，法院不予支持。2021年1月1日《民法典》施行后，法院可直接适用《民法典》第597条第1款规定进行裁判。

（3）对当事人主张合同双方通谋虚伪意思表示的审查

当事人主张合同双方通谋虚伪意思表示往往存在于部分共有人与买受人为担保买受人债权而签订房屋买卖合同的情形。《民法典》第146条第1款规定：行为人与相对人以虚假意思表示实施的民事法律行为无效。买卖双方为担保债权而签订房屋买卖合同，其真实意思均为以债务人名下房屋为债权实现提供担保，而非债权人购买债务人名下房屋。因此，为担保债权而签订的房屋买卖合同因构成通谋虚伪意思表示而无效。

对于合同双方是否构成通谋虚伪意思表示，法院一般可从以下六个方面进行审查：一是当事人之间是否存在民间借贷等债权债务关系。二是合同签订的背景及磋商过程。三是合同约定及履行是否符合交易惯例。对与交易惯例不符的情况，当事人能否作出合理解释。四是房款是否实际支付、以何种方式支付。五是房屋实际居住使用情况。六是当事人是否及时主张房屋买卖合同项下权利。

如案例二中，张某与胡某之间存在民间借贷关系，且房屋买卖合同的约定及双方履行行为等均不符合交易惯例，如房屋转让价格明显过低，胡某未实际支付房款，以及胡某拒绝提供承诺函原件以便对孙某签名的真伪进行鉴定等。结合上述事实，法院可认定张某与胡某签订房屋买卖合同实为胡某债权提供担保，该合同因构成通谋虚伪意思表示而无效。

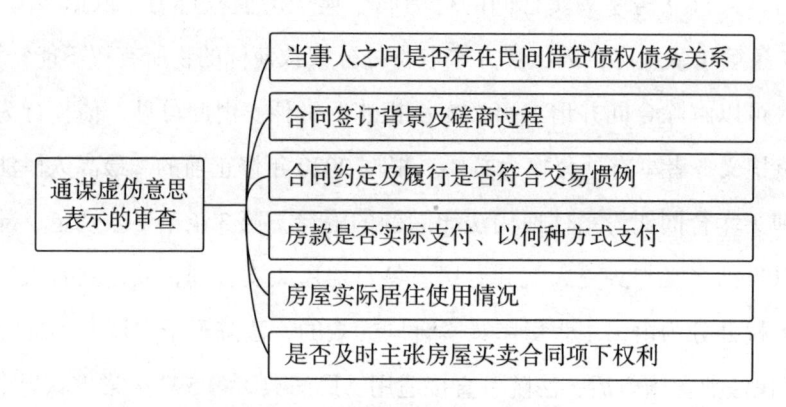

```
                        ┌─ 当事人之间是否存在民间借贷债权债务关系
                        │
                        ├─ 合同签订背景及磋商过程
                        │
通谋虚伪意思 ──────┼─ 合同约定及履行是否符合交易惯例
表示的审查           │
                        ├─ 房款是否实际支付、以何种方式支付
                        │
                        ├─ 房屋实际居住使用情况
                        │
                        └─ 是否及时主张房屋买卖合同项下权利
```

思维导图3　通谋虚伪意思表示的审查

（4）对当事人主张合同双方恶意串通的审查

《民法典》第154条规定：行为人与相对人恶意串通，损害他人合法权益的民事行为无效。部分共有人以房屋买卖合同双方恶意串通、损害其合法权益为由主张合同无效的，法院可从以下五个方面进行审查：一是共有人之间关系是否和睦，如是否存在夫妻感情不睦、已长期分居、一方已提起离婚诉讼等情形；二是买受人是否通过中介居间而获知房源；三是合同双方是否存在特殊关系；四是合同约定是否符合交易惯例，如房价是否明显低于市场价值等；五是合同履行是否存在瑕疵，如房款是否实际支付等。

恶意串通的审查
├─ 共有人之间关系是否和睦
├─ 买受人获知房源的途径
├─ 合同双方是否存在特殊关系
├─ 合同约定是否符合交易惯例
└─ 合同履行是否存在瑕疵

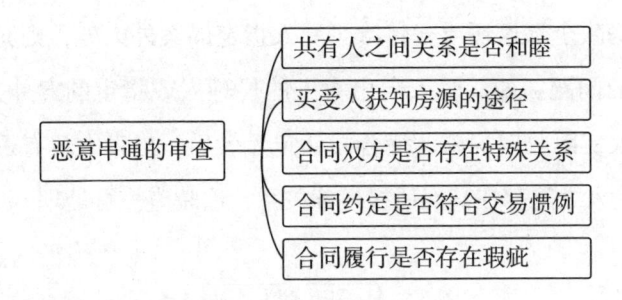

思维导图 4　恶意串通的审查

2. 合同无效后果的处理

房屋买卖合同无效的，法院应避免机械适用"不告不理"原则，仅就当事人的诉请进行审理，而是应当向双方释明合同无效的相关后果，尽可能一次性解决纠纷。此外，需要注意以下三种特殊情形：

（1）买受人取得产权后在房屋上设立抵押权

此种情形下，法院可通知抵押权人作为本案第三人参加诉讼。抵押权人善意取得抵押权的，原则上可判令债务人向债权人清偿债务后涤除抵押，将房屋恢复登记至出卖人名下。如债务人无清偿能力，根据《民法典》第524条规定，债务人不履行债务，第三人对履行该债务具有合法利益的，第三人有权向债权人代为履行。因此，法院可向共有人释明，共有人愿意代为清偿债务以涤除抵押的，法院可判令共有人代债务人向债权人清偿债务；涤除抵押后将房屋恢复登记至出卖人名下，同时判令债务人向共有人支付代其清偿的债务金额。

（2）买受人取得产权后房屋被司法查封

房屋在司法查封状态下不能恢复登记至出卖人名下。如作出该司法查封裁定的案件类型仅为金钱类债权债务纠纷，法院可向共有人释明是否愿意向买受人的债权人清偿债务或提供担保，以解除查封便于恢复产权登记。法院仅需根据司法查封是否解除的具体情况，作出确认合同无效或是一并处理房屋恢复登记等合同无效后果的判决。

（3）买受人未向出卖人实际支付房款

如买受人并未实际支付房款，或已支付房款但出卖人随即通过取现、转账等方式将房款全部返还或支付给买受人指定的案外人处,则案件一般不存在房款返还的问题。如买受人向出卖人的代理人或指定的案外人支付房款,则视为出卖人实际收取房款,待合同认定无效后,出卖人负有返还义务。如出卖人与买受人之间存在其他债权债务关系,法院应另行处理。

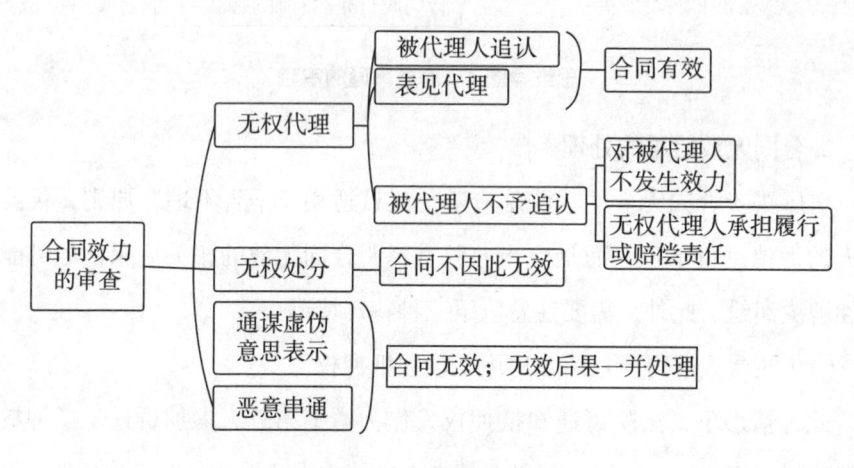

思维导图5　合同效力的审查

(三)对当事人主张继续履行合同的审查

对于合同有效买受人主张继续履行的,法院应当审查合同是否存在履行障碍。共有房屋买卖合同纠纷案件中,关于合同能否继续履行的争议焦点,主要集中在出卖人是有权处分还是无权处分。当然,共有房屋买卖合同还可能存在其他履行障碍,如在出卖人"一房数卖"情形下本案买受人合同履行顺位在后;买受人属于限购对象;系争房屋上存在另案司法查封等。鉴于本文着重分析与房屋共有性质的相关问题,故对其他履行障碍的情况不予详述。

1.出卖人是否构成无权处分

部分共有人以自己名义签订房屋买卖合同的,合同不因此而无效,但合同能否继续履行即共有房屋的所有权能否转移,需考察其他共有人的意思表示。如其他共有人未事先授权亦未事后追认部分共有人出售房屋,则部分共有人构成无权处分,合同无法继续履行。如其他共有人事先授权或事后追认部分共有人出售房屋，则部分共有人构成有权处分，合同可以继续履行。

需要注意的是，实践中部分出卖人因房价上涨而反悔，遂以自己构成无权处分为由拒绝履行合同。对此，法院应查明其他共有人是否知晓并同意出售房屋。因该节事实与部分共有人是否构成有权代理的情况，实际均需审查其他共有人就房屋出售事宜的真实意思，故该节事实的审查可参照是否构成有权代理的审查要点。出卖人或其他共有人主张出卖人构成无权处分的，应当具体陈述或解释出卖人擅自处分共有房屋的理由，如共有人之间关系恶化、出卖人恶意转移财产等，并提供相应证据予以佐证。法院应当运用逻辑推理和经验法则，对当事人陈述及其他证据有无证明力及证明力大小进行判断，从而最终形成心证。

如案例三中，丁某与李甲并无夫妻不睦情形，李甲过世后丁某、李乙与周某曾就提高房屋转让价款进行磋商，结合二人之子李乙始终参与磋商的事实，丁某主张对李甲与周某签订房屋买卖合同事宜完全不知情有违常理。再结合丁某并未提交任何证据证明其在诉讼前曾向周某主张李甲构成无权处分。因此，法院可认定丁某授权李甲处分房屋C，房屋买卖合同可以继续履行。

2.责任承担主体的认定

当部分共有人构成有权处分、合同应继续履行时，基于物债区分原则，买受人的诉请实则涉及不同性质的法律行为——买卖双方基于合同的负担行为，以及部分共有人的处分行为与其他共有人的授权处分行为。首先，基于合同相对性，买受人有权要求出卖人承担合同责任，除要求出卖人继续履行合同外，还可要求出卖人承担支付违约金或赔偿损失等其他违约责任。其次，买受人有权要求其他共有人协助转移买卖房屋所有权。需要注意的是，其他共有人并非房屋买卖合同的当事人，除非其他共有人的意思表示构成债务加入，否则不承担房屋买卖合同项下的责任。

如案例四中，如经审理查明郭某构成有权处分，法院可作如下判决：（1）房屋买卖合同继续履行；（2）郭某将房屋D过户至徐某名下（明确税费负担），并向徐某交付房屋D；（3）徐某向郭某支付剩余购房款；（4）郭某向徐某支付逾期过户及逾期交房违约金;(5)林某协助办理房屋D的过户手续。

(四)合同解除责任的认定与解除后果的处理

1. 合同解除责任的审理思路

出卖人无权处分致使房屋买卖合同无法继续履行的,买受人可以行使合同解除权,并基于合同相对性要求出卖人承担违约责任。需要注意的是,买受人是否清楚房屋的权属状况与出卖人因构成无权处分而应承担的违约责任无关。买受人疏于审查的,仅负担合同不能继续履行、无法转移房屋产权的风险。

2. 合同解除后的恢复原状

房屋买卖合同属于即时性合同,合同解除具有溯及力。合同解除后出卖人自始不享有收取房款的权利,买受人自始不享有占有使用房屋的权利。因此,出卖人应当向买受人返还房款及占有房款获得的利益,买受人应当向出卖人返还房屋及占有房屋获得的利益。依据《全国法院民商事审判工作会议纪要》第34条规定,可将该两笔占有费用相互抵销,即出卖人仅需返还房款本金,买受人仅需返还房屋。当然,如房屋尚未实际交付,则出卖人应当向买受人返还房款及相关占有利益。

3. 房屋差价损失的认定

房屋差价损失属于买受人的可得利益损失。原则上应以合同解除时间或买受人知道或应当知道房屋买卖合同无法继续履行的时间作为房屋差价的计算节点。对于房屋差价的确定方式,双方当事人可以协商确定;无法达成一致的,可以通过司法鉴定的方式予以确定;双方争议不大或明确同意的,亦可通过询价方式确定。

对于房屋差价损失,法院应综合运用可预见规则、损益相抵规则、减损规则、过失相抵规则予以确定。具体应注意以下三点:(1)损失的可预见性应理解为订立合同时对损失类型的预见,而非损失大小的预见。(2)适用损益相抵规则的同时应考虑不能使出卖人因违约行为而得益。(3)合同履行程度通常仅与买受人的积极损失认定有关,而与买受人可得利益损失认定无关。

4.违约金调整的审理思路和裁判要点

出卖人主张违约金过高的,应当承担证明责任,且应当在一审法庭辩论终结前提出;二审期间提出的,法院原则上不予支持。出卖人提供初步证据后,买受人坚持认为违约金合理的,应当对其实际损失作出说明并提供相应证据。具体而言,出卖人主张违约金过分高于实际损失的,应根据具体违约行为证明相应损失的大致金额;主张损益相抵的,应证明买受人因出卖人的违约行为而获益;主张过错相抵的,应证明买受人存在过错。如出卖人没有陈述具体理由并提供相应证据材料的,法院可不予调整。

出卖人陈述具体理由并提供证据材料后,买受人同意调低违约金的,应陈述调整幅度的理由和依据,如其主张大致合理不构成明显利益失衡,则法院不再继续调整。买受人不同意调低的,需针对出卖人的调整幅度、理由及证据材料进行答辩;买受人能够举证证明出卖人的理由全部或部分不成立的,对违约金不予调整或对出卖人主张的幅度予以扣减。因出卖人恶意违约而买受人不同意调整违约金的,法院在认定违约金时应注意违约金的失信惩戒功能。

四、其他需要说明的问题

本文主要对共有房屋买卖合同纠纷中的相关问题进行梳理,其中也涉及部分房屋买卖合同纠纷中的共性问题。对于房屋买卖合同纠纷中涉及的"借名买房""以房抵债"等问题不在本文讨论范围之内。

涉营运车辆保险责任案件的审理思路和裁判要点

任明艳 徐林祥宇[*]

涉营运车辆保险责任案件，是指投保车辆在发生交通事故后，保险公司与投保人或被保险人因对车辆是否属于营运性质而引发理赔纠纷的诉讼案件。司法实践中，由于营运车辆的商业三者险保险费率与非营运车辆相差较大，部分营运车辆会向保险公司投保非营运险。事故发生后，保险公司通常以营运车辆投保非营运险导致风险增加为由，主张在商业三者险范围内免赔。然而营运车辆投保非营运险的具体情况不尽相同，正确界定各类情况直接关系到保险合同当事人的责任承担。现结合典型案例，对涉营运车辆保险责任案件的审理思路和裁判要点进行梳理、提炼和总结。

一、典型案例

案例一：涉及非营运车辆投保人变更车辆使用性质的认定

汪某的车辆登记使用性质为非营运，并投保交强险与非营运车辆商业三者险，后挂靠在A公司名下。车辆事故发生在保险期限内。经审查，该车辆在投保后承接货物运输业务，并按月收取运费；汪某变更车辆使用性质并未通知保险公司也未办理批改手续。

案例二：涉及自货自运车辆使用性质的认定

B公司为货车所有权人，车辆登记使用性质为非营运，并投保交强险与非营运商业三者险。车辆事故发生在保险期限内。交警部门认定B公司承担

---

[*] 任明艳，少年家事庭副庭长，法学博士；徐林祥宇，民事庭法官助理，法律硕士。

事故全部责任。保险公司以投保人改变车辆使用性质为由,要求在商业三者险保险范围内免除赔偿责任。经审查,该货车属于非专业运输性质的自货自运车辆。

案例三:涉及车辆是否达到危险程度显著增加的认定

王某的货车登记使用性质为非营运,并投保交强险与非营运商业三者险。车辆事故发生在保险期限内。保险公司调查到该车辆使用中存在运货收费的记录,故以车辆使用性质发生转变且导致车辆的危险程度显著增加为由,要求在商业三者险保险范围内免除赔偿责任。

案例四:涉及投保人是否履行告知义务的认定

李某为车辆投保交强险与非营运商业三者险时,隐瞒了车辆系营运的使用性质。车辆事故发生在保险期间内。保险公司以李某投保时未履行告知义务、隐瞒车辆实际使用性质增加风险为由,要求在商业三者险保险范围内免除赔偿责任。

二、涉营运车辆保险责任案件的审理难点

(一)车辆使用性质认定难

营运是指为社会提供劳务、发生各种方式费用结算的营业性运输。投保车辆的使用性质分为营运和非营运。保险公司根据车辆的使用性质将商业三者险分为营运和非营运两类险种,并设定不同的保险费率。车辆的使用性质对投保险种和保险金额具有决定性影响。实践中,案涉车辆的使用情况不尽相同。如案例一中,案涉车辆挂靠于A公司名下,登记信息为非营运车辆,但平时承接运输业务;如案例二中,B公司货车登记信息为非营运车辆,但事发时处于自货自运状态。车辆使用性质的认定直接关系到保险理赔关系中责任主体的确定。法院需根据不同的客观情形确认法律事实,存在一定难度。

(二)投保车辆危险程度显著增加的审查认定难

危险程度显著增加,是指作为保险合同基础的保险标的原危险状况发生重大改变,对保险公司产生严重不利影响的情形。依据《保险法》第52条规定,保险标的危险程度显著增加,被保险人应当按照合同约定及时通知保险人,保险人可以按照保险合同约定增加保险费或解除合同。被保险人未履行通知义务的,因保险标的危险程度显著增加而发生的保险事故,保险人不承担赔偿保险金的责任。因此,判断投保车辆危险程度是否显著增加是该类案件的审理要点。实践中,车辆使用情形具有多样性、易变性,对其危险程度显著增加的审查较难形成客观的认定标准。

(三)投保人如实告知义务的审查难

投保人如实告知义务,是指订立保险合同时,保险人就保险标的或被保险人的有关情况提出询问的,投保人应当如实告知。实践中,投保人往往会基于各种原因未将投保车辆的使用性质等事实如实告知保险公司。对此,保险公司可行使合同解除权,但存在两种不同后果:一是投保人主观上故意不履行告知义务的,保险合同解除后,保险公司无需退还保险费;二是投保人因重大过失未履行告知义务的,保险合同解除后,保险公司应当退还保险费。鉴于上述两种情形在客观上较难进行判断,审判实践中易产生混淆。此外,投保人未履行如实告知义务的,会引发法院对保险公司解除权合理性的审查。如何平衡保险合同主体之间的权益,亦存在一定难度。

三、涉营运车辆保险责任案件的审理思路和裁判要点

在涉营运车辆保险责任案件的审查中,法院既要保障保险消费者利益的实现,又要维护保险市场秩序的稳定,确保司法公正与效率。在审理此类案件时应坚持以下两个原则。

一是尊重保险合同约定。保险合同虽然属于格式合同,但区别于一般的格式合同,需要平衡的利益主体不仅包括缔约双方的范畴,还包括社会公共

利益。作为责任险，一方面，应着眼于对交通事故中受害方的及时有效保护，充分发挥分散风险和经济补偿的功能；另一方面，保险条款的制定需由银保监会审批或备案，是金融监管行为专业化的体现，司法机关不宜过多介入。法院应当在尊重行政监管的基础上审慎判断，以维持市场稳定与金融秩序。

二是合理保障保险消费者与受害人权益。在不违反《保险法》相关规定、保险合同约定的前提下，法院在处理保险纠纷时应注重保障保险消费者权益和弥补受害人损失。

涉营运车辆保险责任案件需从以下四个方面进行审查：车辆使用性质是否发生改变、车辆危险程度是否显著增加、投保人是否违反如实告知义务、保险公司合同解除权的行使是否合理合法。

（一）车辆使用性质的审查要点

营运车辆会在行驶证中将使用性质标注为"营运"，且应当在主管机关办理《道路运输许可证》并缴纳运营费用，如此方可合法从事以营利为目的的运输经营活动。营运车辆的使用频率高于非营运车辆，发生交通事故的概率也会相应增加。因此，保险公司在与投保人签订车辆商业三者险保险合同时，均会对车辆使用性质的改变作出约定。车辆使用性质的认定，尤其是由非营运到营运的转变，是引发保险公司适用保险合同中免责条款或法定免赔义务条款的关键点。实践中车辆的使用性质不能仅依据车辆登记信息进行判断，还需结合车辆具体的使用方式进行审查。

1. 挂靠车辆

根据使用方式不同，营运车辆可分为营运客车和营运货车两种。营运客车是指符合交通运输行业标准，用于经营性旅客运输的汽车；营运货车是指用于货物运输或租赁，并以直接或间接方式收取运费或租金的货运车辆，其中包括客货两用车。需要注意的是，车辆性质登记为非营运，但实际从事收费运输服务的车辆应当认定为营运车辆。

如案例一中，车辆投保时登记的使用性质为非营运，但车辆挂靠在Ａ公司名下。此种情形下需注意挂靠车辆的实际用途。实践中，大多数个人车辆系为获得营运资格而挂靠于公司名下，因此一般应认定其为营运性质，但投保人能够举证证明该车辆系自用的除外。经审查，案涉车辆承接货物运输业务并按月收取运费，应视为从事营业性运输，属于营运车辆。

2. 自货自运车辆

自货自运是指货物的所有者用自己的汽车运输自己的货物。此种情形下，货主兼车主是为自己而非为他人提供道路货运服务，也不会从中收取运费。法院在审查时应注意车辆使用人是否发生计入成本的费用结算，且该行为是否具有持续性。如案例二中，该车辆固定只为所在单位提供货物运输，未曾与第三人发生计入成本的费用结算，因此该车辆的使用性质应认定为非营运。

3. 网约车与顺风车

涉网络预约出租汽车即网约车的案件中，车辆使用人在专车运营平台注册账户、接受网约车订单，收取费用且服务对象为不特定人群，符合营运的特征。

需要注意的是，顺风车在性质上与网约车存在本质区别。网约车是根据乘客的出行计划，为其提供个性化出行服务的车辆。网约车提供的营运服务以营利为目的，通过计算里程、时长收取费用。根据交通运输部对顺风车性质的认定，顺风车则是以驾驶员自身出行需求为前提，事先发布出行信息，由出行线路相同的拟合乘人员选择合乘的车辆。驾驶员的顺风车行为必须不以营利为目的，仅与搭乘人员分摊出行成本或免费相助。因此，实践中符合上述定义的顺风车不应视为营运车辆。此外，对于以顺风车为名、实际以营利为目的从事运输活动的车辆，仍应认定为营运车辆。如涉嫌非法营运，则应由有权机关依据相关法律法规，对该行为作出处理。

（二）危险程度显著增加的审查要点

涉营运车辆保险责任案件中，保险公司可基于车辆使用性质发生改变，且被保险人未通知保险公司的行为违反保险合同约定而进行抗辩主张免赔。

同时，保险公司也可依据《保险法》第 52 条即保险标的危险程度显著增加来主张免赔。对此，法院在审查过程中应当结合实际情况，从重要性、持续性和不可预见性三个方面进行综合考量，认定保险车辆是否存在危险程度显著增加的情节。

1. 对重要性的审查

重要性是指对保险人决定是否继续承保或者提高保险费存在重要影响的危险，即达到"显著"的程度。我国《保险法》未对"显著"的理解作出明确规定。根据我国台湾地区的相关规定，危险增加至"达到应增加保险费或终止合同之程度"即为显著。换言之，如果危险增加的事实在签订合同时即已存在，保险公司不会以现在的保险费率承保，抑或继续履行原合同将会对保险公司产生不公平的结果，即构成危险程度显著增加。实践中，由于保险公司具有较高的保险专业性，并且保险市场内的竞争性、保险监管均促使保险条款具有较高的合理性，法院可根据保险合同是否对此作出明确规定进行判断。因此，对于案件存在保险合同中明确约定的危险程度显著增加情形的，法院可直接认定危险程度显著增加，这也是尊重保险合同约定原则的体现。

2. 对持续性的审查

持续性是指增加的危险在一定时间内持续地客观存在。车辆在投保非营运险后，原车辆承受的风险程度因车辆使用状态的变化而出现增加，且该新状态继续不变地持续一段时间，则应认定危险程度显著增加。对于危险程度增加时间短暂且随即恢复原状的，则不应认定为危险程度显著增加。

需要指出的是，即使危险程度增加后立刻引起保险事故的，亦不应认定为危险程度显著增加。持续性是相对于瞬间性而言，即危险程度显著增加后，在极短的时间内导致保险事故发生，并不涉及危险增加后的通知义务。因此，危险程度的变化不能简单地通过车辆使用性质的改变次数来量化，不能片面地理解为超过某个使用次数就认为增加的危险持续存在。

如案例三中，涉案车辆为货车，从事货物运输属正常使用范畴。该车辆在使用中偶有运送他人货物并收取费用的行为，但并不当然会造成危险程度显著增加，保险公司也未对保险标的危险程度显著增加提供证据证明。因此，对保险公司依据《保险法》第52条主张保险标的危险程度显著增加未及时通知要求免赔的主张，法院不予支持。此外，被保险人将车辆借与他人日常出行使用的，则不应视为车辆性质发生实质性改变，不构成危险程度显著增加。

3. 对不可预见性的审查

不可预见性是指发生在保险期间的危险程度增加，是保险公司在订立合同时未曾估计或预料的情况。保险合同订立之初，保险公司依据保险标的危险发生率等因素确定保险费。保险费与危险程度相对应，危险程度越高则保险费越高。

如案例一中，汪某车辆在投保后挂靠在 A 公司名下，承接货物运输业务。这种车辆使用性质的改变行为具有强烈的主动性、目的性，危险发生率亦随之增大，且已超出保险公司在订立合同时的可预见范围。此时，危险程度的增加也已超出保险费的承受范围。如让保险公司以低保险费承担高风险，则显然违反对价平衡原则。

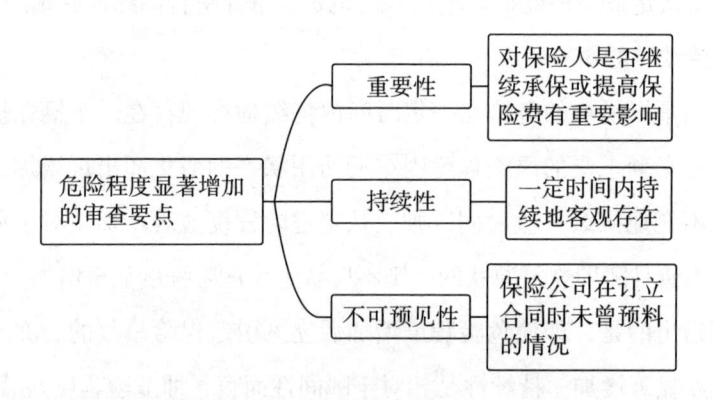

```
                    ┌─ 重要性 ──── 对保险人是否继续承保或提高保
                    │             险费有重要影响
危险程度显著增加 ───┼─ 持续性 ──── 一定时间内持续地客观存在
的审查要点          │
                    └─ 不可预见性 ─ 保险公司在订立合同时未曾预料
                                  的情况
```

思维导图 1　危险程度显著增加的审查要点

此外，《最高人民法院关于适用〈中华人民共和国保险法〉若干问题的解释（四）》第 4 条对危险程度显著增加的判断标准进一步明确，包括投保车辆用途的改变、投保车辆使用范围的改变、危险程度增加持续的时间、投保车辆所处环境的变化、投保车辆因改装等原因引起的变化、投保车辆使用人或管理人的改变等。实践中,法院可依据该规定结合上述三方面审查进行综合判断。

(三)投保人如实告知义务的审查要点

保险公司在接受投保人保险申请时,需对承保的保险标的状况作出正确评估。依据《保险法》第16条第1款规定,保险人就保险标的或者被保险人的有关情况提出询问的,投保人应当如实告知。因此,如果投保人未尽到如实告知义务甚至隐瞒保险标的实际情况的,保险公司则无法正确评估保险标的的真实危险程度并确定相应保险费。保险合同订立后,投保人未如实告知的,保险公司所要承担的风险责任可能远超预估,从而导致保险合同权利义务不对等,违背诚信原则。

实践中,对于车辆投保人是否违反如实告知义务,应从两个方面进行审查:一是车辆投保人主观上是否存在故意或重大过失;二是客观上投保人未如实告知的事实是否属于重要事实,且足以影响保险公司决定是否承保或提高保险费。

1.投保人故意不告知的审查要点

投保人明知被保险人或者保险标的有关情况,但不告知保险人或者隐瞒事实的,属于故意不履行如实告知义务。实践中主要审查以下三个要点:(1)明知该事实;(2)明知该事实为重要事项;(3)有意不告知。如案例四中,案涉车辆在投保前用于营运,投保人为减少保险费的缴纳故意隐瞒车辆使用性质。依据《保险法》第16条第2款、第4款规定,投保人故意不履行如实告知义务的,保险公司有权解除合同,同时对于合同解除前发生的保险事故,不承担赔偿或者给付保险金的责任,且不退还保险费。

2.投保人因重大过失未告知的审查要点

投保人因重大过失未履行告知义务,是指投保人对于保险车辆的有关情况应当知道,因其未注意或者疏忽大意,以致未告知保险人的行为。该行为存在三种情形:一是义务人因重大过失不知道重要事实的存在而未如实告知;

二是义务人虽知道该事实存在，但因重大过失不知道该事实的重要性而未如实告知；三是义务人知道事实存在且知道该事实的重要性，但因重大过失而未如实告知。依据《保险法》第16条第5款规定，在上述情形下，投保人未如实告知的重要事实与保险事故存在因果关系且产生重大影响，保险公司主张对该事故不承担赔偿或给付保险金责任的，法院应予支持，但应判令保险公司退还保险费。

需要注意的是，实践中保险公司工作人员可能存在一些不规范的操作方式，如代替车辆投保人填写风险询问表等，导致车辆投保人对相关询问内容的注意程度大大降低。此种情形下，虽然风险询问表的填写内容与实际状况并不一致，且投保人对车辆的实际使用性质是明知的，但车辆投保人属于因重大过失未履行如实告知义务，而不属于故意不告知。

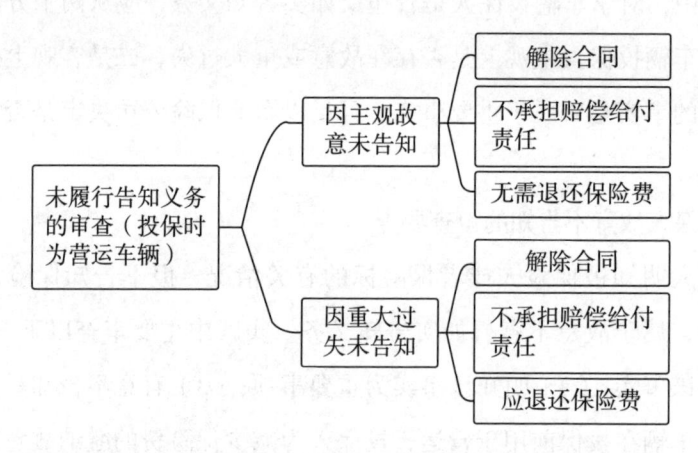

思维导图2　未履行告知义务的审查（投保时为营运车辆）

3. 足以影响保险人承保风险的审查要点

车辆投保人未如实告知导致保险合同解除等不利后果的事实，应该是对保险公司承保责任有决定性影响的重要事实。如非重要事实，投保人即使故意没有告知，也不应视为投保人违反如实告知义务。对于该重要事实的审查应注意以下两个要点：一是审查未告知事实与保险事故发生之间是否具有因果关系。如该事实与保险事故之间具有直接的因果关系，则可认定为重要事实。二是审查车辆在投保时的风险程度。如车辆在投保非营运险时已经处于营运状态，则该事实可以认定为重要事实。

需要注意的是，此类案件中如实告知义务人仅限于投保人。投保人的如实告知义务以保险公司询问为前提；告知范围限于保险公司询问的内容。法院可以根据投保单上的列表内容进行审查。

（四）保险公司行使合同解除权的审查要点

1. 保险公司行使合同解除权的条件

依据《保险法》第 16 条第 3 款规定，投保人因故意或重大过失未能履行如实告知义务，且足以影响保险公司决定是否同意承保或者提高保险费的，保险公司有权自知道有解除事由之日起 30 日内提出解除合同。

2. 保险合同解除权行使阻却事由的审查

为避免保险公司滥用合同解除权，造成保险公司和投保人之间的利益失衡，法院在审理中对保险合同解除权行使的阻却事由进行审查，应注意把握几个要点。

（1）不可抗辩条款的适用

保险公司主张行使合同解除权的，法院在对投保人是否履行如实告知义务进行审查后，需注意保险公司解除权的行使是否符合不可抗辩条款。依据《保险法》第 16 条第 3 款规定，保险公司的解除权被限制在自其知道有解除事由之日起 30 日内；超过 30 日不行使的，解除权消灭。同时，自合同成立之日起超过 2 年的，保险公司不得解除合同，即使投保人存在故意或重大过失未如实告知的，只要发生保险事故，保险人就应当承担赔偿或给付保险金的责任。

（2）弃权制度的适用

弃权制度是指权利人知道自己的某种权利，但以明示或默示的方式向相对人作出其放弃权利的意思表示。《保险法》第 16 条第 6 款规定：保险人在合同订立时已经知道投保人未如实告知情况的，保险人不得解除合同；发生保险事故的，保险人应当承担赔偿或者给付保险金的责任。此外，《最高人民法院关于适用〈中华人民共和国保险法〉若干问题的解释（二）》第7条规定：保险人在保险合同成立后知道或者应当知道投保人未履行如实告知义务仍收取保险费，又依照《保险法》第16条第2款规定主张解除合同的，法院不予支持。

上述条款是弃权制度在保险法中的具体体现。弃权制度是对最大诚信原则的具体化，同时有利于公平保护保险合同当事人的利益。如投保人在保险合同的订立和履行过程中，改变车辆使用性质将非营运车辆变为营运车辆，导致投保车辆的危险程度在客观上显著增加，保险公司在知晓该情形后未行使合同解除权，而是要求将投保车辆的险种由非营运险变更为营运险并增加保险费，投保人也已按照要求支付保险费。此时保险公司和投保人的行为应视为双方合意对保险合同加以变更。保险公司已通过增加保险费、变更险种等行为明确表示放弃行使合同解除权。此时，若保险公司又以投保人未如实告知为由主张合同解除的，法院应不予支持。

抚养纠纷类案件的审理思路和裁判要点

王列宾　俞俊俊[*]

抚养纠纷是指父母双方因子女抚养问题产生矛盾而引发的案件，一般包括抚养关系纠纷和抚养费纠纷两种类型。该类案件涉及人身关系、财产关系等多重关系交织，因此不仅要审查涉案家庭过去或现时的事实因素，还要在审查法定因素后综合考量诸多酌定因素，以确保在充分保障未成年人健康成长的前提下，平衡父母与子女的利益。现结合典型案例，对此类案件的审理思路和裁判要点进行梳理、提炼和总结。

一、典型案例

案例一：涉及子女意见的采纳

李某、姚某系法籍华人，两人婚后生育李甲、李乙。李某、姚某离婚时约定两子由双方共同抚养。后姚某在我国法院起诉，要求单独直接抚养李甲、李乙。李甲、李乙均年满10周岁。一审法院征询李甲、李乙的意见，两人均表示不愿随李某生活，要求随姚某共同生活。一审法院遂判决支持姚某的诉讼请求。李某以李甲、李乙的上述意见并非真实意思为由上诉。二审庭审中，李甲、李乙用中文再次向法庭表达要求随姚某共同生活的意愿，且当场书写中、法双文的书面意见。

案例二：涉及未成年人利益的保护

顾某与朱某婚后生育朱甲、朱乙。离婚诉讼中，朱某主张朱甲、朱乙均随

---

[*] 王列宾，少年家事庭副庭长，大学本科；俞俊俊，少年家事庭法官助理，法学硕士。

其共同生活，顾某则主张朱乙随朱某共同生活、朱甲随顾某共同生活。一审法院认为，朱乙尚不满一周岁，随母亲朱某共同生活更为妥当；双方已确定朱乙随朱某共同生活，则朱甲随顾某共同生活也合乎法律和情理。一审法院判决朱甲随顾某共同生活，朱乙随朱某共同生活。朱某不服一审判决，提起上诉。

案例三：涉及直接抚养人的确定

王某、姜某婚后生育王甲。双方离婚时协议约定王甲随王某共同生活。姜某再婚后育有一子；王某再婚后未生育子女。后经法院调解，王某与姜某达成协议，约定王甲改随姜某共同生活，王某每月支付抚养费1500元至王甲成年。现姜某起诉要求王甲由王某直接抚养，称其与现任丈夫依靠低保金度日且患有多种疾病，无力抚养王甲。

案例四：涉及子女抚养费的确定

陈某、姬某婚后生育陈甲。双方离婚时法院判决陈甲（时年3周岁）随姬某共同生活，陈某自2004年起按月支付陈甲抚养费300元。陈某当时月收入1200元。2013年至2017年，陈某的年收入分别为39万元、47万元、54万元、64万元、54万元。2004年9月至2014年8月间，陈甲支出义务教育费用若干，另于2013年支出补习费用1.6万元。现陈甲起诉要求陈某每月支付抚养费1500元且需补付每月1000元的抚养费及补课费。

二、抚养纠纷类案件的审理难点

父母离异无疑是对子女稳定生活与健康成长环境的破坏。处理此类纠纷应考虑如何将父母离异对子女的伤害降到最低，充分保障子女健康成长。实践中，由于父母双方抚养条件有别、子女需求迥异等因素，如何在情理法之间仔细拿捏、精准权衡，最终作出最优化的裁决，存在诸多难点。

（一）子女最大利益界定难

根据法律规定，对于子女直接抚养权的归属，法院应当从有利于子女身心健康发展、保障子女合法权益出发，结合父母双方个人条件、对子女的责任感、子女与父母的感情、子女自身情况以及子女意愿等因素综合考量。在对父母双方的抚养条件进行对比时，由于没有统一的裁判标准，也难以进行量化对照，加上抚养条件优劣的个人化感受、子女的个性化需求也有差异，因此很难直接判断优劣。特别是当父母双方的精神抚养条件和物质抚养条件存在互补或者对等时，则更难直接确定哪一方更有利于子女成长。其中精神抚养条件只能主观性判断，对法官的社会调查水平、社会经验丰富程度、分析判断能力等提出很高要求。尤其是需要在有限的条件下，对子女未来最大利益作出理性裁酌，可谓责任重大、难度颇高。

（二）子女意见审查认定难

最高人民法院《关于人民法院审理离婚案件处理子女抚养问题的若干具体意见》（已失效）第5条规定：父母双方对10周岁以上的未成年子女随父或者随母生活发生争执的，应考虑该子女的意见。《民法典》第1084条第3款规定：子女已满8周岁的，应当尊重其真实意愿。因此，《民法典》实施后听取子女意见的年龄应调整为8周岁以上。在审判实践中，听取子女意见虽然可以在一定程度上便于法院确定直接抚养人，但也容易导致家庭矛盾激化，给子女造成较大的心理压力。基于此，子女可能不敢或者不能表达真实意思，由此导致子女意见的真实性难以认定。尤其《民法典》对子女意见从"考虑"调整为"尊重"的前提下，当子女意见与其他抚养条件发生冲突时，在实践中如何妥当处理成为审理此类案件的难点之一。

（三）抚养费数额确定难

子女抚养费一般可根据子女的实际需要、父母的负担能力和当地生活水平确定。父母的负担能力一般体现为固定收入，通常做法是将社保缴费的基数作为固定收入的主要参考依据。然而，随着收入构成的多元化，知识产权的收益、投资收益等非固定收入都可能成为主要收入，且存在隐性收入统计困难的问题，导致较难核查和认定收入的高低。不同年龄未成年人的需求也无统一标准，不同的家庭条件、成长经历、培养方式等都将影响子女的实际需求。同时，子女经常居住地的生活水平也处在动态的发展过程中。对于抚养费的数额和支付方式，法院需要综合多重因素进行考量。通常而言，子女抚养费由直接抚养人代管，因此在确定抚养费时还要考虑父母双方的利益平衡问题。

三、抚养类纠纷案件的审理思路和裁判要点

抚养纠纷类案件的审理应查明案件的基本事实，并以未成年人最大利益与衡平各方利益为主要原则。判定未成年人抚养权的归属与变更时，以年龄为区分，分别厘定不满2周岁、2周岁以上但不满8周岁、8周岁以上的法定因素，进而作出初步框定，并在认真权衡酌定因素后进行校准。当子女抚养的法定规则与酌定因素存在冲突时，应当以法定规则为先，同时兼顾未成年人利益。确定与变更抚养费数额时，需要因应客观情况变化，在子女需要、父母双方负担能力与当地实际生活水平等考量因素之间进行均衡调整。审理此类案件时，法院应当确保子女健康成长有支撑、父母履行抚养义务有限度、家庭伦理伸张有力度，争取多维裁判效果的实现。

（一）裁判的基本原则

1. 未成年人最大利益原则

审理时应重点考虑子女发展的需要，以子女利益为首要判断因素，而非父母的愿望、社会的习惯做法或者其他因素。即使父母双方达成协议，但是确实对子女不利的，法院也不应准许。审查包含两方面要点：一是在充分考虑子女年龄和智力因素的情况下，子女在何处居住、与谁居住，应以能为子女提供符合其意愿、能被接纳的生活环境（家庭、居住社区等）为首要审查因素。二是关注谁能为子女提供一个充满关爱、鼓励，提供良好教育环境以及具备必要经济收入的家庭，以便能够满足其生理、安全、归属与爱、尊重、自我实现的需要，并有助于促进其智识正常增长、健康道德塑成和社会适应

能力增进。

2. 各方利益衡平原则

在对各种利益冲突进行衡量时，需作出合理的价值判断。在遵循未成年人最大利益原则的同时，注意平衡父母的负担能力以及子女成长需要的权益。裁判尺度一般在规定给付比例中调整，但对于特殊情况也不应拘泥此限，应按实际情况酌情处理，使父母之间、父母与子女之间的利益得以平衡。

（二）基本案情的查明

审理抚养类案件，应通过听取双方当事人的陈述、证人证言，核查相关资料等方式查明以下基本事实：

1. 有关子女的情况

包括子女的性别、年龄、就学、随谁生活等基本情况。对于日常生活费用，可以要求双方提供相应的单据予以证明，必要时也可通过询问子女对其生活状态进行核实。当子女年满8周岁时，对于随谁生活应当询问子女的意见。

2. 有关父母的情况

通过了解离婚父母有无再婚以及现家庭成员、住房情况、工作情况等，可以衡量其是否能够提供适宜子女成长的外部生活环境。此外还需要了解父母的抚养愿意、自身是否存在不良习惯或不宜抚养子女的疾病，确保父母自身对子女成长没有不利影响。

（三）直接抚养权的确定或变更

1. 认定直接抚养人的一般规则

在确定子女直接抚养人时，法律规定不同年龄段子女随哪一方生活的基本规则。

（1）不满2周岁的子女

《民法典》第1084条第3款明确规定：离婚后，不满2周岁的子女，以由母亲直接抚养为原则。如此规定是考虑到女性在抚养婴幼儿方面与生俱来的耐心、细心、温柔等性格优势，以及婴幼儿子女对母亲生理和心理上的依赖。但不满2周岁的子女直接抚养权归于母方也并非绝对，根据《最高人民法院关于适用〈中华人民共和国民法典〉婚姻家庭编的解释（一）》（以下简称《民法典婚姻家庭编司法解释（一）》）第44条，母方存在以下三种情形的，子女可以随父方生活：一是患有久治不愈的传染性疾病或者其他严重疾病，子女不宜与其共同生活的；二是有抚养条件不尽抚养义务，而父方要求子女随其生活的；三是因其他原因，子女确无法随母方生活的，如母方因工作、学习等原因，或者有吸毒、赌博、卖淫等恶习确实无法妥善照顾子女。

（2）2周岁以上但不满8周岁的子女

已满2周岁的子女，父母双方对抚养问题协议不成的，由法院根据双方的具体情况，按照最有利于未成年人子女的原则判决。如子女在父母离婚后一直随一方生活，一般不宜变更，应维持子女稳定的生活环境。根据《民法典婚姻家庭编司法解释（一）》第46条规定，对于2周岁以上的子女，父方或者母方均要求随其生活的，有四种情形可以优先考虑。实践中需要关注的是，在父方或者母方直接抚养子女条件基本相同的情形下，双方均要求子女与其共同生活的，如果子女单独随祖父母或者外祖父母共同生活多年，且祖父母或者外祖父母要求并且有能力帮助照顾孙子女或外孙子女的，可作为确定子女直接抚养权归属的优先条件予以考虑。

（3）8周岁以上的未成年子女

子女已满8周岁的，应当尊重其真实意愿。在子女真实表达自己意愿时，这种意愿作为有利于子女身心健康的重要考量因素予以采纳。8周岁以上的子女能够感知父母与自己情感上的亲疏远近，对于父母的脾气性格、道德品质、经济状况已经有一定的感受；对于父母离婚后自己与谁生活能够得到更多的关爱、获得相对稳定的生活与教育环境，有一定的判断能力，并能表达出自己的想法。因此，8周岁以上的未成年子女对自己由谁抚养具有发言权，在确定抚养权归属时，应当征求并尊重子女的意见。然而，若有确切证据证明子女的选择明显不利于其成长的，法院可以从保障未成年子女的合法权益的目的出发，作出有利于子女健康成长的裁判。

关于子女意见的审查方式。子女意见往往因受生活环境的影响，或受到父母双方的压力，难以体现真实意思。因此在听取子女意见时，法院应通过单独做笔录的方式进行询问。首先，要创造条件、营造环境消除子女的顾虑，避免其因为担忧、恐惧而表意不真实。有条件的可由执业心理咨询师配合，一同或者单独进行心理干预并形成报告，作为裁判的参考性依据。其次，在听取子女意见后，应二次询问其最终意见。允许子女意见反复，但需保证意见的确定性和真实性。最后，可以要求有书写能力的子女通过自行书写的方式将其意见固定化。若子女意见前后矛盾、存在反复或有难言之隐时，可视为子女的意见表达受到干扰，应当结合其他证据确定其真实意思。

如案例一中，李甲、李乙均对其父亲李某怀有恐惧心理，不愿意单独与李某交谈。为确保李甲、李乙表达出真实意思，二审法院单独与李甲、李乙谈话。由于李甲、李乙为外籍人士，二审法官还要求二人用中法双文当场书写意见，由此确定李甲、李乙愿意随姚某共同生活系真实意思表示。

关于子女意见与优先抚养条件冲突的处理方式。当子女意见与其他优先抚养条件产生冲突时，需要查明父方、母方列明的优先条件是属于父母本位（如一方无生育能力、无其他子女等），还是属于子女本位（如生活环境改变、生活水平降低、父母品行不良等）。如系父母本位的优先抚养条件，则不能高于子女本位的抚养条件；如属子女本位抚养条件，则需要对子女选择是否合理，是否有利于其身心健康发展等方面进行考虑并加以分析判断。

2. 综合考量的酌定因素

在具体个案中，还应当根据案件的具体情况，结合酌定因素予以判定。当子女抚养的法定规则与酌定因素存在冲突时，应当以法定规则为先，同时兼顾未成年人利益作出最终决定。

（1）父母品行

抚养子女不仅限于提供应有的物质生活保障，父母自身的言传身教、以身垂范对于子女的心理健康发展及性格养成起着极为重要的作用。因此，应对父母的品行特征进行考察，对存在不良品行、不良嗜好的一方（如实施家庭暴力、吸食毒品、赌博成性），进行考察时应更为慎重。

（2）抚养意愿以及与子女亲厚程度

需要考察父母一方有无抚养子女的意愿以及恳切程度，是否与子女长期共同生活并照料子女，是否与子女关系融洽，在情感上子女更为信赖哪一方等。上述因素需要通过询问双方当事人及其子女予以核实，必要时法院可以通过相关社会机构进行家事调查后确定。实践中，还存在父母为财产利益而争夺子女的情况，对此更需结合关联案件进行仔细甄别、一体审视，尽量做到通盘协调处理。

（3）抚养能力

抚养子女需要投入大量的精力和心血，既包括物质方面的抚养，如有稳定的收入、固定的居所等子女成长所需的物质保障；还包括精神抚养的能力，如有无教育子女的能力、陪伴子女的时间等。在判断父母抚养能力时，要结合双方的经济收入、居住条件以及各自受教育程度，是否具有教育子女、督促子女学习的能力和时间等因素综合考察，并具有一定的前瞻性，从动态的、合理预期的、谋长远的角度去考察父母的抚养能力。

（4）稳定的生活成长环境

未成年人的心理相对脆弱，熟悉、稳定的生活环境可以给予未成年人更多安全感，对其健康成长十分必要。因此，在确定直接抚养人时，还要考察各自家庭背景情况，并尽量维持子女原有已经适应的生活环境，以防因生活以及教育环境的突然变化给子女带来不利影响。

（5）子女的人数

随着计划生育政策的调整，家庭可育子女增多。从子女的角度来看，多个子女相伴成长更有利于其身心健康发展。因此，对于二孩、三孩抚养权的归属，不能机械适用独生子女政策出台前男女双方一人抚养一孩的惯例，应当根据案件的实际情况，尊重未成年人相伴成长的预期和意愿，保障未成年人利益,综合确定子女抚养权的归属。

如案例二中,朱乙在案件审理时未满1岁,一般应随母亲共同生活;朱甲为4岁女童,就读于幼儿园中班,贸然改变其长期随母亲、弟弟共同生活的现状和稳定的学习与成长环境,极易造成其心理上的强烈冲击。法院在充分调查两子女的学习、生活情况,考量朱甲的年龄、性别、成长经历及当事人双方的家庭状况、居住条件、工作收入及工作自由度等情况后,认为由朱某抚养朱甲、朱乙更为适宜,符合未成年人最大利益原则。因此,二审法院突破"一方抚养一个"的惯例,依法改判朱甲、朱乙均随朱某共同生活。

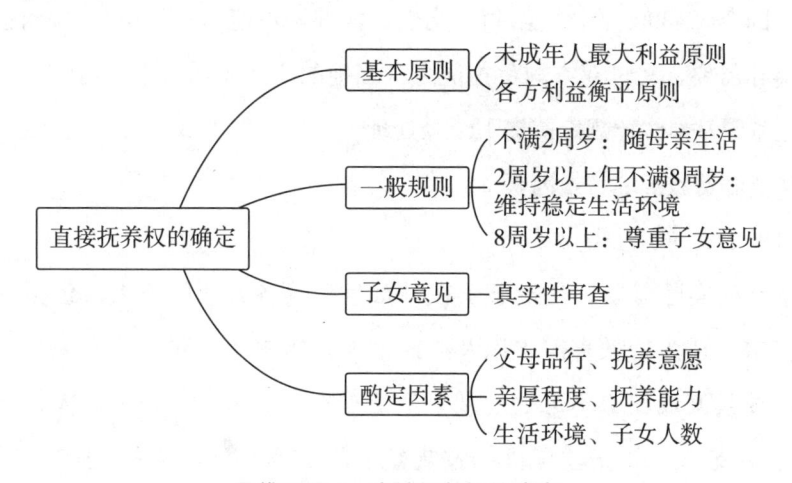

直接抚养权的确定
- 基本原则
  - 未成年人最大利益原则
  - 各方利益衡平原则
- 一般规则
  - 不满2周岁:随母亲生活
  - 2周岁以上但不满8周岁:维持稳定生活环境
  - 8周岁以上:尊重子女意见
- 子女意见
  - 真实性审查
- 酌定因素
  - 父母品行、抚养意愿
  - 亲厚程度、抚养能力
  - 生活环境、子女人数

思维导图1　直接抚养权的确定

3.子女抚养权变更的认定要点

根据《民法典婚姻家庭编司法解释(一)》第56条的规定,如父母一方要求变更抚养关系,且有下列情形的,应当予以支持:(1)与子女共同生活一方因患严重疾病或因伤残无力继续抚养子女;(2)与子女共同生活一方不尽抚养义务或者有虐待子女行为,或其与子女共同生活对子女身心健康确有不利影响的;(3)8周岁以上未成年子女,愿意随另一方生活,该方又有抚养能力的;(4)有其他正当理由需要变更的。

如案例三中,姜某患有多种疾病,身体状况不佳,家庭收入微薄,且再婚后又育有子女，难以抚养多名子女。同时，王甲愿意随王某共同生活。王某再婚后未育有子女，且身体状况良好，其抚养条件优于姜某，王甲随王某生活能拥有更好的生活质量。因此，法院在综合考量后支持了姜某的诉请。

（四）抚养费的确定

在处理涉及子女抚养费问题时，应以满足子女生活和教育需要为着眼点，以离婚父母自愿协商为首选，贯彻合理分担的原则。根据《民法典婚姻家庭编司法解释（一）》第49条的规定，对于父母有固定收入的，一般可按其月总收入的20%~30%的比例给付。当然，实践中不能"一刀切"，应当根据子女的实际需要、父母双方的负担能力和当地的实际生活水平，再结合个案情况，在遵照基本法律规定前提下予以处理。

1. 抚养费数额的考量因素

（1）子女的实际需要

子女的实际需要，是指子女在日常生活等各方面的需求，包括基本的生活需求、适当的教育需求以及必需的医疗需求等。对于子女来说，这种实际需要是其成长必不可少的基本生活需求。上述"三费"具体是指基本性的生活支出、公立教育机构按规定收取的费用、一般疾病的医疗费支出。对于额外的教育费等支出，例如私立学校的教育费、校外补课费、兴趣爱好培训费等，除特殊成长阶段的必要性支出原则上予以支持外，其他部分仅可部分支持，但抚养义务人协商一致、同意共同承担的除外。在按期支付的固定抚养费之外产生大额子女抚养费如大病医疗费用等，可事先约定或专项主张。

（2）父母双方的负担能力

父母的负担能力，是指父母收入范围内支付子女抚养费的承受能力。对于父母有固定收入的，可按其月总收入的比例给付；无固定收入的，抚养费的数额可依据当年总收入或同行业平均收入参照上述比例确定；有特殊情况的，可适当提高或降低上述比例。实践中，对于"月总收入"应作宽泛解释，不单包括工资总额、加班费、奖金等，还涵盖房屋租金、股票分红、理财产品收益等。另外，在确定抚养费时，要能保证父母在支付子女抚养费后剩余的收入能够维持自己的基本生活需求，且不至于影响其承担其他的法定义务，如对老人的赡养、对他人的抚养或扶养等义务。

（3）当地的实际生活水平

当地实际生活水平，应理解为子女长期生活居住地普通居民的平均生活水平，可参照居民人均消费支出等指标予以认定。如果子女长期生活居住地发生变化，或者子女生活的环境虽未变化，但是随着社会发展，长期生活居住地的平均生活水平不断提高，则该标准亦需根据子女实际生活环境的变化而作出相应调整。

以上三要素的关系为：抚养费的数额以满足子女实际需要为大前提，在父母负担能力较高的情况下，抚养费数额可以高于维持当地实际生活水平所需的费用，子女的实际需要可以不限于仅满足基本生活需求。具体数额还可以根据子女不同年龄、不同学习阶段的需求来确认。从父母的支付能力、子女的实际需求加以平衡考量，支付抚养费的一方收入较高的，抚养费比例可以适当降低；收入较低的，抚养费比例可以适当提高；若双方支付能力均较弱，则以保证子女获得必要的抚养费以满足基本生活和教育支出所需为准。

如案例四中，法院认为陈某自 2004 年至起诉时每月仍支付 300 元的抚养费显然不能满足陈甲的生活实际需要，也低于当地最低生活水平，而陈某的收入较高有负担能力。陈甲诉请要求对抚养费数额进行调整有事实和法律依据，应予支持。然而简单套用收入的 20%–30% 比例又远超实际需求，故对支付比例适当调整。此外，补习费不属于法定抚养费的范围且未与陈某协商，因此只对补习费酌情予以部分支持。

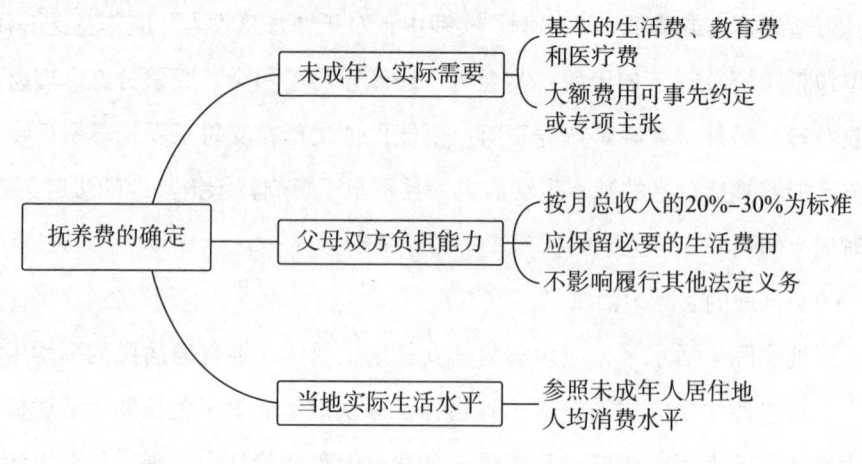

```
                                    ┌─ 基本的生活费、教育费
                   ┌─ 未成年人实际需要 ┤   和医疗费
                   │                 └─ 大额费用可事先约定
                   │                    或专项主张
                   │
                   │                 ┌─ 按月总收入的20%–30%为标准
    抚养费的确定 ──┼─ 父母双方负担能力 ┤─ 应保留必要的生活费用
                   │                 └─ 不影响履行其他法定义务
                   │
                   │                 ┌─ 参照未成年人居住地
                   └─ 当地实际生活水平 ┤   人均消费水平
```

思维导图2　抚养费的确定

2. 情势变更对抚养费变更的影响

通过协议或者判决确定抚养费后，并不妨碍子女在必要时向父母任何一方提出超过协议或者判决原定数额抚养费的合理要求。原定抚养费数额不足以维持当地实际生活水平，法院原先判决或者协议约定的抚养费基础已不存在或者发生很大改变的，子女可以根据新的标准要求增加抚养费。根据《民法典婚姻家庭编司法解释（一）》第58条的规定，子女要求父母增加抚养费的，应当查明如下事实：（1）原定数额不足以维持当地实际生活水平，或者子女需求超过原定数额，或者有其他正当理由的；（2）父或母有负担能力。

实践中，当父母一方能证明本人生活境遇发生重大变化而严重影响给付能力或无实际给付能力时，法院对于减免抚养费的请求可以支持。存在以下情形的可以适当减免：（1）给付方收入明显减少，虽经过努力仍然维持在较低水平；（2）给付方长期患病或丧失劳动能力又无经济来源，确实无力按原定数额给付，而直接抚养一方又有能力；（3）一方处于服刑期间失去经济来源无力给付的。需要注意的是，当父方或母方请求减少抚养费后，一旦恢复抚养能力，子女仍有权要求恢复至原定抚养份额，甚至要求增加抚养费。

3. 抚养费的支付方式

抚养费的给付方式以定期给付为原则，一次性给付为例外，且应计算至子女 18 周岁止。成年子女不能独立生活的，父母仍应支付成年子女必要的抚养费，如成年子女尚在校就读、丧失劳动能力或虽未完全丧失劳动能力，但其收入不足以维持生活的。父母自愿延长给付期限的应予支持。对于一次性给付适用的情形，实践中一般需综合考量非直接抚养方的经济负担能力、子女的成长需要和物价变动等因素。若父母长期在异地生活的，有条件的以一次性给付为宜，避免子女难以定期获得抚养费而出现向法院申请强制执行的情况发生。

四、其他需要说明的问题

本文主要探讨的是审判实践中常见的婚生子女间抚养纠纷类案件。对于诸如试管婴儿、代孕等特殊情况引发的抚养纠纷，由于案件数量少、意见分歧大，暂不做讨论。至于与抚养纠纷具有较强关联性的探望权纠纷，因该诉具有相对独立性，亦不纳入讨论范围。

福利待遇纠纷类案件的审理思路和裁判要点

叶 佳 陈 姝[*]

劳动争议中的福利待遇是指用人单位为吸引劳动者入职,以及满足劳动者工作生活的共同或特殊需要,在工资、社会保险、住房公积金之外向劳动者提供一定货币、实物、服务等形式的物质帮助。该类纠纷主要包括劳动者向用人单位主张福利待遇的给付与用人单位向劳动者主张福利待遇的返还两种类型。福利待遇纠纷案件因种类名目繁杂、款项性质模糊、履行方式多样,且涉及劳动者生存发展权与用人单位经营管理权的平衡保护,审理中存在诸多难点。现结合典型案例对该类案件的审理思路和裁判方法进行梳理、提炼和总结。

一、典型案例

案例一:涉及特殊福利支付主体与责任认定

A公司录用刘某担任高级技术人员,并承诺为刘某申报本市某类引进人才。根据有关规定,对于入选该类人才的劳动者,财政部门与用人单位均会发放相应补助。A公司申报成功之后,财政部门向A公司汇入相应补助。然而A公司未向刘某支付,而是将财政补助退回。后刘某申请仲裁,要求A公司按规定支付全部补助。A公司认为其并无支付义务;即便需要支付,其也不应承担财政补助部分。

案例二:涉及福利待遇的返还或赔偿

2012年5月10日,B公司与顾某签订劳动合同,约定B公司为顾某申

---

[*] 叶佳,民事庭审判长,法学硕士;陈姝,民事庭法官助理,法学硕士。

请限价商品房，房屋建筑面积 77.9 平方米，每平方米均价 7980 元（市场价为 15 000 元）。双方另约定，服务年限为 10 年，顾某如提前辞职需支付赔偿款（房屋差价 × 剩余服务年限 ×20%）。2016 年 4 月 8 日，顾某辞职。B 公司提起仲裁，要求顾某支付赔偿款。顾某认为赔偿款性质属于违约金，用人单位无权向劳动者主张违约金。

案例三：涉及不同性质福利待遇的甄别

C 公司《员工手册》规定，除法定年休假外，员工每年另享有 5 天福利年休假；员工申请年休假，应当先使用法定年休假。2018 年 12 月，C 公司解除与朱某的劳动合同。朱某申请仲裁要求 C 公司支付 2018 年剩余 5 天未休年休假折算工资。C 公司辩称，朱某法定年休假已休完，要求折算剩余 5 天福利年休假工资的主张没有依据。

二、福利待遇纠纷案件的审理难点

（一）范围边界区分难

劳动关系中，劳动者可从用人单位获得劳动报酬或福利待遇，两者均以用人单位向劳动者履行给付义务为表现形式。由于劳动报酬与大部分福利待遇在支付主体、履行方式上存在相似性，如何清晰划定两者界限存在困难。另外，由于福利待遇的种类繁杂、名目多样，如何确定福利待遇本身的范围亦存在困难。

（二）给付依据审查难

福利待遇性质不一，给付依据不同。一般可分为法定福利、约定福利、规章福利、临时福利等。审查给付依据时，需根据不同属性加以区别与归类。具体而言，不仅要从各类法律、法规、规章、文件中梳理出法定福利的种类、辨明发放条件，还要确定用人单位与劳动者约定福利的具体内容，亦需区分该福利是属于用人单位内部制度所规定的经常性福利还是偶发性、一次性福利。

（三）非货币福利处理难

在以非货币形式给付的福利待遇纠纷中，履行方式、价值认定、强制执行等事项难以处理。具体而言，如无法以原定方式履行给付义务，用人单位如何承担相应责任，折价与否以及标准等问题均为难点。另外，在劳动者违约的情况下，对已经享受的非货币性福利待遇如何向用人单位承担相应责任亦难以认定。

三、福利待遇纠纷案件的审理思路和裁判要点

福利待遇纠纷的处理，应当体现诚信公平，尊重意思自治，做到审执兼顾，既满足劳动者生存发展的需要，又维护用人单位自主经营的权益。具体而言，法定福利一般体现出均等性，符合条件的劳动者均可享有，审理过程中应体现公平性；约定福利因劳动贡献与生活需求的不同而存在差异性，审理过程中应尊重双方约定。规章福利和临时福利体现自主性，系用人单位企业文化与自主管理的表现，对给付义务的审查不应过于苛刻。

（一）审查是否属于福利待遇

审理中，需要先审查当事人的请求是否属于福利待遇的范围。一般而言，福利待遇不直接以劳动成果为对价，是用人单位在劳动报酬之外以多种形式（货币、实物、服务等）向劳动者履行的给付。对于某一给付项目是否属于福利待遇，可从以下四个方面进行判断。

1. 给付目的

劳动报酬是劳动的对价，一般实行按劳分配，与劳动者提供的劳动数量、质量直接相关。福利待遇虽以提供劳动为前提，但一般不要求与劳动成果对等，而是综合劳动者需求和用人单位给付可能，按照所有劳动者均沾和共享等原则进行分配。具体而言，主要包括：（1）为提高生活水平而向全体劳动者提供的补贴；（2）通勤、外调、出差、加班、值勤或特定情形下，劳动者产生交通、食宿、通讯支出，用人单位在票据报销之外给付的津贴；（3）为

解决特殊的生活困难而向特定劳动者提供的帮助;(4)引进人才的激励等。

2.给付形式

劳动报酬一般以货币形式发放,如工资、年终奖等。福利待遇的给付形式则非常多样,有以货币形式发放的,如高温费,中、夜班津贴等;有以实物形式发放的,如电脑、车辆等;也有以服务等其他形式提供的,如旅游疗养、子女入学、年休假等。

3.给付标准

劳动报酬与劳动时间或工作成果挂钩,一般有明确的计算方式。福利待遇大多只要具备劳动者的身份即可享有,较少因职位高低、劳动多少以及工作成果而存在差别。关于给付标准,除部分法定福利如年休假及其折算工资、高温费等有固定的计算方式或标准外,大多数福利可根据约定或由用人单位自主决定。

4.给付周期

劳动报酬的给付存在固定周期,如按月发放的工资、按约定周期发放的奖金。因给付的自主性较强,福利待遇的给付存在无固定周期的情形。如案例一中一次性发放的人才引进补助;因特殊节日发放的节日福利;因特定情形产生的项目,如高温费;用人单位自主决定发放的偶发性福利。

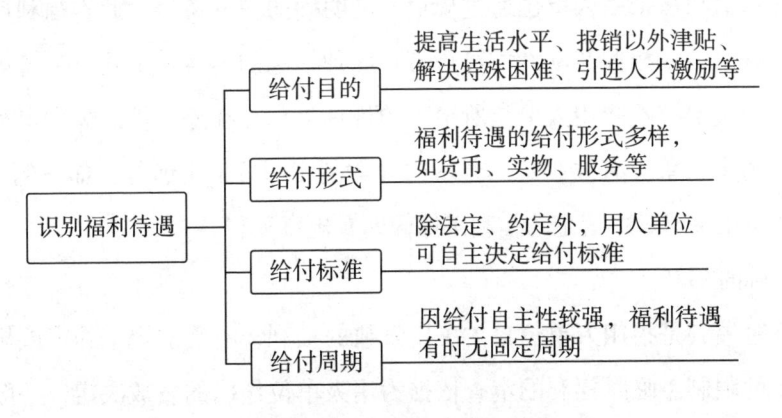

识别福利待遇
- 给付目的：提高生活水平、报销以外津贴、解决特殊困难、引进人才激励等
- 给付形式：福利待遇的给付形式多样,如货币、实物、服务等
- 给付标准：除法定、约定外,用人单位可自主决定给付标准
- 给付周期：因给付自主性较强,福利待遇有时无固定周期

思维导图1 福利待遇的识别

（二）确定福利待遇种类

根据渊源及依据的不同，可以将福利待遇分为法定福利、约定福利、规章福利和临时福利。其中后三项并非法律法规所规定的福利，是用人单位与劳动者意思自治及用人单位自主经营权的体现。劳动者主张用人单位存在福利待遇给付义务的，应当承担举证责任。

1.法定福利

法定福利是指存在法律法规或有关文件明确规定的福利待遇。如年休假、高温费、中夜班津贴即属于法定福利。法定福利的审查依据为法律法规等相关规定。

2.约定福利

约定福利是指用人单位与劳动者特别约定的福利待遇。此类福利待遇存在差异性，是用人单位吸引劳动者入职的重要条件。不同劳动者所享有的具体福利待遇存在差别，一般与劳动者的个人能力或劳动价值有关。常见的约定福利包括用人单位提供的住房、车辆、安家费、购房优惠等。约定福利的审查依据为双方达成的约定，形式包括入职通知、劳动合同等，如案例二中B公司向顾某提供的限价购房资格即属于约定福利。

3.规章福利

规章福利是指用人单位通过规章制度明确的福利待遇。此类福利待遇一般存在普遍性，相关劳动者均可享有。此种福利的内容、形式、数量等均由用人单位决定，不同用人单位所给予的规章福利存在差异性。规章福利的审查依据为用人单位有效制定与公示的规章制度、员工手册等，如案例三中C公司《员工手册》中规定的福利年休假即属规章福利。

4.临时福利

临时福利是指用人单位自主决定发放的福利，不受法定、约定或规章制度规定的限制。临时福利的审查依据为用人单位作出的发放决定，一般系偶发、临时、一次性的福利。需要注意的是，临时福利系用人单位向劳动者作出的单方意思表示，体现了用人单位的经营自主权。

（三）审查用人单位是否存在给付义务

审查用人单位的给付义务，需根据上文确定的福利待遇种类及依据，明确给付主体、内容及条件。

1. 确定责任承担主体及内容

劳动者主张用人单位给付相应福利待遇的，应当明确给付内容并提供相应依据。部分福利待遇涉及其他主体的支付义务，如案例一中人才引进计划涉及政府部门的支付，此时应当对各款项支付主体进行区分，用人单位仅需承担其应承担部分。然而，因用人单位过错导致劳动者未能享受部分或全部待遇，则用人单位应当根据过错程度承担相应责任。如案例一中，若认定A公司无正当理由不发放单位补助并退回财政补助，造成刘某可得利益损失，A公司应当支付并代为支付全部补助。

2. 确定福利待遇的给付条件

（1）法定福利的给付条件

法定福利系用人单位的法定义务，给付条件为劳动者提供劳动并满足一定条件或符合相关情节。满足条件的，用人单位应当履行给付义务。就常见法定福利的具体发放条件而言：

法定年休假的休假条件为，劳动者累计工作已满1年不满10年的，年休假5天；已满10年不满20年的，年休假10天；已满20年的，年休假15天。对于应休未休的年休假，用人单位应当按照劳动者当年日工资收入的300%支付折算工资（其中包含劳动者正常工作期间的工资收入）。

高温费发放条件为，用人单位每年6月至9月安排劳动者在高温天气下露天工作以及不能采取有效措施将工作场所温度降低到33℃以下（不含33℃）的，应当给劳动者发放高温费，标准为每月300元。劳动者主张高温费的，应当就该月存在高温天气以及该月提供了劳动进行举证。用人单位以采取措施将工作场所温度降到标准之内为由抗辩的，应当就此举证证明。

劳动者从事中班工作到22点以后下班的，夜班工作到24点以后下班的，可在法定加班工资之外领取中、夜班津贴。劳动者主张中、夜班津贴的，应当就中、夜班工作情况承担举证责任。劳动者有证据证明用人单位掌握中、夜班事实存在的证据（如排班表、考勤记录等），用人单位不提供的，由用人单位承担不利后果。

（2）约定福利的给付条件

约定福利的给付条件以通过各种载体固定的约定内容为依据。在具体处理中，对合意的审查与解释应遵循劳动合同的一般规则。如对该约定的有效性提出异议，则按合同效力来判断；如双方对约定的意思产生分歧或约定不明时，应当兼顾劳动者合法权益与用人单位经营自主权之间的法益平衡。

（3）规章福利的给付条件

规章福利的给付条件是通过有效的规章制度予以明确。一般而言，劳动者主张符合福利发放条件的，需举证用人单位存在该规章制度。如案例三中，朱某主张未休福利年休假可折算工资，应当对C公司规章制度有此规定举证证明。用人单位以规章制度已变更或废止为由抗辩的，需就变更或废止进行举证，并需证明已履行合法程序并曾向劳动者公示。用人单位以自主经营权以及客观情况发生变化为由抗辩的，应当对此进行举证。

（4）临时福利的给付条件

临时福利的给付条件是通过用人单位作出的意思表示加以确定。需注意该类福利是非固定、一次性的。前次发放完毕后，如再次满足同样条件，但用人单位并无再次发放意思表示的，劳动者一般不能以惯例为由进行主张。

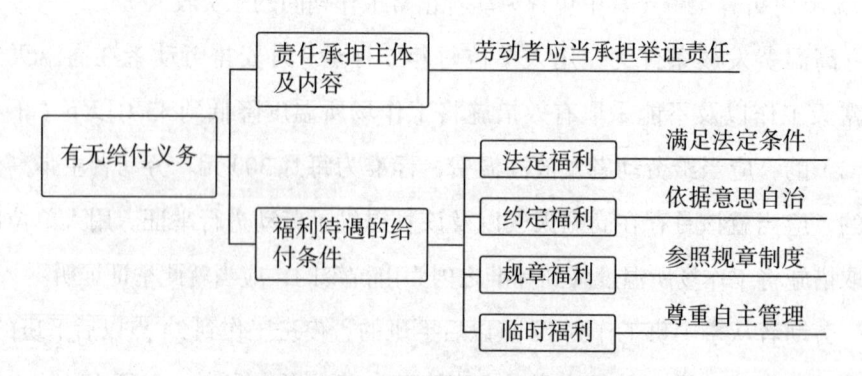

```
                    ┌─ 责任承担主体 ─── 劳动者应当承担举证责任
                    │  及内容
有无给付义务 ───────┤
                    │                    ┌─ 法定福利 ─── 满足法定条件
                    │                    │
                    └─ 福利待遇的给 ─────┤─ 约定福利 ─── 依据意思自治
                       付条件            │
                                         ├─ 规章福利 ─── 参照规章制度
                                         │
                                         └─ 临时福利 ─── 尊重自主管理
```

思维导图2　用人单位给付义务的审查

（四）审查用人单位实际履行情况

在确定用人单位应负的给付义务后，需审查用人单位实际履行情况，包括：（1）是否履行给付义务；（2）是否存在无需给付的情形。对于实际履行情况，用人单位需承担举证责任。

1. 是否履行给付义务

首先，审查用人单位是否按规定或约定给付。第一，对于货币类福利，应当审查用人单位是否进行了可辨别的给付。可通过以下几种方式予以确定：（1）单独给付，并明确给付项目。（2）在发放劳动报酬时一并给付并注明福利项目；如未注明，用人单位就发放项目的组成进一步举证。第二，对于实物类福利，可通过签收单据、登记凭证、手续文件等进行证明。第三，对于服务等其他福利，可通过申请文件、订购协议、服务记录等进行证明。

其次，审查用人单位是否以其他方式替代给付。用人单位应当按照规定或约定的方式履行给付义务。如用人单位主张以其他方式替代履行，应审查以下要点：（1）用人单位替代履行前，有无告知劳动者或与劳动者协商一致；（2）有无替代必要；（3）能否实现原约定福利之目的。

2. 是否存在无需给付的情形

用人单位如主张劳动者放弃接受给付，则需证明劳动者曾明示拒绝接受

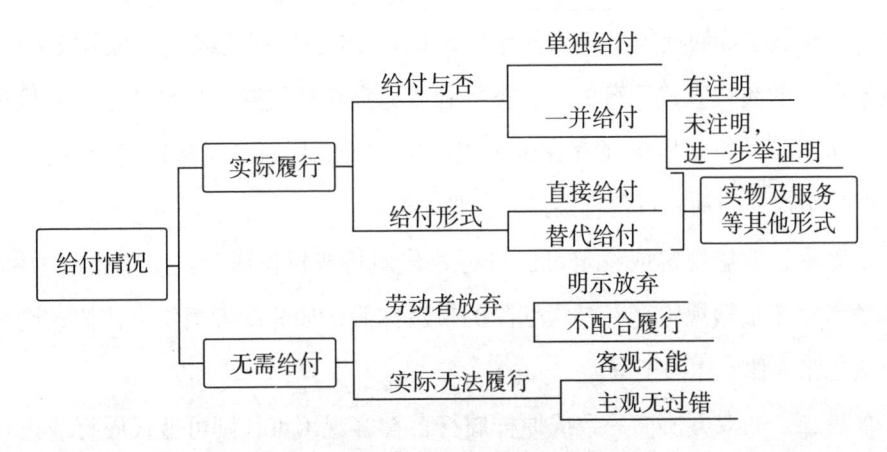

思维导图3　用人单位履行情况的审查

或不配合履行。如用人单位主张实际无法履行，则需就客观不能以及主观无过错进行举证。

(五) 确定用人单位的给付义务

用人单位如存在福利待遇应给付而未给付的情形，需确定具体给付义务内容。实践中福利待遇的内容不同，用人单位向劳动者履行的形式亦存在不同。以下分别从货币、实物、服务及其他形式进行具体分析。

1. 货币形式的给付

货币形式的福利待遇在责任承担方面较为直观，核算具体金额并判令由用人单位承担支付义务即可。

2. 实物形式的给付

实物形式的福利待遇存在原物履行和折价履行两种方式。一般情况下应当要求用人单位以原物形式履行，如双方协商一致或以原物履行存在客观困难（如不合理的成本等），亦可进行折价履行。折价时，应当先与双方确定折价金额，如无法确定或不能达成一致，则可通过询价或根据双方就折价金额的举证情况进行酌定。

3. 服务及其他形式的给付

服务及其他形式福利待遇的内容一般是用人单位履行某种行为、劳动者享受某种服务或假期等。劳动者有权要求用人单位按规定或约定的形式给付。由于服务的履行方式系行为，该类福利待遇存在替代履行的可能性，或可进行折价履行。特定服务还存在因客观不能而无法履行、又难以折价的情形，如产生争议，劳动者可就直接损失主张赔偿。

第一，根据规定或约定可以进行替代履行或折价履行。以年休假为例，劳动者每年根据规定享有一定期限的带薪休假；如劳动者当年未休假，则可依法主张未休年休假工资。

第二，如双方协商一致或原样履行存在客观困难，则可替代履行或进行折价履行。如用人单位承诺向劳动者提供通勤班车，但因运营调整取消班车，可通过向劳动者发放交通补贴作为替代履行。

第三，如用人单位无法提供相关服务，无其他替代方式且难以折算金额的，用人单位的责任应依据法律规定或双方约定进行确定。若未约定责任，用人单位无需继续履行，但造成劳动者损失的，用人单位需承担赔偿责任。如用人单位与劳动者约定提供子女入学服务但因客观情况无法实际履行的，劳动者为准备子女入学已产生的租房费用等损失，可由用人单位承担相应赔偿责任。

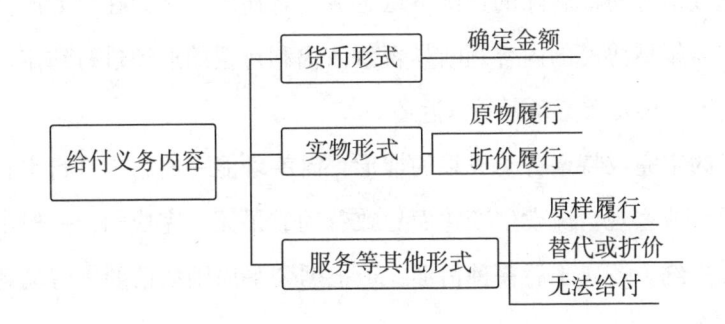

思维导图4　用人单位给付义务的确定

（六）审查劳动者是否需要返还福利待遇

用人单位已履行福利待遇给付义务的，尚存在因劳动者违约而需向用人单位返还的情形。劳动者的返还义务一般存在于约定福利中。根据双方约定，劳动者未能履行己方义务的，如履职满足一定的服务年限或完成特定的劳动成果，用人单位可主张违约责任，要求劳动者对已发放的福利待遇进行相应返还。

1.识别是返还福利待遇还是违约金

福利待遇具有预付性质，一般价值较高，如汽车、房屋或案例二中的购房优惠等特殊待遇。劳动者未按约定提供劳动的，属于不完全履行合同。根据合同履行的对等原则，用人单位以劳动者未完全履行劳动合同为由，就已给付的部分要求劳动者按照相应比例返还的主张可以支持。违约金一般不存在用人单位事先给付的情形，系劳动者以己方固有财产向用人单位支付。需要指出的是,除竞业限制及因提供培训而设立的服务期外,依照法律规定用人单位不得要求劳动者负担任何违约金。

2.审查劳动者是否违约、是否存在相应过错

劳动者违反约定的,应当承担违约责任,按约向用人单位返还已获得的福利待遇。用人单位存在过错或其他客观情形的,可相应减轻劳动者的责任。

对于约定服务年限的情形,需审查劳动者离职原因。劳动者辞职或因劳动者严重违纪而被用人单位解除劳动合同的,可认定劳动者违约;用人单位违法解除或双方协商解除的,则不认定劳动者违约。然而在双方协商解除的情况下,需根据协商的内容判断是否就该福利待遇的返还进行约定,如未约定则一般不应再要求劳动者予以返还。

对于约定完成特定劳动成果的情形,需就未能完成原因进行审查。因用人单位原因或客观情况发生变化而导致劳动成果无法完成的,一般不认为劳动者构成违约。若属于后一种情形,可根据公平原则酌情要求劳动者适当返还福利待遇。

3.确定劳动者返还福利待遇的方式

在确定劳动者返还福利待遇的方式时,应当先审查双方之间的约定。如案例二中,顾某需根据约定的计算方式向B公司返还购房款差额。如双方就返还的具体方式未约定或约定不明,可根据实际情况确定履行方式,并根据完成度折算返还比例。关于非货币形式福利待遇的返还,可参照以下方式进行认定:

第一,实物形式福利待遇的返还。该类福利需根据具体情节考虑原物返还或折价返还。如以折价方式进行返还,核定金额时应考虑原物价值、折旧比例、履约程度等因素。

第二,服务等其他形式福利待遇的返还。如该类福利存在可折价内容,或用人单位就提供此类福利投入相应成本、产生可固定的损失,则可根据具体情况进行折价或赔偿,并按照劳动者的完成度进行折算。如既无可折价内容亦难以确定损失,则一般可认定劳动者免除返还或赔偿责任。

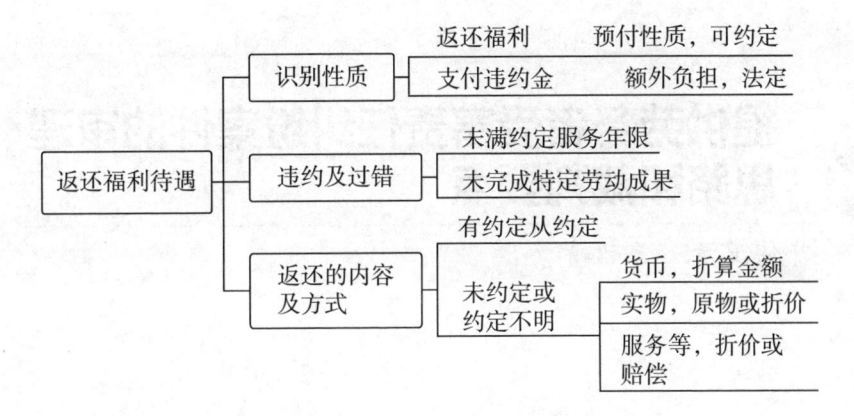

```
                            ┌─ 返还福利 ─── 预付性质，可约定
              ┌─ 识别性质 ──┤
              │             └─ 支付违约金 ── 额外负担，法定
              │
              │             ┌─ 未满约定服务年限
返还福利待遇 ──┼─ 违约及过错 ┤
              │             └─ 未完成特定劳动成果
              │
              │             ┌─ 有约定从约定
              └─ 返还的内容 ┤                  ┌─ 货币，折算金额
                  及方式    └─ 未约定或       ├─ 实物，原物或折价
                              约定不明         └─ 服务等，折价或
                                                  赔偿
```

思维导图 5　返还福利待遇的审查

四、其他需要说明的问题

　　劳动争议申请仲裁的时效期间为 1 年，仲裁时效期间从当事人知道或者应当知道其权利被侵害之日起计算。其中追索劳动报酬可适用特殊时效，自劳动关系终止或解除时起算。需要注意的是，个案中如劳动者同时主张福利待遇与劳动报酬的，应当区分不同请求，分别适用时效规定。

提供劳务者受害责任纠纷案件的审理思路和裁判要点

侯卫清　王韶婧[*]

提供劳务者受害责任纠纷，是指在劳务关系存在的前提下提供劳务一方因劳务受到损害，就损害赔偿责任的承担所引发的争议，具体包含个人之间的劳务关系以及个人与非个人之间的劳务关系两种类型。此类案件的审理不仅关涉提供劳务者生命健康权的救济与保护，亦涉及接受劳务方的用工风险化解与生存发展之间的平衡。妥善审理此类案件需要正确厘清各方主体之间的法律关系，准确认定损害赔偿责任主体与赔偿范围，依法保护各方当事人的合法权益。现结合典型案例对此类案件的审理思路和裁判要点进行梳理、提炼和总结。

一、典型案例

案例一：涉及劳务关系类型的认定

A公司需对攀岩岩壁进行拆除，提供安全帽、安全带、止坠器等安全防护工具，由王某等三人共同施工。王某佩戴安全带进行登高切割作业时，脚踩处方钢发生脱焊致其坠落受伤。王某具有从事金属焊接切割的特种作业操作证，但无高处作业类别资质。王某主张A公司与其之间系劳务雇佣关系，诉请要求A公司对其各项损失承担赔偿责任。A公司辩称与王某之间系承揽合同关系。

案例二：涉及非个人之间劳务关系下归责原则的适用

徐某与B公司签订《个人承包服务协议》，约定B公司将服务项目（或

---

[*] 侯卫清，民事庭审判长，法学硕士；王韶婧，民事庭审判员，法学博士。

承接的第三方服务项目）承包或分包给徐某，双方根据项目的交付结果结算服务费。实际操作中，B公司根据配送订单向徐某结算报酬。后徐某于订单配送服务过程中摔伤，诉请要求B公司按照无过错责任原则对其各项损失承担赔偿责任。B公司辩称应当适用过错责任原则认定责任比例。

案例三：涉及接受劳务方主体的认定

C公司因某项目缺少搬运工人要求D公司提供劳务人员。周某等人经职业介绍所介绍，由D公司员工陈某安排至C公司从事搬运工作。陈某以D公司的名义向C公司收取劳务费等，并负责人员考勤管理、劳务报酬发放，但由C公司工作人员负责现场工作任务统筹。周某搬运货物时不慎从货车上摔下受伤，诉请要求C公司对其各项损失承担赔偿责任。C公司辩称D公司系接受劳务方，其与D公司之间系劳务分包关系。

案例四：涉及损害是否因劳务所致的认定

林某受雇于E环卫公司从事道路路面清扫工作。事发当日林某清理沿街二楼商户过道内的垃圾后，下楼过程中倒地受伤，诉请要求E公司对其各项损失承担赔偿责任。E公司辩称林某工作内容为固定路段的马路清扫，并不包括到路边商户内收取垃圾，且公司禁止保洁员收集可回收废品进行变卖，故林某并非因劳务受到损害。

二、提供劳务者受害责任纠纷案件的审理难点

（一）劳务关系类型复杂认定难

在提供劳务者受害责任纠纷案件中，当事人之间劳务关系类型不同，接受劳务方所需承担责任的认定规则亦有不同。司法实践中，由于劳务关系多具有临时用工性质，双方未订立书面合同、未明确约定权利义务的情况较为普遍，加之不同类型的劳务关系间存在相似性，准确把握认定提供劳务者与接受劳务方之间的劳务关系类型存在难度。在装饰装修等行业中，多重承包发包关系、承揽关系与一般劳务关系共存的情况尤为突出，需要综合各类因

素加以区分甄别。

（二）接受劳务方主体认定争议较大

实践中由于经济生产的复杂及社会分工的细化，相当数量的劳务活动涉及发包人、分包人、雇主等诸多主体。2004年施行的《最高人民法院关于审理人身损害赔偿案件适用法律若干问题的解释》（以下简称《人身损害赔偿若干问题的解释》）第11条明确，雇员在从事雇佣活动中因安全生产事故遭受人身损害，发包人、分包人知道或者应当知道接受发包或者分包业务的雇主没有相应资质或者安全生产条件的，应当与雇主承担连带赔偿责任。除此情形外，雇主责任显著区别于发包人、分包人。需要注意的是，最高人民法院2020年修正的《人身损害赔偿若干问题的解释》已将上述第11条规定删除，提供劳务者受害责任纠纷中发包人、分包人对提供劳务者受害的责任如何认定，需要等待新的司法解释出台后再行判断。用工实践中，由于未签订书面劳务合同的情况普遍存在，认定与提供劳务者建立劳务关系的主体存在较大争议。

（三）因劳务受到损害的审查标准把握难

工伤保险待遇纠纷中，劳动者受到的人身损害是否属于工伤由工伤认定作为前置程序加以判定。提供劳务者受害责任纠纷中，对于提供劳务者是否因劳务受到损害，需由法院依据人身损害发生的时间、地点、原因、与劳务活动的关联性等因素加以审查认定。实践中由于接受劳务方对于劳务活动的监督管理较为松散，纠纷双方往往对损害发生的过程及原因存在争议，证据固定方面亦多有欠缺，因此对于提供劳务者是否因劳务受到损害以及各自过错的认定存在较大难度。

（四）非个人之间劳务关系中归责原则的适用存争议

审理提供劳务者受害责任纠纷案件的主要法律依据是《民法典》第1192

条，原依据还包括《侵权责任法》第35条及2020年修正前的《人身损害赔偿若干问题的解释》第11条。《民法典》第1192条明确个人之间形成劳务关系、提供劳务一方因劳务受到损害产生纠纷的，归责原则为过错责任原则。然而对于提供劳务者系个人、接受劳务方系劳务用工单位，提供劳务一方因劳务受到损害是否应当适用无过错责任原则，在实践中存在较大争议。

三、提供劳务者受害责任纠纷案件的审理思路和裁判要点

在提供劳务者受害责任纠纷案件中，法院应当坚持注重保障提供劳务者合法权益，同时兼顾接受劳务方利益平衡和生存发展需求的原则，注重劳务关系与侵权关系裁判之间的协调性。通过此类案件审理，充分发挥引导接受劳务方规范用工形式、提高安全保障意识、完善劳动保护措施的作用，强化防范劳务受害事故发生的导向作用。审理此类案件时，法院应当首先审查权利主体是否适格，再甄别劳务关系的类型并认定接受劳务主体，进而审查提供劳务者是否因劳务受到损害，最后对责任承担作出判定并确定赔偿范围。

（一）诉讼主体的审查要点

提供劳务者受害责任纠纷是最高人民法院2011年《关于修改〈民事案件案由规定〉的决定》中新增设的一类案由，删去了《民事案件案由规定（试行）》中的"雇员受害赔偿纠纷"。该案由不仅包含个人劳务关系中提供劳务者受害的情形，也包含个人与非个人劳务关系中提供劳务者受害的情形。在诉讼主体的审查上，权利主体即提供劳务的自然人，包括提供劳务者本人以及因劳务受害而死亡的劳务者近亲属；责任主体即接受劳务一方，除自然人外还应当包括接受劳务的法人、非法人组织。

1. 个人劳务关系主体的审查要点

个人之间形成劳务关系的，接受劳务方通常以处理自身或家庭事务为主要目的，缔约形式不尽完备。司法实践中，首先应当初步审查被告是否系劳务关系的相对方即接受劳务方，对此应由提供劳务者承担举证责任：（1）对

于存在书面约定的,依据劳务合同的缔约主体,结合实际履约情况审查主体是否适格;(2)对于双方未签订书面劳务合同的,应当审查是否有其他证据可证实劳务关系的相对方,如电话录音、短信微信聊天记录、报酬支付凭证、报警记录、询问笔录等;(3)对于无其他证据可证明存在劳务关系的,应当以一般侵权责任纠纷案件的审理思路进行审查。

2. 个人与非个人之间劳务关系主体的审查要点

提供劳务者主张与法人、非法人组织之间存在劳务关系的,应承担举证责任。法院应当根据双方的书面约定等相关证据,以及实际提供劳务的情况审查主体是否适格。个人与非个人之间形成劳务关系的主要情形包括:

(1)个人向劳务用工单位提供临时性劳务。劳务双方没有建立劳动关系的合意,劳务内容具有临时性且并非用工单位的主营业务组成部分,故不构成劳动关系。

(2)达到、超过法定退休年龄的劳动者被用工单位聘用。劳动者退休后依法享受养老保险待遇或领取退休金,不再属于劳动法意义上的劳动者。用工单位招用已经达到、超过法定退休年龄或已经享受养老保险待遇或领取退休金的人员,则与之形成劳务关系。

(3)劳动关系依法未被确认的其他情形。提供劳务者主张与用工单位间存在劳动关系而申请工伤认定,但经法定程序未确认为劳动关系的,可主张与用工单位建立劳务关系要求单位承担损害赔偿责任。

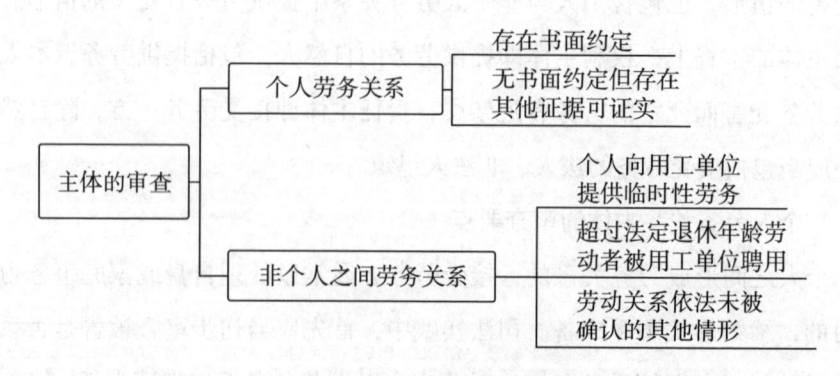

思维导图1 诉讼主体的审查

需要注意的是，在存在多轮承包、发包转手关系的案件中，依据当事人申请或依职权追加相关当事人一并审理为妥，以便查清各方当事人之间的法律关系，避免遗漏必要共同被告。

（二）提供劳务者受害责任要件的审查要点

1. 劳务关系的审查要点

劳务关系是指平等主体之间形成的一方提供劳务、另一方支付报酬的权利义务关系。从民事案件案由设置来看，提供劳务者受害责任纠纷案件中不仅涵盖一般劳务关系中提供劳务者受害所引发的责任纠纷，亦涉及加工承揽关系以及发包、分包关系中提供劳务者受害所引发的定作人、发包人、分包人责任纠纷。该类纠纷的审理思路有别于一般侵权责任纠纷，审判实践中不宜将其直接纳入生命权、健康权纠纷案由审理。

一般劳务关系中，对于提供劳务者的损害由劳务双方按照各自过错承担责任，或者按照无过错责任归责原则由接受劳务方承担赔偿责任。然而在承揽关系中则由承揽人独自承担意外风险，定作人仅对定作、指示或者选任上的过失承担责任，两种法律关系中对接受劳务方的责任认定规则并不相同。提供劳务者受害责任纠纷案件中，接受劳务方的主要抗辩理由之一即为否认建立一般劳务关系，主张双方系承揽关系，因此首先需要对劳务双方的基础法律关系进行审查认定。

（1）一般劳务关系区别于承揽关系的主要特征

第一，存在对提供劳务者的监督管理。劳务关系是平等民事主体之间的权利义务关系，提供劳务者与接受劳务方之间虽不具有人身依附性及从属性，但在劳务活动中提供劳务者受到接受劳务方的监督和管理，此为一般劳务关系区别于承揽、委托等合同关系的特征之一。需要注意的是，这里的监督仅为存在监督的可能，而非实质上必须存在监督的事实，指定工作场所、限定工作时间、提供劳动工具均被认为存在监督可能。

第二，注重工作过程而不论有无特定成果。劳务合同的标的仅为提供的劳务本身，提供劳务者只要按照约定的要求完成劳动，就已经尽到合同义务，而不论这种劳动有无特定的成果。承揽合同的标的物是包含承揽人特定技能的工作成果，承揽合同中定作人所要求的不仅是承揽人以自己的技能、设备从事一定的工作，而且还要求这种工作产生对应成果，并将工作成果交付给定作人，定作人更注重工作成果而非工作过程。

（2）一般劳务关系与承揽关系的区分认定要点

司法实践中，区分一般劳务关系与承揽关系应当审查以下要素：①当事人之间是否存在管理、监督关系；②是否由一方指定工作场所、限定工作时间、提供劳动工具或设备；③是一次性或连续性提供劳务，还是一次性交付劳动成果；④是以劳动时间计付劳动报酬，还是一次性结算劳动报酬；⑤当事人所提供劳动是其独立的业务或者经营活动，还是构成接受方的业务或者经营活动的组成部分。

若当事人之间存在管理、监督关系，由一方指定工作场所、限定工作时间、提供劳动工具或设备，定期计付劳动报酬，另一方提供劳务而不论有无特定成果，所提供的劳动是接受劳务方生产经营活动的组成部分，应当认定为劳务关系，反之则应为承揽关系。在具体认定时，法院需要充分运用逻辑推理和日常经验进行综合审查分析，不应局限于某一项要素作出判断。

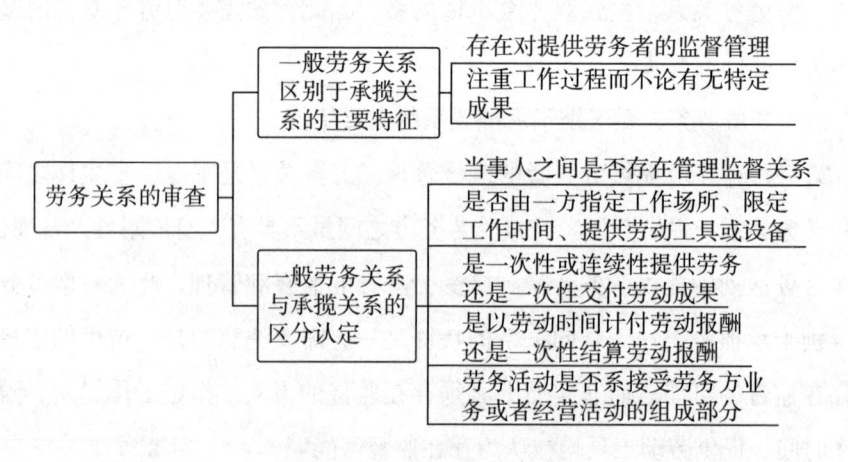

思维导图2　劳务关系的审查

如案例一中，法院审理后认为，A公司以王某等实际工作天数计付报酬，王某等在A公司指定的场地、以A公司提供的工具进行施工，从工作内容、工作安排、报酬结算方式、工具提供等方面来看，符合劳务雇佣关系的特征。

（3）互联网平台用工法律关系的审查要点

随着互联网平台经济新兴业态的快速发展，互联网用工引发的侵权纠纷案件日益增多。实践中，平台公司与从业人员之间法律关系的性质存在多样性，双方可能会形成劳动、劳务、承揽、居间等不同的法律关系。法院在案件审理中需要根据双方订立的合同内容以及实际履约情况，并结合互联网用工的特点，准确认定双方法律关系的性质。

如案例二中，徐某与B公司签订的《个人承包服务协议》约定双方不存在任何劳动关系，从配送服务的运作方式、管理培训、雇主责任险投保等情况来看，应当认定徐某系B公司聘用的劳务人员，由B公司承担赔偿责任。

实践中，互联网用工大量存在"平台公司+第三方公司+从业人员"的模式。该种模式下，平台公司与第三方公司签订合同，由第三方公司派员到平台公司从事相关互联网服务工作。同时，第三方公司与从业人员直接签订劳动或劳务合同，由第三方公司负责对从业人员进行招退工、工作指示和安排、日常工作管理监督、薪酬发放、缴纳社保或投保商业险等，而平台公司与从业人员之间不直接签订劳动或劳务合同。

从业人员在提供劳动或劳务的过程中自身受到损害的，赔偿权利人主张第三方公司承担用人单位责任或雇主责任的，应当予以支持。赔偿权利人主张平台公司承担责任的，法院可以从平台公司的过错程度、控制程度以及获益程度等方面进行审查，即结合平台公司在选择第三方公司时是否存在过错、平台公司是否对第三方公司经营业务存在较高程度的控制、平台公司的主要收入与第三方公司的经营业务是否密不可分等因素，综合确定其承担相应的补充赔偿责任。

2. 接受劳务主体的审查要点

关于接受劳务方主体的认定，则主要依据是否对提供劳务者作出工作安排及指示，是否对劳务活动进行管理、监督，是否获得劳务活动产生的利益等因素进行判断。本人或委托他人以其名义代为对劳务活动进行指示、管理、监督，因劳务活动取得经济上的利益或获取个人事务、家庭生活上便利的主体，应当认定为接受劳务方。

如案例三中，周某等工人系由陈某安排至C公司工作，劳务报酬亦由C公司根据实际工作量按日统一结算，由陈某以D公司的名义收取，扣除利润后发放给工人，并对工人进行考勤管理等，故认定陈某所隶属的D公司与周某之间建立劳务关系，由D公司承担雇主责任。

实践中，对于需要数人共同完成的劳务活动，经常由其中一人作为召集人与接受劳务方沟通联络。召集人虽承担部分管理事务，但若与其他提供劳务者共同劳动、报酬相互均等，则其并未因他人的劳务活动额外受益，根据风险收益相一致理论，不应当将其认定为接受劳务方。

3.因劳务受到损害的审查要点

对因劳务受到损害这一要件的审查，应当结合劳务活动的性质、行为发生地、提供劳务者行为的目的，以及行为与接受劳务方利益的主客观联系等因素进行综合判断。提供劳务者在从事接受劳务方授权或者指示范围内的生产经营活动或者其他劳务活动中受到损害，应当认定为因劳务受到损害。若提供劳务者行为的表现形式与履行职务存在内在联系，与接受劳务方利益有客观联系，属于通常可以预见的合理行为，亦应认定为因劳务受到损害。

具体而言，提供劳务者受到损害的情形包括：（1）在从事日常工作过程中受到损害；（2）在从事接受劳务方指定的临时性工作中受到损害；（3）在工作环境中接触有害因素而造成损害；（4）紧急情况下，虽然未经接受劳务方指示但为接受方利益，在所从事的工作中受到损害；（5）在工作时间和区域内或者在工作结束后的合理时间内，因工作原因诱发疾病导致死亡；（6）乘坐接受劳务方安排的交通工具往返工作地点途中遭受损害；（7）在接受劳务方安排的住宿地遭受火灾、爆炸等意外伤害；（8）因工作原因或者接受劳务方原因与他人发生纠纷而被他人侵害的。

需要注意的是，如果提供劳务者受到的损害虽与劳务活动的时间、地点具有一定关联，但实际系个人原因或者为个人利益所导致，则应切断劳务与损害之间的因果关系，免除接受劳务方的责任。

如案例四中，林某事发时至二楼商户内收集垃圾行为不属于E环卫公司授权或指示的工作范围，亦非为E公司利益，且与E公司明确告知的禁止保洁员到路边商户内收取垃圾、捡拾瓶子的注意事项相悖，故不能认定上述行为与履行职务具有内在联系，E公司对林某的损失不承担赔偿责任。

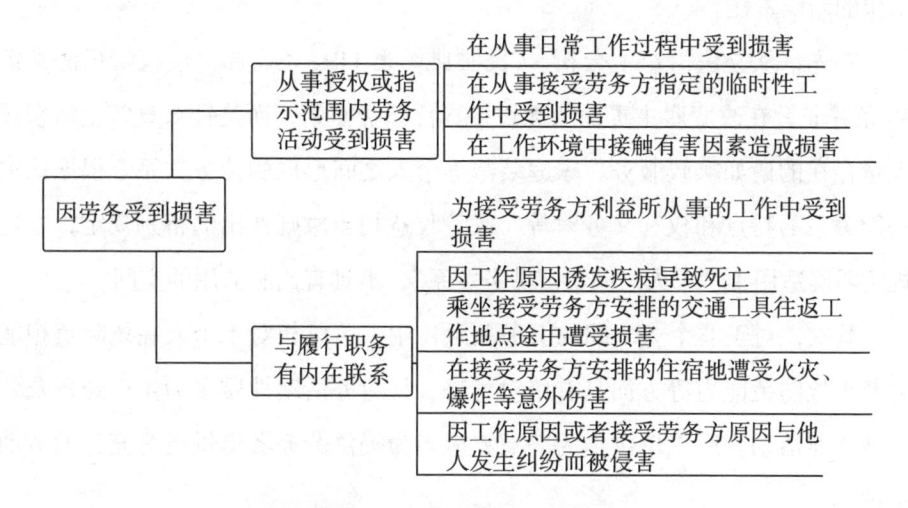

```
                              ┌─ 在从事日常工作过程中受到损害
            ┌─ 从事授权或指示 ─┼─ 在从事接受劳务方指定的临时性工
            │  范围内劳务      │  作中受到损害
            │  活动受到损害    └─ 在工作环境中接触有害因素造成损害
因劳务受到损害 ┤
            │                  ┌─ 为接受劳务方利益所从事的工作中受到
            │                  │  损害
            │                  ├─ 因工作原因诱发疾病导致死亡
            └─ 与履行职务      ├─ 乘坐接受劳务方安排的交通工具往返工
               有内在联系      │  作地点途中遭受损害
                              ├─ 在接受劳务方安排的住宿地遭受火灾、
                              │  爆炸等意外伤害
                              └─ 因工作原因或者接受劳务方原因与他
                                 人发生纠纷而被侵害
```

思维导图3　因劳务受到损害的审查

4.归责原则的适用

（1）个人之间劳务关系适用的归责原则

根据《民法典》第1192条规定，个人劳务关系中由劳务双方根据各自过错承担相应责任。个人劳务关系中，接受劳务方多系为自身利益或家庭事务雇佣劳务人员，一般不具有生产经营的营利性质。对于劳务活动的专业化水平、安全保障知识等往往反而不及提供劳务者，且接受劳务方的经济实力和风险负担能力有限，完全由其承担全部赔偿责任必然使其承担过大的风险，既对接受劳务方不公平，也不利于个人之间劳务关系的发展。

（2）非个人之间劳务关系适用的归责原则

非个人劳务关系中的归责原则，在审判实践中存在一定差异。有观点认为，与个人劳务关系适用的归责原则无异，在非个人劳务关系中同样适用过错责任归责原则，以提供劳务者的一般过错进行过失相抵，进而判定接受劳务方的责任比例。我们认为，非个人劳务关系的提供劳务者受害责任纠纷中，目前应当适用无过错责任归责原则，由用工单位对提供劳务者因劳务受到的损害承担赔偿责任。若提供劳务者存在故意或重大过失，则减轻或免除用工单位的赔偿责任。

首先，从立法沿革上分析，《民法典》第1192条、原《侵权责任法》第35条并非旨在改变雇主责任的无过错责任归责原则，而是针对日常生活领域大量存在的诸如家政服务、家庭装修等个人之间形成的劳务关系。根据该类法律关系的特点和权利义务对等、风险收益相当原则作出的特别规定，上述规定明确适用于"个人之间形成劳务关系"，不具有比照适用的空间。

其次，对于非个人之间的劳务关系，用工单位相对于个人在风险负担能力及事故防范能力等方面具有绝对优势，且劳务活动性质多为生产经营及营利性商业活动。用工单位作为获益方应当为提供劳务者提供更为充分的劳动保护。

最后，提供劳务者普遍存在知识水平偏低、证据意识薄弱、举证能力不足等现实问题，导致双方诉讼能力差距较大。适用无过错责任归责原则具有引导用工单位规范用工形式、完善劳动保护措施的导向作用。

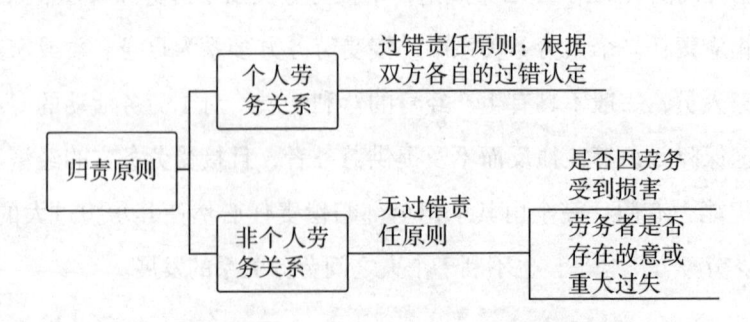

思维导图4　劳务关系的归责原则

如案例二中，《民法典》第1192条规定是针对个人之间形成的劳务关系作出的特别规定，而本案系公司与个人之间的劳务关系，有别于个人之间形成的劳务关系。徐某在配送服务过程中摔倒受伤并不存在故意或者重大过失，故应当由公司承担全部赔偿责任。

5. 过错的审查要点

在个人劳务关系、承揽关系、发包分包关系中，过错认定应当根据双方当事人的注意义务标准进行考量，综合各自的过错程度以及对损害发生的原因力大小确定责任比例。

（1）选任过错的审查要点

第一，接受劳务方、定作人的选任过错。接受劳务方、定作人对从事特种作业的劳务者是否具有相应资质，负有形式上的审核义务，未尽到审核义务的应认定为存在选任过错。对于从事事故高发且对人身、财产安全可能造成重大危害的特种作业人员，必须经过专业的安全技术培训并考核合格，取得《特种作业操作证》后方可上岗作业。其中，从事事故发生率较高的高处作业的，应当特别取得高处作业类别资质。

第二，发包人、分包人的选任过错。对于装饰装修等专业化水平较高的行业，装修公司出于用工成本的考虑，往往将承接的装修工程发包、分包给其他公司或个人，由接受发包、分包的公司或个人召集人员完成施工。实际施工人员在施工过程中遭受人身损害的，若发包人、分包人未审查确认接受发包或分包的公司具有建筑装饰装修工程承包范围的《建筑业企业资质证书》；或者未审查确认承接个人具有个体装饰装修从业者上岗证书或相应的技能等级证书，则应当认定发包人、分包人未尽到审核义务，存在选任过错，在新司法解释出台之前，宜认定未尽到审核义务的发包人、分包人与雇主承担连带赔偿责任为妥。

（2）接受劳务方未尽管理义务、安全保障义务的审查要点

在提供劳务过程中，提供劳务者受害是由于接受劳务方未尽到安全生产培训、安全提醒等管理义务以及提供安全生产条件等保障义务而造成的，应

当认定接受劳务方具有过错。

管理与安全保障义务主要包括：一是具备相应资质并提供安全的劳动场所和工作条件；二是采取防范和降低危险发生可能性的安全措施；三是对提供劳务者进行必要的劳务作业技能和安全知识培训；四是进行必要的人身安全提醒，对提供劳务者的违规违章或者不当行为及时制止和纠正。在不同类型的劳务作业中，上述义务的内容和体现方式并不完全一致，需要结合具体情形进行认定。

（3）提供劳务者未尽自身注意义务的审查要点

提供劳务者在提供劳务时应当承担安全生产的注意义务。提供劳务者在从事劳务活动中对行为方式的选择，对劳动安全条件的放弃或漠视，对安全事故的防范注意程度低于一般人所应达到的注意程度，此类情况下应当认定其对自身损害结果具有过错。如果提供劳务者已经尽到一般人通常情况下应尽的注意义务，则不能认定其具有过错而减轻接受劳务方的责任。

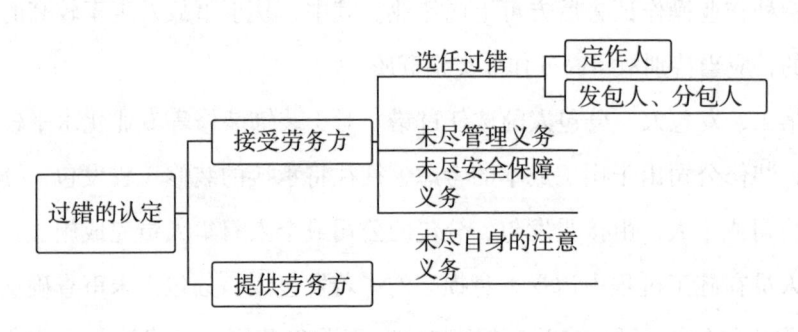

思维导图5　过错认定的审查

（三）赔偿范围的确定

提供劳务者受害责任纠纷中的损害赔偿范围与一般人身损害赔偿范围一致。需要注意的是，在接受劳务方投保雇主责任险或雇员人身意外险的情况下，实际获赔的保险金金额应在赔偿金额中予以扣除。这样既与接受劳务方分散用工风险的投保目的一致，亦与权利人不可重复受偿的损失填平原则相符。

（四）提供劳务者的选择权与接受劳务方的追偿权

提供劳务者在从事劳务活动中因劳务关系以外第三人遭受人身损害的，产生两种赔偿请求权。一种是基于劳务关系而产生的接受劳务方赔偿请求权，另一种是第三人侵权行为所引发的损害赔偿请求权，两种请求权的权利基础和归责原则并不相同。

提供劳务一方有权请求第三人承担侵权责任，也有权请求接受劳务一方给予补偿，接受劳务方与第三人之间为不真正连带责任。实践中，相当比例的提供劳务者所遭受的人身损害造成死亡或伤残的严重后果，且多数权利人诉讼能力不高，权利人可以选择向赔付能力强、举证难度小的主体主张权利，从而提高实际获得赔偿的可能性。

第一，第三人应负全部责任，赔偿权利人只能择一请求第三人赔偿或者接受劳务方补偿，任何一方承担给付义务后均导致损害赔偿请求权消灭，提供劳务者不能获得双重赔偿。这也是接受劳务方作为中间责任人履行替代责任后，可向承担终局责任的侵权第三人追偿的法理所在。

第二，损害后果由第三人、提供劳务者等二人以上的过错综合作用导致，第三人侵权仅是致害原因之一，则第三人承担部分责任。赔偿权利人请求第三人承担相应赔偿责任后，仍可基于劳务关系请求接受劳务方承担赔偿责任。

四、其他需要说明的问题

用人单位招用已经达到、超过法定退休年龄或者享受养老保险待遇或退休金的人员，在用工期间因工作原因受到事故伤害或者感染职业病的，如招用单位已按项目参保等方式为其缴纳工伤保险费的，适用工伤保险待遇程序进行处理。无偿帮工人虽然属于提供劳务者，但其受害责任纠纷存在独立案由，故不纳入本文讨论范围。

借名买房纠纷案件的审理思路和裁判要点

杨斯空　翟宣任[*]

借名买房是指实际购房人因不具备购房、房屋贷款资格等原因借用他人名义购房，借名人实际支付购房款，出名人对外签署房屋买卖合同并将房屋所有权登记在其名下的行为。司法实践中，因房屋未能登记到借名人名下，由此引发的纠纷在借名事实、合同效力等方面的认定与处理存在一定难度，故有必要明确审理思路，统一法律适用。处理此类纠纷，法院应当充分查明案件事实、尊重当事人意思自治，同时注重协调现行政策和维护物权公示原则。本文结合司法实践中的典型案例，对借名买房纠纷案件的审理思路和裁判要点进行梳理、提炼和总结。

一、典型案例

案例一：涉及借名的事实认定

刘某与韩某于2009年相识后同居，2011年韩某与案外人张某签订房屋买卖合同，约定韩某以198万元购买系争房屋，后于同年登记在韩某名下。2013年刘某与韩某结束同居关系，刘某要求韩某将房屋过户至其名下但遭韩某拒绝。刘某自述因其无购房资格，故与韩某口头约定借用韩某的名义购买系争房屋，韩某则坚称房屋为其自行购买。刘某用其银行账户向张某支付了全部房款，房屋原由刘某与韩某共同居住，但2013年韩某搬离后由刘某单独居住使用。

---

[*] 杨斯空，民事庭审判长，法学硕士；翟宣任，民事庭法官助理，法学硕士。

案例二：涉及借名协议的效力认定

徐某与胡某系朋友关系，徐某因自身原因无法申办贷款，故与胡某约定以胡某的名义购买系争房屋。徐某支付了房屋首付款，胡某则以自己名义申办了房屋贷款并将房屋登记在其名下。徐某按月向胡某用于还贷的银行账户中汇款以偿还银行贷款。后徐某要求胡某按照约定将房屋过户至其名下，胡某以徐某无资格申办贷款、双方约定违反法律强制性规定无效为由拒绝。

案例三：涉及借名人直接要求确权的处理

吴某与王某系亲戚关系，因吴某暂无购房资格故借用王某名义购买系争房屋。吴某支付全部房款后，房屋产权登记在王某名下，但由吴某负责保管购房合同、房产证等购房资料并实际居住使用房屋。后吴某达到社保缴纳年限而具备购房资格，要求王某将房屋过户至其名下，但王某以各种借口拖延办理过户手续，吴某遂请求法院确认房屋所有权归其所有，并要求王某按照约定配合办理过户手续。王某以双方约定违反法律规定且吴某无权直接要求获得房屋所有权为由进行抗辩。

二、借名买房纠纷案件的审理难点

（一）借名事实认定难

借名买房纠纷案件中，借名人与出名人之间一般具有特殊身份关系，如亲属关系、朋友关系等。由于当事人之间一般具有较强的互信，借名买房合意大多以口头形式达成，缺乏书面约定，在产生纠纷时，当事人对借名事实的认定标准及举证责任分配存在争议。借名人为证明双方借名买房关系的存在，一般会从房款的实际支付、房屋的实际使用等方面提供证据以证明其主张，而出名人往往会否认借名约定的存在，提供房屋买卖合同、产权登记信息等证据进行抗辩。

（二）借名协议及购房合同效力认定难

一般而言，借名人借用他人名义购买房屋往往具有特殊目的，如为规避限购政策、为获取贷款或贷款利息优惠、为购买保障性住房等。上述不同情形下借名协议的效力如何认定，司法实践中尚存争议。如在规避限购政策或套取银行贷款的情形下，借名人与出名人达成的借名协议是否因违反法律禁止性规定而无效。借名人违反国家政策规定借名购买经济适用房等政策性保障住房，借名协议及房屋买卖合同的效力应当如何认定。

（三）对于应作确权判决还是给付判决认识不一

司法实践中，借名人的诉请主要分为以下三种：(1)确认房屋归借名人所有；(2)判令出名人协助将房屋过户至借名人名下；(3)确认房屋归借名人所有并要求出名人协助办理过户。对于此类案件应作出确权判决还是给付判决，各地法院裁判结论不一。主要争议在于可否援引《最高人民法院关于适用〈中华人民共和国民法典〉物权编的解释（一）》第2条规定直接予以确权。此外，借名买房纠纷案件所立案由也不统一，主要案由有合同纠纷、房屋买卖合同纠纷、所有权确认纠纷、委托合同纠纷等。虽然案由选择不影响当事人的实体权利，但会对案件的审理方向及请求权基础的判断产生影响，故有必要对立案案由进行统一。

三、借名买房纠纷案件的审理思路和裁判要点

法院在处理此类纠纷时，应当充分查明案件事实、尊重当事人意思自治，同时注重协调现行政策和维护物权公示原则。首先应对借名买房关系存在与否进行审查认定，在认定存在借名买房关系的前提下，再对案涉借名协议的效力进行判断。如案涉借名协议无效，则法院对无效后果一并处理；如案涉借名协议有效，则应判定当事人的诉请是否成立。

（一）借名事实的审查要点

当事人借名买房事实的认定是审理此类案件的重要基础。审查借名事实的要点和步骤为：首先应当查明有无书面约定，若当事人之间存在书面约定，则一般可认定存在借名买房事实；若当事人之间无书面约定则应当查明：（1）当事人借名买房原因；（2）购房款支付及贷款偿还情况；（3）房屋实际占有使用及房屋权属证书保管情况等。在事实认定过程中，应当合理分配举证责任，综合所查明的事实认定是否存在借名买房关系。

1. 借名买房原因的审查要点

法院在审查借名买房原因过程中，应着重审查借名人对借名原因的解释是否符合客观事实、是否具有合理性。借名人甘冒风险不签订书面合同而借名买房，除基于双方之间的信任关系之外，一般存在以下客观原因：（1）为规避国家房屋贷款、税收、购房资格等相关法规政策；（2）借用他人资格享受贷款等政策性优惠；（3）出名人享有保障性住房等特殊性质房屋的购买资格等。

借名人对借名原因予以解释后，法院应对出名人的抗辩理由予以审查。对于借名人出资的原因，出名人一般主张双方之间存在借款、赠与、抵销等法律关系，对此应当承担举证责任。在双方均无书面证据的情形下，法院应当依据常理、常情进行合理性判断。例如，当借名人经济状况一般时，出名人主张借名人的出资为赠与就与常理相悖。

2. 购房款实际支付及贷款偿还情况的审查要点

借名事实的审查中还应当查明购房款实际支付情况以及贷款偿还情况。购房款由借名人出资是认定借名买房关系存在的重要依据，故借名人应对其出资情况承担举证责任。法院应当结合定金及首付款的付款凭证、双方的财务状况及还款能力证明、证人证言等证据材料综合认定实际出资人。在借名人直接与出卖人接洽付款，或者中介公司作为居间方参与付款过程的情况下，出卖方以及中介公司的证言具有较强的证明效力。

若存在银行贷款，法院则应查明房屋贷款的实际偿还人，借名人亦应对其实际偿还银行贷款进行举证。需要注意的是，因贷款本息系从出名人名下的银行账户内进行划扣,故应着重审查还款的来源、还贷银行卡的保管情况等。如在借名人按月或按季度将还贷款项转给出名人且出名人无证据证明借名人的转款系支付租金或偿还借款等用途的情况下,应当认定房屋贷款实际由借名人偿还。

3. 房屋实际占有使用人的审查要点

占有、使用、收益是不动产所有权的重要权能,因此房屋的实际占有使用是判断借名事实的重要因素,借名人对此应当承担举证责任。对于房屋实际占有使用事实的认定,可以通过房屋实际居住情况、物业费及维修基金等相关费用的缴纳情况、租金收取情况等综合进行判定。房产证、购房合同、收据等资料作为实际出资以及房屋产权的重要凭证,一般会由真实权利人亲自保管,故上述凭证由借名人保管亦能在一定程度上佐证借名买房关系的存在。

如案例一中,韩某虽坚称系争房屋由其购买,但购房款系由刘某银行账户支付,且房屋一直由刘某实际居住使用,韩某自2013年搬离系争房屋后至今亦未向刘某主张权利。在韩某未能对刘某出资原因进行合理解释,且未能提供证据推翻刘某借名买房主张的情况下,应当认定刘某与韩某之间就系争房屋存在借名买房关系。

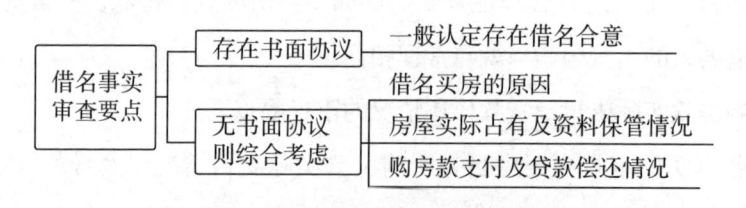

```
                    ┌─ 存在书面协议 ── 一般认定存在借名合意
                    │                ┌─ 借名买房的原因
借名事实审查要点 ──┤
                    │                ├─ 房屋实际占有及资料保管情况
                    └─ 无书面协议 ──┤
                       则综合考虑    └─ 购房款支付及贷款偿还情况
```

思维导图1　借名事实审查要点

(二)规避政策性规定借名协议效力的审查要点

对于借名买房合同效力的认定,应当根据我国《民法典》总则编及合同编中合同效力的一般性规定进行判断,即行为人是否具有相应的民事行为能力,行为人的意思表示是否真实,合同是否违反法律、行政法规的强制性规定,是否违背公序良俗。由于借名关系的特殊性,本文仅讨论规避购房及信贷政策借名协议的效力。

1. 借名购买政策性保障住房的借名协议的效力认定

政策性保障住房是面向低收入住房困难家庭出售的具有保障性质的政策性住房。对于购买人是否具备购房资格存在严格的审查和公示程序，且对房屋转让条件亦有严格限制。不符合购房资格的借名人购买经济适用房等政策性保障住房，不仅扰乱了国家对于保障性住房的监管秩序，也侵害了其他符合购买资格主体的合法权益，客观上损害了社会公共利益。根据《民法典》第153条第2款规定，违背公序良俗的民事法律行为无效。由于国家关于保障性住房的管理及分配属于公共秩序范围，该类借名协议应属无效，出名人与相关单位签订的政策性保障住房购买合同亦应属无效。

2. 为符合限购政策而借名购买商品房协议的效力认定

房地产限购政策属于调控政策，具有阶段性、临时性。该政策通过限制当事人的缔约自由来稳定急剧上升的房地产价格，不属于法律、行政法规的强制性规定，仅会造成房地产买卖合同一时的履行不能，而非永久的履行不能。在借名不存在违反法律、行政法规强制性规定的情形下，应当充分尊重当事人的意思自治。因此，为符合限购政策要求而借名购买商品房的借名协议不宜认定为无效，但借名人在法庭辩论终结前仍不符合限购政策要求的，对其要求出名人将房屋协助过户至其名下的诉请不应支持。

3. 为规避信贷政策而借名购买商品房协议的效力认定

当事人为获取银行贷款、降低首付款比例或贷款利率而借名买房申办贷款，虽违反了银行的信贷监管政策，但该行为规避的是申办贷款限制或首付款的支付比例及利率政策，且房屋贷款属于实物抵押贷款，金融风险通常相对较低，不能据此认定该行为侵犯了公共利益，故此类借名协议不宜认定无效。

如案例二中，徐某因无法申办贷款而由胡某以其名义签署房屋买卖合同并申办贷款。徐某与胡某之间存在借名买房合意，虽然徐某的借名买房行为规避了银行信贷管理规定，但并未侵犯社会公共利益，也未违反法律、行政法规的强制性规定，应认定徐某与胡某之间的借名协议有效。

(三)借名买房纠纷后果处理的裁判要点

若当事人之间存在借名买房事实,应依据借名协议的有效与否对相应后果分别予以处理。其一,在认定借名协议无效的情形下,房屋归出名人所有,出名人应当向借名人支付房屋折价款,并依据当事人的过错比例对交易费用等实际损失进行分摊。其二,在认定借名协议有效的情形下,双方实际形成了房屋归属合意,借名人可以依据房屋归属合意形成的债权要求出名人配合将房屋过户登记至其名下。如因房屋过户存在障碍导致借名协议无法继续履行,则借名人可要求解除双方之间的房屋归属合意,并以此要求出名人返还购房款及贷款本金,实际损失按照具体情况予以处理。如当事人直接诉请确权,则法院可以释明双方之间为债权债务关系,若当事人仍坚持确权诉请,则判决驳回其诉讼请求。

1. 关于借名协议无效情形下后果的处理

根据《民法典》第157条规定,若借名协议无效,则法院应当对合同无效的后果进行处理,即判决出名人补偿房屋折价款,并根据无效的原因,按照当事人过错比例对于交易费用等实际损失进行分担。此类案件中,出名人及借名人对于规避政策目的均系明知,且均配合实施了规避政策行为,双方对协议无效后果的产生均有一定过错,因此在案件审理过程中应对双方的过错比例进行认定,在此基础上对于交易费用等实际损失进行分担。需要说明的是,如果借名人为借名已向出名人支付若干报酬,则上述借名报酬应当纳入实际损失一并处理。

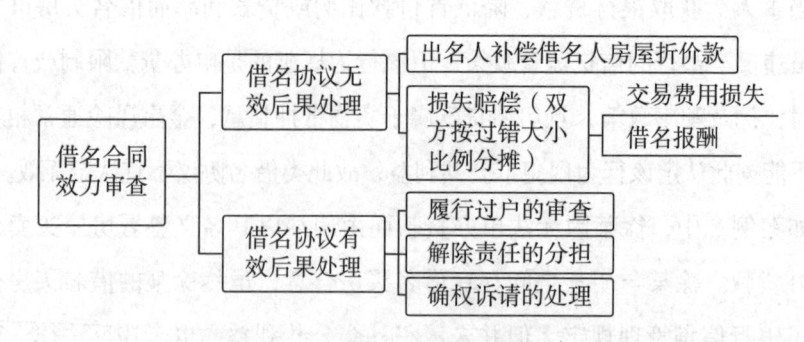

```
借名合同 ─┬─ 借名协议无 ─┬─ 出名人补偿借名人房屋折价款
效力审查    │  效后果处理  └─ 损失赔偿(双 ─┬─ 交易费用损失
            │                方按过错大小  └─ 借名报酬
            │                比例分摊)
            └─ 借名协议有 ─┬─ 履行过户的审查
               效后果处理  ├─ 解除责任的分担
                           └─ 确权诉请的处理
```

思维导图2 借名合同效力的审查要点

2. 关于借名协议有效情形下的后果处理

在借名协议有效时，此类纠纷案件中借名人一般有要求配合过户、要求确权、要求确权并配合过户三种诉请。在合同有效的情形下，应区分不同诉请进行处理。

（1）关于要求配合过户诉请的处理

在房屋不存在过户障碍的情形下，可判决出名人协助借名人办理房屋过户登记手续。审查房屋是否存在过户障碍，可以从两个方面进行。

其一，结合最新的限购政策审查借名人是否具有购房资格。借名人应当对其具有购房资格进行举证。如借名人不具有购房资格，则其无权要求将房屋过户至其名下。判断借名人是否具有购房资格的时间节点应以法庭辩论终结为准；若借名人在法庭辩论终结前因限购政策变化或借名人自身条件变化而获得购房资格，则可支持其过户诉请；若因政策变化使借名人失去或依然不具备购房资格，则无法支持其过户诉请。

其二，审查房屋是否处于限制交易状态。如应审查房屋是否存在司法查封、法定交易年限未届满等限制交易情形。司法实践中存在法庭辩论终结前房屋限制交易状态消除的情形，因此法院应对此进行动态审查。

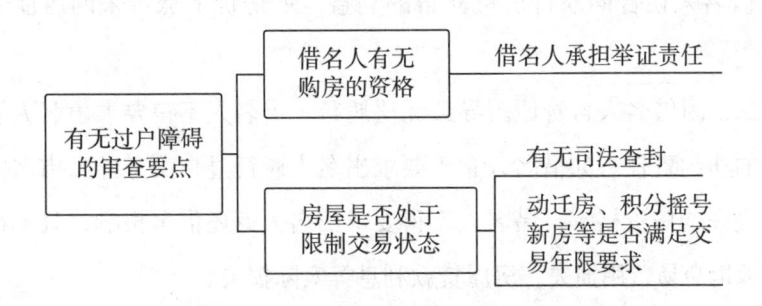

思维导图3　有无过户障碍的审查要点

如房屋存在过户障碍，且在法庭辩论终结前过户障碍无法消除的，法院应向当事人进行释明，若其仍坚持过户诉请的则判决驳回诉请。需要说明的是，《民法典》第406条对抵押人转让抵押财产规则作出重大修改，抵押人无需经抵押权人同意即可转让抵押财产。不动产主管机关据此对不动产登记簿样式进行了修改,在不动产登记簿中的"抵押权登记信息"页、"预告登记信息"页增加"是否存在禁止或限制转让抵押不动产的约定"栏目。因此,在《民法典》施行前已经办理抵押登记的不动产,未经抵押权人同意的不能支持受让人的过户诉请。《民法典》施行后,如不动产登记簿"是否存在禁止或限制转让抵押不动产的约定"一栏记载为"是",则同样需要取得抵押权人的同意;如上述栏目记载为"否",则可以支持借名人要求过户的诉请。

(2)关于要求解除借名协议诉请的处理

若房屋存在过户障碍且过户障碍在法庭辩论终结前无法消除,经法院释明后借名人变更其诉请为解除借名协议的,则借名协议自该诉请送达出名人时解除。协议解除后,房屋归出名人所有,借名人有权要求出名人返还其已支付的购房款及已偿还的房屋贷款本金。同时,法院应区分以下三种情况对于违约责任的承担及实际损失的分担进行处理:

第一,因出名人原因导致无法履行,借名人有权要求出名人承担赔偿损失的违约责任。如出名人擅自将房屋进行处分、因出名人原因导致房屋被司法查封以及因出名人怠于履行过户义务,导致借名人因购房政策变化丧失购房资格等。需要说明的是,此处判赔的损失不仅包括借名人的实际损失,还包括借名人在合同履行后可获得的利益,如房价上涨带来的房屋升值利益等。

第二,因借名人自身原因导致无法履行,借名人不得要求出名人承担赔偿损失的违约责任。如借名人怠于要求出名人履行过户义务导致借名人因政策变化丧失购房资格等,借名人不得要求出名人返还借名报酬,且不得要求出名人承担交易费用损失、房屋贷款利息等实际损失。

第三,非因双方原因导致无法履行,如房屋因不可抗力灭失、第三人侵权等,对于双方的实际损失,法院可根据公平原则判决双方对交易费用损失、房屋贷款利息失等实际损失进行合理分担。

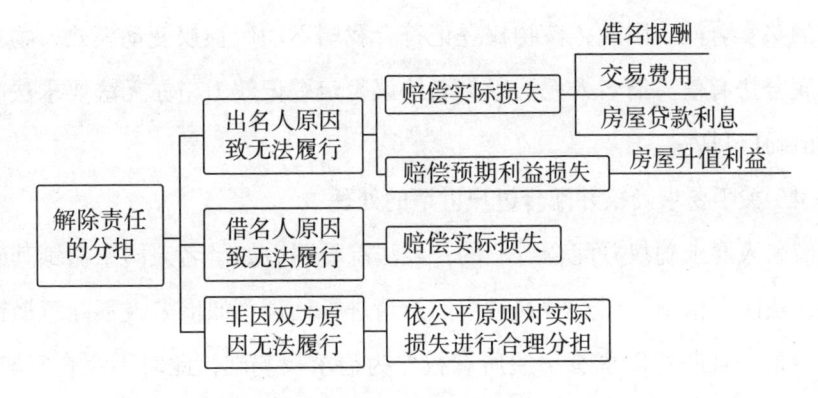

思维导图 4　解除借名协议责任分担的审查

（3）关于要求确权诉请的处理

借名人依据借名协议以出名人为被告要求直接确认房屋归其所有的，法院可以向其释明，双方纠纷系债权债务关系，如借名人坚持其诉请则应判决驳回；如借名人变更其诉请为要求出名人按照约定将房屋过户至其名下，则参照前述要求配合过户的审理思路进行处理。

司法实践中，关于要求确认房屋归其所有的诉请的解决路径主要存在两种观点。第一种观点认为，应当支持借名人要求确认房屋为其所有的诉请。当事人之间借名买房的真实意思表示系借名人购买房屋并取得所有权，出名人虽被登记为权利人，但与双方约定不符，故不动产登记簿的权利登记因借名买房之权属约定而被否定，借名人才是真正的权利人。第二种观点认为，借名人仅享有要求出名人依据借名协议协助其变更办理登记手续的请求权。

我们认为应采纳第二种观点，对此类案件的处理不宜进行直接确权。依据《民法典》第 208 条、第 215 条规定，我国法律规定将物权变动效力与债权合同效力的认定作出区分；我国采取的是债权形式主义的物权变动模式，债权只是物权变动的原因，物权变动的效力仍需要通过法定方式完成。对于不动产，当事人双方除具有物权变动的债权合意外，一般还需要进行登记方才发生物权变动的效力。在借名买房纠纷案件中，房屋所有权登记在出名人名下，是出名人与出卖人的真实意思表示，亦是双方追求的法律后果。不动产登记机关将房屋权属登记在出名人名下，是基于出名人与出卖人之间合法有效的买卖合同。因此，该物权登记符合我国不动产物权变动模式，物权变动应属合法有效。借名人无法以借名协议否定登记效力，亦无法要求法院直接作出确权判决。

（4）关于要求确权并配合过户诉请的处理

借名人要求确权并配合过户的，经法院释明后如借名人同意撤销其确权诉请，法院可依前述要点对其过户的诉请进行处理；如借名人不同意撤销其确权诉请，且坚持以享有房屋所有权作为请求权基础，此时不宜全案驳回，法院可判决驳回其确权诉请，在说理部分进行说明后，对其过户诉请按照前述要点进行处理。

如案例三中，对于吴某请求法院直接确认房屋归其所有的诉请，法院可以向其释明，如吴某仍坚持其要求确权的诉请，则对该项诉请不予支持。对于吴某请求王某配合过户的诉请，此时吴某已具有购房资格，如房屋无其他过户障碍则法院应当予以支持。

四、其他需要说明的问题

鉴于此类案件的案由存在较大差异，为统一审理思路，需要对立案案由进行统一。借名买房合同并不直接产生物权变动效果，在性质上应属合同纠纷，故不宜将该类纠纷定性为所有权确认纠纷。借名人与出名人之间亦非房屋买卖合同关系，房屋出卖人往往并不参与诉讼，如借名人诉请要求出名人履行配合过户义务，则法院应将案由统一定为合同纠纷为宜。

离婚后财产纠纷案件的审理思路和裁判要点

黄 蓓 孙路路[*]

离婚后财产纠纷，是指已通过判决或协议离婚的夫妻双方在离婚后因财产分割、补偿、离婚协议的履行等问题产生的纠纷。现代婚姻家庭财产状况愈发复杂，加之恶意隐藏、转移财产或对离婚协议反悔等情况，离婚后一方要求进一步分割或重新分割夫妻共同财产的纠纷日益多发。离婚后财产纠纷案件主要包括两种情形：一是离婚时有夫妻共同财产遗漏未处理或难以处理，现要求处理的；二是基于离婚协议引发财产纠纷的。本文结合司法实践中的典型案例，对该类案件的审理思路和裁判要点进行梳理、提炼和总结。

一、典型案例

案例一：涉及离婚时未处理夫妻共同财产的认定

孙某与程某婚姻关系存续期间，程某父亲将部分公司股权作价转让给程某，程某登记为公司股东。后孙某与程某的离婚判决未对该公司股权作出处理。离婚后，孙某向法院起诉请求判令程某向其支付公司股权折价款。审理中，程某提供了一份签订时间为婚姻存续期间的代持协议，提出其系代母亲持有公司股权，该股权不应作为夫妻共同财产分割。

案例二：涉及夫妻一方恶意隐藏、转移夫妻共同财产的认定

吴某与高某离婚诉讼期间，高某与案外人李某签订房地产买卖合同，李某向高某购买系争房产并办理过户手续。吴某与高某诉讼离婚但未对该房产

---

[*] 黄蓓，少年家事庭审判长，法学硕士；孙路路，少年家事庭法官助理，法学硕士。

作出处理,后吴某另行起诉高某和李某,请求法院判决该房地产买卖合同无效。同时,吴某再提起离婚后财产纠纷诉讼,主张高某存在恶意转移夫妻共同财产的行为,应少分或者不分案涉房产。一审法院结合系争房产的购房款来源等因素,酌定由高某占房产60%份额,吴某占40%份额,房产判归高某所有。吴某不服提出上诉。

案例三:涉及离婚协议效力的认定

黄某与王某签订离婚协议约定夫妻共同财产的分割情况,黄某需支付王某补偿款300万元。离婚后黄某支付294万余元后,王某用该笔钱款支付某学区房首付。购房后黄某催促王某复婚遭拒绝。黄某起诉称双方离婚系为购买学区房的"假离婚",请求法院撤销离婚协议中关于财产分配的约定,判令王某返还黄某个人财产294万余元,并对夫妻共同财产重新进行分割。

二、离婚后财产纠纷案件的审理难点

(一)是否属于夫妻共同财产确定难

离婚后财产纠纷案件中的争议财产往往系离婚案件中难以处理或者涉及案外人的财产。当事人之间关系复杂、矛盾尖锐、资金往来频繁、调查取证困难等因素导致在认定涉案财产是否属于夫妻共同财产时存在困难。尤其动拆迁房产分割往往涉及案外人利益,使夫妻共同财产认定难度增加。同时,该类纠纷涉及的财产种类较多,不仅包括房产、车辆、银行存款、有价证券等有形财产,还包括债权债务、知识产权等无形财产,取证和认定更加复杂。

(二)隐藏、转移夫妻共同财产的行为判断难

一方隐藏、转移夫妻共同财产的,在离婚分割夫妻共同财产时依法可以少分或不分。离婚后财产纠纷案件中一方当事人以该理由主张另一方少分财产的,应承担举证责任证明另一方有隐藏、转移夫妻共同财产的行为。夫妻生活及财产状况属于家庭隐私,加之行为人在隐藏、转移夫妻共同财产时往

往经过精心策划，手段隐蔽从而增加了取证难度。需要说明的是，导致夫妻一方少分或不分财产的行为还包括变卖、毁损、挥霍夫妻共同财产，或伪造夫妻共同债务企图侵占另一方财产的行为，由于涉及此类行为的案件较少，在此不作赘述。

（三）离婚协议是否能够变更或撤销认定难

虽然从文义上理解《最高人民法院关于适用〈中华人民共和国民法典〉婚姻家庭编的解释（一）》第70条的规定，变更或撤销离婚协议的理由并不限于欺诈和胁迫，但由于离婚协议不同于一般的民事合同，除纯粹的利益考量外，还包含身份关系和感情因素的变化，因此不能将协议中一方放弃主要或大部分财产认定为显失公平或重大误解，从而认定离婚协议可变更或可撤销。目前司法实践仅在欺诈和胁迫两种情形下判定离婚协议可变更或可撤销，并由主张变更或撤销协议的一方承担举证责任。由于对存在欺诈或胁迫较难举证，对于离婚协议是否可变更或可撤销法院较难认定。

三、离婚后财产纠纷案件的审理思路和裁判要点

离婚时有财产未处理或难以处理，在离婚后财产纠纷案件中需要处理，或者离婚协议存在可变更、可撤销的情形，财产需要重新进行分割的，处理原则应与离婚时其他财产的处理原则一致。对于夫妻共同财产和个人财产的认定应遵循离婚案件中财产处理的一般原则，在认定为夫妻共同财产的基础上，按照照顾妇女、子女和无过错方原则对财产进行分割。如果一方存在恶意隐藏、转移财产等情形，在分割夫妻共同财产时应少分或不分。

（一）离婚时未分割夫妻共同财产的处理

1.审查案涉财产在离婚协议或离婚判决中是否已处理

根据相关法律规定，如果经审查案涉财产确属离婚时未涉及的夫妻共同财产，法院应当予以分割。通常离婚判决对夫妻共同财产的处理较为明确，

可以根据判决主文判定案涉财产是否已经处理。存在争议的主要是离婚协议中关于财产分割的条款，在无明确约定或者法律无特别规定的情况下，不宜推定为当事人放弃对未处理财产的分割权利。需要注意的是，离婚协议中若存在兜底条款，应查明在签订协议时当事人对案涉财产是否知情。若请求分割财产一方能够证明自己不知情，一般应当认定兜底条款中不包含该财产。

2. 审查离婚时未处理财产是否属于夫妻共同财产

对于已判定为离婚时未处理的财产，应根据《民法典》及有关司法解释的规定对该财产是否属于夫妻共同财产进行认定。

（1）银行存款

离婚后一方提出夫妻关系存续期间的银行存款未处理，经查证属实的，应作为夫妻共同财产进行分割。在夫妻双方协议离婚的情况下，银行存款的分割应以离婚协议签订之日为结算点，如果离婚协议约定以某一特定日期为结算点，则以离婚协议约定为准；在法院判决离婚的情况下，以法院判决书的落款日期为结算点。对于签订离婚协议至办理离婚登记之间的出入账款项，如果离婚协议对双方名下的银行存款已作出约定，在办理离婚登记前银行账户存在资金流动的，应查明入账款项是否属于夫妻关系存续期间的收入以及出账款项是否合理，并将夫妻关系存续期间的收入减去该段期间的合理支出作为夫妻共同财产予以分割。

（2）房产

夫妻与他人（主要为父母、成年子女）共有的房产、离婚时房产证尚未办出的房产在离婚案件中无法一并处理，在离婚后财产纠纷案件中一方提出要求分割的，应当予以处理。房产登记或协议约定各方份额的，应按照约定的份额予以分割；未登记或未约定份额的，应根据各方的出资情况、对共有房产的贡献大小等因素酌定各方的产权份额，再根据便于分割、给付折价款及履行贷款债务等原则判定房产的归属及折价款的给付方。

对于婚前购买、登记在一方名下的房产，一般应认定为该方的个人财产，但有证据证明该房产系双方共同购买且用作婚后共同使用的，应认定为夫妻共同财产。为此需要结合资金流水判定房产的首付款、税款的实际付款人，并综合购房时当事人之间的关系、资产状况、房产使用情况等事实，还原购房过程。对于作为夫妻共同财产的房产，在判定该房产为一方所有的情况下，要结合房产的剩余未还贷款、双方离婚后的还贷情况、保护妇女权益等因素，酌定向另一方支付的房产折价款金额。

对于婚前一方父母支付首付款的房产，如果登记在出资方子女名下、婚后由夫妻二人共同还贷，一般将房产判归登记方所有，并由其继续支付剩余贷款，婚内共同还贷（包括本金和利息）及增值部分由获得房产的一方对另一方作出补偿。如果婚前登记在夫妻双方名下，双方约定共同共有或按份共有的，按约定享有产权；双方对共有方式没有约定的，则父母出资视为对己方子女个人的赠与，父母明确表示赠与双方的亦应在确定分割比例时对父母的出资进行酌情考量。

对于婚后由一方父母出资购买的房产，如果父母全额出资，登记在己方子女名下则为己方子女的个人财产，登记在双方名下则为夫妻共同财产；如果一方父母支付首付款，夫妻共同还贷，无论登记在己方子女名下还是夫妻双方名下，均为夫妻共同财产，但另有约定的依照约定处理。

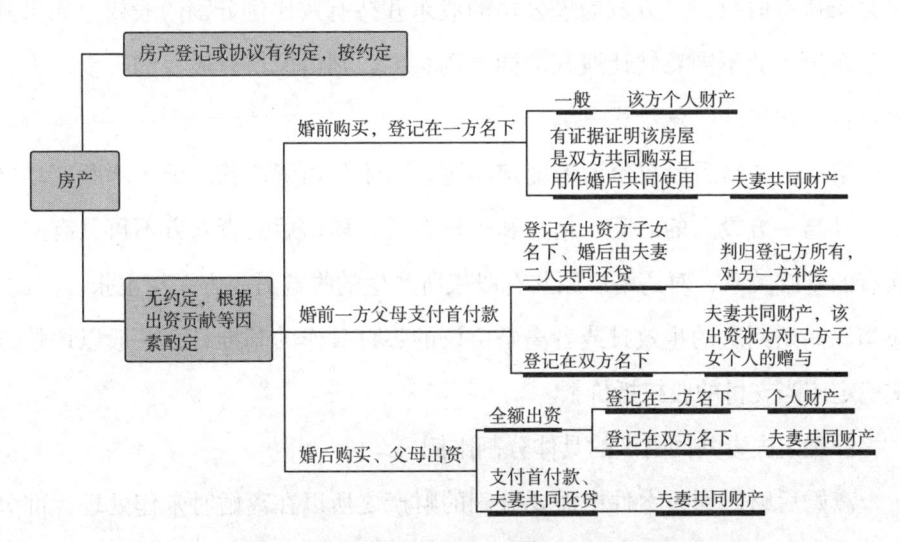

思维导图1　房产是否属于夫妻共同财产的审查

（3）股权

离婚后财产纠纷案件中涉及股权的主要问题有三点。

第一，存在代持关系的股权是否属于夫妻共同财产。夫妻一方在夫妻关系存续期间受让取得的股权，在转让人无特别声明的情况下，无论该受让是否需要支付对价，受让股权原则上均应认定为夫妻共同财产。如果受让方提出该股权系替案外人代持，则应提供代持协议原件等足以证明存在代持关系的证据。在能够证明存在代持关系的情况下，该股权不应作为夫妻共同财产分割。

如案例一中，程某在夫妻关系存续期间受让取得系争股权并登记为公司股东，虽提出系代其母亲持有公司股权并提供代持协议复印件，但由于无法提供协议原件，其他证据亦不足以证明代持关系存在，因此法院认定系争股权属于夫妻共同财产，应予以分割且股权价值以分割时的股权价值为准。

第二，有限责任公司的股权分割问题。由于涉及公司章程规定、其他股东优先购买权等，在审理此类案件时应首先查明所涉公司全部股权构成。其次，应考虑有限责任公司分割股权的方式。《公司法》规定转让有限责任公司股权给股东以外的人，需经其他股东过半数同意。如其他股东过半数同意的，夫妻未持有股权的一方成为该公司的股东并持有按比例分割的股权。如果其他股东过半数不同意转让股权但同意购买的，则由原持有股权的夫妻一方将股权转让款支付给夫妻另一方。

第三，离婚后股权价值的确定问题。由于公司资产状况处于不断变动之中，且与一方投入的时间、精力和管理有关，离婚后夫妻双方不再具有财产共有的基础关系，对离婚后原共有股权所产生的收益另一方无权主张。因此，应当以离婚判决的生效日或者离婚协议的签订日作为基准日，一般以评估方式确定应当支付的股权折价款。

3. 确定夫妻共同财产的具体分割比例

离婚后财产纠纷案件中需要分割的财产之所以在离婚时未作处理，部分是因为行为人的行为具有隐蔽性，另一方在离婚时由于取证等原因未能将其作为夫妻共同财产进行分割。此类离婚后财产分割应遵循处理夫妻共同财产的一般原则。另一种情形是一方在离婚时隐藏、转移、变卖、毁损夫妻共同财产，或伪造夫妻共同债务企图侵占另一方财产，此类离婚后财产分割该方可予以少分或不分。该类行为构成要件主要有两个。

（1）具有隐藏、转移夫妻共同财产的故意

实施隐藏、转移夫妻共同财产行为需具有相应的主观故意。例如行为人只因不具备购房条件而以他人名义购房，不具备隐藏或转移财产的故意，则不属于可少分或不分的情形。对于隐藏财产，行为人一开始可能并不具有使该财产不作为夫妻共同财产进行分割的故意；对于转移财产，行为人一开始就具有不使该财产作为夫妻共同财产进行分割的故意。对于行为人是否具有故意，可以根据其具体行为来判断，比如夫妻双方已存在不可调和的矛盾或离婚已属必然时，一方将财产转至案外人名下时该行为构成故意。需要说明的是，根据行为推断行为人具有隐藏、转移财产的故意时，行为人否认该故意的，行为人负有举证责任证明其不存在故意。

如案例二中，二审法院查明在离婚诉讼期间，高某与案外人签订房地产买卖合同，低价将系争房产恶意出售给案外人，且另案生效判决已确认该房地产买卖合同无效。因此，高某具有恶意转移夫妻共同财产的故意及行为，二审法院对一审判定高某所占系争房产的比例予以适当减少。

（2）具有隐藏、转移夫妻共同财产的行为

认定一方隐藏财产的首要前提是其行为不为配偶所知悉，且自认为其行为具有隐蔽性。对于隐藏财产可以根据财产的类型进行具体分析：

关于动产，主张对方隐藏动产的一方应当承担举证责任证明另一方实施了隐藏动产的行为，当另一方提供足够证据予以反驳的，主张对方隐藏动产的一方仍需就对方反驳的证据再行举证。需要注意的是，如果另一方在离婚诉讼中否认该财产的存在，离婚后发现该财产由其控制或在其知晓的地方，则可以直接认定其实施了隐藏夫妻共同财产的行为。

关于不动产，主要有以下三种情形：第一，一方以自己名义在他处购房，配偶对此不知情。第二，在配偶不知情的情况下将不动产过户至他人名下。第三，在婚姻关系存续期间，一方以隐藏财产为目的，在配偶不知情的情况下以他人名义购置不动产。

离婚后财产纠纷中涉及不动产的审查和认定证据的原则为：首先，对于不动产权利登记凭证、银行转账记录、不动产买卖合同等不动产交易的相关文件，应当审查其合法性和真实性，如是否存在违反法律法规的不动产交易行为、是否存在虚假交易、提供的证据材料是否存在伪造的可能等，对于不具有合法性和真实性的证据应当予以排除。其次，涉及不动产交易的证人证言应结合下列证据对关联性进行审查：一是婚姻关系存续期间一方是否存在大额钱款支出，该笔钱款是否支付给房产公司或不动产的卖家。同时应注意审查被隐瞒不动产的实际居住情况，查明房产是否由亲属、"第三者"等居住，从而确认房产的产权登记及出资情况。二是对于一方擅自处分不动产的情况，应注意审查不动产的交易时间、金额和对象，查明不动产交易是否存在无权处分和善意取得等情况。三是对于婚前购房，应审查购房款的来源及组成，结合银行汇款记录或信用卡刷卡记录等，判断对方是否共同出资购房。

关于银行存款，审查要求分割的钱款在离婚时是否包含在已分割的夫妻共同财产中，以及该笔钱款是否可供分割。对于隐瞒银行存款的情况，一方面法院可以基于当事人的申请，采取职权调查的方式查明事实真相。当事人如果申请法院调查对方的银行流水，原则上应提供相应存款的开户行和存款账号。另一方面，应注意结合当事人对钱款的用途考察钱款支出的合理性：一是支取现金的持续时间是否合理；二是取款金额与用途之间是否匹配；三是与取款方正常开支情况是否一致。

转移财产的认定并不以配偶不知悉作为必要条件。赠与可以成为转移财产的一种方式。夫妻一方将夫妻共同财产赠与他人，会使该财产在离婚时无法作为夫妻共同财产进行分割。另一方起诉要求撤销赠与并得到法院支持的，在财产返还后即会产生夫妻共同财产分割的问题。实践中，若在夫妻关系存续期间一方将夫妻共同财产赠与第三者，该行为因侵害另一方的财产权益应被认定为无效，相关款项亦应予以返还，财产返还后应在夫妻之间再进行分割。

除隐藏、转移夫妻共同财产的行为，伪造夫妻共同债务企图侵占另一方财产也是分割夫妻共同财产时需要审查的内容。对于伪造债务的认定，可以通过以下两个方面进行判断：一是伪造债务的行为发生在婚姻关系存续期间。如果在离婚前某一特定时间段内（司法实践多为离婚前一年）一方债务突然大量增加，而此时婚姻关系已经处于不可避免的破裂状态，则可以认定其具有伪造债务的嫌疑。二是伪造债务的行为通常通过伪造书面债务凭证的形式，如借条、借款合同、债权债务公证书等实现。该类案件的证据通常包括书面债务凭证、债权人或其他证人的证言，法院可以通过审查资金往来情况、合同的真实性等判断是否存在伪造债务的事实。

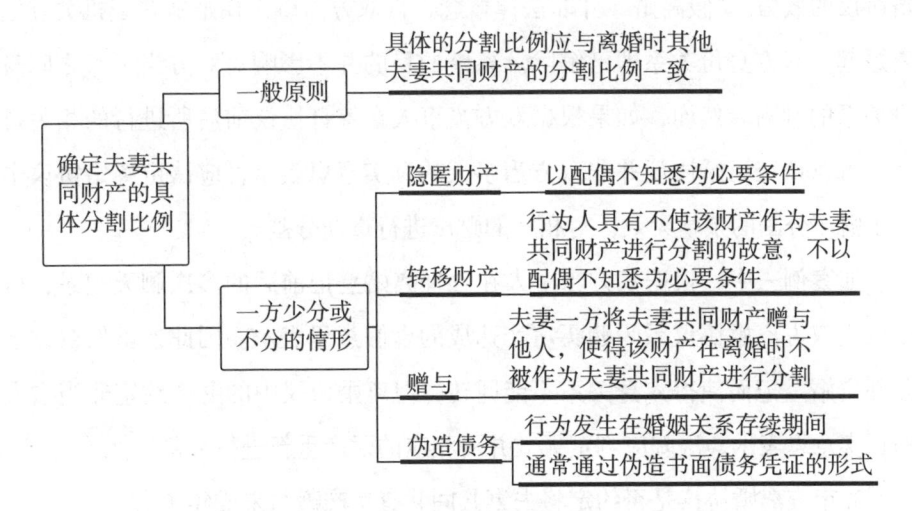

思维导图2 确定夫妻共同财产具体分割比例的原则

（二）基于离婚协议引发财产纠纷的处理

1. 审查案涉离婚协议的合法性

审理因履行离婚协议产生纠纷的案件，首先需要审查该协议形式是否合法，即离婚协议是否存在违反法律规定的情形。如果离婚协议违反法律强制性规定，则该条款不具有法律效力；如果离婚协议符合法律规定，一方未按照协议内容履行协议，另一方有权请求履行。

2. 审查财产分割协议是否存在可变更、可撤销的情形

审查财产分割协议是否存在可变更、可撤销的情形，不能轻易将协议中一方放弃主要或大部分财产的约定认定为显失公平或重大误解而予以变更或撤销。同时应当审慎认定乘人之危，不宜将急欲离婚的一方在财产上的让步视为另一方乘人之危的结果。只有在一方利用他方行为能力受限且监护人监护不力等情况下，迫使他方签订明显损害本人合法权益的协议，方可认定为乘人之危。因此，只要在签订协议时不存在欺诈、胁迫的情形，对当事人请求变更或者撤销协议的请求原则上不予支持。对于存在欺诈或胁迫的情形应由主张变更或撤销协议的一方承担举证责任，根据证据的证明力进行综合判断。

实践中，很多离婚后财产纠纷案件当事人主张以"假离婚"为由否定离婚协议的效力。"假离婚"并非法律概念，自双方当事人在婚姻登记机关登记离婚起，双方身份关系即已解除。离婚的目的并不影响对双方当事人之间身份关系的判断。然而，如果根据双方当事人在签订协议前后所进行的相关行为，可以认定离婚协议并非双方当事人的真实意思表示，应认定离婚协议中关于财产分割的条款无效，对相应的财产进行重新分割。

如案例三中，根据双方当事人在办理离婚登记前后的多次聊天记录，可以认定双方离婚协议系为购买房产达成的虚假意思表示。因此，虽然双方已办理离婚登记而使得人身关系不能回转，但离婚协议中的财产约定非当事人的真实意思表示，法院应判定无效并对相应的财产重新进行分割。

3. 审查离婚协议是否约定将夫妻共同共有房产赠与未成年子女

如果夫妻双方在离婚协议中约定解除夫妻身份关系的条件之一是将共有房产赠与未成年子女，一方事后反悔会破坏离婚协议的整体性且有违诚信原则。因此在婚姻关系解除后，一方以房产产权尚未变更，仍处于共有财产状态为由主张撤销之前的赠与行为要求重新分割的，法院不予支持。根据合同相对性原则，若离婚协议中约定子女享有房产赠与的交付请求权，则子女享有直接请求交付的权利；若未作此类约定，则子女不享有请求权，无权作为适格主体提起诉讼。

民间委托理财合同纠纷案件的审理思路和裁判要点

任明艳 盛 利[*]

民间委托理财合同纠纷又称非金融机构委托理财纠纷，是指委托人将其资金、金融性资产委托给非金融机构或自然人，受托人在一定期限内将委托资产投资于证券、期货等金融市场，由该资产管理活动引发的合同纠纷。该类案件中的非金融机构是指，除商业银行、证券公司、信托公司、保险公司和基金公司之外的非金融机构法人、非法人组织、个体工商户。司法实践中，法院对民间委托理财合同纠纷案件的相关裁判标准存在分歧，故有必要统一裁判尺度。本文结合司法实践中的典型案例，对此类案件的审理思路和裁判要点进行梳理、提炼和总结。

一、典型案例

案例一：涉及委托理财合同中受托人资质的处理

张某与 A 公司签订《VIP 项目理财管理协议书》，委托 A 公司对其证券账户内的 150 万元进行操作。协议到期后，经结算委托资产亏损 24 万余元。经查，A 公司的经营范围为投资顾问、技术推广服务、企业形象策划、公关服务等。张某认为，A 公司不具备从事证券资产管理业务的资质，因其超出经营范围订立合同，合同应属无效。A 公司则认为，委托理财并不要求受托人必须具备相应资质，委托理财合同应属有效。

---

[*] 任明艳，少年家事庭副庭长，法学博士；盛利，民事庭法官助理，法学硕士。

案例二：涉及委托理财合同中保底条款的认定及处理

李某与顾某达成委托理财协议，李某支付顾某100万元，由顾某将资金投资于证券市场。顾某向李某承诺一年到期后返还全部本金及年化20%的收益，超额部分收益归顾某所有。投资过程中，李某、顾某多次就投资领域、买卖时点及价格等内容进行磋商。理财到期后结算，委托资产亏损28万余元。李某主张，协议约定的保证本金和固定收益条款符合民间借贷的典型特征，双方之间名为委托理财实为民间借贷，顾某应当按约还本付息。顾某则认为，双方之间为委托理财合同关系，保证本金和固定收益的条款属于保底条款应属无效，投资产生的亏损应由李某自行承担。

案例三：涉及委托理财合同无效后亏损的分担

任某与B公司签订《资产管理委托协议》，约定任某委托B公司投资理财，到期进行资金结算。若结算结果为盈利，则双方按照各自50%的比例分配收益；若结算结果为亏损，则由B公司承担全部亏损。后经结算，投资亏损50余万元。B公司认为，上述协议中的保底条款无效，保底条款无效导致委托理财合同无效，B公司在委托理财过程中不存在过错，相关损失应由任某自行承担。任某主张合同应属有效，委托理财产生的亏损按约应由B公司全额承担。即便因保底条款导致合同无效，作为从事受托理财的专业公司，B公司明知不得约定保底条款仍欺骗任某签订合同，其在委托理财过程中存在过错，应承担合同无效产生的全部损失。

案例四：涉及委托理财合同案件审理中举证责任的分配

杨某与刘某签订委托理财合同，约定提供100万元资金交由刘某在证券市场投资，投资范围限于"上证50指数成分股"。委托理财3个月后，经结算委托资产亏损近30%，而同期"上证50指数"跌幅约5%。杨某遂提出解除委托理财合同，并认为从委托理财的结果来看，刘某未按约投资"上证50指数成分股"，否则不可能产生巨额损失。杨某认为刘某在投资过程中未按照约定进行理财、未尽谨慎注意义务，要求刘某赔偿委托理财产生的全部损失。刘某则认为，杨某未举证证明刘某在委托理财过程中存在违约行为，应承担举证不能的后果。

二、民间委托理财合同纠纷案件的审理难点

（一）受托人资质对合同效力的影响认定难

关于受托人的资质对合同效力的影响，法院的裁判分歧主要在于：（1）委托理财是否为金融机构专营或者特许经营的业务；（2）受托人是否必须具备相应资质。一种观点认为，委托理财业务是一项需要获得行政许可的金融业务，有必要对受托人的身份进行适当限定，并对受托人设置一定的准入要求，不宜将委托理财活动一概合法化。另一种观点认为，法律、行政法规并未对民间委托理财活动作出禁止性规定，且依据《行政许可法》等相关法律精神，认定委托理财属于金融机构专营或特许经营范围的依据并不充分，故不宜轻易认定委托理财合同无效。

（二）保底条款的认定及处理难

首先，保底条款的认定存在争议。委托人与受托人约定保证本金不受损失、保证本息最低回报的情形属于保底条款并无争议。然而，对于委托理财合同中约定保证本息固定回报是属于民间借贷还是委托理财关系，保证损失上限的约定是否属于保底条款等问题存在不同认识。此外，保底条款的效力认定是委托理财合同纠纷案件中最具争议的问题。司法实践中主要存在以下四种观点：（1）条款有效说。该观点认为，从意思自治原则出发，委托理财合同中保底条款系双方真实意思表示，应认定为有效。（2）条款可撤销说。该观点认为，保底条款明显违反公平原则，若当事人申请撤销，则应对保底条款予以撤销，否则应认可保底条款的效力。（3）条款无效说。该观点认为，保底条款违背委托合同中委托人承担风险的基本规则，也违反公平原则和金融市场基本规律，应认定该条款无效，但保底条款的无效不影响委托理财合同的效力。（4）合同无效说。该观点认为，保底条款应属无效，且保底条款系委托理财合同的核心条款，与当事人的缔约目的密切相关，故保底条款的无效导致委托理财合同无效。

(三)合同无效情形下责任承担的处理难

委托理财合同有效的情况下,委托资产发生亏损或者产生盈利的,应当根据合同约定和《民法典》合同编的相关规定进行处理。若委托理财合同无效,受托人因委托理财合同取得的资金和金融性资产应如何处理,以及基于无效的委托理财合同产生的投资行为是否有效,司法实践中存在不同观点。此外,在委托资产亏损或盈利的情况下如何处理亦存在难点:(1)在委托资产亏损的情况下,委托理财中产生的损失应当由受托人或委托人承担,还是由双方根据过错承担相应责任;(2)在委托资产盈利的情况下,盈利部分是否属于非法利益,以及该部分应认定为委托资产的孳息归委托人所有还是应认定为受托人的劳动所得归受托人所有。

(四)举证责任分配难

在委托理财过程中,委托人往往并不掌握资金的详细交易情况,要求其对受托人在受托理财过程中存在违约行为或者未尽受托义务等承担举证责任,在客观上存在较大难度。因此,在委托理财合同纠纷案件中,如何合理地分配举证责任亦是该类案件审理的难点。

三、民间委托理财合同纠纷案件的审理思路和裁判要点

法院审理民间委托理财合同纠纷案件,首先,应以《民法典》总则编、合同编的相关条款作为主要法律依据。其次,应秉持防范金融风险、促进金融市场发展的宗旨,审慎审查当事人的约定与合同实际履行情况。最后,应平衡委托人与受托人的权益,尤其要妥当处理委托人与受托人在信息、资金、技术方面的不对称问题,公平合理地分配举证责任。

(一)民间委托理财合同与其他合同的辨析

法院在审理民间委托理财合同纠纷时,首先应对民间委托理财合同纠纷与其他合同纠纷加以辨析。

1. 与民间借贷合同的区别

民间借贷是当事人之间的资金融通行为,当事人的合意是拆借款项;委托理财合同则是受托人按约管理委托资产,进而获得一定的报酬或者分红。在区分委托理财合同与民间借贷合同时,应当查明双方订立合同时的实质目的是资金拆借还是委托理财。

2. 与信托合同的区别

在信托合同中,信托财产的所有权应转移至受托人,信托财产与委托人的其他财产相分离。受托人以自己的名义从事受托行为,委托人不得参与或者干预受托人的具体经营行为。在委托理财合同中并不转移委托资产的所有权,仅由受托人代委托人在证券、期货、国债等资本市场上管理资产,委托人可以对受托人的理财行为进行指示。

3. 与合伙合同的区别

合伙合同是两个以上合伙人为了共同的事业目的,订立的共享利益、共担风险的协议。委托理财合同的当事人并不是为了经营共同事业,受托人通常只需按照约定对委托人的财产进行管理和运作。此外,基于合伙合同形成的合伙财产用于清偿合伙债务之后,根据合同约定在合伙人间进行分配;而委托理财合同中委托资产的所有权和收益均归委托人所有。

(二)民间委托理财合同效力的审查要点

法院在审理此类案件过程中,首先应依法审查合同的效力,再以合同效力为基础,对双方的权利义务进行判定。在合同效力的审查中,除审查一般合同效力的要件外,还应通过对委托理财合同主体和内容的审查,实现司法对该类行为的指引作用。

1. 审查委托人、受托人的主体资格

(1) 审查委托人的主体资格

一般情形下,依法具有独立民事主体资格的自然人、法人等均可作为委托人签订民间委托理财合同。需要说明的是,从维护国家金融安全和社会公共利益的角度考量，我国法律在部分投资领域对外商投资者作为委托理财合同的委托人作出一定限制，法院在审理此类案件中应注意加以甄别。

（2）审查受托人的主体资格

受托人为自然人的情况下，一般而言其受托理财无需经过特许审批，但受托人属于金融行业从业人员的情况下，应进一步审查受托人有无违反从业禁止性规定。受托人为非金融机构的情况下，应当进一步对其受托理财的内容及经营资质、主体资格、经营范围等进行审查。若受托人受托理财的内容超出其经营范围，还需进一步对超出事项的性质加以区分：对于超出事项属于一般经营范围的，并不影响合同效力；若超出事项属于禁止经营、限制经营以及特许经营的，因受托人违反效力性强制性规定，合同应认定无效。

如案例一中，A公司受托理财的内容是证券资产管理，该内容超出其经营范围。根据《证券法》的规定，从事证券投资咨询服务业务，应当经国务院证券监督管理机构核准，未经核准不得为证券的交易及相关活动提供服务。A公司超出经营范围订立合同，且证券业务属于需经核准的限制经营的业务，故《VIP项目理财管理协议书》因违反效力性强制性规定而无效。

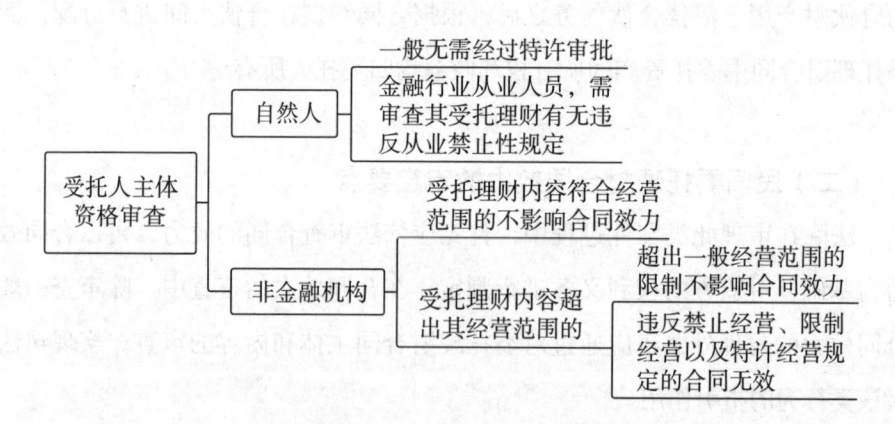

思维导图1　受托人主体资格审查

2. 审查合同内容是否涉嫌违法犯罪、违反金融管理秩序

审理此类案件过程中，法院发现委托人、受托人涉嫌通过委托理财行为从事非法操纵股票价格等违法犯罪活动的，应当根据《最高人民法院关于在

审理经济纠纷案件中涉及经济犯罪嫌疑若干问题的规定》第 11 条的规定裁定驳回起诉,并将有关材料移送公安机关或检察机关处理。需要注意的是,委托理财合同纠纷涉及非法吸收公众存款罪、集资诈骗罪、诈骗罪等刑事犯罪的,委托理财合同并不必然因涉嫌犯罪而无效,而应当根据民事法律规定对合同效力进行分析判断。关于涉及新型金融性资产的委托理财合同,需审查合同内容是否违反法律、行政法规等强制性规定,在此基础上对合同效力审慎作出认定。

(三)民间委托理财合同中保底条款的认定及处理

根据委托代理关系的基本原则,委托理财的收益和损失均应由委托人承担。实践中,受托人为吸引投资往往约定保底条款对委托人作出收益、本金或者损失上限的保证,因此保底条款也成为引发委托理财合同纠纷的主要原因。

1. 保底条款的认定

保底条款,是指无论委托理财盈利或者亏损,委托人均收回部分或全部投资本金甚至获取收益的条款,具体形式不限于在委托理财合同中约定保底条款,还包括签订单独的保底协议或出具承诺书等。保底条款实质指向的是投资理财风险的分配,表现为委托人不承担本应自负的收益不足或本金损失的风险,而将风险转由受托人等主体承担。因此,认定保底条款的关键在于是否属于对委托人本应自负的投资风险的再分配。

司法实践中,保底条款情形主要包括保证本金不受损失、保证本息最低回报、保证本息固定回报、保证本金损失上限、事后承诺补足损失和亏损不收取管理费用六种约定类型。其中,保证本金不受损失、保证本息最低回报条款属于保底条款无需赘述,下面就其他四种类型的约定是否属于保底条款进行分析。

第一,关于保证本息固定回报的约定是否属于保底条款的认定。在当事人存在争议的情况下,可通过审查是否存在委托理财项目、资金去向、操作方式、委托人是否参与投资理财活动、是否发生相应的利润分红等查明当事人缔约目的。如双方签订委托合同时委托人即明确知晓具体的投资理财项目，并对该投资项目的客观风险有一定了解，而受托人实际亦将受托资金投入相应理财项目，即可以确认双方之间系委托理财关系。

如案例二中，顾某承诺到期归还李某本金和年化20%的收益，案件审理中双方对于合同性质存在争议，故应从双方签订合同时的目的分析合同性质。从合同签订目的来看，李某将钱款委托给顾某投资理财是为了实现资产的保值增值，并非将款项出借给顾某。从实际履行情况来看，委托理财业务真实开展，李某始终知情并参与，故应当认定双方构成委托理财关系而非民间借贷关系，其中保证本息固定回报的约定属于保底条款。

第二，关于保证本金损失上限的约定是否属于保底条款的认定。保证损失上限的约定通常表现为两种形式：一是约定超出一定数额、比例之外的损失由受托人承担；二是约定委托人交付的资产达到或者超过一定风险限度时，委托理财行为立即终止，委托人收回操作权和资产控制权。上述第一种形式实质是，委托人仅承担固定的亏损风险，在此范围之外因委托理财可能产生的风险均由受托人承担。该约定符合保底条款的实质判断标准，应当认定为保底条款。第二种形式不同于一般的保底条款，是将一定的亏损限度作为委托理财合同约定的解除条件。当委托资产达到一定亏损程度时，委托人即可主张解除委托理财关系，并未通过约定对委托理财的风险进行再分配，故此类约定不应认定为保底条款。

第三，关于合同中未约定保底条款，但委托资产发生亏损后，受托人向委托人作出补足损失甚至收益的承诺是否属于保底条款的认定。因该类承诺并非在不能确定委托理财盈亏的情况下作出，并未对委托理财可能产生的风险进行再分配，而是受托人在委托资产亏损确定后作出的承诺，系受托人对于自身民事权利的自由处分，不应认定为保底条款。

第四，关于委托资产亏损则受托人不收取委托管理费用或者报酬的约定是否属于保底条款的认定。保底条款的实质是对投资可能产生风险的再分配，其中投资风险指向的是委托资产的本金。双方约定在委托资产亏损情况下不收取管理费用或者报酬,并未将投资风险归由受托人承担,委托理财的后果仍由委托人承担,故不应认定该类约定为保底条款。

2. 保底条款的效力认定

在审慎认定保底条款的基础上,从民商法的基本规则和金融市场稳定的角度考量,一般应认定委托理财合同中的保底条款无效。具体理由如下:

第一,根据《民法典》第929条规定,委托合同的受托人只承担因己方过错造成委托人损失的责任,而保底条款约定受托人承担非因其过错造成的损失,与委托合同关系的基本规则相背离。

第二,当事人在合同中围绕保底条款所约定的民事权利义务,一定程度上存在不对等的情况,免除了委托人应承担的投资风险,违背《民法典》第6条规定的公平原则。

第三,我国《证券法》《信托法》等法律均规定,金融机构作为资产管理产品受托人订立的保底条款无效,《全国法院民商事审判工作会议纪要》对此也进一步予以明确。尽管非金融机构或自然人不宜完全适用上述法律法规,但法律对特殊主体的特别规定,对于规制一般主体亦具有一定的借鉴和引导作用。

第四,在高风险的金融市场中,保底条款的约定与市场经济规律和资本市场基本规则存在冲突,不利于发挥市场在资源配置中的决定性作用。

综上,根据《民法典》第6条、第153条的规定,一般应认定委托理财合同中的保底条款因违反公平原则和公序良俗而无效。

3. 保底条款无效对合同效力的影响

《民法典》第156条规定:民事法律行为部分无效,不影响其他部分效力的,其他部分仍然有效。因此,在保底条款无效的情况下,保底条款对合同整体效力是否产生影响,主要在于其是否属于委托理财合同的目的条款和核心条款。如案例二、案例三中,委托人均是因受托人承诺保证本金安全方与受托人订立委托理财合同;若缺乏保底条款,委托人则不会订立委托理财合同，此时应当认定保底条款属于委托理财合同的目的条款。从委托理财权利义务的内容来看，在约定较为简单的委托理财合同中，委托人与受托人在委托理财合同中的关键权利义务均由保底条款予以确定，此时保底条款则属于委托理财合同的核心条款。

在保底条款属于委托理财合同的目的条款和核心条款的情况下，保底条款的无效将导致委托理财合同整体无效。若保底条款不影响委托理财合同其他部分效力的，其他部分仍然有效。

（四）民间委托理财合同中的责任承担

1. 委托资产亏损的计算与处理

（1）委托资产亏损的范围和计算

首先，委托资产的亏损范围应当以实际亏损为限，不包括可得利益的损失。其次，委托资产实际亏损的计算方式为：

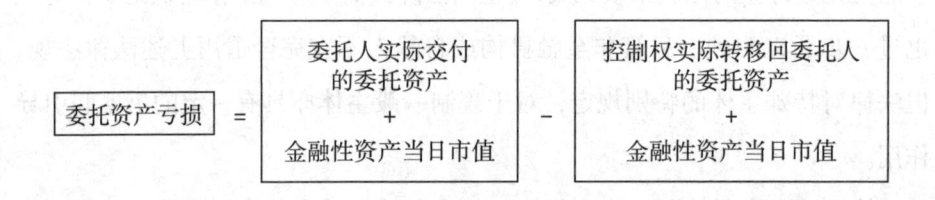

$$委托资产亏损 = (委托人实际交付的委托资产 + 金融性资产当日市值) - (控制权实际转移回委托人的委托资产 + 金融性资产当日市值)$$

需要说明的是，控制权实际转回委托人的委托资产，既包括委托理财剩余的资金、金融性资产，也包括委托人交付的银行账户、证券账户等。若当事人未办理委托资产的交接，案件审理过程中法院应当向双方当事人释明，要求尽快办理委托资产的交接，否则相关投资理财亏损的扩大应由不配合办理交接的一方承担。此外，在委托理财合同有效时，当事人对委托资产损失的计算另有约定且该约定不违反公平原则的，应从其约定。

（2）委托资产亏损的处理

委托资产本金亏损后，若双方当事人就损失的分担经协商达成合意的，则应尊重当事人的约定。若当事人无法达成合意的，应进一步根据委托理财合同是否有效适用《民法典》的相关规定区分处理。

合同有效的情况下，在委托理财合同期满、双方终止或者协议解除合同时，若委托资产处于亏损状态，原则上受托人应按照合同约定在扣除依约取得的合理报酬后，将余额部分全部返还给委托人，委托理财的损失应由委托人自行承担。

受托人在受托管理资产过程中存在违约行为的，受托人应承担赔偿责任。受托人在委托理财合同中的核心义务，在于按照合同约定和法律规定妥善管理委托资产。受托人在履约过程中常见的违约行为主要包括：①未按照合同约定的投资范围或者对象进行投资；②受托理财中挪用、侵占委托资产，未对委托资产进行妥善管理，未履行保证委托资产独立的管理义务；③委托理财到期或者终止后，未按照合同约定履行清算义务并分配委托资产；④其他违反合同约定或法律规定的行为。此外，如委托人明知受托人操作不当却未及时采取措施防止损失进一步扩大，则其应就损失扩大的部分自行承担责任。

如案例四中，杨某与刘某明确约定授权范围，即投资范围限定于"上证50指数成分股"，若刘某未听从杨某指示超出授权范围进行投资理财，则其存在违约行为，应就该行为导致的委托资产损失向杨某承担相应的赔偿责任。

合同无效的情况下，根据《民法典》第157条规定，民事法律行为无效后，行为人因该行为取得的财产，应当予以返还；不能返还或者没有必要返还的，应当折价补偿。有过错的一方应当赔偿对方由此所受到的损失；各方都有过错的，应当各自承担相应的责任。

在委托理财合同无效时，首先，不能因委托理财合同无效而撤销金融交易的行为和结果，只能基于既定事实，对于委托资金的损失进行处理。其次，关于委托人、受托人过错的审查应当包括两方面：一是委托人、受托人对合同无效的过错。在过错的认定上，需重点审查委托理财合同当事人的身份、缔约过程等因素。实践中，受托方一般为委托理财合同的要约方，在委托理财合同的订立过程中起到主导作用，且其明知保底条款的约定无效，仍向委托人作出保底承诺，故受托方对合同无效具有更大的过错。委托人明知金融市场存在较大风险，仍轻信受托人的保底承诺订立合同，亦存在一定过错。二是委托人、受托人对委托资产亏损的过错。如受托人在受托理财过程中是否尽到审慎注意义务，委托人在知晓受托人操作不当后是否及时采取措施防止损失的进一步扩大等。最后，在审查双方对合同无效及委托资产亏损过错的基础上，对委托资产的损失作出妥当处理。此外，需要特别注意的是，因投资理财具有高风险性，无论合同是否有效，对于受托人是否尽到审慎义务不能仅凭理财结果进行判断，而应依据受托人的受托理财行为进行判断。

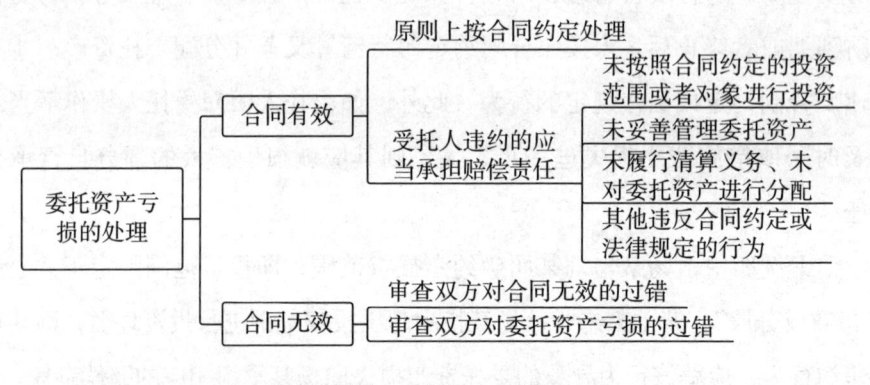

```
                            ┌ 原则上按合同约定处理
                            │                    ┌ 未按照合同约定的投资
              ┌ 合同有效 ───┤                    │ 范围或者对象进行投资
              │             │ 受托人违约的应     ├ 未妥善管理委托资产
              │             └ 当承担赔偿责任   ──┤ 未履行清算义务、未
委托资产亏     │                                 │ 对委托资产进行分配
损的处理   ────┤                                 └ 其他违反合同约定或
              │                                   法律规定的行为
              │             ┌ 审查双方对合同无效的过错
              └ 合同无效 ───┤
                            └ 审查双方对委托资产亏损的过错
```

思维导图2　委托资产亏损的处理

2. 委托资产收益的计算及处理

（1）委托资产收益的计算

委托资产收益的计算方式为：

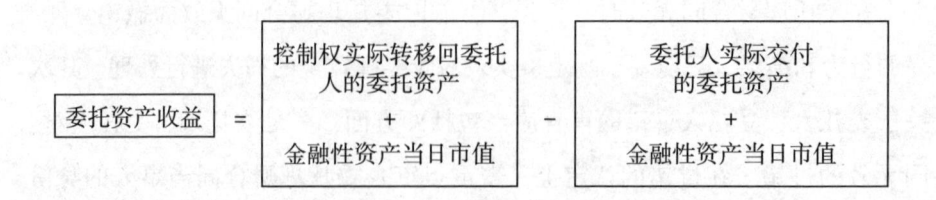

$$委托资产收益 = \begin{bmatrix} 控制权实际转移回委托 \\ 人的委托资产 \\ + \\ 金融性资产当日市值 \end{bmatrix} - \begin{bmatrix} 委托人实际交付 \\ 的委托资产 \\ + \\ 金融性资产当日市值 \end{bmatrix}$$

在合同履行过程中，若当事人已经按照约定分配了部分理财收益，双方

所获取的收益亦应计算在理财收益总额中。

(2) 委托资产收益的处理

委托资产盈利后,委托人与受托人的主要争议在于盈利的分配。若委托理财关系的当事人就收益的分配经协商达成合意的,则应当尊重当事人的约定。若当事人无法达成合意的,应进一步根据委托理财合同是否有效适用委托合同的相关法律规范区分处理。

在合同有效的情况下,若委托资产处于盈利状态,原则上受托人应按照合同约定在扣除必要的管理费用和合理报酬后,将余额部分(包括货币资金和其他金融性资产)全部返还给委托人,委托理财投资的收益归委托人所有。在合同无效的情况下,合同的无效意味着受托人报酬和盈利分成的约定缺失。在此情形下,受托人主张委托人支付报酬或者分配委托理财盈利的,在扣除必要费用后可以结合受托人提供的劳务及对盈利的贡献等因素,根据公平原则酌情由委托人支付受托人部分费用,剩余部分归委托人所有。

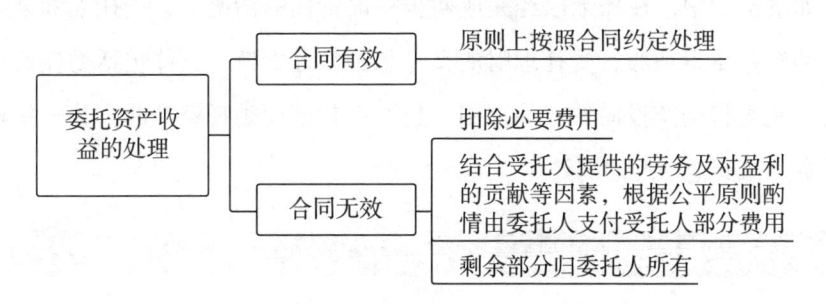

```
                    ┌─ 合同有效 ── 原则上按照合同约定处理
委托资产收益的处理 ─┤
                    │            ┌─ 扣除必要费用
                    └─ 合同无效 ─┤─ 结合受托人提供的劳务及对盈利
                                 │  的贡献等因素,根据公平原则酌
                                 │  情由委托人支付受托人部分费用
                                 └─ 剩余部分归委托人所有
```

思维导图 3　委托资产收益的处理

(五) 民间委托理财合同纠纷中举证责任的分配

委托理财合同纠纷的审理中,在分配举证责任时仍以"谁主张,谁举证"为原则,同时应注意合理地分配举证责任。

1. 委托人承担初步举证责任

若委托人主张双方构成委托理财关系且受托人在受托管理资产过程中未尽到审慎注意义务等,应当由委托人先行承担初步的举证责任。委托人应首先就双方存在委托理财关系、委托资产已经交付等提供相应的证据予以证明。

如案例四中，杨某就双方之间存在委托理财关系及委托资产实际交付等提供证据予以证明，并举证证明委托理财3个月委托资产亏损近30%，而同期"上证50指数"跌幅约5%，故其基于该委托理财的结果对刘某超出授权范围操作产生合理怀疑。若委托人能够获取受托人管理资产的交易记录等证据的，还应当进一步结合交易记录进行举证。

2. 根据公平原则合理分配举证责任

由于委托理财合同中，委托人基于对受托人的信任或金融专业知识、技能的信赖而将资产交由受托人投资管理，受托人掌握委托人的金融资产和全部交易记录，故受托人相对于委托人具有更强的举证能力且处于信息优势地位。考虑到委托理财活动的特殊性，在委托人已经尽到初步举证责任的情况下，受托人应就其受托理财不存在违约行为、已尽到审慎注意义务等承担举证责任。

如案例四中，在杨某已经完成初步举证责任的情况下，受托人刘某应就其按约勤勉尽责地履行受托理财的义务承担举证责任，具体包括委托资产的去向、是否将资产投向约定的范围、是否存在挪用委托资产的行为、是否将委托资产与其他财产混同等。

四、其他需要说明的问题

法院对委托理财合同效力的认定与当事人主张不一致时，法院应向当事人加强释明，并将合同效力作为案件争议焦点进行审理。因委托理财产生的争议，当事人除可以提起委托理财合同之诉外，还可以提起侵权之诉主张损害赔偿责任，但由于侵权纠纷的请求权基础与合同纠纷不同，本文不予讨论。

3 商事篇

仲裁司法审查案件的审理思路和裁判要点

成阳 宋虹[*]

仲裁司法审查案件包括申请确认仲裁协议效力案件、申请撤销和执行我国内地仲裁机构的仲裁裁决案件、申请认可和执行我国香港特别行政区、澳门特别行政区、台湾地区仲裁裁决案件以及申请承认和执行外国仲裁裁决案件。其中,申请确认仲裁协议效力案件是指当事人申请法院确认仲裁协议有效或无效的案件。申请撤销我国内地仲裁机构的仲裁裁决案件(以下简称申请撤销仲裁裁决案件)是指当事人申请法院依照《仲裁法》或《民事诉讼法》的规定撤销我国内地仲裁机构作出裁决的案件。法院在审理以上两类案件时应秉持司法有限监督原则,尊重当事人意思自治及仲裁庭的自由裁量权,严格依照《仲裁法》《民事诉讼法》规定的法定事由进行司法审查。为提高该两类案件的审判质量与效率,现以典型案例为基础,对相应的审理思路和裁判要点进行梳理、提炼和总结。

一、典型案例

案例一:涉及申请人请求确认仲裁协议效力的审查

申请人A公司与被申请人B公司签订施工合同,约定合同相关争议可至有管辖权的法院诉讼。后双方就前述施工合同签订补充协议,约定如发生任何争议,各方均有权向上海仲裁委员会申请仲裁。现双方就施工合同及补充协议中相关事项发生争议,A公司遂提起确认仲裁协议效力之诉。

---

[*] 成阳,商事庭副庭长,法学硕士;宋虹,商事庭法官助理,法学硕士。

案例二：涉及申请人主张仲裁程序违反法定程序的审查

申请人C公司主张因未收到仲裁庭寄送的包括仲裁申请书副本、仲裁规则、仲裁庭组成情况、开庭通知等任何仲裁文书，导致其未能参与仲裁审理，故仲裁程序违反法定程序，裁决应予撤销。经查明，上海仲裁委员会已依照仲裁规则，多次分别向C公司的注册地址与合同记载的通讯地址寄送仲裁文书。

案例三：涉及申请人主张裁决所根据的证据是伪造的审查

申请人D公司主张被申请人E公司提供的工程结算单系伪造，双方工程项目尚未实际结算，故仲裁庭根据该伪造证据裁决D公司支付工程款显属错误，裁决应予撤销。经查明，申请人D公司未能证明工程结算单系伪造。除工程结算单外，仲裁庭还结合结算内容、已付工程款、应留质保金数额等作出裁决。

案例四：涉及申请撤销涉外仲裁裁决的审查

申请人F与被申请人G（新加坡籍）签订《增资扩股协议》，约定双方对G持股的目标公司进行增资扩股。后因履行上述协议发生争议，双方遂进行仲裁。现申请人F主张被申请人G隐瞒关于投资款用途和去向的相关证据，严重影响仲裁公正裁决，故申请撤销仲裁裁决。

二、仲裁司法审查案件的审理要点

（一）遵循司法有限监督原则

仲裁的基本价值取向在于尊重当事人的意思自治，迅速、快捷地解决纠纷。为维护仲裁的独立性，法院在审理仲裁司法审查案件时应遵循有限监督原则，充分尊重仲裁的权威性与效率性，保护当事人选择仲裁解决纠纷的意思自治，避免审判权对仲裁的过度干预。

（二）严格依照法定事由进行形式审查

法院对仲裁的司法审查是程序上的形式审查而非案件实体审查，否则法院的司法审查将变成仲裁的上诉程序，与仲裁一裁终局制度相悖。因此，在审理该类案件过程中，法院应严格依照《仲裁法》第16条、第58条、第70条及《民事诉讼法》第281条第1款的规定进行形式审查。对于当事人不依照法定事由提起申请，涉及仲裁实体审理的，法院应及时向申请人释明；如申请人坚持主张的，不予支持。

（三）依法执行仲裁司法审查报核制度

依据2021年修正的《最高人民法院关于仲裁司法审查案件报核问题的有关规定》，报核制度的适用范围包括拟认定仲裁协议无效、不予执行、撤销仲裁裁决或者不予认可和执行我国香港特别行政区、澳门特别行政区、台湾地区仲裁裁决，不予承认和执行外国仲裁裁决。

其中，人民法院办理非涉外、非涉我国香港特别行政区、澳门特别行政区、台湾地区仲裁司法审查案件，经审查拟认定仲裁协议无效，不予执行或者撤销仲裁裁决的，应当向本辖区高级人民法院报核；待高级人民法院审核后，方可依高级人民法院的审核意见作出裁定。在该类案件中，如高级人民法院经审查拟同意以违背社会公共利益为由不予执行或者撤裁的，应向最高人民法院报核，依最高人民法院的审核意见作出裁定。

人民法院办理涉外、涉我国香港特别行政区、澳门特别行政区、台湾地区仲裁司法审查案件，经审查拟认定仲裁协议无效，不予执行或者撤销仲裁裁决的，应当向本辖区所属高级人民法院报核；高级人民法院经审查拟同意的，应当向最高人民法院报核，依最高人民法院的审核意见作出裁定。

三、仲裁司法审查案件的审理思路和裁判要点

对于仲裁司法审查案件，法院应严格依照《仲裁法》《民事诉讼法》规定的法定事由进行形式审查，注意仲裁法律与司法解释的新旧衔接、国内与涉外案件的法律适用区别，以有效保障仲裁的独立性与当事人的意思自治，正确审理仲裁司法审查案件，及时纠正仲裁裁决的错误。

（一）仲裁司法审查案件管辖的认定

1. 申请确认仲裁协议效力案件管辖的认定

当事人对仲裁协议效力有异议的，可请求仲裁委员会作出决定或请求法院作出裁定。对于请求法院作出裁定的，根据《最高人民法院关于审理仲裁司法审查案件若干问题的规定》，不再依照《最高人民法院关于适用〈中华人民共和国仲裁法〉若干问题的解释》（以下简称《仲裁法司法解释》）区分国内与涉外案件，一并由仲裁协议约定的仲裁机构所在地、仲裁协议签订地、申请人或被申请人住所地的中级人民法院或者专门法院管辖。

2. 申请撤销仲裁裁决案件管辖的认定

依照《仲裁法》第58条规定，申请撤销仲裁裁决案件由仲裁委员会所在地的中级人民法院管辖。

3. 仲裁司法审查案件管辖异议的处理

法院受理仲裁司法审查案件后，被申请人提出管辖权异议的应当自收到法院通知之日起15日内提出，被申请人在中国没有住所的应在30日内提出。法院对被申请人提出的异议应当进行审查并作出裁定。被申请人对管辖异议裁定不服的，可以提起上诉。

（二）仲裁司法审查案件中涉外标准的认定

国内仲裁与涉外仲裁司法审查案件在法律适用、报核程序上均有所区别，故需对涉外案件的认定标准加以明确。根据《最高人民法院关于适用〈中华人民共和国涉外民事关系法律适用法〉若干问题的解释（一）》的规定，涉外民事关系的认定需考察主体、客体、法律事实三方面要素，具体包括：（1）当事人一方或双方是外国公民、外国法人或其他组织、无国籍人；（2）当事人一方或双方的经常居所地在中国领域外；（3）标的物在中国领域外；（4）产生、变更或者消灭民事关系的法律事实发生在中国领域外。

需要注意的是，申请确认涉我国香港特别行政区、澳门特别行政区、台湾地区仲裁协议效力案件，申请执行或者撤销我国内地仲裁机构作出的涉我国香港特别行政区、澳门特别行政区、台湾地区仲裁裁决案件，应参照适用涉外仲裁司法审查案件的法律规定。

（三）申请确认仲裁协议效力案件的审查要点

仲裁协议是当事人同意将特定法律关系中已经发生或可能发生的争议提交仲裁的协议。当事人对仲裁协议效力提出异议请求法院作出裁定的，法院在审查时应注意：第一，明确国内仲裁协议效力的审查标准；第二，明确涉外仲裁协议效力认定的法律适用。

1. 申请确认国内仲裁协议效力的审查标准

根据《仲裁法》第 16 条规定，有效的国内仲裁协议应具备三项构成要件，即请求仲裁的意思表示、仲裁事项、选定的仲裁委员会。

第一，仲裁协议需具备当事人明确请求仲裁的意思表示。当事人在仲裁协议中签字或盖章确认的，可以视为具备明确请求仲裁的意思表示。申请人如能提供证据证明仲裁协议订立时当事人系无民事行为能力人或限制民事行为能力人、受胁迫或欺诈，或非本人真实签字、盖章的，因缺乏当事人请求仲裁的真实意思表示，仲裁协议可认定为无效。主张仲裁协议由他人代签的，法院应审查是否在仲裁审理时当事人已就仲裁协议作出追认的意思表示。

第二，仲裁协议需具备明确的仲裁事项。仲裁事项即提交仲裁管辖的争议范围，如当事人约定"凡执行本合同或与本合同有关的一切争议"，或明确某一类具体争议提交仲裁，均视为具备明确的仲裁事项。当事人约定的仲裁事项超出法律规定的仲裁范围，如涉及婚姻、收养、监护、抚养、继承纠纷、劳动争议、行政争议等，则该部分仲裁协议无效。

第三，仲裁协议需选定明确的仲裁机构。（1）仲裁协议约定两个以上仲裁机构，或仅约定由某地仲裁机构仲裁且该地有两个以上仲裁机构，如当事人进一步协议选择的，视为有明确的仲裁机构。（2）仲裁协议约定由某地仲裁机构仲裁且该地仅有一个仲裁机构，则该仲裁机构即视为双方明确选定的仲裁机构。(3)当事人在选定仲裁机构时名称记载错误,如仲裁机构名称漏字、多字、错字,此类因当事人疏忽导致的仲裁条款瑕疵可以采用合同一般解释原则,结合该地区仲裁机构名称、数量、受理案件范围等审慎判断双方是否已明确选定仲裁机构。

第四,如仲裁机构对仲裁协议的效力已作出决定,或当事人在仲裁庭首次开庭前没有对仲裁协议的效力提出异议的,申请人再向法院申请确认仲裁协议无效,法院不予受理。

如案例一中,尽管双方当事人就争议解决方式先后进行过不同的约定,但补充协议系双方当事人真实意思表示,且约定了明确的仲裁机构与仲裁管辖的争议范围,因此补充协议约定的仲裁协议应认定为有效。

2. 申请确认涉外仲裁协议效力的法律适用

对于确认涉外仲裁协议效力案件,法院应明确案件的法律适用。根据《仲裁法司法解释》《涉外民事关系法律适用法》《最高人民法院关于审理仲裁司法审查案件若干问题的规定》,该类案件法律适用的审查要点如下:

第一,应适用当事人约定的法律。当事人协议选择确认涉外仲裁协议效力适用的法律,应作出明确的意思表示。仅约定合同适用法律的,不能视作对仲裁条款效力所适用法律的约定。

第二,如当事人没有选择适用法律,则适用仲裁机构所在地法律或者仲裁地法律。仲裁机构所在地与仲裁地法律对仲裁协议效力作出不同认定的,应适用确认仲裁协议有效的法律。

第三,如当事人没有约定适用的法律,也没有约定仲裁地或仲裁地约定不明的,应适用法院地法律。如仲裁协议没有约定仲裁地或仲裁机构,但根据仲裁协议适用的仲裁规则可以确定仲裁地或仲裁机构的,应视为有约定的仲裁机构或仲裁地。

```
                    ┌ 申请确认国内仲裁协  ┌ 具备明确请求仲裁的意思表示
                    │ 议效力的审查标准    ├ 具备明确的仲裁事项
申请确认仲裁协议 ┤                     └ 选定明确的仲裁机构
效力案件审查要点 │                     ┌ 适用当事人约定的法律
                    └ 申请确认涉外仲裁    ├ 适用仲裁机构所在地法律或仲裁地法律
                      议效力的法律适用    └ 适用法院地法律
```

思维导图 1　申请确认仲裁协议效力案件审查要点

（四）申请撤销仲裁裁决案件的审查要点

1. 申请撤销国内仲裁裁决案件的审查要点

（1）申请人主张没有仲裁协议

"没有仲裁协议"是指当事人没有达成仲裁协议、仲裁协议被认定无效或被撤销。如申请人以没有仲裁协议为由申请撤销仲裁裁决的，法院应以申请人是否在仲裁程序中就仲裁协议提出过异议为标准，从两方面进行审查。

第一，如申请人在仲裁首次开庭前未对仲裁协议的效力提出异议，在仲裁裁决作出后以仲裁协议无效为由主张撤销仲裁裁决的，法院不应予以支持。

第二，如申请人在仲裁程序中对仲裁协议的效力提出异议，在仲裁裁决作出后又以此为由主张撤销仲裁裁决的，法院应结合申请人提出的具体事实与理由审慎判断。

（2）申请人主张裁决的事项不属于仲裁协议的范围或仲裁委员会无权仲裁

该法定事由包括仲裁裁决的事项超出仲裁协议约定的范围、裁决的事项属于法定或仲裁规则规定的不可仲裁事项、裁决内容超出当事人仲裁请求范围，或作出裁决的仲裁机构并非仲裁协议所约定等情形。法院的审查要点如下：

第一，明确仲裁协议约定的范围，以及当事人的仲裁请求及其所涉及的仲裁协议约定范围。

第二，对比仲裁裁决事项是否属于仲裁协议约定范围或当事人仲裁请求范围、仲裁机构是否系仲裁协议所约定。

第三，仲裁协议的范围应包括与仲裁协议直接或间接相关的争议范围。当事人就仲裁事项概括约定为合同争议的，则基于合同成立、效力、变更、转让、履行、违约责任、解释、解除等产生的纠纷均属于仲裁事项。如仲裁协议中未涉及律师费、违约损失，但律师费、违约损失属于与仲裁协议相关的争议范围，仲裁对此作出裁决并不属于超出仲裁协议约定范围。

第四，经审查裁决事项确实超出仲裁协议范围的，法院应撤销仲裁裁决中的超裁部分；超裁部分与其他裁决事项不可分的，法院应撤销仲裁裁决。

（3）申请人主张仲裁庭的组成或仲裁的程序违反法定程序

法院认定仲裁庭的组成或仲裁的程序违反法定程序需具备两项基本要件：第一，仲裁庭的组成或仲裁程序确实违反仲裁法、仲裁规则以及当事人对仲裁程序的特别约定；第二，必须影响仲裁的公正审理，如仲裁程序确有瑕疵，法院应衡量该程序瑕疵是否对仲裁的公正审理产生实质影响。

实践中因仲裁程序繁多，需由申请人明确裁决违反的仲裁法或仲裁规则的具体条文与主要事实理由，以便法院审查核实。其中，申请人主张仲裁程序违法的常见事由及法院审查要点如下：

第一，在仲裁审理期间，申请人经提示知道或应当知道仲裁程序或仲裁规则未被遵守，但仍然参加或继续参加仲裁程序且未提出异议，仲裁裁决作出后又主张违反法定程序的，法院不予支持。

第二，申请人如主张仲裁员与对方当事人存在利害关系未回避的，应提交相应证据予以证明。经审查，根据仲裁法或仲裁规则规定应当回避而仲裁员确未回避，可能影响公正裁决的，对申请人的请求法院应予支持。

第三，申请人以仲裁未送达仲裁文书为由主张仲裁程序违法的，仲裁庭已依照仲裁规则或当事人约定的方式寄送仲裁文书的，应视为送达。

如案例二中，申请人C公司虽主张未收到全部仲裁文书，但根据《上海仲裁委员会仲裁规则》规定，仲裁庭向申请人的营业地、注册地、住所地、经常居住地或合同确认的通讯地址寄送的，即视为送达。经审查，仲裁庭已向申请人C公司的注册地与合同记载通讯地址寄送仲裁文书，符合仲裁规则，故法院对C公司的主张不予支持。

第四，申请人以仲裁案件审理超期为由主张仲裁程序违法的，根据仲裁规则，仲裁庭如有特殊情况可以延长仲裁期限的，不构成违反仲裁程序。

第五，申请人以仲裁庭未同意举证质证、申请鉴定或调取证据为由主张仲裁程序违法的，因仲裁规则已对证据审查加以规定，故法院可以比对仲裁规则与申请人主张的事实，如有必要可以调取仲裁笔录予以核实。对申请人提出的上述主张符合仲裁规则规定的，法院不予支持。

第六，申请人主张裁决违反仲裁一裁终局制度。仲裁一裁终局是指裁决作出后当事人就同一纠纷不得再申请仲裁或提起诉讼。对于两案是否属于同一纠纷，法院可以从当事人、法律关系、仲裁请求等方面进行审查。如两案的当事人、法律关系均相同，仲裁请求也相同或后案的仲裁请求实质上否定了前案的裁判结果的，法院可认定违反仲裁一裁终局制度。然而，如在前案作出仲裁裁决后又发生新的事实的，则不属于同一纠纷，当事人可依据新的事实再次申请仲裁。此时仲裁机构受理该案并不违反一裁终局制度。

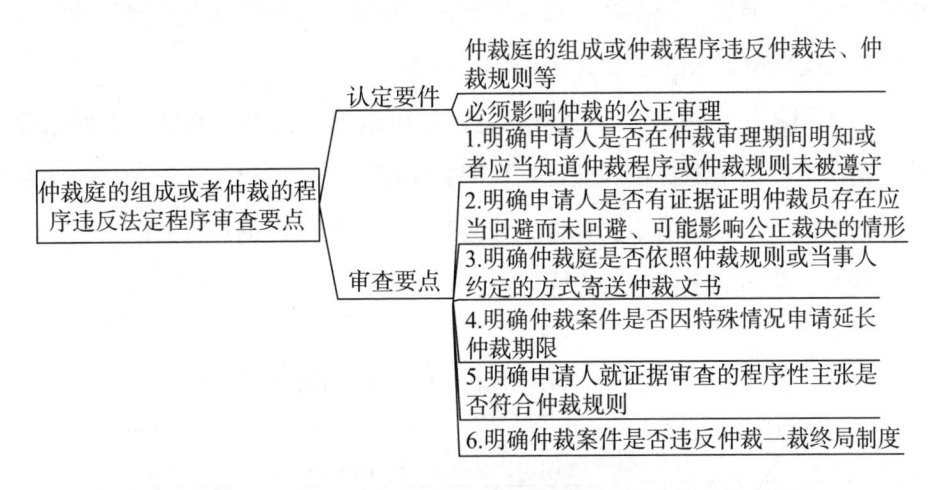

思维导图2　仲裁庭的组成或者仲裁的程序违反法定程序审查要点

（4）申请人主张裁决所根据的证据是伪造的

伪造证据是指通过捏造、变造、提供虚假证明等非法方式形成或获取虚假证据材料的行为。法院的审查要点如下：

第一，申请人应明确所伪造证据的名称。伪造证据与虚假陈述是不同的法律概念。虚假陈述是指当事人故意对案件事实作虚假、误导性陈述的行为。如申请人虽主张伪造证据，但实则认为被申请人虚假陈述、捏造事实的，法院应在审理时向其释明。

第二，明确该证据是否已被仲裁庭采信。对于没有被仲裁庭采信的证据，无论其是否伪造均不影响仲裁案件的审理，故不属于申请撤销仲裁裁决的事由。

第三，明确该证据是否属于认定案件基本事实的主要证据。对于已被仲裁庭采信的证据，法院应明确该证据是否属于认定案件基本事实的主要证据，对仲裁裁决结果是否有实质性影响。如申请人主张的伪造证据与仲裁案件基本事实认定无关，仅是为了补强证明部分事实的，因不影响仲裁案件的审理，无论其是否伪造均不属于申请撤销仲裁裁决的事由。

第四，申请人需提供相应证据证明其所主张的证据系伪造。如申请人主张证据系伪造，但实则是对该证据所反映的待证事实和观点或仲裁庭对该证据的认证持有异议，因涉及仲裁实体审理，不属于撤销仲裁裁决案件的审理范畴，法院对申请人的主张不予支持。

如案例三中，申请人D公司虽主张被申请人E公司提交的《工程结算单》系伪造，但未能提供相应证据证明其主张，且《工程结算单》并非认定该仲裁案件基本事实的主要证据，仲裁庭还结合其他证据加以判断，故法院对申请人D公司的主张不予支持。

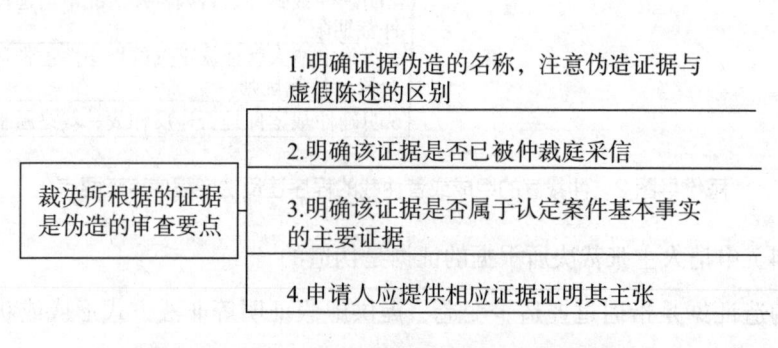

裁决所根据的证据是伪造的审查要点	1.明确证据伪造的名称，注意伪造证据与虚假陈述的区别
	2.明确该证据是否已被仲裁庭采信
	3.明确该证据是否属于认定案件基本事实的主要证据
	4.申请人应提供相应证据证明其主张

思维导图3　裁决所根据的证据是伪造的审查要点

（5）申请人主张对方当事人隐瞒了足以影响公正裁决的证据

对于申请人主张该法定事由的，法院应注意审查该证据是否为认定仲裁案件基本事实的主要证据且足以影响仲裁公正裁决。审查要点如下：

第一，申请人应明确对方当事人隐瞒证据的名称。法院需注意区别隐瞒证据与隐瞒事实。隐瞒证据是指对方当事人持有某一证据，为了获得己方利益故意不向仲裁庭提供。隐瞒事实是指对方当事人未向仲裁庭陈述某一具体事实。申请人有时会混淆隐瞒证据与隐瞒事实，法院需对此加以释明。

第二，该证据仅为对方当事人持有。如申请人在仲裁过程中隐瞒己方掌握的证据，仲裁裁决作出后以己方所隐瞒的证据足以影响公正裁决为由申请撤销仲裁裁决的，法院不予支持。如微信聊天记录、签订主体为双方当事人的合同，此类证据申请人亦应持有，故不属于该款所述情形。

第三，申请人在仲裁过程中并不知悉对方当事人持有该证据，或仲裁过程中已要求对方当事人出示或申请仲裁庭责令提交，可以认定为对方当事人隐瞒证据。

第四，申请人所主张的隐瞒证据，如与仲裁认定基本事实无关或不影响仲裁公正裁决的，因不影响仲裁裁决结果，即便对方当事人确实未在仲裁审理中提交，法院对申请人的主张亦不予支持。

对方当事人隐瞒了足以影响公正裁决证据的审查要点	1.明确隐瞒证据的名称，注意隐瞒证据与隐瞒事实的区别
	2.明确该证据仅为对方当事人持有，并非申请人自身在仲裁中可以掌握的证据
	3.明确申请人在仲裁过程中并不知悉对方持有该证据
	4.明确该证据与认定仲裁基本事实无关，或不影响仲裁公正裁决

思维导图4　对方当事人隐瞒了足以影响公正裁决证据的审查要点

（6）申请人主张仲裁员在仲裁该案时有索贿受贿、徇私舞弊、枉法裁决行为

根据《最高人民法院关于审理仲裁司法审查案件若干问题的规定》第18条规定，仲裁员在仲裁该案时有索贿受贿、徇私舞弊、枉法裁决行为是指已经由生效刑事法律文书或纪律处分决定所确认的行为。申请人以该项主张为由提出抗辩的，应提交上述证据予以证明。如申请人已提交由纪监委等相关部门出具的立案决定书等，法院在审查确认与本案的关联性后，宜采取延长审限、中止审理等方式待相关案件完结后再行审理。

（7）申请人主张仲裁裁决违背社会公共利益

社会公共利益一般包括国家法律的基本原则与准则、社会和经济生活的基本价值趋向和基本道德准则。社会公共利益是指全体社会成员或不特定多数人的利益，不包括特定主体之间的权利义务关系。当然，法院认为仲裁裁决确实违背社会公共利益的，亦可主动审查裁定撤销。

2. 申请撤销涉外仲裁裁决案件的审查要点

对于申请撤销涉外仲裁裁决案件，根据《民事诉讼法》第281条第1款的规定，法院审查要点如下：

第一，申请撤销涉外仲裁裁决案件的法定事由与国内案件存在区别。申请撤销涉外仲裁裁决的法定事由不包括伪造证据，隐瞒证据，仲裁员索贿受贿、徇私舞弊、枉法裁决三项事由。

如案例四中，因被申请人G具有新加坡国籍，该仲裁案件属于涉外仲裁裁决。申请人F申请撤销涉外仲裁裁决的，应适用《民事诉讼法》第281条第1款规定。然而，申请人F主张对方当事人隐瞒证据，不符合申请撤销涉外仲裁裁决的法定事由，故法院对申请人F的主张不予支持。

第二，坚持形式审查为原则，不涉及涉外仲裁裁决的实体审理。对于申请撤销涉外仲裁裁决案件，法院应围绕《民事诉讼法》规定的法定事由展开形式审查。如申请人提出的主张涉及仲裁实体审理的，法院应不予支持。

（五）仲裁司法审查案件的处理结果

1. 确认仲裁协议效力案件的处理结果

对于确认仲裁协议效力案件，法院根据当事人的诉讼请求和具体案情，处理结果通常包括裁定驳回申请、裁定确认仲裁协议有效或确认仲裁协议无效。其中，当事人申请确认仲裁协议有效，经法院审查确认的，应裁定确认仲裁协议有效；当事人申请确认仲裁协议无效，经法院审查确认的，法院应在遵循报核制度后方可裁定确认仲裁协议无效。

2. 申请撤销仲裁裁决案件的处理结果

对于申请撤销仲裁裁决案件，法院根据当事人的诉讼请求和具体案情，处理结果通常包括裁定驳回申请、裁定终结撤销程序或裁定撤销仲裁裁决。

第一，裁定驳回申请。当事人提出申请撤销仲裁裁决的主张不符合仲裁法律规定的，法院应裁定驳回当事人的申请。需要注意的是，当事人向法院申请不予执行仲裁裁决被驳回后，又以相同事由申请撤销仲裁裁决的，法院应裁定驳回申请。

第二，裁定终结撤销程序。当事人以仲裁裁决所依据的证据是伪造或对方当事人隐瞒了足以影响公正裁决的证据为由申请撤销仲裁裁决，经审查属实的，法院可以通知仲裁庭在一定期限内重新仲裁。仲裁庭在法院指定期限内开始重新仲裁的，法院应当裁定终结撤销程序；未开始重新仲裁的，法院应裁定恢复撤销程序。

第三，裁定撤销仲裁裁决。经审查当事人申请撤销仲裁裁决的理由成立的，法院应在遵循报核制度后方可裁定撤销仲裁裁决。

四、其他需要说明的问题

本文确立的规则不涉及申请认可和执行我国香港特别行政区、澳门特别行政区、台湾地区仲裁裁决案件，申请承认和执行外国仲裁裁决案件以及行业仲裁、体育仲裁案件。申请执行我国内地仲裁机构仲裁裁决案件的审理思路和裁判要点因已作总结，本文不再涉及。

损害公司利益责任纠纷案件的审理思路和裁判要点

成　阳　俞泊泓[*]

损害公司利益责任纠纷，是指公司股东滥用股东权利或者董事、监事、高级管理人员（以下合称董监高）违反法定义务，损害公司利益而引发的纠纷。根据《公司法》相关规定，股东滥用股东权利给公司造成损失，以及董监高执行公司职务时违反法律法规或公司章程给公司造成损失的，均应承担赔偿责任。常见的损害公司利益行为包括关联交易、挪用公司资金、违反竞业禁止义务等。该类案件与商业行为密切关联，导致个案审查中对公司利益衡量缺乏统一标准。现结合典型案例，对损害公司利益责任纠纷案件的审理思路和裁判要点进行梳理、提炼和总结。

一、典型案例

案例一：涉及责任主体身份的认定

马某原系A公司股东会任命的海外代表处总代表，其职责为负责海外合作项目，但并非A公司章程规定的董监高。马某从A公司离职后成立B公司，并促成B公司与A公司的前磋商对象达成买卖合同。A公司起诉认为，马某的行为导致A公司与案外公司合作失败，违反公司高级管理人员的忠实义务，故要求马某赔偿A公司损失。

案例二：涉及因果关系的认定

张某系C公司股东兼总经理，同时担任D公司股东及法定代表人。王某

---

[*] 成阳，商事庭副庭长，法学硕士；俞泊泓，商事庭法官助理，法学硕士。

系C公司法定代表人。C公司与D公司签署《物业管理委托协议》，C公司的合同签字人为王某而非张某。C公司起诉认为，张某的行为构成关联交易，违反忠实义务，故要求张某赔偿C公司损失。

案例三：涉及损害行为的认定

李某系E公司股东兼总经理，其另成立F公司。F公司与E公司营业执照登记的经营范围相同，且部分客户存在重合。F公司在开展业务过程中使用E公司办公地址和电话，在宣传册中使用E公司项目作为其业绩进行宣传。E公司起诉认为，李某及F公司存在违反竞业禁止义务的行为，故要求李某赔偿E公司损失。

案例四：涉及损害范围的认定

何某在担任G公司总经理及董事期间，同时担任H公司董事及监事。根据工商登记，G公司与H公司在经营范围上存在一定重合。G公司认为H公司的营业收入系何某在G公司任职期间利用或谋取G公司商业机会所得，故请求确认何某损害公司利益并赔偿损失，赔偿额为G公司与上一年度相比减少的营业收入。

二、损害公司利益责任纠纷案件的审理难点

（一）责任主体认定难

在损害公司利益责任纠纷案件中，被告主要包括公司股东以及董监高。实践中往往存在公司章程约定不明、公司运营不规范、公司人员职权与职务不相符合等情形。如公司分支机构负责人的职权范围包含多项公司管理职责，但在公司章程未将其列为高级管理人员的情况下，该类人员能否作为损害公司利益的责任主体，实践中对此尚存分歧。

（二）损害公司利益行为界定难

实践中损害公司利益的行为多种多样，且因损害行为人多为公司股东以

及董监高等实际控制人，损害行为可能具有合法形式导致难以识别。如损害行为已由公司决议加以确认，董监高存在放弃公司对外到期债权或担保权利等造成公司财产减损。因此，对于如何分配双方当事人的举证责任、准确界定具有合法形式的损害公司利益行为等，仍需法院在个案中进行实质性审查。

（三）因果关系认定难

在此类案件中，法院除需准确判断被告是否构成损害行为并确定损害后果外，还需厘清损害行为与损害后果之间的因果关系。因果关系与具体损害行为的审查要点往往紧密关联。法院需充分掌握各类损害行为的审查要点，并运用法律逻辑将各审查要点梳理串联，进而就因果关系进行论证。因此，因果关系的认定缺乏相对独立的审查标准，个案中存在较大差异。

（四）公司利益受损范围确定难

公司利益可分为金钱利益与非金钱利益、既得利益与可得利益等。如何判断公司利益是否受损以及受损范围，是确定损害赔偿责任的关键。实践中，对于公司主张因侵权行为受到金钱损失的，如何根据当事人的举证判断市场公允价值，因存在较大的裁量空间而缺乏统一裁判尺度；对于公司主张因侵权行为受到非金钱损失或可得利益损失的，如损失潜在客户或商机等，在损失的界定和量化上仍存在一定难度。

三、损害公司利益责任纠纷案件的审理思路和裁判要点

法院在审理损害公司利益责任纠纷案件时，应秉持实质审查与程序审查相结合的原则，注意公司股东与公司债权人之间以及股东之间的利益平衡，注重保护中小股东的合法权利，根据《公司法》及司法解释的规定准确适用法律。

（一）原告主体资格的审查要点

损害公司利益责任纠纷案件中，利益受损方为公司，但在董监高等公司内部人员损害公司利益时，显然无法由董监高自己决定是否以公司名义对损害行为提起诉讼。为此，《公司法》规定公司未就其所受损害起诉的，股东可代表公司以公司获得赔偿为目的而提起诉讼，即股东代表诉讼。因此，损害公司利益责任纠纷案件的原告包括公司和股东。

1. 公司作为原告提起诉讼

通常情况下，当发生损害公司利益行为时，应由公司作为原告直接向侵权行为人行使请求权，要求其对公司承担赔偿责任。需要注意的是，符合持股条件的股东可以书面请求公司相关机构以公司名义就损害行为提起诉讼，此时原告仍为公司。具体而言：第一，当董事、高级管理人员损害公司利益时，股东可以书面请求监事会或不设监事会公司的监事起诉；此时应当列公司为原告，由监事会主席或监事代表公司进行诉讼，监事会主席或监事列为公司的诉讼代表人。第二，当监事或他人损害公司利益时，股东可以书面请求董事会或董事起诉；此时应当列公司为原告，由董事长或执行董事代表公司进行诉讼，董事长或执行董事列为公司的诉讼代表人。

2. 股东代表诉讼

在特定情况下，股东可以作为原告提起股东代表诉讼。前述股东请求监事会或董事会等提起诉讼的行为，是提起股东代表诉讼的前置程序。对于该前置程序，有限责任公司的股东具有股东身份即可提出上述请求；股份有限公司的股东应符合法定的持股条件，即连续180日以上单独或者合计持有公司1%以上股份。上述持股条件亦是股东代表诉讼中股东作为原告的主体资格要求。

上述股东如果已书面请求公司监事会或董事会等就侵权行为提起诉讼，但后者拒绝提起诉讼，或者自收到请求之日起30日内未提起诉讼，或者情况紧急、不立即提起诉讼将会使公司利益受到难以弥补的损害的，该股东有权为公司利益以自己的名义直接提起股东代表诉讼。此时原告为股东，且应当列公司为第三人参加诉讼。

需要注意的是：第一，一审法庭辩论终结前，符合条件的其他股东以相同的诉讼请求申请参加诉讼的，应当列为共同原告。第二，侵权行为发生时原告尚未成为公司股东，被告以此为由抗辩该股东并非适格原告的，法院不予支持。第三，隐名股东在未获生效判决确认其股东资格前，不得以股东身份提起诉讼。

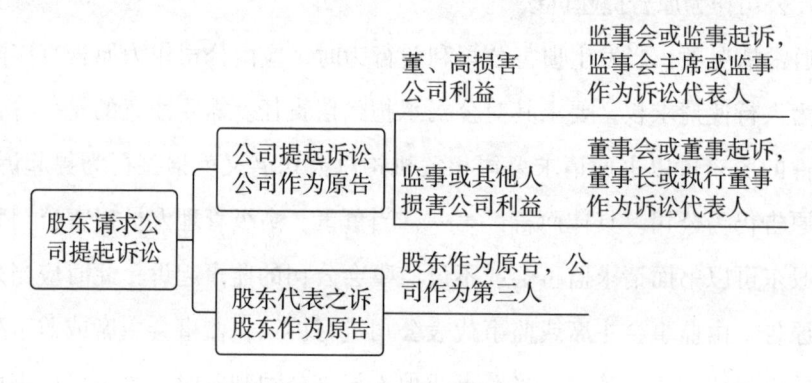

思维导图 1　原告主体资格的审查要点

（二）被告主体资格的审查要点

根据《公司法》第20条、第21条、第149条规定，因损害公司利益而承担赔偿责任的主体包括公司股东和董监高，以及关联交易中的实际控制人等。其中，股东、董事和监事身份的审查主要以工商登记信息为依据，主要争议在于对高级管理人员、实际控制人和共同侵权人的认定。

1. 高级管理人员作为责任主体的审查要点

依据《公司法》第216条规定，高级管理人员是指公司的经理、副经理、财务负责人，以及上市公司董事会秘书和公司章程规定的其他人员。如工作人员身处管理岗位并享有管理职权，但并不具有法律或章程规定的高级管理人员身份，则该人员一般不应被认定为高级管理人员。

如案例一中，马某虽是经股东会任命的公司驻海外代表处总代表，也享有对海外项目的全权决定权，但马某所在职位并非法律或章程规定的高级管理人员，公司也未将其作为高级管理人员进行登记备案。同时，马某作为公司海外项目的负责人，并不能实际影响公司的整体经营运作，与高级管理人员享有的职责和权限仍有一定差距。因此，马某并非高级管理人员。

2. 实际控制人作为责任主体的审查要点

实际控制人，是指非公司股东，但通过投资关系、协议或其他安排，能够实际支配公司行为的人。实际控制人既可以是自然人，也可以是法人。尽管《公司法》第20条、第149条并未明确将实际控制人纳入因损害公司利益而承担赔偿责任的主体范围，但《公司法》第21条关于非正当关联交易的规定中已明确，利用关联关系损害公司利益而承担赔偿责任的主体包括公司的实际控制人。

法院在认定公司实际控制人时，应当结合企业信用信息公示系统中的公司登记信息、股权结构、主要人员等信息，公司章程、决议、合同等书面证据以及证人证言等进行综合判断。如涉及上市公司实际控制人的认定，上市公司的信息披露文件亦可作为认定实际控制人的主要证据。

3. 共同侵权人的审查要点

在关联交易案件中，部分损害行为是由股东等人员同与其具有关联关系的第三人共同实施的。因此，该类案件的被告并不限于具有特定身份的主体，与股东等人员有关联的第三人也可作为被告而被要求承担相应的法律责任。需要注意的是，第三人的身份并不限于法人或者自然人，而是包括与股东等人员直接构成共同侵权行为的所有主体。第三人与股东等人员一并作为被告且被认定存在损害公司利益行为的，根据《民法典》第1168条规定应承担连带赔偿责任。

（三）损害公司利益行为及赔偿责任的审查要点

虽然《公司法》第148条对董事、高级管理人员的禁止行为已作列举，但基于公司利益的广泛性，立法难以对损害公司利益的行为穷尽列举。本文选取实践中较为常见的损害公司利益的三类情形梳理审查要点：一是挪用或侵占公司资金，二是关联交易，三是谋取公司商业机会及竞业禁止。

1. 挪用或侵占公司资金的审查要点

（1）挪用或侵占公司资金的行为

挪用或侵占公司资金的行为通常直接造成公司的财产损失。对该类行为应从三方面进行审查。

第一，审查行为人是否存在不正当使用公司资金的情形。挪用或侵占公司资金的行为种类多样，表现形式包括严重超标进行费用报销、替公司代收款项、利用公司资金进行高档消费等。具体可审查行为人将公司资金转出是否具有相应的合同、业务依据或其他符合商业常理的用途，以及收款人与行为人是否存在关联关系等。

第二，审查行为是否已履行法律法规或章程规定的程序。审查从公司支取款项，或将公司资金借贷给他人，或以公司财产为他人提供担保等行为，是否符合法律法规或章程的规定，是否经股东会、股东大会或董事会同意。因行为人往往是掌握公司经营控制权的股东或高级管理人员，可能存在行为人有权决定或影响公司决议或控制公司公章使用的情形。因此，即使某一行为已按照规定经过公司内部决议通过，该行为同样可能会损害公司利益。需要注意的是，挪用或侵占公司资金的行为多发生于内部管理缺乏规范性的公司。此时，法院不应局限于审查公司内部决议是否合法合规，还应结合行为人的举证认定其行为是否具有合理性。

第三，审查行为是否有正确的会计处理方式。审查财务会计报告中对相关款项性质的记载。以借款为例，法院可审查公司账册中是否记载股东债权的事实，以及该借款行为是否向其他股东公开。如账册中对此没有合理记载，则应由行为人对其行为合理性承担举证责任。

（2）损害事实和因果关系的审查

对于挪用或侵占公司资金的行为导致损害后果，法院应结合举证责任的分配以及证据的认定，从两方面进行审查。

第一，审查原告能否证明挪用或侵占公司资金的行为导致公司财产损失。

例如，公司提供银行转账凭证、审计报告或财务账册等证明行为人实施了将公司资金转出的行为，且资金系直接或间接汇入行为人或其关联方的账户。其中，间接转账的资金在金额、时间上应具有前后对应性。

第二，审查被告能否对其行为作出合理解释并提交相应反驳证据。例如，行为人提交证据证明款项转出系为支付合同账款、员工奖金等公司经营所用。行为人能够举证证明资金用途系为公司利益的，公司应对损害行为继续举证。公司未能进一步举证证明损害存在的，应认定该行为未对公司利益造成损失。

（3）赔偿责任的认定

行为人无法举证证明其将公司款项转出等行为系为公司经营所需的，应在公司所受损失的范围内承担赔偿责任。公司所受损失通常是财产损失，行为人应承担的赔偿责任为返还挪用或侵占的资金并支付资金占用损失。如行为人在为公司代收款项的同时还存在为公司代垫款项的情形，则应将其代垫款项从应向公司支付的款项中予以扣除。

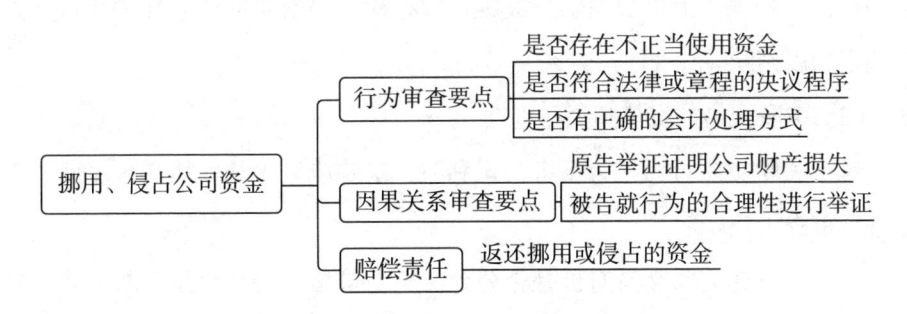

思维导图2　挪用或侵占公司资金的审查要点

2. 关联交易的审查要点

与其他损害公司利益的行为不同，关联交易并不必然导致损害后果。正常的关联交易可以起到降低交易成本和风险、加强企业之间合作等作用，因此《公司法》并未完全禁止关联交易，而是防止利用关联关系损害公司利益。《公司法》第21条规定：公司的控股股东、实际控制人、董监高利用其关联关系损害公司利益，给公司造成损失的，应当承担赔偿责任。

需要注意的是，自我交易是一种特殊的关联交易形式。《公司法》第148

条规定：禁止董事、高级管理人员进行自我交易损害公司利益。董事、高级管理人员违反公司章程的规定或未经股东会、股东大会同意，与本公司订立合同或进行交易，给公司造成损失的，应当承担赔偿责任。

（1）关联关系的判断

审查是否存在关联关系是认定关联交易的前提。所谓关联关系，是指控股股东、实际控制人、董监高与其直接或间接控制的企业之间的关系，以及可能导致公司利益转移的其他关系。实践中，关联关系通常体现为家族关系或持股关系。如交易相对方是行为人实际控制的其他企业，或与行为人关系密切的家庭成员所实际控制的企业时，应认定为具有关联关系。

需要注意的是，在确定关联关系时应以是否存在直接或间接控制作为限定条件，不宜过于宽泛地划定关联关系。同时，根据《上市公司信息披露管理办法》的规定，上市公司的关联交易是指上市公司或其控股子公司与上市公司关联人之间发生的转移资源或义务的事项。在审查涉及上市公司的关联交易时，可依据《上市公司信息披露管理办法》中对关联法人和关联自然人的规定加以判断。

（2）关联交易的实体和程序审查

对于关联交易行为是否损害公司利益，法院应着重从实体和程序两个方面进行审查。

第一，审查关联交易对价是否公允。交易价格是否公允是判断关联交易是否给公司造成损失的核心要件。关于公允价格的判断可参照《上市公司治理准则》第76条规定。关联交易应当具有商业实质，价格应当公允，原则上不偏离市场独立第三方的价格或收费标准等交易条件。法院应结合原被告双方的举证，综合判定交易价格是否偏离正常市场价格，并认定是否对公司造成损失。

如案例二中，张某控制的C公司与D公司签署合同，虽然是C公司与张某的关联公司进行交易，但该交易并非《公司法》所禁止的关联交易。一是通过对比合同约定的内容与市场该类服务的交易价格，发现该合同并无任何不利于 C 公司之处，相反该合同正是市场公允价格的体现。二是 C 公司无法提供证据证明合同是张某控制 C 公司签订的。因此，该合同的签署并不因交易相对人为股东张某的关联公司而损害 C 公司利益。

第二，审查关联交易的程序是否合规。在程序审查方面，法院应审查关联交易是否已向公司披露，是否符合法律法规或公司章程的规定。如审查是否符合《公司法》规定，上市公司董事与董事会决议事项所涉及的企业有关联关系的，不得对该项决议行使表决权，也不得代理其他董事行使表决权；是否符合公司章程对关联交易的程序性规定，如需经股东会、股东大会或董事会的同意等。需要注意的是，虽然公司内部决策程序能够为关联交易的正当性提供一定支撑，但仍应对关联交易是否具有公允性进行实质性审查。如关联交易损害公司利益，被告仅以该交易已经履行信息披露、经股东会或股东大会同意等法律法规或公司章程规定的程序为由抗辩的，法院不予支持。

除审查交易价格的公允性、审批程序的合法性之外，法院还可针对具体个案案情，结合交易内容是否具有商业必要性、是否属于公司经营需要、是否具有真实的交易动机等其他因素综合判定关联交易。

（3）赔偿责任的认定

关于非正当关联交易的赔偿范围，通常是非正当关联交易价格与已查明公允交易价格之间的差额。该部分差额即为非正当关联交易对公司造成的损失，应由侵权人向公司进行赔偿。

关于自我交易的赔偿范围。《公司法》第 148 条第 1 款第 4 项规定的自我交易归入权诉讼与第 21 条规定的关联交易损害赔偿诉讼，均为涉及损害公司利益的责任纠纷，均具备侵权责任的一般构成要件。两者区别在于：在行为主体上，自我交易的行为主体是负有忠实义务的董事、高级管理人员本人，而关联交易的行为主体可涵盖与公司具有关联关系的所有主体；在行为和结果要件上，自我交易强调董事、高级管理人员违反章程规定或未经股东会同意与本公司进行交易，且其因自我交易而获得的收入应当归公司所有；关联交易则强调关联人利用关联关系使公司利益受损，关联人应当对公司所受损失承担赔偿责任。

```
                    ┌─ 关联关系的判断 ──── 存在家族关系或持股关系
                    │
                    │                    ┌─ 关联交易对价是否公允
        关联交易 ───┼─ 关联交易的要件 ──┤
                    │                    └─ 关联交易的程序是否合规
                    │
                    │                    ┌─ 与公允价格对比后的差额
                    └─ 赔偿责任的认定 ──┤
                                         └─ 自我交易及关联交易
```

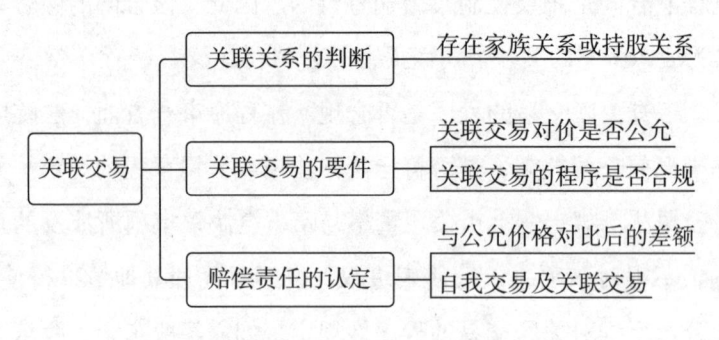

思维导图3　关联交易的审查要点

3. 谋取公司商业机会及竞业禁止的审查要点

（1）谋取公司商业机会及竞业禁止行为的认定

根据《公司法》第148条第1款第5项的规定，谋取公司商业机会及竞业禁止行为是指未经股东会或股东大会同意，利用职务便利为自己或他人谋取属于公司的商业机会，以及自营或为他人经营与所任职公司同类的业务。需要说明的是，对于劳动法领域的竞业禁止行为，本文不予涉及。

所谓商业机会，是指公司能够开展业务并由此获取收益的可能性。法院在判定某一商业机会是否属于公司时，可结合公司的经营范围，审查该商业机会是否为公司所需，公司是否就此进行过谈判、投入过人力、物力和财力等因素进行综合判断。此外，法院还应审查公司是否存在放弃商业机会的情形。如被告能举证证明公司已经明确拒绝该商业机会，并非被告利用职务便利谋取，则法院应认定被告取得该商业机会符合公平原则。

所谓同类业务，是指完全相同的商品或者服务，也可以是同种或者类似的商品或者服务。在审查时，法院不应机械地局限于登记的经营范围。如公司实际从事的业务确未包含在工商登记的经营范围内，法院仍应根据其实际从事的业务与董事、高级管理人员所任职的公司是否具有实质性竞争关系进行审查。此外，法院还可结合开展业务的地域和时间加以考量，审查两家公司是否在相近地区、相近时间段开展业务。竞争时间段应当是指行为人能够利用其职务便利的期间。

（2）审查被告有无利用职务便利谋取商业机会

在此类案件中，只有特定身份者利用职务便利实施损害行为方才构成《公司法》禁止的行为，因此法院应注意审查被告是否存在利用职务便利的行为。如被告是否基于所处职位明知该商业机会属于公司，是否将该商业机会向公司进行过披露；被告是否通过欺骗、隐瞒或威胁等不正当手段诱使公司放弃机会，或存在利用其业务经办人、联系人等有利身份实施篡夺行为。

如案例三中，李某设立的F公司在经营时，不但在宣传中使用E公司的业绩，而且还使用E公司的电话、地址，与E公司存在客户上的重合。同时，E公司的上述信息均为李某在E公司任职期间所知悉获取，故应认定李某利用职务便利谋取E公司的商业机会。

（3）赔偿责任的认定

对于谋取公司商业机会及竞业禁止行为对公司造成的损失，赔偿范围可认定为被告与案外人交易所获取的收益。被告行为构成谋取公司商业机会的，其所侵害的即为本属于公司的预期利益。该利益通常可直接体现为被告与案外人签订业务合同的所获利润。需要注意的是，公司应就其享有该预期利益承担举证责任，如应证明公司与案外人在被告损害行为实施前存在长期良好的商业往来、已就合作进行有效磋商等。

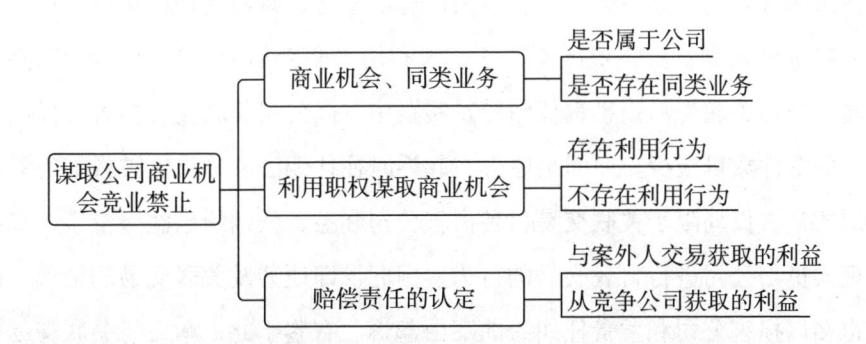

思维导图4　谋取公司商业机会竞业禁止的审查要点

如案例四中，G公司主张其本年度营业额损失是由于何某谋取公司商业机会经营同类业务所致，但无法提供该商业机会本属于公司的证据。相反，何某及H公司能够证明G公司本年度与上一年度之间存在营业差额，系因G公司上一年度存在与其他案外人之间的临时业务，故法院对G公司的诉请不予支持。

4. 损害赔偿请求权和归入权的区分

《公司法》第148条规定：董事、高级管理人员违反禁止行为所得的收入应当归公司所有，即公司有权对上述收入行使归入权。因此，在涉及公司董事、高级管理人员违反该条规定的禁止行为时，公司既可根据该条行使归入权，也可根据《公司法》第21条、第149条主张损害赔偿责任。

鉴于归入权和损害赔偿请求权二者在构成要件上存在差异，在个案诉请中原告应择一进行主张。如原告主张行使归入权，则应举证证明行为主体是董事、高级管理人员；行为人实施了《公司法》第148条规定的禁止行为并从中获得收入；公司可得收益即为行为人因禁止行为所获利益。如原告主张行使损害赔偿请求权，则行为主体除董事、高级管理人员外还包括股东、监事；行为人所实施的侵权行为亦不限于《公司法》第148条规定的情形，应涵盖所有损害公司利益的行为；赔偿范围亦不限于行为人所得利益，应是公司所受损失。

四、其他需要说明的问题

损害公司利益责任纠纷与公司关联交易损害责任纠纷密切相关，实践中应注意两者区别。该两类案由所涉案件有所重合，共同之处在于原告均主张被告损害公司利益。主要区别在于，未利用关联交易形式损害公司利益的，不属于公司关联交易损害责任纠纷。实践中，以公司关联交易损害责任纠纷立案的案件数量极少。原因是原告在起诉时往往无法准确界定被告损害利益的形式是否仅局限于关联交易，且损害公司利益责任纠纷已涵摄董事、高级管理人员与公司进行自我交易的行为。因此，即便涉及关联交易的情形，原告也多以损害公司利益责任纠纷的案由起诉。有鉴于此，本文将关联交易行为一并纳入总结。

货运车辆挂靠经营合同纠纷的审理思路和裁判要点

毛海波　须海波[*]

　　货运车辆挂靠，是指未取得国家道路运输经营资质的个体（挂靠方）为合法从事货物运输经营活动，将货运车辆登记在有运输经营资质的单位（被挂靠方）名下，并由被挂靠方为挂靠货车办理营运证件，挂靠方向被挂靠方支付一定费用的挂靠经营行为。鉴于货运车辆挂靠经营合同系无名合同，司法实践中存在不同的评价与处理标准，尤其在合同应否解除及相应法律后果的处理上分歧较大，统一裁判尺度实有必要。现以典型案例为基础，结合法律规范和司法实践中的审理难点，对货运车辆挂靠经营合同纠纷的审理思路和裁判要点进行梳理、提炼和总结。

一、典型案例

案例一：涉及合同应否解除的认定

　　赵某将货车挂靠至A公司名下，双方签订《车辆挂靠合同》。合同约定，A公司为车辆办理营运证，赵某每年支付挂靠费。其间，车辆营运证因故被注销，A公司未及时补办，赵某仍继续使用车辆。后A公司通知赵某协助补办，赵某未回应。现赵某以A公司未办理营运证导致合同目的无法实现为由，诉请解除合同。A公司则认为，营运证未能补办系因赵某不配合所致，营运证仍可补办，合同应继续履行。赵某坚称不愿再行挂靠。

---

[*] 毛海波，商事庭副庭长，法学博士；须海波，商事庭法官助理，法学硕士。

案例二：涉及车辆所有权归属的认定

钱某将货车挂靠至B公司名下，双方签订《车辆挂靠合同》。合同约定，车辆属于B公司、登记于B公司名下，B公司为该车辆办理营运证，钱某每年支付挂靠费。购车发票、购置税发票、缴款书记载的购买方均为B公司，但上述凭据均由钱某实际保管。后双方协议解除合同，但对车辆归属存在争议。钱某以实际出资并占有使用为由诉请确认车辆所有权。B公司则认为，基于发票记载、合同约定及车辆登记，其应为车辆所有权人。

案例三：涉及车辆号牌及垫资款的处理

孙某将货车挂靠至C公司名下，双方签订《车辆挂靠合同》。合同约定，货车归孙某所有；C公司为孙某垫资购车款3万元、车辆改造款1万元；在孙某付清上述款项前，孙某不得解除合同；车辆号牌归C公司所有。车辆上牌费用实际由孙某支付。后孙某诉请解除合同、确认车辆所有权，并以实际出资为由要求确认车辆号牌归其所有并过户至其名下。C公司认为，如孙某结清垫资款，则同意解除合同，但车辆号牌依约应归C公司所有。

案例四：涉及扣留行为性质的认定

李某将货车挂靠至D公司名下，双方签订《车辆挂靠合同》。合同约定，D公司代办货车保险（包括车上人员险）；李某需按期支付保险费，逾期则D公司有权扣留车辆号牌、相关证件等。合同履行期间，D公司未购买车上人员险。在李某自行购入后，D公司随即购入价格畸高的车上人员险并要求李某支付保费。李某拒绝支付该保费。D公司遂以逾期支付保费为由扣留车辆。李某以车辆被扣导致合同目的无法实现为由，诉请解除合同并要求D公司赔偿因扣车产生的经济损失。D公司则认为扣车有据，反诉要求李某支付扣车期间的停车费、人工费等。

二、货运车辆挂靠经营合同纠纷的审理难点

（一）合同应否解除认定难

解除合同往往是挂靠方的基本诉求，其多以被挂靠方未办理营运证导致合同目的无法实现为由，要求行使法定解除权。被挂靠方则多以挂靠方拖欠费用、不配合办理营运证，或合同未明确约定其应办理营运证等为由，主张不存在根本违约。实践中，当事人普遍存在举证能力弱、矛盾冲突大、双方共同违约等情形。对于合同是否达到法定解除条件，认定标准尚不统一。

（二）车辆归属及垫资款处理难

案涉车辆多由挂靠方出资购买，但为挂靠目的登记于被挂靠方名下。发生纠纷后挂靠方虽要求确认车辆归其所有，但往往无法提供购买或付款凭据，甚至购车凭据上记载的购车人为被挂靠方。被挂靠方则以车辆登记或合同记载为由主张车辆所有权或返还垫资款。实践中，对于采取"登记""出资"还是"占用"等标准认定车辆所有权归属，以及垫资款的举证责任如何分配存在争议。

（三）车辆号牌处理难

在查明车辆归挂靠方所有且合同可予解除的情况下，法院一般可支持其要求被挂靠方协助车辆过户的请求。然而，对于车辆号牌应归属于登记方、实际出资方，抑或"车辆号牌随车走"，在实践中存在较大分歧。

（四）扣留行为性质认定难

车辆挂靠合同往往会约定在挂靠方逾期支付相关费用时，被挂靠方有权扣留车辆、号牌、证件等。挂靠方违约时，被挂靠方依约实施扣留行为，并要求挂靠方支付车辆保管费用。公安机关一般认定该扣留行为系因经济纠纷

引起，不予处理。在扣留条款的效力及扣留行为合法性的认定上，实践中存在较大分歧。

三、货运车辆挂靠经营合同纠纷的审理思路和裁判要点

货运车辆挂靠经营合同纠纷案件的审理，应以《民法典》总则编、物权编、合同编相关条款为主要法律依据。在充分尊重当事人意思自治和行政机关综合管理的基础上，运用诚信原则、公平原则，平衡保护合同双方的合法权益。尤其在审查合同应否解除时，法院要主动树立良好的价值导向，追求恰当的社会效果，平衡保护双方当事人的合法权益。

（一）合同应否解除的审查要点

此类案件的基础诉请多为解除合同。对于行使约定解除权的，法院可根据合同约定审核条件是否成就；对于行使法定解除权的，法院应当依法审查是否符合法定解除构成要件。司法实践中，"合同目的无法实现"是最为常见的申请合同解除事由。在货运车辆挂靠经营合同纠纷中，挂靠方的合同目的是通过挂靠使车辆取得国家道路运输经营资质，以实现其合法经营运输的目的；被挂靠方的合同目的是收取挂靠费用。对于挂靠方不支付挂靠费是否导致合同目的无法实现的，法院可根据法定解除的几类情形进行审查。

需要注意的是，如仅涉金钱债务纠纷的，法院宜从尽量维持合同有效的原则出发，不轻易解除合同。就被挂靠方的非金钱债务而言，如存在以下行为，可根据实际情况认定是否属于"迟延履行债务或其他违约行为不能实现合同目的"的范畴。

1. 未按约办理营运证或未及时补办的

为挂靠车辆取得国家道路运输经营资质供挂靠方使用是被挂靠方的主要义务，具体体现为办理营运证。根据举证规则，应由被挂靠方举证证明其已办妥营运证的事实。如审查发现"未办理营运证""营运证失效或注销后未及时补办"的，一般可认定被挂靠方未办理营运证的事实成立，进而可认定合

同目的无法实现判令合同解除。

实践中，被挂靠方往往会抗辩合同并未约定其负有办理营运证的义务，或辩称挂靠方仍正常运营车辆且未提出过异议，故合同目的仍可实现。该抗辩理由不宜认可，理由在于：一是被挂靠方是否负有该项义务，与有无书面约定并无必然联系。如双方法律关系符合货运车辆挂靠经营合同的特征，且通过具体行为表现可认定双方签约时存在挂靠合意的，一般应认定被挂靠方负有为挂靠车辆办理营运证的义务。二是挂靠方明知或默认无营运证或营运证失效仍持续运营车辆的，不宜当然解释为对被挂靠方主要合同义务的免除。法院应充分考虑到被挂靠方客观上存在的优势地位，且无证运营的状态亦有损国家道路运输经营公共秩序等因素。

2. 被挂靠方扣留证件、号牌不当的

依法悬挂号牌、携带行驶证、营运证是法律、行政法规的强制性规定，证件、号牌被扣留的，挂靠方将难以合法从事货运经营。如合同并无约定，或虽有约定但挂靠方仅有轻微违约行为，而被挂靠方的扣留行为与挂靠方的违约行为又明显不相称的，宜认定扣留不当。货运车辆挂靠经营合同作为持续性合同，如被挂靠方任意扣留证件、号牌，合同履行将始终处于不稳定状态，挂靠方较难实现合法货运经营目的。经审查，被挂靠方如具有上述明显违约情形，且该状态延续一定期限后发生合同目的无法实现或激化矛盾导致双方信任基础丧失、合同无法继续履行的，可判令合同解除。挂靠方要求被挂靠方承担停运损失且能举证证明的，可视双方过错酌定责任承担。

3. 未经车辆所有权人同意擅自过户车辆的

挂靠车辆的行驶证、营运证往往登记在被挂靠方名下。如被挂靠方未经挂靠方同意擅自将车辆过户至第三人，将导致挂靠方从事运营活动缺乏有效证件，有悖其通过挂靠从事运营的合同目的，法院可判令合同解除。

4. 因违约导致车辆正常运营状态难以维系的

货运车辆的正常运营状态一般涉及保持正常运营的技术状态、满足行政机关基本管理要求两方面。就车辆技术状态而言，如车辆因一方违约行为导致无法满足一般运营车辆应有的技术状态、极可能造成重大事故的,另一方当事人可主张合同解除。就货运车辆行政管理而言,主要涉及车辆的强制检验。依据《机动车强制报废标准规定》,车辆在检验有效期届满后连续3个机动车检验周期内未取得机动车检验合格标志的,应当强制报废。因此,如一方无故迟延办理车辆检验手续以致机动车符合强制报废条件的,应认定车辆正常运营状态难以维系,另一方可主张合同解除。

5. 因行政管理导致车辆无法或无需挂靠的

车辆能否挂靠经营显然受到行政机关管理的直接影响。行政机关采取新的行政措施,可能会产生营运证无法办理、被注销后无法补办或车辆无需再行办理营运证件等后果,客观上因被挂靠方无法履行挂靠登记义务而构成违约,显然属于合同目的无法实现。此种情形下,应注意审查该行政行为及后果是否属于"当事人在订立合同时无法预见"的情形。

对于当事人可否预见,可从近年来行政机关对于车辆挂靠经营的管理态势等综合判断双方当事人是否存在一定预期。(1)如符合"情势变更"构成要件的,受不利影响的当事人可以请求解除合同。法院可结合案件的实际情况,根据公平原则依法解除合同。(2)如查明行政机关的管控呈逐年趋紧的态势,当事人对此存在一定预期的,法院在认定合同是否需解除时,宜本着谨慎原则,仔细认定双方合同目的是否达到、继续履行合同是否会导致利益严重失衡等因素综合判断。

6. 合同双方之间信任已完全丧失、合同无法继续履行的

货运车辆挂靠经营合同约定的履行期限一般为1年以上。在此期间,挂靠方虽多为实际车主,但因车辆登记于被挂靠方名下,其需承担车辆被名义车主擅自处分的风险;被挂靠方虽收取挂靠费用,但因不实际运营车辆,其需承担挂名运营、道交事故的责任风险。因此,挂靠经营合同建立在双方愿意互担风险的基础之上,有赖于合同双方的信赖关系,可以说具有相当的人身信任属性。

在该类持续性合同履行期间,营运证的办理、车辆的检验等通常需双方

协调配合。如双方前期均存在轻微违约行为，尚未达到合同目的无法实现的程度，但后期因矛盾激发导致信任基础丧失，在无法就挂靠合同主要权利义务的进一步履行达成一致意见的情况下，合同实难继续履行。此时当事人请求解除或者终止合同的，法院宜基于个案案情，从各方当事人的相互关系、合同能否继续履行、合同目的能否继续实现等方面进行审查。在继续履行合同确实存在极大障碍、信任基础彻底丧失的情形下，法院可以根据当事人的请求慎重解除或者终止合同。

如案例一中，车辆登记于 A 公司名下，但实际由赵某占有使用。如赵某拒不配合，即使法院判决合同继续履行，营运证也难以再行办理。在查明双方难以达成合意的情形下，法院如可确信双方合作的信任基础丧失、合作不可能再行继续的，可判令合同解除。

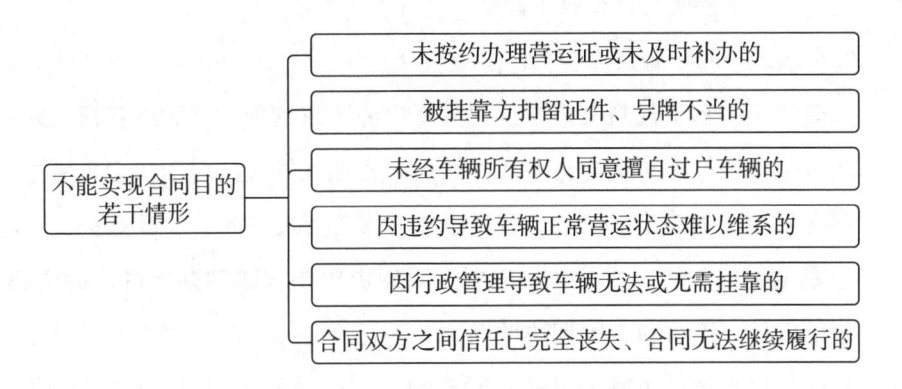

不能实现合同目的若干情形：
- 未按约办理营运证或未及时补办的
- 被挂靠方扣留证件、号牌不当的
- 未经车辆所有权人同意擅自过户车辆的
- 因违约导致车辆正常营运状态难以维系的
- 因行政管理导致车辆无法或无需挂靠的
- 合同双方之间信任已完全丧失、合同无法继续履行的

思维导图 1　不能实现合同目的若干情形

（二）合同解除后的法律后果审查要点

就此类纠纷而言，合同解除后的法律后果主要涉及车辆的所有权归属、车辆过户、车辆号牌的处理以及垫资款的结算等。

1. 车辆所有权归属的审查要点

对车辆所有权归属的审查应注意区分名义车主和实际车主，不可仅依车辆登记判定所有权归属。依据《民法典》第 224 条、第 225 条规定，车辆物权的设立自交付时发生效力，车辆登记仅具有公示及对抗效力而非物权效力。

法院应综合出资及实际占用情况，以"公平、等价、有偿"的原则确定车辆所有权归属。

具体到个案，法院可基于车辆买卖合同、购车发票等证据，结合车辆实际占用情况判断所有权归属。实践中，挂靠方往往举证困难，乃至其所持购车凭证记载的购车人为被挂靠方。此时，法院宜在确认双方之间确为货运车辆挂靠法律关系的基础上，着重对购车、交付等相关事实进行审查，并根据车辆的实际占用情况，结合合同约定、庭审陈述、查明事实等，综合认定车辆所有权归属。

如案例二中，系争车辆登记于B公司名下，购车凭据记载的购车人亦为B公司，但该凭据却为钱某保管。考虑到车辆一直由钱某实际占用运营，且就车辆可排除其他法律关系存在。如B公司对凭据保管情况不能作出合理解释，则可推定车辆所有权归属于钱某。

2. 车辆过户的审查要点

一般而言，基于裁判文书中车辆所有权的确权判项，车辆所有权人即可向行政机关申请办理车辆过户手续。然而，各地主管部门对于货运车辆过户可能存在限制性的规定或政策，且呈现相对多样可变的特点，较难把握。因此，为避免讼累、便于执行，如当事人明确提出要求协助办理过户诉请的，法院可予支持，判令对方限期协助办理车辆过户手续。在文书说理时可作诸如"具体过户手续的办理应基于现时当地行政机关的相关规定与具体政策"等类似释明。判决主文可写明过户车辆的型号、发动机号码、车辆识别代号，但应避免采用"××号牌车辆"的表述方式。如机动车已达到国家规定的强制报废标准，则不宜判令车辆过户。

3. 车辆号牌过户的审查要点

车辆号牌涉及资质审查审批，属于行政调整范畴，即便挂靠方表示自愿承担过户不能的后果或与被挂靠方协商一致过户给第三方的，司法机关仍不宜处理。主要有两点理由：

一是支付对价不是取得车辆号牌的判定标准。车辆号牌的归属与车辆所有权归属存在明显差异，车辆号牌本身仅具有成本价值，其真实价值在于行政部门赋予的车辆上路许可资质。依据《道路交通安全法》第 11 条规定，驾驶机动车上路行驶，应当悬挂机动车号牌；公安部《机动车登记规定》第 5 至 9 条规定，车辆号牌必须向公安机关申领且需符合公安部部门规章的具体规定。由此可见，车辆号牌体现的不是纯粹的民商事法律关系。

二是司法机关判令车辆号牌过户有干涉行政管理之嫌。依据《机动车登记规定》第 18 条、第 19 条、第 21 条、第 52 条规定，车辆号牌不得转让过户。挂靠方经法院确权为车辆所有权人，其申请办理车辆转让登记的，公安机关或将收回号牌，或将公告原号牌作废，挂靠方无法取得车辆号牌。原车辆所有人即被挂靠方在转让登记后，其申请办理新购机动车注册登记时，可向公安机关申请使用原机动车号牌号码。因此，挂靠方无法当然取得号牌。法院如判令连车带牌一起过户，则有违行政机关实施机动车登记管理的宗旨。如案例三中，孙某虽诉请将车牌过户至其名下，但基于前述考量，即便其自愿承担执行不能的后果，法院也不宜支持孙某的这一诉请。

审理时，法院可向当事人释明车辆号牌过户不属于司法调整的范畴，法院不确认、不处理车辆号牌归属。裁判文书中车辆所有权的确权判项应避免采用可能被解读为"连牌带车一起过户"的表述。至于车辆号牌申领费用的负担，应由权利主张方承担实际支出的举证责任。

4. 垫资款结算的审查要点

被挂靠方要求结算垫资款的依据仅为合同记载，挂靠方又提出有效抗辩的，法院可要求被挂靠方对此进一步举证。在仅有合同约定并无其他证据佐证的情形下，不宜认可被挂靠方的结算主张。如案例三中，C 公司仅以合同约定存在垫资款，但无法进一步举证证明，相应举证不能的后果应由其自行承担。需要注意的是，经审查相关款项属于其他民事法律关系的，如民间借贷法律关系等，法院宜向双方释明另案解决。

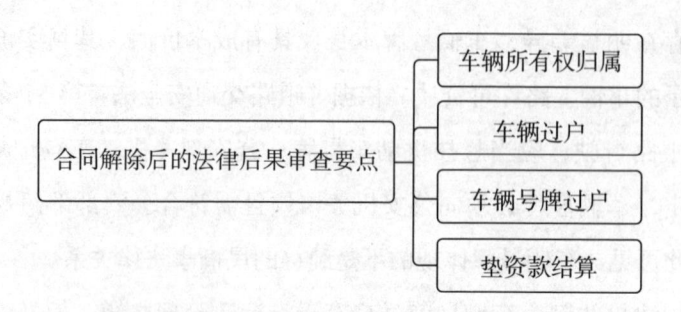

思维导图2　合同解除后的法律后果审查要点

```
                          ┌── 车辆所有权归属
                          ├── 车辆过户
合同解除后的法律后果审查要点 ┤
                          ├── 车辆号牌过户
                          └── 垫资款结算
```

（三）特有事项的审查要点

扣留条款、车辆保险是此类纠纷案件的特有事项，审查时应注意几个要点。

1.扣留条款、行为的认定及后果处理

因车辆实际由挂靠方使用，如挂靠方异地运营又长期不缴纳挂靠费或其他费用，被挂靠方将陷入鞭长莫及的困境，故双方往往在挂靠合同中约定：挂靠方违约的，被挂靠方有权扣留车辆、号牌、营运证等。发生争议后，被挂靠方如在代办车辆相关手续时和平取得车辆的占有，一般可认为系行使留置权。实践中，被挂靠方往往以非和平方式强势取得车辆等的占有，如自行或委托社会人员强行扣留车辆、摘下车辆号牌或取走行驶证、营运证等。即便挂靠方以盗窃、抢劫报案，公安机关也会以民事纠纷为由拒绝刑事立案。因挂靠方多以车辆运营为主要谋生手段，被挂靠方的扣留行为极易引发社会矛盾。有鉴于此，法院宜对扣留条款及扣留行为的合法性与正当性进行审查并妥善处理。

（1）扣留条款效力的认定

基于双方合意，挂靠合同约定在特定情形下被挂靠方可扣留车辆、号牌、营运证等，此系被挂靠方基于债权取得物的占用。在不违反法律、行政法规的效力性强制性规定，不违背公序良俗等法定无效的情形下，宜认定扣留条款有效。

（2）扣留行为的审查要点

一是审查挂靠合同有无约定扣留条款。无约定的，宜认定为无权扣留；

约定不明确的，如仅为"处理车辆"等，或扣留物超出条款约定范围的，表明双方对于扣留或实际扣留物并未达成合意，宜认定为无权扣留。

如案例四中，合同仅约定D公司有权扣留车辆号牌、营运证件等，并未明确是否包括车辆在内。D公司将"等"字扩张解释为包含车辆并无依据，且扣留车辆系重大事项，应有明确的意思表示。因此，D公司扣车应属无权行为，不得要求李某支付停车费用。同时，李某车辆被扣势必导致无法运营车辆，如该状态延续一定期限后发生合同目的无法实现或激化矛盾导致双方信任基础丧失等情形，其可诉请解除合同。因D公司存在严重违约行为，故李某主张D公司承担停运损失的诉请，也可在举证查实后予以支持。

二是审查扣留条件是否成就。在认定有权扣留的基础上，法院应严格依照合同约定，审查扣留条件是否成就。

三是审查扣留行为的必要性与合理性。如在轻微违约的情形下，被挂靠方动辄行使扣留权将严重损害双方信任基础，且势必对挂靠方造成较大损失，有失公允，勿论其中还涉及国家道路运输经营秩序与道路交通安全等因素。因此，即使合同约定被挂靠方在挂靠方逾期支付挂靠费、保险费、验车费等情形下，有权扣留车辆、车牌、营运证、行驶证等，但如具体扣留行为或实施手段与一方违约行为明显不相称、显非必要，或挂靠方存在合理理由的，不宜认定被挂靠方可行使扣留权或扣留行为适当。如案例四中，因D公司未按约购买保险，李某自行购入并拒绝支付相应保险费用有合理理由，并不构成违约，D公司不得实施扣留行为。

（3）相应后果的处理

如认定被挂靠方系无权扣留或扣留不当，挂靠方要求其承担停运损失或其他实际损失的，法院可根据举证情况、具体案情，基于公平原则合理认定。如认定被挂靠方扣留有据，被挂靠方要求挂靠方承担为此支出的停车费等费用的，法院同样可基于上述认定标准，在查实后对于必要、合理的费用予以支持。

2. 车辆保险

因车辆保险衍生的纠纷主要有在挂靠合同对保险类别、具体险种作出明确约定，或仅笼统约定被挂靠方代为办理保险（未明确保险类别、具体险种）的情况下，被挂靠方未购买或未按合同约定购买，"不购""少购""多购"或"错购"，诸如：额外购买非必要险种；非基于一般理性人的考量购入价格畸高的险种；应购入营运性质保险，却购入非营运性质保险等。

在处理上述纠纷时应注意以下要点：一是挂靠方应及时要求被挂靠方纠正上述购险行为。合同虽约定车险由被挂靠方代购，但因挂靠方实际营运并控制车辆，其也负有应当知道车辆保险状态的义务，如未在合理期限内提出异议，可视为对被挂靠方购买保险行为的认可。二是如经挂靠方及时指出，被挂靠方仍未改正，挂靠方自行购买保险或拒绝支付有争议保费的，不得仅凭合同约定或拒付保费的事实认定挂靠方违约。法院应根据双方当事人的合同约定以及各方的具体行为，结合诚信原则妥当作出裁判。

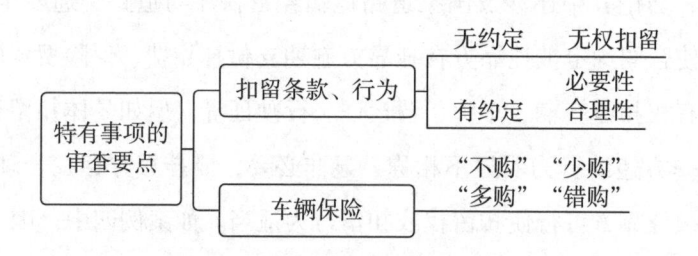

思维导图3　特有事项的审查要点

四、其他需要说明的问题

挂靠关系多种多样，各方行为亦有差别，行政机关有关货车挂靠的规定、政策亦随着社会情况的变化而调整。因此，法院在具体裁决案件时应严格根据法律规定，结合公平和诚信原则，在合理界定当事人行为的情形下，可参照本文的规范指引，合理、恰当地定分止争。

企业借贷纠纷案件的审理思路和裁判要点

郑军欢　刘　洁[*]

企业借贷纠纷，是指法人、非法人组织（以下简称单位）之间融通资金产生的纠纷，但不包括经金融监管部门批准设立的从事贷款业务的金融机构及其分支机构因发放贷款等相关金融业务引发的纠纷。与自然人间多基于人情往来以借贷方式互帮互助不同，作为商事主体的单位一般有偿出借款项，收取资金占用费以补偿收益损失，又因不具备放贷资质而有别于金融机构，不以贷款业务为业，相互间的资金拆借行为仅为满足生产经营的需要。结合企业借贷的临时性、期限短、次数少等特征，本文围绕企业借贷主体的特殊性，以典型案例为基础，对企业借贷纠纷案件的审理思路和裁判要点进行梳理、提炼和总结。

一、典型案例

案例一：涉及借款主体的认定

A公司和B公司签订《借款协议》，载明B公司向A公司借款80万元用于某项目。协议指定B公司名下账号收款，程某在落款B公司处签名。A公司按约汇款并载明款项用途为"借款"。另有A公司和B公司某项目部签订的《补充协议》，程某亦在B公司某项目部落款处签名。后A公司未收到还款，起诉主张B公司还本付息，并列程某为第三人。B公司否认程某的代理人身份，亦否认与A公司存在借贷关系。

---

[*] 郑军欢，商事庭副庭长，法律硕士；刘洁，商事庭法官助理，法学硕士。

案例二：涉及款项性质的认定

C公司从D公司、E公司、F公司处购买货物，支付货款后再与三公司签订多份《购销合同》，约定以高价向三公司出售型号、规格、数量相同的货物。经各方对账，三公司对尚欠C公司的具体款项金额予以确认。后C公司以三公司逾期未付货款为由提起诉讼。三公司辩称案涉合同系名为买卖实为借贷的融资性合同，故不应支付货款，仅需还本付息。

案例三：涉及合同效力的认定

G公司的经营范围不包括金融放贷业务。G公司与H公司签订《贷款合同》约定：H公司为流动资金周转向G公司贷款3000万元，期限2天，年利率为15%；其余条款格式和内容与金融机构格式化贷款合同类似。后H公司逾期未还贷款，G公司提起诉讼。H公司辩称G公司无权从事金融业务，贷款合同应属无效。

二、企业借贷纠纷案件的审理难点

（一）借款主体认定难

审判实践中，由于一些单位管理不规范，借款合同上加盖非备案公章、项目部章、假章，未盖章仅个人签名，载明的借款人、款项用途与实际收款人、款项用途不一致等情形屡见不鲜。当出借人主张还款时，相关单位往往以此为由辩称其并非借款主体。法院一般结合签名人担任的职务或其与单位的关系等具体案情综合认定借款主体。因考量因素和判断标准尚未明确统一，借款主体的认定是审理此类案件的一大难点。

（二）款项性质认定难

企业借贷纠纷案件中，借贷双方往往就收付款项的性质意见不一，继而就是否达成借贷合意产生争议。2020年12月修正的《最高人民法院关于审理民间借贷案件适用法律若干问题的规定》(以下简称《民间借贷若干问题的规定》)第 14 至 16 条对款项性质认定和举证责任分配作了规定,但未细化借贷合意的具体认定标准。在单位的财务和管理制度不完善、实际操作不规范、书面借款合同缺失的情况下,如何准确认定借贷合意,将借款与货款、工程款、合作款等其他性质款项相区分较为困难。

(三)合同效力认定难

单位间让渡使用闲置资金并获取合理收益,是一种良性的资金互助形式,也是解决短期资金紧缺的有效途径,但若无有效规制,则易出现职业放贷和高利放贷的现象,从而扰乱金融市场秩序。审判实践中,借款人经常以出借人超出经营范围、经常性放贷、高利转贷违法为由主张借款合同无效。虽然《民法典》第146 条、第 153 条、第 154 条,《民间借贷若干问题的规定》第 13 条,《全国法院民商事审判工作会议纪要》第 52 条、第 53 条对认定借款合同无效的具体情形予以规定和说明,但如何根据具体案情准确理解与适用,实践中较难把握。

三、企业借贷纠纷案件的审理思路和裁判要点

面对单位融资难、融资贵等问题,法院应当鼓励合法合规的企业借贷,支持降低交易成本的交易模式,促进民间资本为实体经济服务。审理企业借贷纠纷案件时,法院既要在司法保护限度内支持出借人的主张,以保障单位多渠道使用资金的权利,又要否定高利转贷和职业放贷的效力,防范化解金融风险,维护金融市场秩序。

(一)借款主体的考量因素

单位借款需由自然人代为洽谈并实际操作,发生争议时可结合合同内容、经办人员身份和盖章签名等情况认定借款主体。

1. 未加盖单位公章,签约人为单位法定代表人或负责人的,应重点审查款项用途

法定代表人或负责人既可代表单位又可代表个人作出借款行为。审理中,

法院可结合款项用途认定借款主体是单位还是个人。根据《民间借贷若干问题的规定》第22条规定，法定代表人或负责人以单位名义借款的，原则上由单位还款，但若款项用于个人生活或消费，出借人可将法定代表人或负责人列为共同被告或第三人。法定代表人或负责人以个人名义借款，所借款项用于单位生产经营的，出借人可请求单位与个人共同承担责任。

2. 加盖单位公章但单位否认公章效力，或未加盖单位公章但单位否认签约人代理权的，应重点审查代理权限

法定代表人或有代理权限的人在借款合同上加盖单位公章，表明其是以单位名义借款，除出借人明知或应当知道签约人越权或无权代理等情形外，应由单位承担法律后果。借款合同上未加盖单位公章的，应重点审查签约人与单位的关系及代理权限。若单位否认签约人的代理权限或签约人代理权限不明的，法院可从形式和实质两个方面进行审查。

形式上，法院可审查名义借款人身份、约定款项用途、签约人披露的身份、签约人与单位的关系、盖章情况。若名义借款人是单位或其下属部门，合同上载明借款用于单位经营或生产，签约人明示借款行为系职务行为或曾出现在案涉项目工地，合同上加盖项目部章或由项目负责人签字确认，出借人也曾核实签约人身份和代理权限等，一般可认定单位为借款主体。反之，应从实质上进一步审查，不能仅因此否定单位为借款主体。

实质上，法院可审查借款所涉单位或项目是否实际存在，签约人是否曾对外代表单位签订类似合同或办理款项结算事宜，款项是否实际转入单位账户或虽未转入单位账户却最终用于单位生产经营。如经审查符合上述条件，法院宜认定单位为借款主体。

如案例一中，根据A公司提供的证据，程某曾对外代表B公司列席相关会议并签字、在B公司函件中代公司签字，可认定其为B公司某项目负责人并构成表见代理。此外，本案合同约定和实际收款人均为B公司，所涉项目实际施工方也是B公司。因此，法院认定B公司为借款人，判决支持A公司的全部诉请。

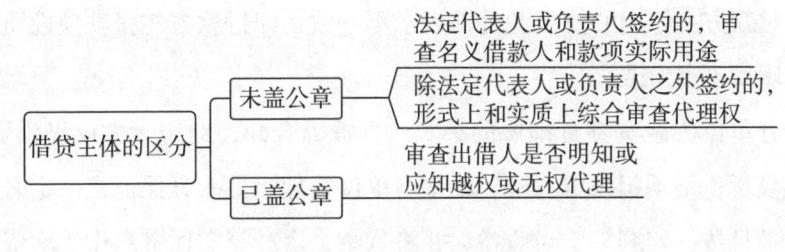

```
借贷主体的区分 ─┬─ 未盖公章 ─┬─ 法定代表人或负责人签约的，审
                │            │   查名义借款人和款项实际用途
                │            └─ 除法定代表人或负责人之外签约的，
                │                形式上和实质上综合审查代理权
                └─ 已盖公章 ─── 审查出借人是否明知或
                                应知越权或无权代理
```

思维导图1　借款主体的认定

（二）款项性质的审查要点

实践中，单位间可能存在买卖、建设工程、运输、合伙投资等多种法律关系，即便双方签订书面合同或收款方出具收款凭证，亦可能因往来较多而难以区分款项性质。此类案件中的借款可能由货款、工程款、运费、合作款等其他性质款项转化而成，也可能借用其他性质款项的名义或与其他性质款项混杂，并因此引发纠纷。

审判实践中，法院应着重审查单位间是否达成借款合意。借款合意体现在内心意思和外部表示两个方面，内心意思一般通过外部表示显现出来。现就审判实践中经常出现的三种情况，从不同角度综合判断借款合意是否成立。

1.付款方主张借款合意是在双方就货款、工程款等其他性质款项协商时达成，借款由其他性质款项转化而成

（1）审查转化前的法律关系

款项性质转化前提是转化前的金钱债务对应的基础法律关系真实合法。对此，法院可要求当事人提供合同、履行情况等证明材料，以判断转化债务性质的动机是善意的固定债权债务金额还是逃避责任或掩盖非法目的。

（2）审查借款合意的形成

当事人以"借据"等形式对其他基础法律关系形成的债务进行更新、产生新债务时，应就新债务为借款达成合意并予以明确，否则无法完成款项性质的转化，法院对此应着重审查。

2. 付款方主张内心意思和外部表示不一致，即付款方主张款项性质名为其他性质款项实为借款

部分单位为融资签订虚假的买卖、投资等合同，约定一方仅提供资金，不实际收货、不承担投资风险、不参与单位管理，另一方保证在一定时间内返还款项且按一定利率支付收益，并将货物、房产等实体资产作为融资的担保资产。此时，法院应结合合同约定、双方陈述及实际履行情况，参考市场上常见的交易模式，探寻双方的真实意思表示。具体可从三个方面审查。

（1）审查交易模式下资产流转状态

若货币转移一定期限后再次回转至原权利人名下且款项金额有所增加，实物资产权利暂时转移最终又返还原权利人，一般应认定双方合意为通过出借款项获取利息收入或将实物资产作为融资担保，增值部分实为利息，双方的意思表示实为建立借贷关系。

（2）审查缔约的真实意思及履约行为反映的合同目的

每个单位均有经营范围和运营资本，其对外的交易行为和目的一般应与经营范围和能力相符。若购买货物的类型、标的、数量与单位日常生产经营严重不符，合同约定货物无需实际交付购买方而是层层转售给下家，且价格略有提高等，则应重点审查合同的真实目的是否为借贷。

（3）审查合作模式是否符合交易习惯和行业惯例

买卖货物、房产通常是为了生产消耗和生活居住，而投资、合伙项目是为了获取机会利益。相关交易内容一般会在合同中载明，且客观存在相应生产生活的需要或项目运营的实体。部分单位将上述合同所涉标的打包转售、转移债权债务，则明显不符合交易习惯和行业惯例，应考虑该类合同实为借贷合同。

如案例二中，C公司以低价从D、E、F公司处购买货物，经多层转售，最终又将同一批货物加价出售给这三家公司。虽然C公司与之签订的均为《购销合同》，合同中约定了货物名称、价格、交货时间和违约条件等，形式上符合买卖法律关系的基础要件和特征，但从多份合同的交易对象、交易模

式及实际履行情况来看，各公司就相同型号、数量的货物形成连环买卖关系，仅有C公司的付款行为，各公司间却无实物交付，实质上不符合买卖合同特征。C公司的真实意思是借买卖合同之名出借资金，通过销售差价收取利息，即名为买卖实为借贷。

3.借贷关系与其他法律关系发生混同

（1）债务产生原因

借款债务基于借款事实产生，出借方应已实际出借款项。其他债务基于买卖、建设工程等基础法律关系，应重点审查是否签订相应合同，一方是否已履行实际交货、提供服务等合同义务，另一方是否已实际支付对价，即债务产生的基础事实是否真实存在。一方主张已实际支付对价的，应审查款项交付细节；若查明情况属实，另一方应作出合理解释，否则其借贷的意思表示缺乏行为载体，不应得到支持。此外，当双方之前从未有过业务往来，又无书面借款合同，一方主张借款而另一方否认时，法院应重点审查款项支付背景和借款合意过程。

（2）意思表示内容

对当事人真实意思表示的发现有赖于法院对在案证据的全面审查。借款的形式主要体现为借条、借据，真实的借款合意内容一般应包括本金、利息计算方式、还款期限等。若借条、借据等证据所载内容仅包括还款日期和金额，而对款项性质、利息计算方式和出借日期等均未约定或约定不明，则法院应结合争议双方之间的关系及收付款项的用途、流转情况等进行综合判断。

例如，母子公司、关联公司之间多为控股、投资关系，为逃避税收或实现资金在集团内部流转，付款方的账户往往被控制或受指示向收款方划转大量资金。此时，付款方主张该款为借款的，法院应着重审查双方实际控制情况、款项流转时间和方向、转账凭证注明的用途和催讨情况，若有异常应加重付款方的举证责任，若付款方无法合理解释和说明，则应承担举证不能的法律后果。

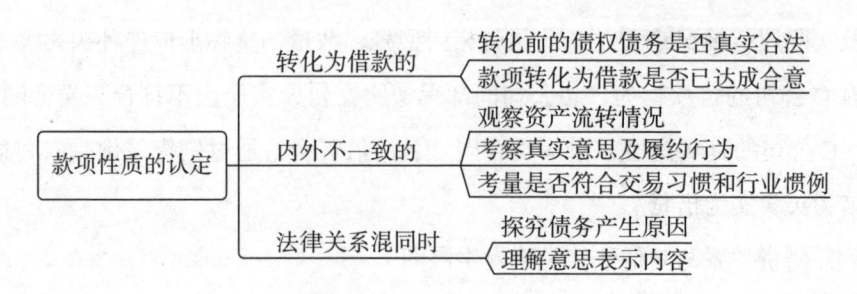

```
款项性质的认定 ─┬─ 转化为借款的 ─┬─ 转化前的债权债务是否真实合法
                │                └─ 款项转化为借款是否已达成合意
                ├─ 内外不一致的 ─┬─ 观察资产流转情况
                │                ├─ 考察真实意思及履约行为
                │                └─ 考量是否符合交易习惯和行业惯例
                └─ 法律关系混同时 ─┬─ 探究债务产生原因
                                   └─ 理解意思表示内容
```

思维导图 2　款项性质的认定

（三）合同效力的审查要点

20世纪90年代，相关法规和政策通过对非法金融活动的取缔，间接认定企业借贷无效。随着司法理念的转变和一系列法律法规的颁布实施，法院对企业借贷的效力认定转变为原则上有效、特殊情形无效。实践中，法官需深入理解相关法律法规，准确适用合同无效的相关条款，审慎判断合同效力，重点把握三个标准并审查三个方面。

1. 三个标准

（1）资金来源是否合法

企业借贷中，出借人的资金必须是自有资金。出借人通过套取金融机构信贷资金、向其他营利法人借贷、向本单位职工集资或者向公众非法吸收存款等方式取得资金进行转贷的，不仅增加了真正需要资金的企业融资成本，也扰乱了金融监管秩序。根据《民间借贷若干问题的规定》第13条第1项、第2项规定，应认定此类民间借贷行为无效。

针对上述情况，法院在审查合同效力时应注意把握以下几点：第一，借款人能够举证证明在签订借款合同时出借人尚欠银行贷款未还的，一般可推定出借人套取信贷资金，但出借人能够反证予以推翻的除外。此时，法院还应综合考虑出借人的贷款用途、出借人的金融贷款与用于出借的款项是否可以区分等因素。第二，判断案涉款项是否为出借人向其他营利法人借取，可结合出借人内部财务报表、资金流动情况和对外涉诉情况综合认定，出借人能够作出合理解释并有相关证据予以佐证的除外。第三，向本单位职工集资所获取的款项应专款专用，虽然此类款项来源合法，但若为单位挪用并转贷，则会导致借贷合同无效。第四，判断是否构成向公众非法吸收存款，可从吸收存款数额、资金来源主体数量和造成存款人直接经济损失金额三个方面综合审查。

（2）出借人是否以放贷为业、以营利为目的

向社会不特定对象提供借款是金融机构的业务范围，属于金融监管体系范畴。单位作为生产经营主体不具备放贷资格，相互间的资金拆借具有临时性和偶然性。若单位以此为业，向社会不特定对象提供借款，并将放贷收入作为主要收入来源，则可能导致单位的主营业务由生产经营转变为专门从事放贷，变相逃避金融监管从而扰乱金融秩序。此种情况下，出借人可被认定为职业放贷人，借贷行为和合同应依法认定无效。实践中，同一出借人在一定期间内多次反复从事有偿民间借贷行为的，一般可认定为职业放贷人。对此，法院可结合本地区的经济发展情况、单位的注册资本、经营能力、资金流转情况、放贷金额和频率、利息约定、借贷收益占企业收入比例、借贷主体关系等综合认定。

正常企业间借贷一般是在一方自有资金宽裕、另一方资金困难或生产经营急需的情况下发生，既可缓解单位资金压力，又可提高资金利用效率实现单位间互利互助，而并非以营利为目的。部分单位由于怠于发展实业，利用自己的资金优势，以营利为目的向社会不特定对象提供借款并借此获取高额利息，不仅违背企业借贷的初衷，也因脱离市场监管而扰乱正常的金融秩序。根据《民间借贷若干问题的规定》第13条第3项规定，应认定此类借贷合同无效。法院认定出借人是否以营利为目的，应结合出借人资金成本、借款利率和计算方式等综合审查。

（3）借款用途是否合法

企业借贷中，若借款人借款目的是从事黄赌毒等违法活动，出借人对此事先明知或应当知道仍提供借款并与之签订借贷合同的，根据《民间借贷若干问题的规定》第13条第4项规定，应认定为无效。

2. 三个方面

除了上述三个标准外，法院还应着重审查三个方面。

第一，审查借贷双方是否恶意串通，损害他人合法权益。恶意串通损害他人合法权益的，该借贷行为无效。第二，审查借贷双方实施借贷行为的意思表示是否真实。意思表示虚假的，借贷合同无效，应依照相关法律规定认定隐藏的民事法律行为效力。第三，审查借贷合同是否违反法律、行政法规的强制性规定、是否违背公序良俗。对于"强制性规定"的性质，法院应在考量保护的法益类型、违法行为的法律后果及交易安全保护等因素的基础上审慎认定。若违反规章一般情况下不影响合同效力，但该规章的内容涉及金融安全、市场秩序、国家宏观政策等公序良俗的，应当认定借贷合同无效。法院在认定规章是否涉及公序良俗时，要在考察规范对象基础上，兼顾监管强度、交易安全保护以及社会影响等方面进行慎重考量。

如案例三中，根据《民法典》第153条规定，综合借款合同内容类似金融机构格式化贷款合同、出借人在一定时期的资金出借行为经常反复、借款目的具有营利性、出借人经营范围等因素，G公司与H公司签订的《贷款合同》因违背涉及金融安全、市场秩序等公序良俗而无效。H公司仅需归还收到的款项及合理的资金占用费，无需支付高额的利息。

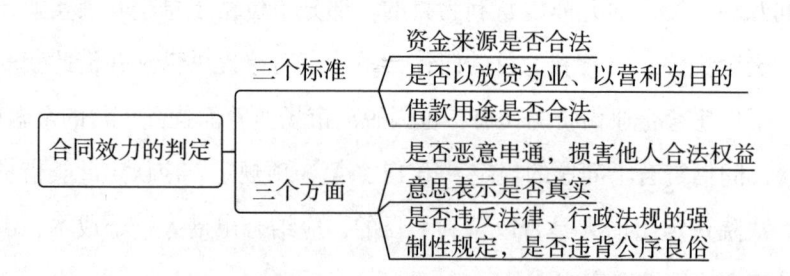

合同效力的判定
- 三个标准
  - 资金来源是否合法
  - 是否以放贷为业、以营利为目的
  - 借款用途是否合法
- 三个方面
  - 是否恶意串通，损害他人合法权益
  - 意思表示是否真实
  - 是否违反法律、行政法规的强制性规定，是否违背公序良俗

思维导图3　合同效力的审查要点

（四）利息支付的审查要点

利率问题是民间借贷纠纷的核心问题。因借贷主体为企业，企业借贷纠纷中利率标准的审查标准和依据与自然人借贷纠纷略有不同，应注意区分、

准确把握。根据《民间借贷若干问题的规定》第 31 条规定，该规定施行后法院新受理的一审民间借贷纠纷案件应适用该规定，遵循以下审查标准。

1. 未约定利息的，不予支持

根据《民法典》第 680 条第 2 款、《民间借贷若干问题的规定》第 24 条第 1 款规定，借款合同对支付利息没有约定的，视为没有利息，出借人主张支付利息的，法院不予支持。

2. 利息约定不明的，可酌情支持

根据《民法典》第 680 条第 3 款、《民间借贷若干问题的规定》第 24 条第 2 款规定，借款合同对支付利息约定不明确，出借人主张支付利息的，法院应结合民间借贷合同内容，并根据当地或当事人的交易方式、交易习惯、市场利率等因素确定利息；自然人间借贷的，视为没有利息。审判实践中，由于融资成本的客观存在，法院一般会支持单位主张的资金占用损失。

3. 明确约定利率的，在司法保护范围内予以支持

根据《民间借贷若干问题的规定》第 25 条、第 31 条等相关规定，借贷合同中明确约定利率的，应结合案件受理和借贷合同成立时间综合认定。

第一，2020 年 8 月 20 日前受理的一审案件，利率标准按原规定执行，年利率最高可为 24%。

第二，2020 年 8 月 20 日后受理的一审案件，若借贷合同成立于 2020 年 8 月 20 日之前，可分段计息。当事人请求适用当时的司法解释规定计算自合同成立至 2020 年 8 月 19 日的利息部分，法院应予支持；对于自 2020 年 8 月 20 日至借款返还之日的利息部分，应适用起诉时规定的利率保护标准计算，即不得超过起诉时一年期贷款市场报价利率 4 倍。若借贷合同成立于 2020 年 8 月 20 日之后，利率不得超过合同成立时一年期贷款市场报价利率 4 倍。

第三，上述"一年期贷款市场报价利率"是指中国人民银行授权全国银行间同业拆借中心自 2019 年 8 月 20 日起每月发布的一年期贷款市场报价利率。

```
利息的司法          2020年8月20日前受理         按原规定年利率最高24%
保护范围                                    ┌─ 合同成立到2020年8
                                    合同成立于 │ 月19日期间，利率按
                                    2020年8月20│ 当时的司法解释计算
              2020年8月20             日前（分段）├─ 2020年8月20日后到借
              日后受理                          │ 款返还之日，利率不得
                                              └ 超过起诉时一年期贷款
                                                市场报价利率4倍
                                    合同成立于    利率不得超过合同成
                                    2020年8月    立时一年期贷款市场
                                    20日后       报价利率的4倍
```

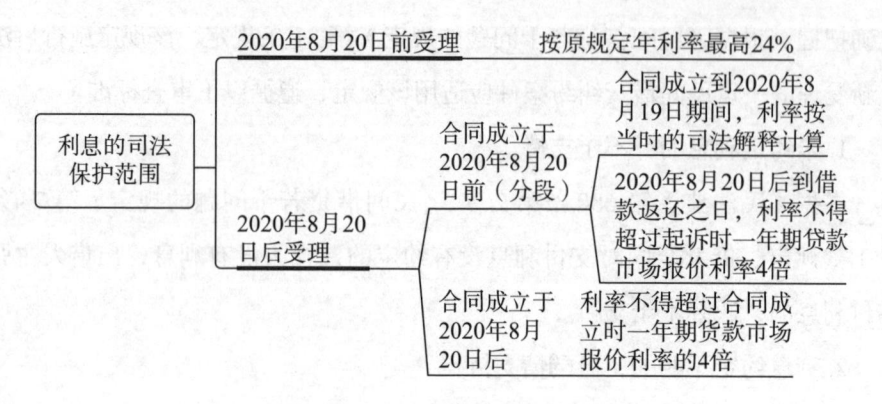

思维导图 4　利息支付的审查要点

4. 关于逾期利息，区分不同情况处理

根据《民间借贷若干问题的规定》第 28 条、第 29 条的规定，逾期利息的审查应区分两种情况。

第一种情况，逾期利率有约定的从约定，但以不超过合同成立时一年期贷款市场报价利率 4 倍为限，超过部分不予支持。既约定逾期利率，又约定违约金或服务费、咨询费、管理费、会员费等其他费用的，出借人可以选择主张，亦可一并主张，但总计以合同成立时一年期贷款市场报价利率 4 倍为限，超过部分不予支持。

第二种情况，逾期利率未约定或约定不明的，若借期内利率亦未约定，出借人主张借款人自逾期还款之日起参照当时一年期贷款市场报价利率标准计算的利息承担逾期还款违约责任的，法院应予支持；若已约定借期内利率，出借人主张借款人自逾期还款之日起按照期内利率支付资金占用期间利息的，法院应予支持。

5. 单位破产时，借款利息自破产申请受理时停止计算，担保债务亦应停止计息

法院受理破产申请后，根据《企业破产法》第 46 条的规定，未到期的债权在破产申请受理时视为到期，附利息的债权自破产申请受理时起停止计息。鉴于担保合同属于从合同，担保人承担的责任应以主债务为限，故担保债务亦应停止计息，保障担保人的合法权益。

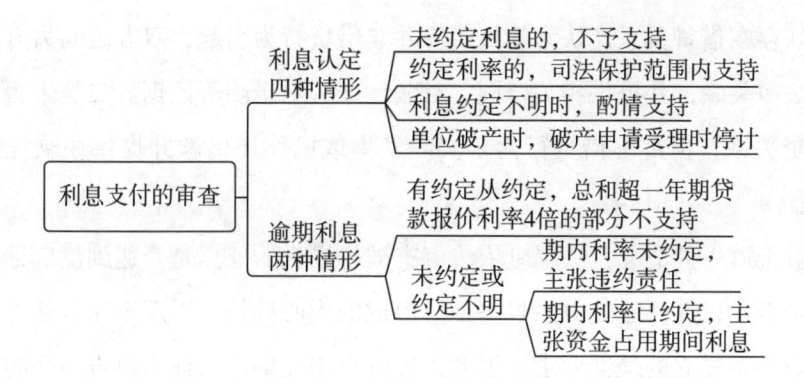

```
                                    ┌ 未约定利息的,不予支持
                      利息认定      ├ 约定利率的,司法保护范围内支持
                      四种情形      ├ 利息约定不明时,酌情支持
                                    └ 单位破产时,破产申请受理时停计
利息支付的审查
                                    ┌ 有约定从约定,总和超一年期贷
                      逾期利息      │ 款报价利率4倍的部分不支持
                      两种情形      │                ┌ 期内利率未约定,
                                    │                ├ 主张违约责任
                                    └ 未约定或       │
                                      约定不明       └ 期内利率已约定,主
                                                       张资金占用期间利息
```

思维导图5　利息支付的审查

（五）举证责任的审查要点

企业借贷中,部分单位管理不规范或出于信任未签订书面合同,部分单位虽签订书面合同但约定内容不明确或未按约履行的,诉讼中双方易就借款主体、款项性质和合同履行情况等发生争议,对此法院应合理分配举证责任。

1. 初步举证责任分配

根据"谁主张,谁举证"的诉讼规则,出借人向法院提起借贷诉讼时,应就借贷关系的成立承担初步举证责任。根据《民间借贷若干问题的规定》第2条规定,出借人应提供借据、收据、欠条等债权凭证以及其他能够证明借贷法律关系存在的证据。

为保护当事人的诉权,现行法律法规对出借人的举证责任程度要求不高,债权凭证内容达到可反映债权债务关系存在即可,表现形式除了借据、收据、欠条,还包括转账单、债权债务结算单、债权债务汇总凭证、委托理财合同、名为买卖实为借贷的合同等。除债权凭证等书证外,证据形式还包括当事人陈述、视听资料和电子数据等,亦仅需初步证明借贷法律关系存在即可。需要注意的是,即使债权凭证未载明债权人,持有人也可据此提起诉讼。在被告对持有人的债权人资格提出抗辩并提供事实依据的情况下,法院经审查认为原告不具有债权人资格的,应裁定驳回起诉。

2. 举证责任的转移

原告依据债权凭证等提起借贷诉讼后,被告的抗辩理由主要有两种:一是否认存在借贷关系，认为债权纠纷并非借贷行为引起，双方之间另有其他基础法律关系，并提供相关合同、对账凭证、承诺函等证据。二是未否认存在借贷关系，但辩称借贷行为未实际发生或已偿还借款并提供还款凭证等证据。

对于第一种情况，法院应依法审查被告提供的证据是否达到法定证明标准，是否足以动摇法院对原告举证所形成的内心确信，以至于原告达不到证明借贷关系成立的最低要求。因此，被告只需提供证据证明原告主张的债权债务纠纷由借贷行为引起这一事实不确定即可。至于双方之间系何种法律关系，由法院综合双方提供的证据加以认定，并按照基础法律关系进行审理。

对于第二种情况，法院应重点审查原告的款项交付情况。若原告可提供转账凭证或其他交付凭证并作合理说明，足够证明款项已实际交付，被告的该项抗辩不成立；若原告主张现金交付，法院可结合债权凭证的行文内容、借贷金额、当事人的经济能力、当地或当事人间的交易方式、交易习惯、财产变动情况等因素综合认定。被告主张已偿还借款的，在被告提供相应证据证明其主张后，原告仍应就借贷关系的存续承担举证责任；若提供的证据不足以证明其主张，法院不予采纳。

在没有债权凭证等其他证据、原告仅依据金融机构转账凭证提起诉讼的情况下，鉴于出借人对于借贷关系的证明存在困难，法院可认定此时出借人对借贷关系完成初步举证。被告应对收到款项的性质作出合理说明，若其主张原告的转账系偿还双方之前借款或其他债务，应提供相应证据证明。当该证据足以证明其主张时，举证责任转移至原告，原告需就借贷关系的成立进一步举证，否则应承担举证不利的法律后果。

（六）特殊的借贷形式——委托贷款

委托贷款是企业借贷的一种特殊形式，是指出借人（委托人）提供资金并确定贷款对象、用途、金额、期限、利率等，委托银行等金融机构（受托人）代为发放、监督使用并协助收回贷款的借贷形式。一方面，委托贷款由金融机构代为放贷，属于国家金融监管范畴；另一方面，出借人作为委托人实际享有贷款利息收益，且承担借款人不还款或逾期还款等风险。委托贷款兼具金融借款与民间借贷的部分特点，审查时应注意几个方面。

1. 诉讼主体资格

根据《民法典》第925条规定，受托人以自己的名义，在委托人的授权范围内与第三人订立的合同，第三人在订立合同时知道受托人与委托人之间的代理关系的，该合同直接约束委托人和第三人；但是，有确切证据证明该合同只约束受托人和第三人的除外。由此可见，除了受托人可根据委托贷款合同向法院起诉借款人之外，在借款人签订合同时知道委托代理关系的，委托人也可作为诉讼主体参加诉讼。

2. 权利义务责任

（1）对外责任

委托人、受托人和借款人签订的委托贷款合同为主合同，受托人和担保人为主合同项下的债务履行签订从合同即担保合同。担保人在订立担保合同时知道委托人和受托人间代理关系的，在没有确切证据证明担保合同只约束受托人的情况下，担保合同效力及于委托人。委托人和受托人均有权就登记在对方名下的抵押物主张优先受偿或要求担保人向其承担担保责任。

（2）对内责任

委托人实际承担借款人不还款或逾期还款的风险。受托人同意委托人的请求，就借款人履行委托贷款合同约定义务向委托人作出连带责任保证承诺并出具保函的，该保函依法有效，受托人应承担保证责任。此外，有偿的委托贷款合同中受托人应尽到注意义务，若未按正常程序规范办理手续、存在过错，并给委托人造成损失，其应承担赔偿责任。

3. 利息标准

鉴于委托贷款根据委托人意志确定合同主要条款，委托人享有贷款利息收益等合同主要权利，且委托贷款与民间借贷在资金来源相同的基础上亦可推定其资金成本大致等同，法院在确定委托贷款合同的利率上限时可参照民间借贷的相关规则，对不高于法律保护利率水平的应予认可。若合同约定受托人就委托贷款向借款人提供财务顾问服务并收取相应费用，只要该服务真实有效，借款人主张已支付的服务费作为贷款利息予以抵扣的，法院不应予以支持。

4. 委托贷款关系的转化

合同约定还本付息期限届满的情况下，当事人约定将委托贷款关系转为一般借贷关系，此时金融机构不再担任受托人。此种转化并未实质改变借贷关系的当事人，也未改变借款合同的权利义务关系，不会导致主债权或从权利的消灭。

四、其他需要说明的问题

本丛书第一辑中的《自然人之间民间借贷案件的审理思路和裁判要点》所涉自然人借贷与企业借贷相同之处，如款项交付的认定、"砍头息"的处理、虚假诉讼和套路贷的识别等问题，本文不再赘述。企业借贷合同纠纷原系借款合同纠纷案由下的子案由，2021年1月修改后施行的《民事案件案由规定》已删除该案由，但该类案件客观存在，对其进行梳理总结有助于提升该类案件的审判质量。

企业承包经营合同纠纷案件的审理思路和裁判要点

周　清　肖　洋[*]

企业承包经营合同纠纷，是指法人之间、法人与自然人之间在不改变企业所有权权属的情况下，按照所有权与经营权相分离原则由承包方对企业进行经营管理过程中产生的合同纠纷。企业承包经营起源于国有企业改革，随着经济发展与经营需要，广泛运用于交通运输、快递物流以及酒店餐饮服务等各个行业。企业承包经营合同在《民法典》合同编中没有明确规定，属于无名合同。实践中，该类案件主要涉及第三产业，在合同性质及效力认定、违约事实认定和合同解除后果处理等方面存在较大争议。现以典型案例为基础，对企业承包经营合同纠纷案件的审理思路和裁判要点进行梳理、归纳和总结。

一、典型案例

案例一：涉及合同性质及效力的认定

A公司与B公司签订联合生产经营合同，约定A公司给B公司提供厂房，双方联合经营；B公司使用A公司的危险品生产许可证、营业执照等资质进行采购、生产、经营、运输，B公司不再另行申请；B公司实际承包经营合作生产项目，向A公司支付承包经营费。A公司取得安全生产许可证等相关证件后多次通知B公司安排生产，但B公司未予回复，故A公司请求解除合同。

案例二：涉及合同履行过程中违约事实及解除情形的认定

周某与C公司签订承包经营合同，由周某承包经营C公司的网吧，网吧

---

[*] 周清，商事庭审判长，法律硕士；肖洋，商事庭法官助理，法学硕士。

所在经营场所系C公司从D公司处租赁。后D公司以物业中心名义向C公司发出腾房通知，并强行断水断电导致周某无法继续经营网吧。周某认为C公司以欺诈手段骗取其签订承包经营合同，隐瞒案涉经营场所的真实租赁情况且未能保证其正常经营，构成根本违约，故诉请解除合同、返还承包费、赔偿损失。C公司认为周某签订合同时已明知案涉经营场所系租赁，周某未尽到相关注意义务，C公司并未构成违约。

案例三：涉及合同解除的时间确定及后果处理

E公司与F公司签订酒店承包经营合同，约定E公司将有经营使用权的酒店承包给F公司独立经营，同时提供酒店正常经营所需的营业执照、餐饮服务许可证等。后E公司向F公司发出通知称因F公司长期拖欠支付承包费、未经许可增加经营项目等违约行为要求解除合同。F公司以E公司未按约办理消防证照致其无法正常经营为由要求解除合同。

二、企业承包经营合同纠纷案件的审理难点

（一）合同性质及效力认定难

企业承包经营的模式较为多样，发包方与承包方之间通常签订承包经营合同以明确合作方式、承包费金额及支付方式、经营场所、违约条款及赔偿责任等。实践中，企业承包经营与租赁、挂靠、联营、合伙等模式存在一定的交叉和模糊之处，法律也没有进行明确界定，因此对企业承包经营合同的性质认定存在一定难度。其中，如果承包经营涉及某些特殊行业、准入许可等情形，则企业承包经营合同可能因违反法律法规强制性规定而无效，因此对企业承包经营合同的效力认定亦存在一定难度。

（二）合同履行过程中违约事实及解除情形认定难

企业承包经营合同纠纷案件中，发包方与承包方通常就拖欠承包费、未提供经营所需证照等违约事实争议较大。法院对双方合作期间实际履约情况

及违约事实的审查存在较大困难。在审理中，双方的争议焦点主要集中在哪一方构成违约并导致承包经营合同解除。当事人的违约行为是否属于足以导致合同解除的根本违约行为，真正导致合同解除的事由如何认定，在此类案件的审理中较难把握。

（三）合同解除的时间确定及后果处理难

企业承包经营合同系继续性合同。实践中，对于当事人是否具有合同解除权、合同是否已经解除、合同解除的时间点如何确定等往往存在较大争议。承包经营合同解除后，发包方通常会诉请要求承包方支付承包费、返还经营场所、恢复原状并承担违约责任，而承包方通常抗辩合同解除系因发包方违约导致，其应承担违约责任并赔偿损失。实践中，如何确定合同解除时间并对解除后果作出恰当处理，往往成为此类案件的难点。

三、企业承包经营合同纠纷案件的审理思路和裁判要点

审理此类案件时，法院应当注重处理好发包方与承包方之间的关系，平衡保护企业承包经营合同双方当事人利益，发挥承包经营在促进经营方式灵活化、多样化方面的功能。具体而言，法院应依据《民法典》合同编以及相关有名合同的规定，重点审查企业承包经营合同当事人之间的约定，厘清合同双方约定的权利与义务，确定合同的性质与效力。在查明合同实际履行情况后，认定合同双方在履行过程中是否存在违约及过错程度，并对承包经营合同是否应予解除或继续履行、何时解除，以及合同解除后承包经营场所及财产返还、相关费用结算、违约责任承担及损失赔偿等事项进行处理，实现双方当事人之间利益的平衡与救济。

（一）认定企业承包经营合同的性质与效力

1. 区分内部与外部关系

审理此类案件时，首先应注意区分内部关系与外部关系。内部关系，是

指企业承包经营合同双方即发包方与承包方之间的权利义务关系。对于当事人提出追加公司法定代表人为诉讼当事人并要求其承担连带责任的,法院应审查法定代表人在企业承包经营合同实际履行中的行为是否属于职务行为。若属于职务行为,则无需追加公司法定代表人作为承包经营合同关系的主体。

所谓外部关系,是指承包经营期间,承包方以发包方名义对外签订合同产生的债权债务关系。原则上应由发包方对外承担责任,发包方承担责任后可以根据企业承包经营合同的约定向承包方追偿。需要注意的是,外部主体起诉发包方要求清偿债务的案件不属于企业承包经营合同纠纷,应当另案处理。

2. 准确认定合同性质

企业承包经营、经营性房屋租赁、挂靠经营、联营等经营模式一般均以发包方(出租方、被挂靠方、联营体)的名义对外经营,上述模式之间存在一定的交叉与模糊之处,实践中应准确认定合同性质。一般而言,合同当事人签订名为"企业承包经营合同"或其他类似合同,约定当事人将企业营业执照及经营场所交给相对方,同时将企业经营权、资产或从业人员交给相对方管理,并收取相应承包费用的,此类合同性质应认定为企业承包经营合同。

需要注意的是,在经营性房屋租赁中,当事人签订的合同一般为租赁合同,合同的核心内容应为场地使用权的移转,因其中亦涉及营业执照等相关证照的办理,故该类合同同时包含证照使用或借用、房屋租赁两部分内容。对此,法院应根据合同当事人的陈述,审查在合同订立及履行过程中,双方的真实意思表示及对合同性质的理解,并结合合同实际履行情况审查是否符合企业承包经营法律关系的特征。

3. 主动审查合同效力

在认定案涉合同属于企业承包经营法律关系后,法院需主动审查合同效力。审查时,法院应特别注意企业承包经营合同所涉行业有无涉及国家限制经营、特许经营、特殊资质、特殊准入许可等情况。在部分实施从业准入的行业中,只有具备特殊资质的企业或个人方能开展经营业务,没有资质的主体往往采用承包经营的方式进行经营。如果法律对于特殊资质及特殊准入许可行业有相关强制性规定,则此类企业承包经营合同因违反法律强制性规定而无效。

如案例一中,A公司与B公司签订联合生产经营合同,约定B公司使用A公司的危险品生产许可证及营业执照进行生产经营,因违反《安全生产法》的强制性规定,该合同应认定为无效。

值得注意的是,在企业承包经营合同中,营业执照及其他相关证照如餐饮服务许可证的移交属于履行承包经营合同的正常行为,应与借用特殊资质的挂靠经营区分开来。一般而言,承包方以发包方名义、使用发包方证照经营且不涉及借用特殊资质的,企业承包经营合同应为有效。

企业承包经营合同还包括企业内部承包经营合同,是指企业与员工之间就企业经营目标和责任达成的承包协议,一般是企业所有者(总公司)将企业中的一个项目、部门或分支机构(分公司)发包给企业员工,类似于岗位责任制。实践中,此类合同订立的名称通常为"经营目标责任考核协议",约定承包方遵守公司相关目标考核制度并负责承包项目或分支机构的经营与管理。该类合同的实质是企业内部管理合同,只要不违反劳动法及其他法律法规,一般宜认定合法有效。

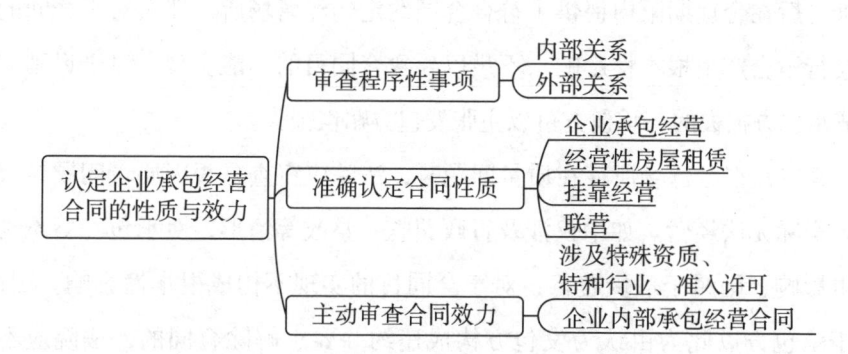

思维导图1 企业承包经营合同性质与效力的认定

(二)审查双方违约事实及是否构成合同解除情形

企业承包经营合同纠纷案件中,双方当事人往往认为对方存在违约行为导致合同解除。因此，对于违约事实及是否构成合同解除情形的审查，是查清此类案件事实的关键所在。

实践中，企业承包经营合同的必要条款主要包括：双方主体及承包经营期限、发包方及承包方的权利和义务、承包经营的方式和内容、承包所得收益的分配方式、承包经营期间对于原有人员的安排、劳动管理、违约责任、损失赔偿、相关资产设备的清点及移交程序等。法院应首先审查案涉企业承包经营合同的具体约定，再以此为基础审查合同履行过程中双方是否遵守合同约定。

1. 发包方常见违约事实审查

（1）未能提供或未及时移交符合约定的经营场所

发包方应提供符合承包经营合同约定的经营场所并及时移交给承包人，以实现承包经营的合同目的。实践中，发包方常见违约情形包括未及时移交提供经营场所，或虽提供经营场所但质量上存在瑕疵，导致承包方实际经营存在困难。

其一，发包方未按合同约定及时移交经营场所，属于迟延履行合同义务。若无证据证明双方就迟延移交达成一致意见，则发包方构成违约。若发包方经催告后在合理期限内提供了符合合同约定的经营场所，那么对于合同的实际履行不会产生根本性影响，不足以导致合同目的不能实现。对于迟延交付造成承包方损失的，承包方可以主张发包方赔偿损失。

其二，在经营场所存在质量问题时，法院应审查是否因质量问题导致承包方实际无法经营。如果仅涉及行政罚款、整改等情形，对承包经营不构成根本影响，则属于瑕疵履行，对于合同目的的实现不构成根本性影响。因此，对于承包方以此为由认为发包方构成违约并要求解除合同的，法院应不予支持。

（2）未能保证经营场所正常使用

发包方作为经营场所的提供者，理应对其实际情况明确知晓，并应保证经营场所正常使用不受第三方干涉。实践中多发生房屋租赁合同到期、动拆迁、行政性改造项目或产业结构调整等情形,导致经营场所无法继续使用。如果发包方提供的经营场所系从第三方租赁,合同双方对租赁期间与承包经营期间均应负有合理的注意义务,双方应了解经营场地的租赁期限能否保证经营场所在承包期内正常经营。若租赁期限早于承包期届满导致承包方未能正常经营,承包方应采取有效措施减少损失。由此造成承包经营合同未能正常履行的,双方均存在过错,不能单纯认定发包方违约。

如案例二中,承包经营合同签订时周某已了解案涉经营网吧的租赁期限早于承包期届满,且在收到业主发送的告知书要求将房屋腾空并返还时,周某应当知道无法继续经营。然而周某未采取任何措施减少损失,仍然继续经营,故周某与C公司均存在过错。在结算承包费时,法院应考虑双方的过错程度及实际承包情况酌情予以认定。

(3) 未能及时办理有效资质或及时移交相关证照

承包经营涉及的行业非常广泛,较为常见的包括服务业、建筑业等,在实际经营中需要相关证照,包括餐饮服务许可证、食品生产经营许可证、消防安全检查合格证、公共场所卫生许可证等。承包经营合同中已约定相关证照办理义务的,应按照约定进行审查。

如果合同已明确发包方办理、移交相关证照的具体期限,法院应审查发包方是否在约定期限前办理或移交证照。承包方举证证明因发包方怠于办理、移交相关证照对其实际经营造成严重不利影响。例如被行政执法机关作出责令罚款和停业等行政处罚的,发包方构成违约。需要注意的是,承包方明知自承包时起就没有相关证照,在经营期间亦未提出异议,在合作无法继续进行时以合同目的无法实现为由要求解除合同的,法院不应予以支持。

2.承包方常见违约事实审查

(1) 拖欠支付承包费

按约定支付承包费是承包方最基本的合同义务之一。承包费作为承包方获得承包经营权的对价,除发包方责任导致无法经营外,不论实际经营与否、实际盈利与否,承包方均应按时支付。未按约定及时支付承包费即构成违约。

实践中，法院应审查承包方是否具有正当抗辩理由，包括发包方未办理相关证照、未保证经营场所正常使用等，但上述事由应由承包方举证证明。如承包方未能充分举证，则其拖欠支付承包费的行为仍构成根本违约。

（2）违法经营及违约经营

承包方应按照企业承包经营合同约定的经营方式及法律规定开展承包经营。若承包方在经营场所进行违法犯罪活动或超出营业执照规定的经营范围，导致经营场所受到吊销营业执照或停业整顿等行政处罚的，则承包方构成根本违约，发包方有权要求解除合同。

（3）违反合同约定改造经营场所

承包方对于经营场所的使用应符合合同约定。承包方在经营过程中，未经许可对经营场所进行装修改动、扩建等，在发包方要求的合理期限内仍不恢复原状的，发包方可要求解除合同。

（4）违反合同约定转承包

合同约定不得转承包，承包方未经发包方同意转包给案外人以赚取承包费差价的，承包方构成违约。发包方以承包方未经同意转承包为由要求解除承包经营合同的，法院应予支持。

3. 导致承包方无法继续经营的行政事项审查

实践中，导致企业承包经营合同解除的事实还包括一些常见的行政事项，例如案涉经营场所动拆迁、被列入产业结构调整或行政性改造项目、系违章建筑或临时建筑被强制性关闭等。此时，承包方正常经营案涉经营场所的合同目的已不能实现，承包经营因缺乏继续履行的基础而无法继续，合同一般面临解除。

对此，法院应审查上述行政事项是新发生的事实还是合同订立前双方就能预见到的事实。如果合同订立时，双方已能预见此类行政事项的发生，则应审查合同中有无对此类事项发生时双方责任义务的约定：有约定的从约定，无约定的需审查发包方是否已尽到保证经营场所正常经营的义务及合理的注意义务。发包方未能提供证据证明其已经尽到合理注意义务的，构成违约。

如果造成实际无法经营的原因不可归责于发包方,系因合同双方均明知无法继续经营或其他不可预见、不可避免且无法克服的情况,发包方也没有隐瞒重大事项的,则不宜认定发包方违约,合同解除的后果及风险应由双方共同承担。

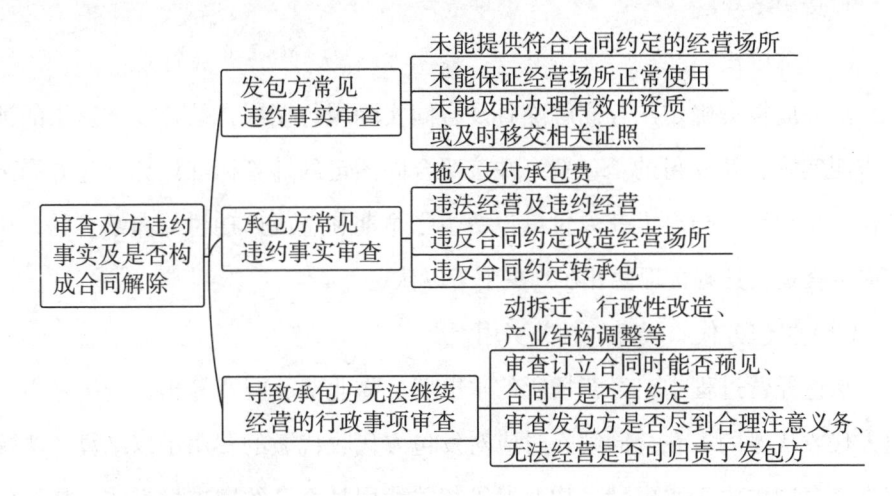

```
                              ┌─ 未能提供符合合同约定的经营场所
            ┌─ 发包方常见    ─┤   未能保证经营场所正常使用
            │  违约事实审查    │   未能及时办理有效的资质
            │                  └─ 或及时移交相关证照
            │
            │                  ┌─ 拖欠支付承包费
审查双方违约├─ 承包方常见    ─┤   违法经营及违约经营
事实及是否构│  违约事实审查    │   违反合同约定改造经营场所
成合同解除  │                  └─ 违反合同约定转承包
            │
            │                  ┌─ 动拆迁、行政性改造、
            │                  │  产业结构调整等
            └─ 导致承包方无法继续┤ 审查订立合同时能否预见、
               经营的行政事项审查│ 合同中是否有约定
                                │  审查发包方是否尽到合理注意义务、
                                └─ 无法经营是否可归责于发包方
```

思维导图 2 双方违约事实及是否构成合同解除的审查

(三)企业承包经营合同解除的时间确定及后果处理

企业承包经营合同解除的时间关系到承包费、代收代缴费等费用的计算期间,以及违约金、逾期利息的起算点认定,是此类案件审理中的关键事实。承包经营合同一方行使合同解除权的,法院审查后认为行使合同解除权符合合同约定或法律规定,应确认解除通知送达之日作为合同解除日。

经审查主张解除方并无解除权的,合同应继续履行,但双方诉讼中均同意解除合同的,以双方合意解除之日作为合同解除日。需要注意的是,承包方实际撤离、返还经营证照的行为只是合同解除后的处理事项,属于附随义务的履行,与合同解除时间的确认并无关联,不应以此作为解除企业承包经营合同的时间节点。

根据《民法典》第 566 条规定,合同解除后尚未履行的,终止履行;已经履行的,根据履行情况和合同性质,当事人可以请求恢复原状或采取其他补救措施,并有权请求赔偿损失。企业承包经营合同纠纷中,在确定合同效力、审查双方违约事实及是否构成解除情形、确定合同解除时间后,法院应根据双方当事人诉请对合同解除的后果进行处理,同时注意平衡双方的权利义务。

1. 费用结算

(1) 承包费

法院应根据确定的合同解除日及合同实际履行期限,结合双方提供的证据查明实际已经支付的承包费,并按照合同约定的计算标准计算承包方剩余未付的承包费。当事人就欠付承包费主张逾期利息或逾期付款滞纳金的,法院应审查是否具有合理性并在判决中予以认定。

(2) 发包方代收代缴的相关费用

承包经营过程中,经营场所的水电费、物业费、网费等相关费用是由发包方代收代缴的,在合同解除时应对发包方代收代缴的费用予以结算。法院应审查合同中对于水电费、物业费等相关费用是否已约定支付方式,是否包含在其他种类的费用中,避免重复计算。在计算水电费、物业费等费用时,应结合承包方实际撤离经营场所的时间而非合同解除的时间来认定。

(3) 经营过程中产生的应收账款、货款等

承包经营过程中,承包方以发包方的名义对外经营。如双方约定由承包方设立独立核算的账户收取承包经营收入,则不存在应收账款的返还问题;如承包方直接以发包方的银行账户对外经营,在承包经营期限到期后易发生应收账款的结算问题。在认定应收账款时,法院应注意将账户承包经营期限内的经营收益与其他资金进行区分,避免多算或错算。如承包方提供相关证据可以证明承包经营期限内的应收账款属于其与外部客户之间的应收货款,法院应予以支持。

(4) 押金与保证金

合同解除后,法院应对承包方在缔约时交纳的押金与保证金一并进行处理。企业承包经营合同对押金与保证金的返还有约定的,法院应审查相关约

定。因发包方违约导致合同解除的，发包方应全额退还承包方交纳的押金与保证金。承包方违约导致合同解除的，发包方在实践中通常直接没收押金或保证金。法院应审查承包方的违约行为是否符合合同约定没收押金或保证金的条件，如果符合可予以支持。

如案例三中，因承包方F公司欠付承包费的数额不足以构成根本违约，且发包方E公司明知F公司实际经营时私自增加项目，故不构成合同解除。然而，审理中双方对合同解除达成一致意见，故法院据此确定合同的解除时间，并对双方的实际支出进行必要清算，包括剩余承包费、保证金、垫付费用、税金、占用费等，符合公平原则。

2. 撤离经营场所并返还相关证照

企业承包经营合同解除后，承包方应及时撤离经营场所，并返还发包方提供的相关证照。需要注意的是，在合同双方对合同解除达成一致意见时，法院应当召集双方对经营场所的装修现状及设备情况进行确认，并促成双方及时进行经营场所的交接，避免损失进一步扩大。

3. 违约责任承担

（1）停业损失、因未及时返还经营场地造成的损失

因发包方未能保证经营场所正常使用、未提供相关证照等违约行为导致承包方无法继续经营的，承包方另行寻找经营场所并重新开始经营需要一定期限。因此，对承包方诉请要求发包方赔偿因其违约造成无法实际经营的损失，法院可酌情予以支持。

因承包方拖欠承包费、违约转承包等违约行为导致承包经营合同解除的，在承包方实际撤离经营场所前，承包方仍实际占有经营场所。发包方因无法使用经营场所，往往要求承包方支付合同解除至实际撤离期间的场地占用费损失、经营损失等。法院应结合发包方的举证情况，审查发包方所受损失的范围及大小。在发包方就损失进行合理举证的情况下，法院可适当参考承包费标准予以支持。然而在发包方可以采取适当措施减少损失扩大的情况下，发包方没有采取措施减少损失扩大的，对损失扩大部分应不予支持。如果案

涉经营场所系从第三方租赁的，还可参照租赁合同中的租金标准计算发包方的损失。

（2）装饰装修损失

企业承包经营合同中，对装饰装修、设施设备的费用有约定的，应按照合同约定进行处理；没有约定的，法院可参考租赁合同案件中对装饰装修残值损失的分担方式进行处理：

首先，承包方经发包方同意对经营场所进行装饰装修，合同解除时，除当事人另有约定外，未形成附合装饰装修物的，可由承包方拆除。因拆除造成经营场所毁损的，承包方应恢复原状。

其次，因发包方违约导致企业承包经营合同解除，承包方请求发包方赔偿其剩余承包期内装饰装修残值损失的，法院应予支持。相反，因承包方违约导致企业承包经营合同解除，承包方的上述请求，法院不应予以支持。发包方同意利用的，应在利用价值范围内予以适当补偿。双方对装饰装修物价值有争议的，可对装饰装修进行鉴定，评估现值损失。

（3）违约金

法院应结合合同履行过程中双方的主要违约事实进行审查，确定违约方应承担的违约责任。合同中对违约金有相关条款约定的，法院应严格审查违约情形：如果当事人的违约行为并非合同所约定支付违约金的违约情形，或该违约行为并非导致合同解除的原因，对于相对方要求支付违约金的诉请，法院应不予支持。

此外，在承包经营期限到期之前，合同双方可能因经营不善协商提前解除合同。此种情况属于合意解除，若协商解除过程中双方未对违约金作出特别约定，对于当事人要求赔偿违约金的，法院一般不予支持。

实践中，双方的履行行为可能均存在瑕疵，或存在一定程度的违约行为，因此当事人多要求对方支付违约金。法院在审查时应认定双方当事人的行为是否应适用过失相抵规则，以及是否构成与违约金金额相当的根本性违约：如果双方当事人的违约行为均未达到足以导致合同解除的根本性违约程度，且过错程度大致相当,则可以适用过失相抵规则。鉴于一般性的轻微违约行为所应承担的违约责任应当明显轻于根本性违约时的违约责任,因此法院应当结合违约行为的严重程度酌情确定违约金数额。

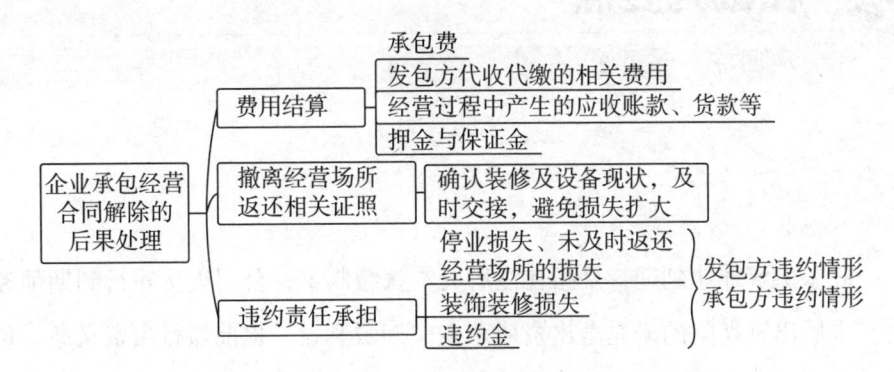

```
企业承包经营    ┌─ 费用结算 ─┬─ 承包费
合同解除的   │         ├─ 发包方代收代缴的相关费用
后果处理    │         ├─ 经营过程中产生的应收账款、货款等
         │         └─ 押金与保证金
         ├─ 撤离经营场所 ── 确认装修及设备现状,及时
         │  返还相关证照    交接,避免损失扩大
         └─ 违约责任承担 ─┬─ 停业损失、未及时返还  ┐
                       │  经营场所的损失      │ 发包方违约情形
                       ├─ 装饰装修损失        │ 承包方违约情形
                       └─ 违约金            ┘
```

思维导图 3　企业承包经营合同解除的后果处理

四、其他需要说明的问题

第一,"名为内部承包实为挂靠"的认定。对于以企业内部承包为名签订承包经营合同,成立分公司承接建设工程的,合同实质属于挂靠,相关的建设工程分包合同因借用资质而无效。"名为内部承包实为挂靠"的合同因涉及借用资质违反相关法律法规强制性规定,合同也属无效。具体处理应适用建设工程领域相关法律法规,故在本文中未予列明。

第二,企业承包经营合同被认定无效后,法院应对合同无效的后果进行处理。合同无效的后果处理及装饰装修设备残值损失的认定等内容,因篇幅所限在本文中未予列明,可参考本丛书第一辑中的《无效房屋租赁合同案件的审理思路和裁判要点》。

股东出资加速到期纠纷案件的审理思路和裁判要点

庞闻淙　梁春霞[*]

股东出资加速到期，是指在注册资本认缴制下，公司无法履行到期债务时，未届出资期限的未完全出资股东丧失期限利益，提前履行出资义务。司法实践中，公司已具备破产原因、股东抗辩公司具有清偿能力、裁判法律依据援引、债权人利益与股东出资期限利益平衡等方面的认定与处理存在一定难度，故有必要明确审理思路，促进法律适用统一。本文以《全国法院民商事审判工作会议纪要》第6条为基础，结合司法实践中的典型案例，对股东出资加速到期纠纷案件的审理思路和裁判要点进行梳理、提炼和总结。

一、典型案例

案例一：涉及公司已具备破产原因的认定

刘某、黄某系A公司股东，各认缴出资500万元，已实缴出资共25万元，认缴出资时间为2029年7月29日。根据另案生效判决，A公司应返还B公司占有使用费及押金共计20万元。B公司申请强制执行，法院通过全国法院网络执行查控系统调查查明A公司暂无财产可供执行，故裁定终结本次执行。此外，A公司被吊销营业执照且被列为失信被执行人，还存在其他多个执行案件。B公司起诉至法院，要求刘某、黄某在未出资范围内对未能执行到位的债权承担补充赔偿责任。经法院依法传唤，刘某、黄某无正当理由拒不到庭答辩。

---

[*] 庞闻淙，商事庭庭长，法学硕士；梁春霞，商事庭法官助理，法学硕士。

案例二：涉及股东抗辩公司具有清偿能力的审查

应某、韩某系C公司股东，其中应某认缴出资为735万元，韩某认缴出资为265万元，认缴出资时间为2035年10月9日。根据另案生效的仲裁裁决书，C公司应支付周某工资10万元。周某申请强制执行，法院穷尽执行措施后因C公司暂无财产可供执行，故裁定终结本次执行。周某起诉至法院，要求应某、韩某在未出资范围内对未能执行到位的债权承担补充赔偿责任。应某、韩某提供C公司资产负债表、与案外人的合作合同，证明C公司仍在正常经营、总体资产大于负债、对外存在应收账款，故C公司仍具有清偿能力。

案例三：涉及延长股东出资期限的认定

张某、陈某系D公司股东，其中张某认缴出资400万元，陈某认缴出资200万元，认缴出资时间为2020年1月1日。根据2020年4月10日另案生效判决，D公司应支付E公司货款及逾期利息共计350万元。2020年4月15日，张某和陈某召开股东会，决议延长股东的出资期限至2036年5月20日，并办理工商变更登记手续。2020年4月25日，E公司申请强制执行，法院穷尽执行措施后因D公司暂无财产可供执行，故裁定终结本次执行。E公司起诉至法院，要求张某、陈某在未出资范围内对未能执行到位的债权承担补充赔偿责任。

二、股东出资加速到期纠纷案件的审理难点

（一）相应的裁判缺乏明确法律依据

目前仅有《企业破产法》第35条和《最高人民法院关于适用〈中华人民共和国公司法〉若干问题的规定（二）》第22条第1款规定，在公司破产和解散时适用股东出资加速到期。《公司法》及其司法解释规定股东未履行或未完全履行出资义务时应承担违约责任，是指股东的出资期限已到期而未缴纳的情形。此外，《最高人民法院关于民事执行中变更、追加当事人若干问题的

规定》第17条规定的"未缴纳或未足额缴纳出资"亦系出资期限届满时的情形，不适用股东出资加速到期。《全国法院民商事审判工作会议纪要》第6条规定了公司在非破产与解散情形下股东出资应否加速到期，但该纪要并非法律规定或司法解释，不可援引作为裁判的法律依据。

（二）债权人利益与股东出资期限利益平衡难

在公司注册资本认缴制下，股东可以自由安排出资时间和期限，但当公司现有资产不足以清偿到期债务时，由于公司股东的出资义务尚未届出资期限，导致公司债权人的债权迟迟无法实现。实践中，存在出资协议或章程约定的出资时间过长，又或在出资期限即将届满之前决定延长出资时间，甚至根本未约定出资期限的情形。在产生纠纷时，债权人主张股东出资义务系法定义务，公司无法清偿到期债务时股东便丧失了出资期限利益，应适用出资加速到期；股东往往抗辩其未届出资期限，应享有期限利益，不应适用出资加速到期。因此，如何平衡保护债权人利益与股东出资期限利益，司法实践中观点不一。

（三）公司已具备破产原因认定难

《全国法院民商事审判工作会议纪要》第6条将公司"已具备破产原因"作为认定股东出资加速到期的重要条件，但对于公司处于何种状态即属于"已具备破产原因"并未明确，导致司法实践中对此认定标准不一，裁判结果亦不尽相同。在股东出资加速到期纠纷案件中，债权人往往会提供终结本次执行程序裁定书以证明公司已具备破产原因。在股东拒不到庭的情况下，法院是否可仅凭终结本次执行程序裁定书即认定公司已具备破产原因，还是需要结合其他因素综合考量认定，司法实践中存在争议。

（四）股东抗辩公司具有清偿能力审查难

该类案件中，股东作为被告往往抗辩公司具有清偿能力，并非资不抵债，不应适用股东出资加速到期。为此，股东往往会提供公司的资产负债表、审计报告、资产评估报告、另案生效判决或与案外人的合同。对于股东提供的上述或类似证据，法院在证据的真实性审查方面存在一定难度，特别是涉及与案外人的合同，不排除股东为逃避债务而签订虚假合同。

三、股东出资加速到期纠纷案件的审理思路和裁判要点

法院在审理此类纠纷时应坚持"原则加例外"的处理原则，即原则上不支持股东出资加速到期，但在例外情形下应予以准许。对于例外情形的审查应审慎灵活把握股东出资加速到期的构成要件，即从诉讼主体、出资条件、执行条件、破产条件等方面进行综合考量，并严格审查股东的抗辩，注重股东出资期限利益与债权人利益之间的平衡保护，最终对是否适用股东出资加速到期作出裁决。

（一）诉讼主体的审查要点

股东出资加速到期纠纷案件中，根据诉讼程序的不同，债权人、公司及股东的诉讼地位亦有所区别。执行程序中，债权人可以申请直接追加股东为被执行人；诉讼程序中，债权人可以单独起诉股东，亦可同时起诉公司和股东。

1. 债权人直接在执行程序中变更、追加股东为被执行人

依据《最高人民法院关于民事执行中变更、追加当事人若干问题的规定》第17条规定，债权人可直接在执行程序中变更、追加股东为被执行人，但该条规定的"未缴纳或未足额缴纳出资的股东"是针对出资期限届满的情形，对于认缴出资期限未到期的股东并不适用。对此，我们认为在此类案件执行程序中不应直接变更、追加股东为被执行人，应在诉讼程序中进行实体审理，综合审查判定股东是否适用出资加速到期。

2. 提起执行异议之诉主张或撤销股东出资加速到期

如向法院申请追加股东为被执行人被驳回后，债权人可据此提起执行异议之诉主张股东出资加速到期，此时债权人为原告，股东为被告。而债权人

申请追加股东为被执行人获得法院支持时，股东亦可据此提起执行异议之诉要求撤销该执行裁定，此时股东为原告，债权人为被告。因此，在此类申请执行人执行异议之诉纠纷案件中，债权人与股东均可能成为原告或被告。

3. 债权人同时起诉公司及股东

在证据充分的情况下，债权人可在同一案件中同时起诉公司和股东，此时债权人为原告，公司和股东为被告。此类案件的案由应根据债权人与公司之间的纠纷性质予以确定。然而，股东出资是否加速到期的前提条件之一是公司无法清偿债权人的到期债务，故在债权人与公司之间债权债务尚不确定的情况下，不宜在债权人与公司之间的纠纷案件中一并起诉股东。

4. 债权人单独起诉股东

债权人单独起诉股东的，债权人为原告，股东为被告。为查明事实，部分案件可将公司列为第三人。此种情形下，案件的案由大多为股东损害公司债权人利益责任纠纷，而债权人往往在该案诉讼之前已起诉公司，获得法院生效胜诉判决并已申请强制执行。因公司无财产可供执行，法院裁定终结本次执行程序。

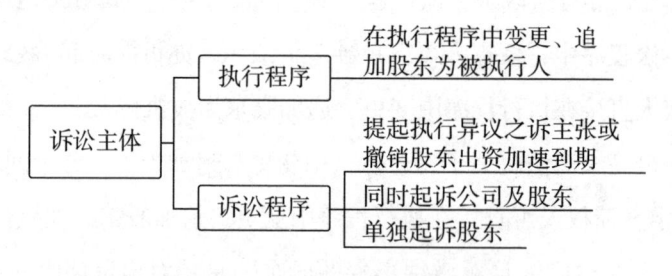

```
                           ┌─ 执行程序 ── 在执行程序中变更、追加股东为被执行人
                           │
                           │            ┌ 提起执行异议之诉主张或撤销股东出资加速到期
             诉讼主体 ──┤            │
                           └─ 诉讼程序 ─┤ 同时起诉公司及股东
                                        │
                                        └ 单独起诉股东
```

思维导图1　诉讼主体的审查要点

（二）出资条件——股东出资未届期且出资未完成的审查要点

公司注册资本认缴制的核心是出资期限自由。一般而言，公司或债权人在股东完成出资时间点前不能要求股东提前履行出资义务。此时，适用股东出资加速到期的前提是股东出资未届期且出资未完成。因此，法院应审查股东认缴出资金额、认缴出资期限及实缴出资情况。

需要注意的是，实缴出资的认定应根据公司章程、工商登记确定的认缴出资金额及认缴出资期限进行审查，审查对象应包括货币出资和非货币财产出资。

（三）执行条件——穷尽执行措施无财产可供执行的审查要点

股东出资加速到期纠纷案件中，"人民法院穷尽执行措施无财产可供执行"往往是依据法院终结本次执行程序的裁定予以认定。关于终结本次执行程序裁定，需区分两种不同的情形。

1. 严格按照法定程序作出的执行裁定

根据《最高人民法院关于严格规范终结本次执行程序的规定（试行）》第3条规定，严格按照法定程序作出的终结本次执行程序裁定，即法院已穷尽财产调查措施：（1）对申请执行人或者其他人提供的财产线索进行核查；（2）通过全国网络执行查控系统对被执行人的存款、车辆及其他交通运输工具、不动产、有价证券等财产情况进行查询；（3）无法通过网络执行查控系统查询上述财产情况的，在被执行人住所地或者可能隐匿、转移财产所在地进行必要调查；（4）被执行人隐匿财产、会计账簿等资料且拒不交出的，依法采取搜查措施；（5）经申请执行人申请，根据案件实际情况，依法采取审计调查、公告悬赏等调查措施；（6）法律、司法解释规定的其他财产调查措施。

2. 未严格按照法定程序作出的执行裁定

终结本次执行裁定的出具未按照前述规定履行必要程序的，法院在审查时，不能仅依据该终本裁定作为认定穷尽执行措施无财产可供执行的依据。此外，如在强制执行案件执行程序进行中，债权人同时起诉股东要求其承担补充赔偿责任的，由于是否能够执行到位尚不确定，故法院一般应认定无证据证明法院穷尽执行措施后公司仍无财产可供执行，不应适用股东出资加速到期。

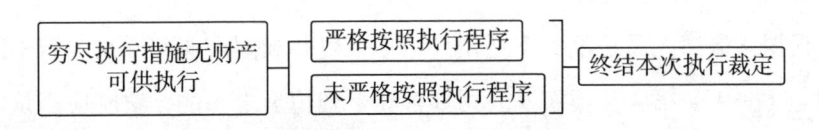

思维导图2　执行条件审查要点

（四）破产条件——公司已具备破产原因而不申请破产的审查要点

依据《企业破产法》第 2 条、《最高人民法院关于适用〈中华人民共和国企业破产法〉若干问题的规定（一）》第 1 条、第 2 条、第 4 条规定，公司已具备破产原因是指符合以下两种情形之一：（1）公司不能清偿到期债务且公司资产不足以清偿全部债务；（2）公司不能清偿到期债务且公司明显缺乏清偿能力。

司法实践中，关于公司已具备破产原因的认定，我们认为债权人依据法院终结本次执行裁定主张股东出资加速到期，仅是初步证明债务人公司具备破产原因。法院应当按照《企业破产法》规定审查公司是否已具备破产原因，包括依法传唤公司及其股东等相关利害当事人，对公司资产状况及终结本次执行裁定情况进行必要审查。在此基础上，如无相反证据证明公司资产足以清偿债务或具有清偿能力，且债权人与公司均不申请破产的，法院可作出股东出资加速到期的裁决。具体而言，法院可以从以下几方面来综合审查认定公司已具备破产原因而不申请破产。

1. 资产不足以清偿生效判决确定的债务

资产不足以清偿生效判决确定的债务通常是指：（1）公司存在一个或多个被执行案件，法院通过全国法院网络执行查控系统执行调查查明，被执行人无车辆、股权、银行存款以及房地产等可供执行的财产，申请执行人亦不能提供被执行人可供执行的财产线索，故严格按照法定程序裁定终结本次执行程序。在此情形下，法院可认定公司资产已然不足以清偿生效判决确定的债务。（2）公司的资产负债表、审计报告或资产评估报告等显示其全部资产不足以偿付全部负债的，如依据公司年报信息中资产负债数据认定企业负债大于资产。

2. 明显缺乏清偿能力

根据《最高人民法院关于适用〈中华人民共和国企业破产法〉若干问题的规定（一）》第 4 条规定，公司如存在下列情形之一的，法院应当认定其明显缺乏清偿能力：（1）因资金严重不足或财产不能变现等原因，无法清偿债务；（2）法定代表人下落不明且无其他人员负责管理财产，无法清偿债务；（3）经法院强制执行，无法清偿债务；（4）长期亏损且经营扭亏困难，无法清偿债务；（5）导致债务人丧失清偿能力的其他情形。

3. 公司处于停业状态

公司处于停业状态的已不具备经营主体资格，已丧失因继续经营的可预期清偿能力，法院可将此作为认定公司已具备破产原因的考量因素之一。司法实践中，公司处于停业状态主要涉及下列情形：（1）公司已经停止经营；（2）因联系不上公司登记的住所，公司被市场监督管理局列为经营异常；（3）公司受到行政处罚被吊销营业执照；（4）注册地址已由他人使用，且无其他具体经营地址及联系方式。

4. 公司股东未答辩

大部分股东出资加速到期纠纷案件中，如经法院依法传唤，股东无正当理由拒不到庭，法院可将此作为认定公司已具备破产原因的考量因素之一。司法实践中，股东未答辩主要涉及以下两种情形：（1）股东失联且涉及大量诉讼；（2）法院向股东身份证所载住址邮寄送达法律文书，均因原地址查无此人或迁移新址不明被退回，后经公告送达但股东仍未到庭答辩，亦未提供书面意见。

如案例一中，B公司申请强制执行，法院通过全国法院网络执行查控系统调查查明，A公司已无可执行的财产，裁定终结本次执行程序。此外，A公司被吊销营业执照且被列为失信被执行人，且A公司还存在其他多个执行案件，股东刘某、黄某无正当理由拒不到庭答辩。综上，法院认定A公司资产不足以清偿到期债务，明显缺乏清偿能力，已具备破产原因。

5. 不申请破产

在股东出资加速到期纠纷案件审理过程中，法院应询问双方当事人是否申请公司破产或公司是否已进入破产程序。如果在诉讼审理或执行过程中，公司进入破产程序的，法院应裁定驳回债权人的起诉或中止执行，并告知债权人向破产管理人申报债权。

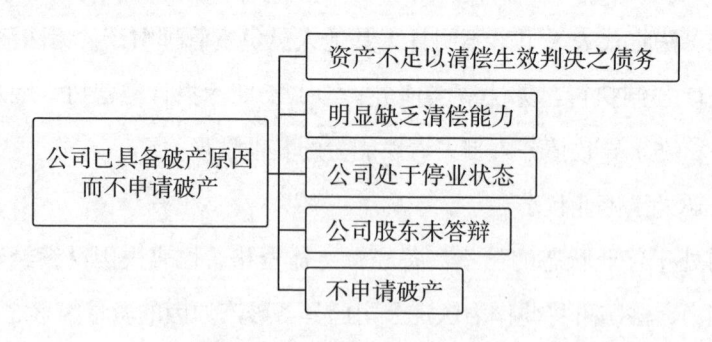

```
                    ┌─ 资产不足以清偿生效判决之债务
                    ├─ 明显缺乏清偿能力
公司已具备破产原因 ──┼─ 公司处于停业状态
而不申请破产        ├─ 公司股东未答辩
                    └─ 不申请破产
```

思维导图3　破产条件的审查要点

（五）股东抗辩公司具有清偿能力的审查要点

股东作为被告抗辩公司具有清偿能力并未资不抵债，不应适用股东出资加速到期，一般会提供以下证据：（1）提供公司资产负债表、审计报告或资产评估报告，证明公司资产大于负债，具备清偿能力；（2）提供公司另案生效判决，证明公司对外享有确定债权，具备清偿能力；（3）提供公司与案外人的合同，证明公司尚在持续经营之中，对外具有可期待收益；（4）提供股东著作权证书、专利权证书、商标权证书、App运行截图及其用户统计情况等，证明公司处于运营状态、拥有核心知识产权、具有较高的市场价值等。

针对股东的抗辩及其提供的相应证据，法院应从真实性、合法性和关联性上予以审查，并结合债权人的质证意见综合认定证据效力。法院应先认定证据效力，再确定证明力大小，并审查是否达到高度盖然性的证明标准，从而判定是否采信股东的抗辩。如股东抗辩公司具有清偿能力成立，法院应驳回债权人要求股东出资加速到期的诉讼请求；如股东抗辩公司具有清偿能力不成立，法院应综合审查认定是否适用股东出资加速到期。

如案例二中，法院应对股东应某、韩某提供的C公司资产负债表及与案外人合作合同的真实性、合法性和关联性予以审查，必要时可联系与C公司签订合同的案外人，从合同签订时间、合同内容、双方实际履行情况等方面审查合同真实与否，并对其中公司的可期待收益予以审查。如上述两份证据的真实性、合法性和关联性均予以认可，且上述证据能够证明C公司具有清偿能力，法院可认定股东抗辩成立，驳回债权人要求股东出资加速到期的诉讼请求。

需要注意的是，在大部分的股东出资加速到期纠纷案件中，股东经法院依法传唤无正当理由拒不到庭参加诉讼的，应视为放弃对债权人提交的证据进行质证和对债权人陈述进行反驳的权利。

（六）延长股东出资期限的审查要点

在公司债务产生后，公司股东会可能通过决议延长股东的出资期限，以逃避公司不能履行债务时要求股东履行补足出资的义务。此种情形本质上属于公司放弃即将到期的对股东的债权，损害了公司债权人的利益，公司债权人有权请求撤销。具体而言，在公司债务产生后，公司股东会决议延长股东出资期限的，债权人可申请撤销该延长的出资期限，并请求股东按原约定的出资期限履行出资义务。

如案例三中，在另案生效判决之前，两位股东的原出资期限便已到期，但两位股东在另案生效判决作出后召开股东会，决议延长股东出资期限至2036年5月20日，该行为存在明显恶意，严重影响债权人E公司债权的实现。此种情形下，对于股东张某、陈某应适用股东出资加速到期。需要说明的是，债权人可申请撤销的延长出资期限决议是指"在公司债务产生后"，因为公司及其股东对公司债务是否存在应当是知晓的，债权人的胜诉判决只是法院判断债务是否真实存在的依据。

四、其他需要说明的问题

首先，由于公司法定资本制度历经修改变化，本文仅讨论2013年《公司法》修正后公司注册资本认缴制下的非破产、非解散情形中，除一人有限责任公司之外的有限责任公司的股东出资加速到期。

其次，股东出资加速到期纠纷案件中，股东承担的是补充赔偿责任，其责任范围以其认缴的未出资范围为限。在部分案件中，债权人主张股东出资加速到期，要求股东承担连带责任，此时法院应向其释明，债权人应明确其诉讼请求。

最后，《公司法（修订草案）》于2021年12月24日向社会公开征求意见。该修订草案第48条规定了股东出资加速到期，与《全国法院民商事审判工作会议纪要》第6条规定的总体精神一致，但具体内容有一定出入。例如该修订草案规定公司和债权人均可向股东主张出资加速到期，但对"公司已具备破产原因而不申请破产"未作规定，因《公司法》修订尚未确定，故本文暂未讨论公司向股东主张出资加速到期的情形，待《公司法》正式修订颁布后对本文再予以细化修正。

4 执行、程序篇

财产保全执行案件的办理思路和执行要点

唐卓青 叶煜楠[*]

财产保全是指人民法院在案件受理前或者诉讼过程中，为保证将来生效判决的顺利执行或避免财产损失，根据一方当事人的申请或者依职权，依法对被保全人名下的财产采取的查封、扣押、冻结等强制执行措施。司法实践中，被保全人隐匿、转移或者毁损保全对象的情形时有发生，因超标的保全等侵害被保全人权益的情形也偶有发生。因此，法院在办理此类案件过程中，既要提高保全规范化水平和效率以保障申请保全人的权益，也要防止因超标的保全等侵犯被保全人的合法利益。本文结合司法实践中的典型案例，对此类执行案件的办理思路和执行要点进行梳理、提炼和总结。

一、典型案例

案例一：涉及土地及在建工程的保全

某民间借贷纠纷诉讼过程中，张某申请对 A 公司名下位于外省市的土地进行查封。查封前，房地产开发商已就土地上的在建工程办理了商品房预售许可证，且已预售上百套房屋。B 法院依法向自然资源确权登记事务中心送达协助执行通知书及查封裁定，要求一并查封土地及地上在建工程。考虑到采取司法查封可能会引发群体性纠纷，该中心拒绝签收有关法律文书。执行法官在释明拒不协助办理的法律后果并留置送达法律文书后，该中心按时办理了查封。

---

[*] 唐卓青，执行局副局长，法律硕士；叶煜楠，执行局法官助理，法学硕士。

案例二：涉及超标的保全的确定

某合同纠纷诉讼过程中，孙某申请对沈某名下财产进行保全，保全金额为4亿元。C法院查封沈某名下价值2.6亿余元的房产后，对沈某持有的7家有限责任公司的股权予以冻结。后沈某以上述7家公司注册资本共计1.7亿余元、C法院构成超标的冻结为由提出执行异议。

案例三：涉及股票保全顺位的确定

D公司在E、F法院均有涉诉，两案原告均申请对D公司持有的2000万股上市公司股票进行冻结。同一交易日内，E法院向中国证券登记结算有限责任公司上海分公司送达冻结法律文书，F法院则向证券公司送达冻结法律文书要求协助冻结D公司的资金账户和证券账户。后E、F法院就冻结的顺位产生争议层报共同上级法院协调。

案例四：涉及非上市股份有限公司股权保全顺位的确定

某金融借款合同纠纷诉讼过程中，G银行申请对H公司持有的非上市股份有限公司I公司股权予以冻结。J法院冻结I公司股权时仅向该公司送达了冻结法律文书。另案王某申请冻结H公司持有的I公司股权时，K法院向I公司所属的市场监督管理机关送达了冻结法律文书。由于J、K法院均主张其为生效冻结，双方未能就股权保全顺位协商一致，遂层报共同上级法院协调处理。

二、财产保全执行案件的办理难点

（一）查封已预售的在建工程易引发群体性纠纷

因司法查封产生禁止权利转移的法律效力，在查封部分或全部预售的在建工程后，已支付购房款的买受人无法自行办理房产证。该类情形下，司法实践中易产生两个问题：一是跨省市查封在建工程时，因担心涉及范围广，部分外地协助机构积极性不高、协助保全不力。如案例一中，外省市自然资源确权登记事务中心出于担心引发本地群体性纠纷考虑，协助查封土地及地上在建工程的积极性较低。B法院虽依法享有罚款、拘留的权力，但实践中跨省进行处罚存在一定的阻碍因素。二是符合法律规定的房屋买受人虽可通过保全异议程序排除保全,但群体性诉讼导致异议审查、维稳等部门压力较大。

(二)超标的保全界定易绝对化

法院采取财产保全时严禁超标的保全,但查封财产价值超过申请保全标的额并不必然构成超标的保全。原因在于:一是保全对象价值难以固定。如不动产、动产等保全对象价值一般依据市场交易价格进行估算,但该价格仅具有参考性,并可能随市场变化发生明显波动。如案例二中,沈某认为股权价值等同于公司注册资本,因无法确定公司股权明确价值,C法院裁定驳回其保全异议。二是保全对象负担优先受偿权。保全财产设有抵押权、质押权等法定优先权直接导致可供保全价值减少。三是保全对象能否分割影响保全价值。如保全对象为不可分割物且被保全人名下无其他相应价值的替代财产,查封财产价值虽超过申请保全标的额,但应认定不构成超标的查封。

(三)非上市股份有限公司股权保全争议多

根据《公司法》第32条和《市场主体登记管理条例》第9条规定,非上市股份有限公司发起人的姓名或者名称属于登记事项,登记机关对非发起人的股东变更情况的公示不作强制要求。司法实践中,由于非上市股份有限公司股东实际持股数与对外公示持股数往往存在不一致易引发争议:一是登记股份数额与被保全人实际持有股份数量不一致时,执行法院如何判断冻结范围;二是多家法院分别向目标公司或市场监督管理机关送达法律文书要求冻结同一股权时,如何确定保全顺位。

(四)一体财产分割登记落实难

依据《最高人民法院关于在执行工作中进一步强化善意文明执行理念的意见》第4条规定,需要查封的不动产整体价值明显超出债权金额又无法分割查封的,法院有权要求相关部门办理分割登记。由于实践中将不动产整体登记在同一权利证书涉及规划等因素的综合考量，分割登记往往难度较大。自然资源确权登记事务中心为避免影响第三人利益，往往亦会拖延或借故拒绝协助。因此，虽然法院有权要求相关部门办理分割登记，但司法实践中不动产难以分割登记的情形依然较为常见。

三、财产保全案件执行的思路和要点

执行的主要价值在于最大限度兑付胜诉当事人的权益，维护执行依据的公信力；而财产保全制度的设立初衷在于保护当事人的私权、保障诉讼程序顺利进行、便于执行工作有效推进，从而维护司法权威。法院在办理财产保全案件时，首先，要对申请保全人提供的财产信息或具体财产线索进行形式审查。其次，按照确定价值、采取强制执行措施、确认保全顺位的程序迅速对被保全人名下的财产或争议标的进行控制，既确保足额保全以保障申请保全人的利益，又要避免超标的保全对被保全人利益造成损害。最后，保全措施完成后，法院应当及时告知双方当事人查控结果，并释明异议救济途径。

（一）审查保全申请事项

根据《最高人民法院关于人民法院办理财产保全案件若干问题的规定》第10条、第11条规定，当事人申请财产保全应当提供明确的财产信息或具体财产线索。对于当事人提供明确财产信息的，执行法院需尽到谨慎审查义务。出于保全效率和效果的考量，执行法院应要求申请保全人书面提供详细的财产权利归属及负担、估价、占有使用情况等内容。申请保全人提供财产线索申请保全时，可以一并书面申请法院通过网络执行查控系统查询被保全人的财产。执行法院借助该系统对被保全人的财产进行查询，并在裁定保全的财产或者保全数额范围内采取相应的查封、扣押、冻结措施。

（二）实施七类常见财产的保全措施

司法实践中，对于常见、易查找的银行存款、不动产、动产、股票、股权、债权、知识产权等七类财产，被申请保全的概率相对较大。剖析上述财产类型的保全步骤，能够最大程度上覆盖财产保全的难点和要点，并对特殊财产的保全提供参考。对于其他新类型财产，执行法院在参照普通财产保全思路的基础上，坚持及时保全、信息公开的基本原则采取保全措施。

1. 银行存款

（1）银行存款的冻结

保全对象为银行存款的，执行法院根据申请保全人提供的详细账户信息，首先通过网络执行查控系统确认账户能否被系统查询并进行网络冻结。实践中因银行反馈不全面等原因，网络执行查控系统无法查明被保全人名下所有账户。对于系统无法查询或不支持网络冻结的银行账户，执行法院需向相关银行出具冻结裁定及协助冻结通知书，以保全裁定载明金额为限要求银行协助冻结被保全人名下的银行账户内资金。

（2）特殊账户的冻结

除法律另有规定外，执行法院原则上不得对以下特殊账户或特殊资金采取冻结措施：①涉民生保障性质账户或资金，如国有企业下岗职工基本生活保障资金、企业职工建房集资款、企业自列职工住房基金等；②涉党政军性质账户或资金，如工会经费、党费以及军队、武警部队一类保密单位开设的"特种预算存款""特种其他存款"和连队账户的存款等；③专用账户或资金，如存款准备金、备付金、封闭贷款结算专户资金等。涉及被保全人基本生活需要的账户或资金，应采取审慎冻结的原则，避免影响其基本生活。

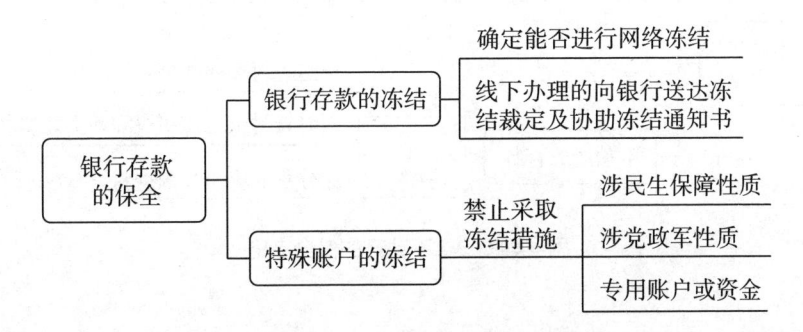

思维导图 1　银行存款的保全措施

2. 不动产

（1）不动产价值的确定

对于不动产价值的审查，执行法院主要考量该不动产的具体位置、面积、相关税费、户型结构等因素，同时参照类似地段、类似面积的其他同一类型不动产近期交易价格进行确定。

（2）不动产的查封

保全对象为土地时，执行法院首先要求申请保全人确定地上是否有建筑物或在建工程。若该土地仅为空地，执行法院向土地所属区域的自然资源确权登记事务中心送达协助执行通知书及查封裁定，要求协助查封土地使用权。若该土地上存在无证建筑物或在建工程，根据房地一体原则，执行法院一并查封地上建筑物（包括竣工工程和在建无证建筑物）和土地使用权。

查封被保全人名下房屋的，查封手续同上。对于不动产整体价值明显超出保全标的额且可以分割查封的，应当分割查封，并在协助执行通知书上明确所查封的具体部位。除房屋与土地所有权分别属于被保全人、第三人情形外，房屋查封效力及于地上建筑物使用范围内的土地使用权。

根据《最高人民法院关于人民法院民事执行中查封、扣押、冻结财产的规定》第7条规定，查封不动产的，人民法院应当张贴封条或者公告，并可以提取保存有关财产权证照。

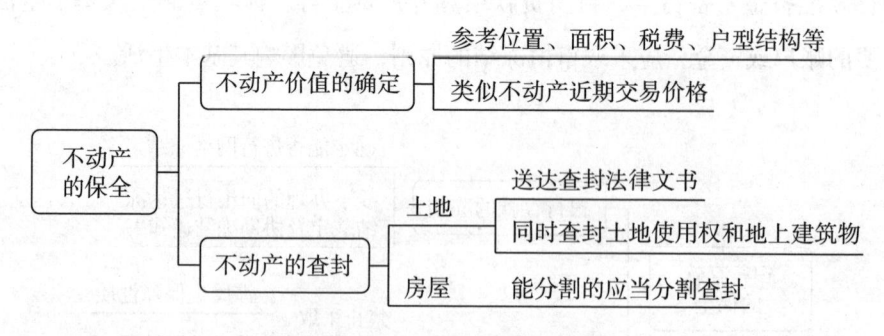

思维导图2　不动产的保全措施

3. 动产

（1）动产价值的确定

对于车辆、船舶等特殊动产的价值，执行法院需综合类型品牌、使用年限、牌照价值、市场交易价格等加以确定。财产保全的主要目的在于限制权利转移，是否实际控制该动产不作为估值考量的因素。

（2）动产的查封与扣押

申请保全人申请保全动产的，应当提供该动产的权属证明、实际控制人、占有使用情况及具体位置。船舶作为特殊动产，地方法院受理该类财产保全申请的，一般可自行办理保全手续，但对于《海商法》第3条规定的海船等，可以委托船籍港所在地或者船舶所在地的海事法院保全。

第一，保全对象为已经办理登记的机动车的，执行法院应向车辆管理部门送达查封裁定及协助执行通知书。申请保全人能够提供车辆具体所在地的，应对车辆予以扣押并张贴封条或公告，由法院直接保管或委托第三人保管，保管期间禁止使用。执行法院应及时向申请保全人释明，车辆保管所产生的费用作为实际支出费用，将在执行中优先支付。扣押尚未进行权属登记的车辆，经被保全人申请，扣押期间准许办理权属登记手续。第二，保全对象为生产设备、原材料、半成品、产品的，执行法院应制作清单载明品名、型号、数量等，并在相关动产上张贴封条或公告。第三，保全对象为其他未办理登记的动产的，应由申请保全人提供权属证明。若被保全人承认动产归其所有或动产虽保管于第三人处但第三人认可归被保全人所有的，执行法院可采取查封、扣押措施。

至于查封动产是否必须扣押，执行法院应当综合考虑案件标的、允许使用是否导致动产价值贬损以及双方当事人利益平衡保护予以确定。若动产价值明显高于案件标的，继续使用不影响财产变现的，执行法院应当采取"活封"方式；若继续使用将导致动产价值贬损，执行法院需考量动产价值贬损后能否覆盖保全标的额以及对被保全人生产、生活的影响程度决定是否扣押财产。

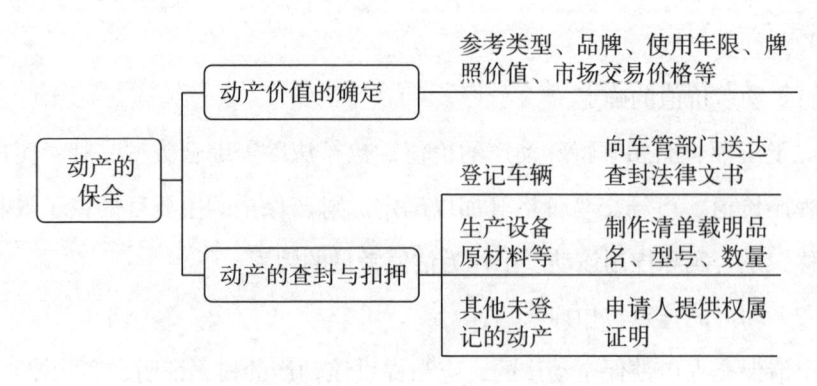

```
                                    ┌─ 参考类型、品牌、使用年限、牌
                    ┌─ 动产价值的确定 ─┤
                    │                └─ 照价值、市场交易价格等
                    │
          动产的     │                ┌─ 登记车辆 ──── 向车管部门送达
          保全 ─────┤                │              查封法律文书
                    │                │
                    │                │  生产设备   制作清单载明品
                    └─ 动产的查封与扣押┤  原材料等   名、型号、数量
                                     │
                                     │  其他未登   申请人提供权属
                                     └─ 记的动产   证明
```

思维导图 3　动产的保全措施

4. 上市公司股票

（1）价值的确定

根据《最高人民法院关于在执行工作中进一步强化善意文明执行理念的意见》第7条规定，上市公司股票的价值以冻结前一交易日收盘价为基准，结合股票市场行情，一般在不超过20%的幅度内合理确定。对于质押股票的冻结，根据《最高人民法院、最高人民检察院、公安部、中国证券监督管理委员会关于进一步规范人民法院冻结上市公司质押股票工作的意见》第2条规定，执行法院需按照冻结非质押股票的计算方式，在协助执行通知书中载明需要冻结的股票数量。

（2）上市公司股票的冻结

对于实行托管的上市公司股票，中登公司和证券公司均可办理冻结，执行法院需向其送达协助执行通知书及冻结裁定。执行法院要求中登公司协助冻结的，根据股票上市交易场所不同，分别由中登公司北京、上海、深圳分公司协助冻结。证券公司自营或者未实行托管的股票，依法由中登公司办理冻结手续。需要说明的是，根据《最高人民法院关于冻结、拍卖上市公司国有股和社会法人股若干问题的规定》第5条规定，冻结上市公司国有股和社会法人股7日内，执行法院应当书面通知该上市公司。

因上市公司股票流通的特殊性，协助机构对于协助冻结内容要求更为具体、严格，司法实践中执行法院可根据协助机构提供的协助冻结模板进行填写,并明确冻结的效力是否及于孳息。

(3)冻结效力

执行法院通过证券公司冻结上市公司股票的,冻结效力即刻生效,股票冻结后无法进行交易;通过中登公司协助冻结的,冻结效力在当日收市15:00完成清算交收后方能生效,股票在当日15:00之前仍然可以交易。多家法院就同一股票于同一交易日分别向证券公司和中登公司送达法律文书要求协助冻结的,首先向证券公司送达冻结法律文书的执行法院的冻结为生效冻结,其余均为轮候冻结。如案例三中,同一交易日内,F法院首先向证券公司送达冻结法律文书,则其为生效冻结,E法院为轮候冻结。

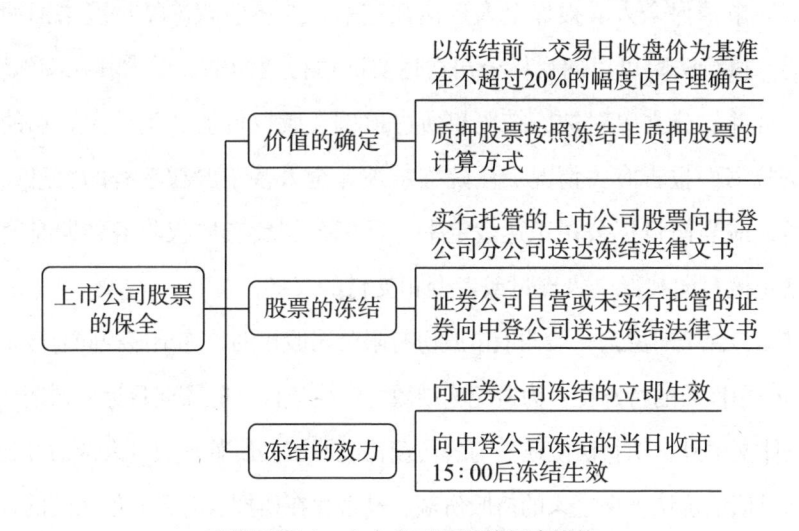

思维导图4 上市公司股票的保全措施

5.公司股权

为行文方便,该节所指"公司股权"不仅包括非上市股份有限公司、有限责任公司的股权,还包括合伙企业的财产份额等。

(1)价值的确定

不同于实物财产,股权价值往往缺少市场交易参照价格。同时,股权因其瑕疵隐蔽性、权利负担封闭性等特征,非经专业机构评估难以准确判断其价值。因此在保全阶段,除非被保全人能提供材料证明股权价值,否则被保全股权的价值应由执行法院综合考量以下因素后确定：①公司注册资本或实缴资本；②公司经营情况，包括市场监督管理机关有无将其列入经营异常名单、有无预警提醒信息、公司资产负债表等。

（2）股权的冻结

执行法院冻结股权，应当制作冻结裁定书、协助执行通知书。执行法院冻结标的包括股权及其相应收益。

其一，保全对象为有限责任公司股权的，执行法院应当根据申请保全人提供的股权线索向目标公司登记注册所在地的市场监督管理机关送达冻结法律文书，要求其冻结公示，并不得办理被冻结股权的转移手续。同时，执行法院应向申请保全人、被保全人送达裁定书，并将股权冻结情况书面通知目标公司。执行法院可以向目标公司送达协助执行通知书，要求其在实施增资、减资、合并、分立等对被冻结股权所占比例、股权价值产生重大影响的行为前向法院书面报告有关情况。法院冻结被保全人基于股权享有的股息、红利等收益，应当向目标公司送达裁定书，目标公司负有股权收益到期时通知法院及禁止擅自向被保全人支付或者变相支付的义务。

其二，保全对象为一般非上市股份有限公司股权的，冻结流程同有限责任公司。因公司性质的特殊性，为避免冻结效力产生争议，除需向目标公司送达协助冻结法律文书外，执行法院还需与公司董秘或股东名册管理负责人谈话并记录在案。通过谈话确认被保全人的持股份额、是否存在质押、有无其他法院的在先冻结等情况，并明确告知禁止公司在法院冻结期间办理股权变更等事项。部分公司实行股权托管的，执行法院需同时向托管中心送达相关法律文书。

其三，保全对象为"新三板"公司股份的，由于该类公司的股份由中登公司集中登记，执行法院需向中登公司北京分公司送达法律文书要求协助冻结。

其四，冻结其他企业、组织股权或投资份额的，除法律另有规定，冻结程序参照普通有限责任公司。

（3）冻结的效力

若多家法院对被保全人持有的同一股权采取冻结措施，并先后向目标公司和市场监督管理机关送达协助冻结法律文书的,根据《最高人民法院关于人民法院强制执行股权若干问题的规定》第6条规定,股权冻结自公示系统公示时发生法律效力。多个法院冻结同一股权的,以在公示系统先办理公示的为在先冻结。非上市股份有限公司的股权冻结顺位,亦适用公示在先的为生效冻结、其余均为轮候冻结的确定规则。

如案例四中,J法院、K法院就非上市股份有限公司的股权冻结顺位产生争议时,在市场监督管理机关公示系统先办理公示的K法院的冻结为生效冻结,向目标公司送达协助公示通知书的J法院的冻结为轮候冻结。

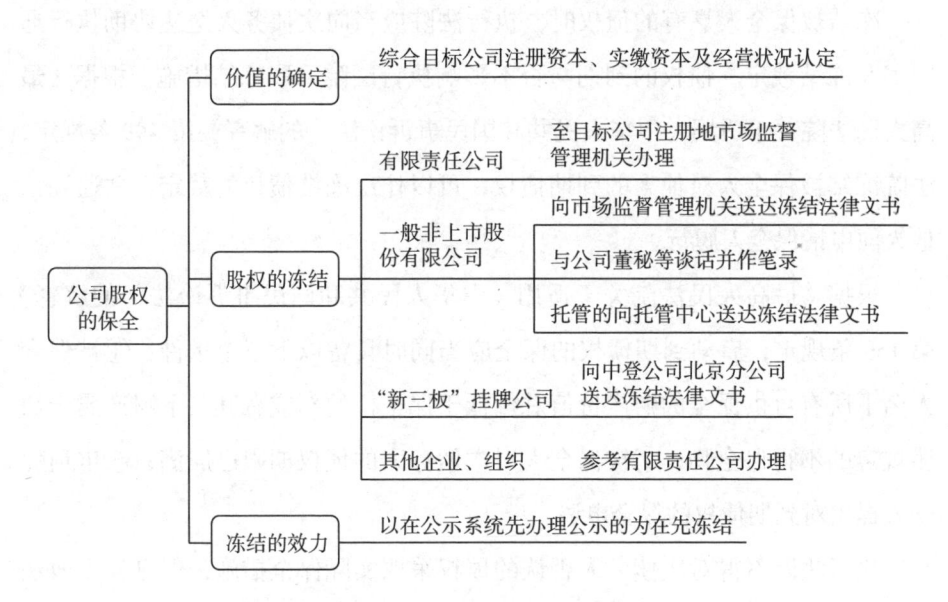

```
公司股权      ┌─ 价值的确定 ── 综合目标公司注册资本、实缴资本及经营状况认定
的保全        │
              │                ┌─ 有限责任公司 ── 至目标公司注册地市场监督管理机关办理
              │                │
              │                │                    ┌─ 向市场监督管理机关送达冻结法律文书
              ├─ 股权的冻结 ──┼─ 一般非上市股 ──┼─ 与公司董秘等谈话并作笔录
              │                │   份有限公司        └─ 托管的向托管中心送达冻结法律文书
              │                │
              │                ├─ "新三板"挂牌公司 ── 向中登公司北京分公司送达冻结法律文书
              │                │
              │                └─ 其他企业、组织 ── 参考有限责任公司办理
              │
              └─ 冻结的效力 ── 以在公示系统先办理公示的为在先冻结
```

思维导图5 公司股权的保全措施

值得注意的是,因非上市股份有限公司发起人的初始投资信息属于法定登记范围,登记机关对非发起人股东变更情况的公示不作强制要求,由此易产生股东实际持股数与公示份额不一致的情况,故股东实际持股数应以目标公司记载为准。对于股东减持股份而造成实际持股与对外公示不一致的情况,执行法院应同时向市场监督管理机关、目标公司、股权托管中心送达冻结法律文书,要求冻结被保全人目前实际持有的份额;对于股东因增持而造成实际持股与对外公示不一致的情况,执行法院应同时向市场监督管理机关、目

标公司、股权托管中心送达冻结法律文书，要求冻结被保全人持有的全部股份，避免发生未经备案的增持部分被其他法院在先冻结的情况。

6. 债权

（1）保全范围

申请保全人申请保全债权的，被保全的债权金额不得超过被保全人所享有的债权总额。被保全人与他人共同享有债权的，执行法院仅能就被保全人所享有的债权采取冻结措施。

（2）债权的冻结

冻结被保全人享有的债权时，执行法院应当向次债务人送达协助执行通知书及冻结裁定。债权的到期与否不影响执行法院采取冻结措施。根据《最高人民法院关于适用〈中华人民共和国民事诉讼法〉的解释》第499条规定，法院冻结被保全人对他人的到期债权，可以作出冻结债权的裁定，并通知该他人向申请保全人履行。

根据《最高人民法院关于适用〈中华人民共和国民事诉讼法〉的解释》第159条规定，启动到期债权的保全应当同时具备以下三个条件：①被保全人名下所有可供保全的财产价值总额低于保全标的额或者其名下财产属于法律规定的不得保全物；②被保全人对次债务人的债权期限已届满；③申请保全人提出对到期债权的保全申请。

执行法院不得对次债务人否认的债权采取实际保全措施，但已经生效法律文书确定、次债务人又予以否认的，执行法院不予支持。若到期债权已经生效法律文书确定且在其他法院进入执行阶段，采取保全措施的法院还需同时向他案执行法院送达冻结法律文书，以冻结执行案件中的案款。次债务人对到期债务的保全有异议的，依照《民事诉讼法》第232条规定处理。

申请保全人申请冻结未到期债权的，参照冻结到期债权的规定。次债务人仅以债务未到期为由提出异议，不影响对债权的冻结。若次债务人的异议涉及债权债务关系是否存在、债权总金额的确定等实体问题，执行法院不应继续采取保全措施。

（3）冻结的效力

法院冻结被保全人享有的债权时，应向次债务人释明擅自履行的法律后果。保全债权所产生的法律效果在于禁止次债务人在冻结期限内直接向债务人清偿债务；次债务人要求清偿的，可由执行法院进行提存。次债务存在保证人的，执行法院无权直接查封保证人的财产。

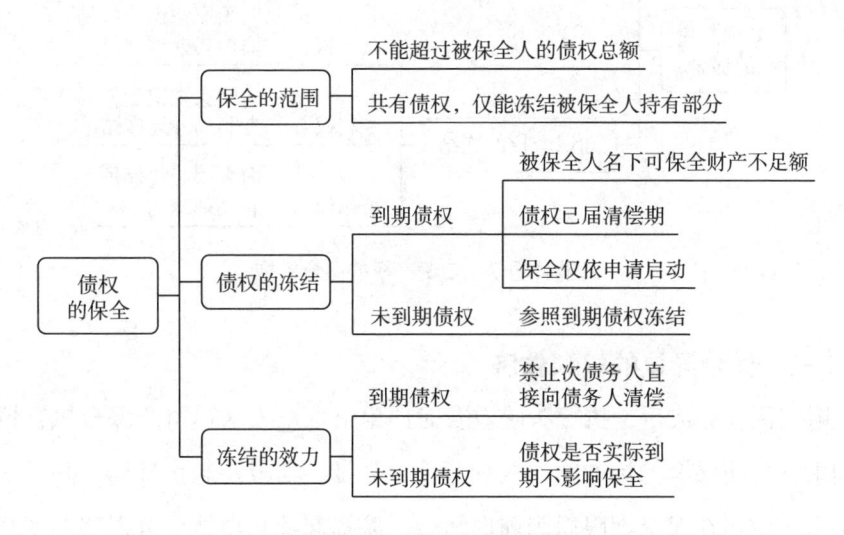

思维导图 6　债权的保全措施

7. 知识产权

（1）价值的确定

商标权、专利权是司法实践中常见的知识产权保全对象。作为无形财产，上述两类知识产权的价值非经专业机构无法认定，因此申请保全人申请保全上述两类知识产权的，执行法院一般应予以全部冻结。申请保全人申请保全著作权的，由于著作权兼具人身性与财产性的特征，执行法院只能就其中的财产权部分进行冻结。

（2）知识产权的冻结

申请保全人申请冻结商标权或专利权的，执行法院应当制作保全裁定书和协助执行通知书，向国家知识产权局商标局或国家知识产权局专利局送达并要求协助办理冻结。协助执行通知书需注明商标或专利的名称、注册人或申请人、注册号或申请号、保全期限及协助执行保全的内容。冻结著作权的，执行法院应当向中国版权保护中心送达保全裁定书和协助执行通知书，并注明作品名称、登记号等内容。

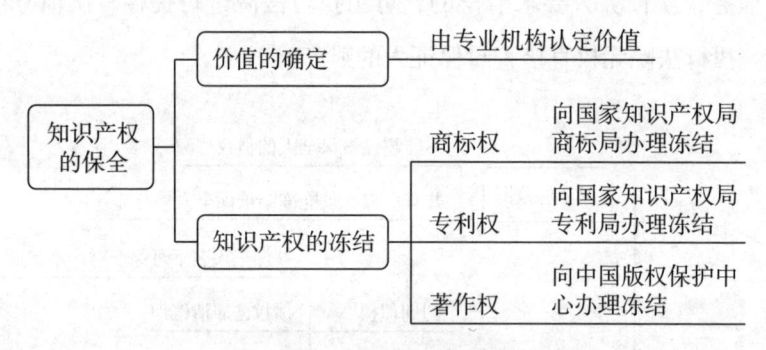

```
知识产权的保全 ── 价值的确定 ── 由专业机构认定价值
              └─ 知识产权的冻结 ┬─ 商标权 ── 向国家知识产权局商标局办理冻结
                              ├─ 专利权 ── 向国家知识产权局专利局办理冻结
                              └─ 著作权 ── 向中国版权保护中心办理冻结
```

思维导图 7　知识产权的保全措施

（三）保全异议的权利救济

财产保全完成后，执行法院应及时向申请保全人送达财产保全执行情况告知书，列明保全的标的物、权利范围、数量、期限及起止日期，并告知申请保全人应当在保全期限届满前向执行法院提起续封申请。考虑到办理续封需要一定时间，执行法院可要求申请保全人在保全期限届满 30 日前申请续保，并向其释明保全续保申请应向审判庭提出。同时，为保障被保全人的知情权和异议权，执行法院应当向其送达财产查封、扣押、冻结清单，列明事项同上。

1. 对保全裁定异议的审查

申请保全人、被保全人对保全裁定或者驳回申请裁定不服的，可以自裁定书送达之日起 5 日内向保全裁定作出部门申请复议一次，相关部门应当自收到复议申请后 10 日内审查。

2. 对保全行为异议的审查

申请保全人、被保全人、利害关系人认为保全裁定实施过程中的执行行为违反法律规定提出书面异议的，执行审查机构应当依照《民事诉讼法》第 232 条规定审查处理。

3. 对保全标的异议的审查

执行法院对诉讼争议标的以外的财产进行保全，案外人对保全裁定或者保全裁定实施过程中的执行行为不服，基于实体权利对被保全财产提出书面异议的，执行审查机构应当依照《民事诉讼法》第 234 条规定审查并作出裁定。案外人、申请保全人对该裁定不服的，可以自裁定送达之日起 15 日内向执行法院提起执行异议之诉。法院裁定案外人异议成立后，申请保全人在法律规定的期间内未提起执行异议之诉的，执行法院应当自起诉期限届满之日起 7 日内对该被保全财产解除保全。

（四）财产保全的注意事项

1. 注重财产保全的时效性

财产保全的主要功能在于保障判决的后续执行、避免可能损害当事人情形的发生，因此保全顺位对于当事人的利益实现至关重要。对情况紧急的，法院必须在 48 小时内作出裁定；裁定采取保全措施的，应当立即开始执行。通常情况下提出的保全申请，执行法院亦应注重时效性，应当在受理财产保全申请 5 日内作出裁定；需要提供担保的，应当在提供担保后 5 日内作出裁定。对于支持网络查控的财产，执行法院应当在财产查询结果反馈后立即申请网络查封、冻结；对于必须线下查控的财产，执行法院综合考量保全标的、申请时间、财产所在地等因素，在裁定作出 5 日内开始执行。

2. 超标的保全的例外

一是查封不可分割物不构成超标的保全。对于登记于同一产权证书的不动产，整体价值明显超过保全标的额时，因实践中分割登记难度较大，若无法分割查封且被保全人名下无其他相应价值的财产替代物，此时整体查封不属于超标的保全。二是轮候保全的不构成超标的保全。因轮候查封、扣押、冻结不产生正式查封、扣押、冻结的效力，故轮候保全的财产不计入实际保全金额，不受财产本身价值影响。三是保全存在他人优先受偿权的财产不构成超标的保全。其他债权人对被保全财产享有抵押权、质押权等优先受偿权的，为保障申请保全人在执行阶段就被保全财产变价款足额清偿，计算保全标的额时应扣除相应优先受偿金额。

3. 衡平保护被保全人利益

保全过程中执行法院应注意申请保全人权利实现和被保全人合法权益的衡平保护，对被保全人名下的财产灵活采取查控措施。对于能"活封"的财产不进行"死封"，有效释放被保全财产的使用价值和融资功能，减少对被保全人正常生产、生活的影响。查封在建工程的，原则上应当允许被保全人继续建设；冻结上市公司股票的，经申请应当准许将冻结措施变更为可售性冻结，使得被保全财产在执行阶段实现变现价值最大化。

四、其他需要说明的问题

本文仅讨论民事案件中的财产保全措施，刑事、行政案件的财产保全，因启动主体或保全对象有所不同，不在本文讨论范围。保全案件结案后，申请保全人就新的财产线索再次申请保全的，执行法院应根据保全裁定重新立案，立案完成后区分财产种类采取保全措施。

分配方案执行异议之诉案件的审理思路和裁判要点

阮国平　雷名星[*]

　　分配方案执行异议之诉，是指在执行程序中多个债权人对同一被执行人申请执行或对执行财产申请参与分配时，被执行人的财产不能清偿所有债权，债权人或被执行人认为执行机构作出的分配方案不符合公平清偿或优先清偿的法律规定而向执行法院提起的执行异议之诉。由于执行财产分配方案的执行异议与执行异议之诉程序容易产生混淆，且分配方案中债权受偿范围与受偿顺序的认定涉及多项实体法律规定，因此有必要明确审理思路、统一法律适用。本文结合司法实践中的典型案例，对分配方案执行异议之诉案件的审理思路和裁判要点进行梳理、提炼和总结。

一、典型案例

案例一：分配方案执行异议救济程序的审查

　　债权人张某申请法院对被执行人江某名下的房屋予以查封拍卖后，执行法院将房屋拍卖款发放给了另案债权人王某，并就尚存的拍卖款在各债权人之间制作分配方案。张某对该分配方案不服提起诉讼，主张另案债权人王某对房屋并不享有法定优先受偿权，故全部房屋拍卖款均应按债权比例在张某和王某之间重新分配。王某辩称，张某的异议属于执行程序异议，不属于分配方案执行异议之诉的受理范围，应当裁定驳回起诉。

---

[*] 阮国平，民事庭审判长，法律硕士；雷名星，民事庭法官助理，法学硕士。

案例二：分配方案执行异议之诉适用范围的审查

执行法院对未进入破产程序的被执行人 A 公司名下的房屋拍卖款制作分配方案后，债权人 B 公司提出书面异议。C 公司对 B 公司的异议提出反对意见，B 公司遂以 C 公司为被告提起诉讼，请求撤销原分配方案并重新制作分配方案。C 公司辩称，法律将分配方案执行异议之诉的适用对象限定为被执行人系公民或者其他组织，而被执行人 A 公司为企业法人，应当适用企业破产程序，不适用参与分配的执行程序，故应当裁定驳回起诉。

案例三：分配方案执行异议之诉中抵押权优先受偿范围的认定

借款人陈某先后与 D 银行、孙某、章某签订《抵押借款合同》并办理了抵押登记。上述案件进入执行程序后，执行法院就房屋拍卖款制作分配方案，认定 D 银行受偿 905 万元、孙某受偿 564 万元，余款分配给章某。章某不服提起分配方案执行异议之诉，称该抵押权优先受偿范围应根据抵押登记记载的债权数额确定，即 D 银行受偿 819 万元、孙某受偿 400 万元，故请求法院撤销执行财产分配方案。D 银行、孙某辩称，抵押权优先受偿范围应以合同约定为准。

案例四：分配方案执行异议之诉中债权受偿顺序的认定

2020 年 3 月，E 法院判决确定 F 公司支付郑某借款本息 830 万元。同年 4 月，G 法院判决 F 公司支付方某借款本息 170 万元。同年 6 月，H 法院判决 F 公司支付丁某借款本息 400 万元。上述三案执行中，E 法院就案涉房屋拍卖款制作分配方案，认定郑某、方某、丁某按债权比例受偿。郑某不服提起分配方案执行异议之诉，主张其作为首封债权人应当第一顺位优先受偿。方某、丁某辩称，三债权人对涉案房屋均不享有法定优先受偿权，应按债权比例公平受偿。

二、分配方案执行异议之诉的审理难点

（一）程序异议与实体异议区分难

司法实践中，执行实施权与执行审查权的界定一般不存在争议：分配方

案的制作和修正由执行实施机构作出；分配方案主体资格的异议由执行审查部门审查；分配方案实体争议的执行异议之诉由执行法院的审判部门审理。由于现行法律并未对执行分配中的程序异议与实体异议进行准确区分，司法实践中存在将当事人针对分配方案提出的实体争议通过执行异议程序进行审查的情形。如何准确区分分配方案的执行程序异议和实体争议的执行异议之诉是审理该类案件的难点。

（二）分配方案适用范围存在争议

对于被执行人为企业法人的情形，债权人能否提起分配方案执行异议之诉存在争议。有观点认为，《最高人民法院关于适用〈中华人民共和国民事诉讼法〉的解释》（以下简称《民事诉讼法司法解释》）第506-510条对参与分配及其异议程序作出系统规定，第511条专门对被执行人为企业法人的债权清偿方式作出规定，被执行人为企业法人的不适用分配方案执行异议之诉程序。另一种观点认为，从保障权利救济的角度考量，根据《最高人民法院关于适用〈中华人民共和国民事诉讼法〉执行程序若干问题的解释》（以下简称《民事诉讼法执行程序司法解释》）第17条规定，作为被执行企业法人的债权人在被执行人未进入破产程序时可以提起分配方案执行异议之诉。

（三）债权受偿范围认定难

分配方案执行异议之诉涉及债权人、被执行人等多方利益，法律条文涉及《民法典》物权编、合同编及《公司法》等多项实体法律规定，但现行法律对分配方案执行异议之诉中税费、担保物权、建设工程价款优先受偿权等的受偿范围缺乏具体明确的规定。如何准确认定债权的受偿范围成为审理此类案件的难点。

（四）债权受偿顺序认定难

《民事诉讼法司法解释》第508条按照执行费用、享有优先权或担保物权的债权、普通债权的基本位阶对分配方案中的债权受偿顺序作出原则性规定。在执行财产分配程序中，同一性质与多种性质债权之间的分配顺位错综复杂。如首封债权人是否享有优先受偿权、享有优先权或担保物权的多个债权之间如何清偿等仍存有争议。

三、分配方案执行异议之诉的审理思路和裁判要点

法院在审理分配方案执行异议之诉案件时，首先要准确界定分配方案异议的类型，依法审查异议人提起的诉讼是否符合分配方案执行异议之诉的受理条件。其次，依据债权公平分配原则审查执行法院制作的分配方案是否符合债权受偿范围与顺序的相关法律规定，同时要避免分配方案反复调整影响执行效率。最后，在案件审理中要加大对虚假诉讼的甄别，严防当事人通过捏造案件事实等恶意申请参与执行财产分配。

（一）分配方案执行异议之诉的立案审查

1. 起诉前置程序的审查

根据《民事诉讼法司法解释》第510条和《民事诉讼法执行程序司法解释》第18条规定，债权人、被执行人应当在其对分配方案提出书面异议且收到其他债权人、被执行人的反对意见后，方才可以提起分配方案执行异议之诉。

需要指出的是，执行分配程序中的异议包括程序异议和实体异议，上述规定中的书面异议应为实体异议。程序异议是指债权人或者被执行人认为执行法院在执行分配程序中存在违法或者不当的执行行为而向执行法院提出的异议。程序性异议事项包括分配资格的认定、可供分配金额的确定、分配方案的送达、异议的通知、权利的告知、款项的提存等。实体异议是指债权人或者被执行人对分配方案中确定的债权是否已过时效、是否已获全部或部分清偿存在异议，抑或认为债权人应当分配的债权受偿顺序、债权受偿数额不符合实体法律规定、损害其合法权益而向执行法院提起的分配方案执行异议

之诉。对于执行程序中产生的新的实体争议，执行机构不作审查，而是通知具有利害关系的其他债权人和被执行人。如有债权人和被执行人对该异议提出反对意见，方可启动分配方案执行异议之诉进行实体审理。

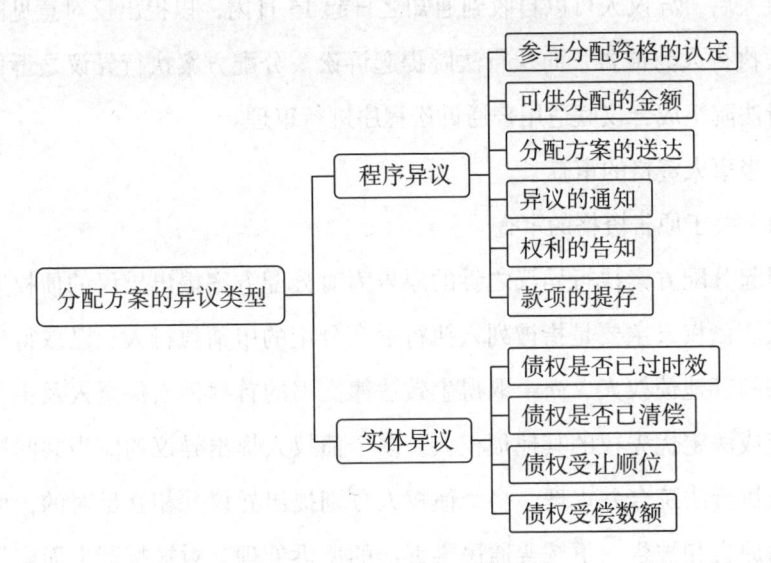

```
                                    ┌── 参与分配资格的认定
                                    ├── 可供分配的金额
                        ┌── 程序异议 ├── 分配方案的送达
                        │           ├── 异议的通知
                        │           ├── 权利的告知
                        │           └── 款项的提存
        分配方案的异议类型 ┤
                        │           ┌── 债权是否已过时效
                        │           ├── 债权是否已清偿
                        └── 实体异议 ├── 债权受让顺位
                                    └── 债权受偿数额
```

思维导图 1　分配方案的异议类型

如案例一中，执行法院仅对剩余房屋拍卖款作出分配方案，张某的异议则请求对全部房屋拍卖款按债权比例分配。该异议虽然涉及清偿顺位问题，但异议所指向的房屋拍卖款在分配方案作出之前已经处置，故异议实质是认为执行法院的执行行为存在违法或不当，应当依照《民事诉讼法》第232条规定进行审查。因此，该异议不属于分配方案执行异议之诉的受理范围，法院应当裁定驳回起诉。

2.起诉时间与管辖法院的审查

债权人、被执行人提起分配方案执行异议之诉前，应先由执行机构依法完成两次送达程序，否则不能提起分配方案执行异议之诉。

第一，执行机构要将分配方案送达所有债权人、被执行人。多个债权人对执行财产申请参与分配的，执行机构应当制作分配方案，并送达各债权人和被执行人。债权人或被执行人对分配方案有异议的，应当自收到分配方案之日起 15 日内向执行法院提出书面异议。

第二，执行机构要将异议人的异议送达未提出异议的债权人、被执行人。未提出异议的债权人、被执行人对上述异议提出反对意见的，执行机构在通知异议人后，异议人可以自收到通知之日起 15 日内，以提出反对意见的债权人、被执行人为被告，向执行法院提起诉讼。分配方案执行异议之诉依法应由执行法院组成合议庭适用普通诉讼程序进行审理。

3. 当事人资格的审查

（1）关于原告资格的审查

提起分配方案执行异议之诉的原告为对分配方案提出异议的债权人或被执行人。债权人主要是指被列入执行财产分配的申请执行人、已取得生效法律文书的其他债权人、尚未取得生效法律文书的首封诉讼保全人及主张优先受偿权或法定优先权的其他债权人。多个债权人提出异议的应当共同提起诉讼，由执行法院合并审理。多个债权人分别提出异议并相互反对的，可以相互列为原告和被告，不按普通民事诉讼的反诉处理。对被执行人而言，如果其异议成立，可能导致参与分配的财产变现数额减少或者改变计算方式、清偿顺位后被执行人的剩余债务减少，故被执行人也享有提起分配方案执行异议之诉的权利。

（2）关于被告资格的审查

分配方案执行异议之诉的被告为对异议人的异议提出反对意见的其他债权人或被执行人。若不止一方提出反对意见，则不论反对意见的理由是否同一，反对者均应列为共同被告。

需要特别说明的是，我们认为被执行的企业法人可以作为被告适用分配方案执行异议之诉。《民事诉讼法执行程序司法解释》第 17 条规定贯彻的是执行效率原则，无论被执行人是否为企业法人，只要多个债权人申请分配执行财产的，执行法院均应制作分配方案，只是分配的规则有所不同。为保障执行公正，当被执行的企业法人在其财产不能清偿所有债权且未进入破产程序时，应赋予不服分配方案的债权人提起分配方案执行异议之诉的权利。如案例二中，A公司为企业法人但未进入破产程序，执行法院应当对债权人B公司提起的分配方案执行异议之诉进行审理。

（3）关于第三人资格的审查

对于未对异议人的异议提出反对意见的其他债权人或被执行人，法院应当将其列为无独立请求权的第三人参加诉讼，但其他债权人明确表示不参加诉讼或诉讼结果与其他债权人没有法律上的利害关系的除外。

4. 诉讼请求和异议事项的审查

债权人或被执行人提起分配方案执行异议之诉的，应当明确提出修正后的分配方案及按该方案进行分配的具体请求和法定事由，诉讼请求不能仅请求确认原分配方案违法，也不能仅要求变更原分配方案的内容。具体而言，诉讼请求应当明确两方面的内容：（1）请求法院确认争议的债权数额、财产数额和分配比例，确认的依据主要是执行依据和被执行人财产的实际状况；（2）请求法院按照相关实体法律规定判令变更执行机构作出的分配方案。

（二）分配方案执行异议之诉的审查要点

1. 审理范围

分配方案执行异议之诉的审理范围仅限于债权人或被执行人对分配方案提出的实体异议，通常包括：（1）对分配方案确定债权的申请执行时效的异议；（2）对执行财产享有担保物权等优先权的债权人资格的异议；（3）对分配方案确定的债权清偿顺序的异议；（4）对分配方案确定的债权清偿比例和数额的异议。分配方案执行异议之诉中，法院仅就分配方案中当事人未受偿或未足额受偿中有争议的债权部分进行审理。对于执行依据即生效法律文书不予审查，当事人认为执行依据错误的应通过审判监督程序救济。

2. 债权受偿范围的审查

（1）已取得执行依据债权的受偿范围

参与执行财产分配中，对于已经取得执行依据的债权受偿范围，执行法院应当按照其申请执行或者申请参与分配的金额，结合其提供的执行依据及执行的具体情况来确定。

执行中，取得执行依据的债权所产生的执行费用属于受偿范围，该费用主要包括：①处置财产产生的必要费用如评估费、审计费、鉴定费、公告费、保管费、拍卖辅助费等；②按照执行到位的金额为标准收取的执行费；③办理物权变更登记中应由被执行人负担的交易税费，但明确由买受人负担的除外；④执行被执行人名下唯一房产时，申请执行人同意参照当地房屋租赁市场平均租金标准从房屋变价款中扣除的5至8年租金；⑤执行财产为国有划拨土地使用权，依法应当缴纳的土地使用权出让金；⑥法律规定的其他必要费用。

对于未履行的迟延履行利息或迟延履行金是否应纳入受偿范围，应区分不同情形审查确定：①被执行人的财产足以清偿全部债权的，各债权人在分配方案中受偿的债权数额包括迟延履行利息或迟延履行金；②被执行人的财产不足以清偿全部债权的，各债权人在参与分配中受偿的债权数额不包括迟延履行利息或迟延履行金；若执行依据确定的债权本金和一般债务利息清偿完毕后执行款有剩余的，各债权的迟延履行利息或迟延履行金按比例受偿。

（2）享有优先权、担保物权债权的受偿范围

对于人民法院查封、扣押、冻结的财产享有优先权、担保物权的债权人，可以申请参与执行分配，主张优先受偿权。司法实践中常见的具有优先受偿性的债权是建设工程价款优先受偿权和担保物权，受偿范围的审查要点为：

第一，建设工程价款优先受偿权的受偿范围。承包人建设工程价款优先受偿的范围依照国务院有关行政主管部门关于建设工程价款范围的规定确定，不包括逾期支付建设工程价款的利息、违约金、损害赔偿金等。

第二，担保物权优先受偿权的受偿范围。一要审查当事人对担保范围有无约定。担保物权的担保范围包括主债权及其利息、违约金、损害赔偿金、保管担保财产和实现担保物权的费用，但当事人另有约定的从其约定。二要审查登记的担保范围与当事人的约定是否一致。如不一致，则以《民法典》规定抵押登记记载的债权金额为限确定抵押财产、被担保的债权范围。

如案例三中,《抵押借款合同》中约定的担保范围为本合同项下借款人的全部债务,包括本金、利息、违约金、损害赔偿金、贷款人实现债权的费用、因借款人违约而给出借人造成的损失和其他所有应付费用,但不动产登记簿中并未记载担保范围包括上述费用。因此,执行法院依据《最高人民法院关于适用〈中华人民共和国民法典〉有关担保制度的解释》第47条的规定支持了章某关于优先受偿范围应以抵押登记债权金额记载为限的主张。

3.债权受偿顺序的审查

（1）被执行人为公民或其他组织时的债权受偿顺序

被执行人为公民或者其他组织,其名下执行财产不足以清偿全部债务的,执行所得价款扣除执行费用并清偿应当优先受偿的债权后,对于普通债权,原则上按照其占全部申请参与分配债权数额的比例受偿。清偿后的剩余债务,被执行人应当继续清偿。债权人发现被执行人有其他财产的,可以随时请求人民法院执行。

（2）被执行人为企业法人时的债权受偿顺序

被执行人为企业法人,其名下执行财产不足以清偿全部债务且未进入破产程序的,执行所得案款扣除执行费用及清偿优先受偿的债权后,普通债权则按照财产保全和执行中查封、扣押、冻结财产的先后顺序清偿。不同于破产程序中的公平受偿,该规则规定个别清偿目的是促使相关债权人对确无清偿能力的该类被执行人申请破产。

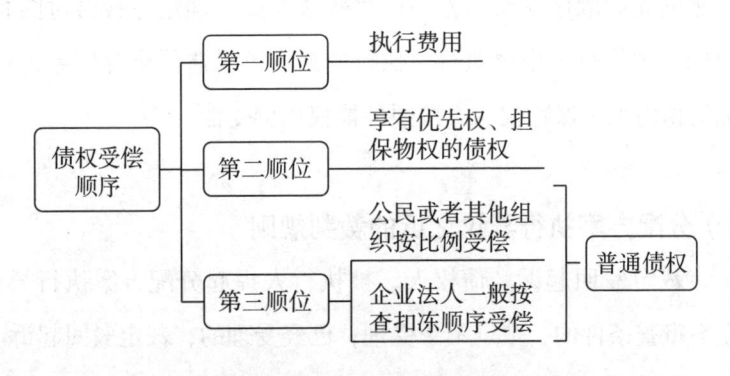

思维导图2　债权受偿顺序的审查

司法实践中，被执行人为未进入破产程序的企业法人，多个债权人申请参与执行财产分配时需区分四种情形处理。

第一，多份生效法律文书确定金钱给付内容的多个债权人分别对同一被执行人申请执行，各债权人对执行标的物均无担保物权的，按照执行法院采取执行措施的先后顺序受偿。如案例四中，法院经审查，三份生效法律文书确定的金钱给付内容的债权人郑某、方某、丁某对涉案房屋均不享有担保物权，郑某的诉讼请求符合该规定，故法院判决撤销原分配方案并制作新的分配方案，确定郑某、方某、丁某按照执行法院采取查封措施的先后顺序受偿。

第二，多个债权人的债权种类不同的，基于所有权和担保物权而享有的债权，优先于金钱债权受偿。例如，生效判决确定甲公司应返还乙公司所有的特定设备，法院再判决确定甲公司应偿还丙公司的借款并查封了甲公司占有的特定设备，此时法院应将特定设备返还给乙公司而不应再行处置。

第三，执行标的物上设有多个担保物权的，按照各担保物权成立的先后顺序清偿。多个担保物权并存的情况下，清偿顺序还应具体区分：①法定优先权优先于约定担保物权受偿；②已登记的担保物权优先于未登记的担保物权受偿；③登记在先的担保物权优先于登记在后的担保物权受偿；④未经登记的抵押权不得对抗善意第三人，并按照债权比例受偿。

第四，特殊情形的处理。一般情形下，多份生效法律文书的多个债权人分别对同一被执行人申请执行，在均无担保物权的情形下，按照执行法院采取执行措施的先后顺序受偿。若一份生效法律文书确定金钱给付内容的多个债权人对同一被执行人申请执行，执行的财产不足清偿全部债务，各债权人对执行标的物均无担保物权的，按照各债权比例受偿。

（三）分配方案执行异议之诉的裁判规则

其一，裁定驳回起诉。债权人、被执行人提起分配方案执行异议之诉，不符合立案审查条件的，裁定不予受理；已经受理的，裁定驳回起诉。

其二，判决驳回诉讼请求。债权人、被执行人提起分配方案执行异议之诉的诉讼请求不成立的，应当判决驳回诉讼请求。

其三，债权人、被执行人的诉讼请求成立或者部分成立的，应当判决撤销原分配方案中的错误部分，并按照下列情形分别处理：（1）如原分配方案对债权性质认定错误，应当根据诉讼请求就争议债权性质作出判决；（2）如原分配方案对债权数额认定错误，可以在查清事实后根据诉讼请求就争议债权的数额作出判决，也可以责令执行机构查清事实，重新确定争议债权的数额后纠正分配方案中的错误部分；（3）如原分配方案对债权人是否给予分配的认定存在错误，应当根据诉讼请求对相关主体是否给予分配作出判决。

执行机构依据生效分配方案执行异议之诉判决所明确的争议债权性质、债权数额或者有关主体的分配资格调整分配方案后，当事人就判决所确定的内容再次提起分配方案执行异议之诉的，裁定不予受理，已经受理的裁定驳回起诉。执行机构依据生效分配方案执行异议之诉判决调整原分配方案后，当事人对调整后的分配方案提起分配方案执行异议之诉且诉讼请求成立或者部分成立的，应当撤销已调整分配方案中的错误部分，并就争议债权的分配顺序和分配数额等作出判决。

分配方案执行异议之诉判决生效后，未参加分配方案异议及异议之诉程序的其他债权人，以其不知情或未参加分配为由提出异议的，应当按照《民事诉讼法》第232条有关执行行为异议的规定进行审查。异议人主张其依法享有优先权且可能变更已经启动的分配程序的，应当告知其通过第三人撤销之诉救济。

四、其他需要说明的问题

人民法院受理对被执行企业法人的破产申请的，正在进行的分配方案执行异议之诉应当根据具体情况裁定中止或终结审理。分配方案执行异议之诉审理期间，对于各方当事人没有争议的部分可以继续执行原分配方案，对于有争议或尚待生效法律文书确定的债权数额，应当将与诉讼争议债权数额相应的款项予以提存。

案外人执行异议之诉案件的审理思路和裁判要点

阮国平 董 健[*]

案外人执行异议之诉又称执行标的异议之诉,是指案外人在执行程序中不服执行异议裁定,主张对法院查封、扣押、冻结的执行标的享有排除执行的民事权益,而向执行法院提出的诉讼。与普通民事诉讼中确认之诉、给付之诉及形成之诉的私法功能不同,该类诉讼主要解决涉案执行标的物能否依法执行处置的涉公法问题,从而对不当或违法的执行措施予以纠正,对案外人真实合法的权利予以救济。由于现行法律的相关规定不够具体明确,司法实践中存在适法不统一的情形。本文结合司法实践中的典型案例,对案外人执行异议之诉案件的审理思路和裁判要点进行梳理、提炼和总结。

一、典型案例

案例一:涉及案外人执行异议之诉异议时间的审查

执行法院在执行王某与周某买卖合同纠纷案件中,查封了被执行人周某名下的案涉房屋。案外人郑某以其在查封前已购买案涉房屋为由请求中止对该房屋的强制执行。执行异议被裁定驳回后,郑某以其对案涉房屋享有排除执行的民事权益为由,向执行法院提出案外人执行异议之诉,请求对案涉房屋判决不得执行并确认其对案涉房屋享有所有权。审理中,被执行人周某对郑某主张的事实予以认可。经审查,案涉房屋在郑某提出案外人异议前已通过司法拍卖裁定过户给竞买人陈某。

---

[*] 阮国平,民事庭审判长,法律硕士;董健,民事庭法官助理,法学硕士。

案例二：涉及基于合同法律关系提出的执行异议之诉

因 A 公司未履行生效判决确定的金钱给付义务，B 公司申请法院查封了登记在被执行人 A 公司名下的多套房屋。案外人刘某对其中一套案涉房屋提出执行异议，主张其为 A 公司的工程承包人，在法院查封前与 A 公司签订了商品房买卖合同，约定以工程款折抵购房款向 A 公司购买该套商品房。因此，刘某以其对案涉房屋享有消费者物权期待权为由，请求对案涉房屋判决不得执行。

案例三：涉及基于物权法律关系提出的执行异议之诉

被执行人张某因未履行生效法律文书确定的金钱给付义务，执行法院对登记在其名下的涉案房屋强制执行。案涉房屋评估、拍卖过程中，案外人李某以其在法院查封前已与张某签订房屋代持协议，其系案涉房屋的实际权利人为由提出执行异议之诉，请求执行法院对案涉房屋判决不得执行并确认房屋归其所有。

案例四：涉及基于公司法律关系提出的执行异议之诉

2017 年 5 月，执行法院依申请冻结了被执行人黄某持有的 C 公司股权。后 D 公司主张法院冻结股权前已与黄某签订案涉股权转让协议且已支付相应的股权转让款，并已办理股东名册变更登记、实际行使股东权利，遂向执行法院提出执行异议之诉，请求对案涉股权判决不得执行。

二、案外人执行异议之诉的审理难点

（一）案外人执行异议之诉中虚假诉讼辨别难

司法实践中，存在不少被执行人与案外人恶意串通，通过倒签买卖、租赁合同的方法恶意提出执行异议之诉，以拖延、规避和阻碍执行法院对案涉标的物的依法执行。案外人执行异议之诉目前归类为民事案件，法院在民事案件审理中对当事人是否存在恶意串通情形予以甄别并加以惩处的司法手段有限。因此，法院在审理该类诉讼中对相关当事人是否存在恶意诉讼、虚假诉讼的审查存在一定障碍。

（二）案外人生存权益与申请执行人胜诉权益衡平保护难

该类案件中，即使案外人对案涉执行标的物所主张的权益是真实的，是否能排除执行法院的强制执行仍需进一步审查，亦需在案外人生存权益与申请执行人胜诉权益之间进行综合平衡考虑。对于案外人是否享有商品房物权期待权，在认定标准上存在较大争议，如"生活必需的房屋"是否应限于本地区范围内的房屋、与案外人共同生活的直系亲属名下有房是否影响认定等。

（三）案外人执行异议之诉与其他诉讼竞合处理难

案外人执行异议之诉与其他诉讼存在法律上的竞合关系，如案外人执行异议之诉与案外人执行异议、案外人申请再审、第三人撤销之诉、另案确权诉讼、破产程序中的取回权纠纷等案件存在错综复杂的关系，也容易导致认识上的偏差。司法实践中，不少当事人对不属于案外人执行异议之诉审理范围的争议提出执行异议之诉，这给准确厘清、识别案外人执行异议之诉带来困难。

三、案外人执行异议之诉的审理思路和裁判要点

法院审理案外人执行异议之诉案件，首先，应当依法审查案外人的起诉是否符合案外人执行异议之诉的受理条件；其次，应审查案外人主张的民事权益是否真实、合法、有效；最后，综合判断案外人主张的民事权益能否排除法院对案涉执行标的物的强制执行。

（一）案外人执行异议之诉的程序审查

1. 审查案件受理的条件

（1）执行异议程序的审查

执行程序中，案外人对执行标的物主张排除执行的民事权益，应依据《民事诉讼法》第234条提出书面异议。符合立案条件的，执行法院立"执异"案号进行审查，并作出是否中止执行的执行裁定。案外人、当事人不服

该执行异议裁定的，可在执行裁定书送达之日起15日内，向执行法院提出执行异议之诉。案外人未经前置执行异议程序，不得直接提出案外人执行异议之诉。需要说明的是，案外人收到驳回执行异议裁定后，提出案外人执行异议之诉的15日为除斥期间，不适用诉讼时效中止、中断的规定。

案外人撤回异议或者异议被裁定驳回后，再次就同一执行标的提出异议的，法院不予受理。需要说明的是，此处的执行标的是指申请执行人与被执行人之间的执行法律关系。在不同执行案件中案外人对同一标的物分别提出异议针对的是不同的执行法律关系，不构成重复提出案外人异议。

（2）管辖权的审查

根据《最高人民法院关于适用〈中华人民共和国民事诉讼法〉的解释》第302条规定，该类诉讼由执行法院管辖。执行案件被指定执行、提级执行、委托执行后，案外人对原执行法院查封、扣押或冻结的执行标的物提出异议的，由提出异议时的执行法院管辖；受指定或者受委托的法院是原执行法院下级法院的，仍由该上级法院管辖。

（3）诉讼请求的审查

案件审理中，法院应审查案外人执行异议之诉的诉讼请求是否符合法律规定。由于执行异议之诉以执行法院裁定驳回执行异议为前置程序，因此案外人在执行异议之诉中诉请指向的执行标的以及主张的权利内容，应当与执行异议程序保持一致。否则，法院应当裁定不予受理或者驳回起诉。

案外人提出执行异议之诉的，诉讼请求应当表述为请求不得执行案涉执行标的物。申请执行人提出执行异议之诉的，诉讼请求应当表述为请求对案涉执行标的许可执行。当事人诉讼请求不明确的，法院应当依法释明。如案外人的诉请不符合法律规定，经法院释明后当事人仍拒绝变更诉讼请求的，视为其诉讼请求不属于案外人执行异议之诉的受理范围，依法裁定驳回起诉。

在案外人执行异议之诉中，对于诉讼请求指向的执行标的物，案外人依法可以一并提出确权的诉讼请求。案外人未提出确权诉讼请求的，法院不作确权判决，仅在裁判理由中进行分析判断并作出能否排除执行的判项即可。案外人同时提出排除执行和确权两项诉讼请求后又撤回排除执行诉讼请求的，法院应当告知其一并撤回确权的诉讼请求，否则裁定驳回起诉。在案外人执行异议之诉中，执行法院不得单独对案外人请求确权的诉讼请求进行裁判，否则有违执行异议之诉制度的立法本意。

2. 审查执行标的的现状

（1）执行状态的审查

案外人执行异议之诉的指向对象必须是执行案件中被有效查封、扣押、冻结的执行标的物。下列情形不属于执行程序中的执行标的物，不具备提出案外人执行异议之诉的条件：一是案外人诉请的执行标的物查封、扣押、冻结期限已经届满或者被裁定解除；二是被执行人在执行过程中已实际清偿债务或已提供相应财产替换被查封、扣押、冻结的案涉标的物；三是法院立案之前被执行人已经进入破产程序。此外，案外人诉请的执行标的物若被其他法院首先查封，则案外人一般不得就轮候查封的财产向轮候查封法院提出案外人执行异议之诉。

（2）执行异议时间节点的审查

案外人执行异议之诉中的查封时间是指执行案件对案涉标的物最早查控的时间。例如，案涉标的物被诉前或诉中保全，则该保全时间即为查封时间。如保全、执行中查封、扣押、冻结期限届满前进行续封，仍以首次查封时间作为查封时间。

案外人应在执行标的执行终结之前提出异议，而执行标的由申请执行人或者被执行人受让的，应当在执行程序终结之前提出。案外人在上述时间节点之后提出案外人执行异议之诉的，法院应当依法裁定不予受理。

如案例一中，案涉房屋经执行法院拍卖后过户登记至竞买人陈某名下，该执行标的物已经执行处置完毕，不再属于被执行人周某的责任财产，故不能成为案外人执行异议之诉的诉讼标的。案外人郑某在案涉房屋执行完毕后才提出执行异议之诉，执行法院应依法裁定驳回起诉。

3. 审查案涉权利的外观

（1）与强制执行有利害冲突

在该类案件立案、审理中应审查诉的利益是否存在。如案外人执行异议之诉没有诉的利益，法院应依法裁定不予受理或驳回起诉。如案外人仅作为执行标的物的抵押权人或者其他优先受偿权人，对执行标的物提出异议请求排除执行，则法院不予支持。因为抵押权人等优先受偿权人可以在法院处置案涉执行标的物后就所得执行款依法优先受偿，其与强制执行不存在法律上的利益冲突。如执行法院对执行标的物准予负担租约拍卖，则该执行标的物承租人的租赁权并未受到损害，若其提出异议请求停止拍卖，执行法院不予支持。

（2）与执行依据无冲突

若案外人对执行依据即生效法律文书确定的权利义务存在异议，应告知其通过审判监督程序予以救济。如原生效法律文书确定的民事权利义务关系指向特定标的物，且该标的物与案外人民事权益主张所指向的标的物相同，则需区分以下情形进行处理：

第一，原生效法律文书确定案涉标的所有权属于申请执行人，案外人主张该生效法律文书存在错误。若执行依据是法院作出的生效判决书、调解书，则案外人可通过案外人申请再审或第三人撤销之诉寻求救济。如执行依据是仲裁裁决书、调解书以及赋予执行效力的公证债权文书，案外人、利害关系人可以依据《最高人民法院关于人民法院办理仲裁裁决执行案件若干问题的规定》《最高人民法院关于公证债权文书执行若干问题的规定》向法院申请不予执行该非诉法律文书。

第二，申请执行人为生效法律文书确认的优先债权人且对涉案标的物享有优先受偿权，此时应区分案外人的诉讼请求是否承认申请执行人所享有的优先受偿权。如案外人只是认为其主张的实体权利在执行受偿顺序上更优先于申请执行人的权利，而并不认为申请执行人的权利不真实或者优先受偿不合法，则案外人主张的实体权利系执行过程中产生的争议，与原生效法律文书无关，属于执行异议之诉的审理范围。

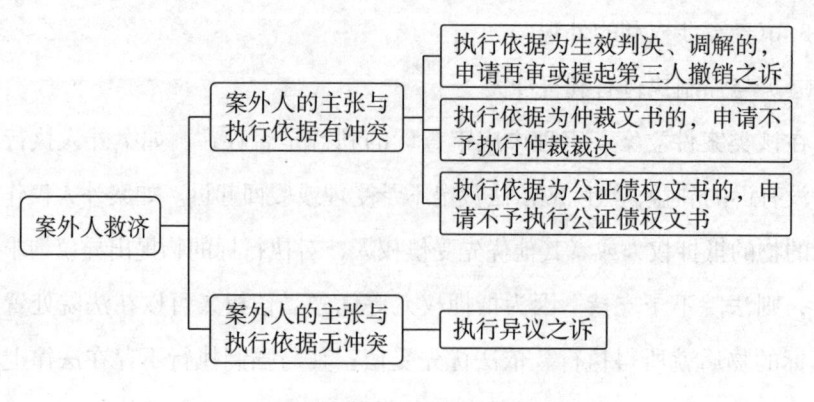

思维导图 1　案外人救济

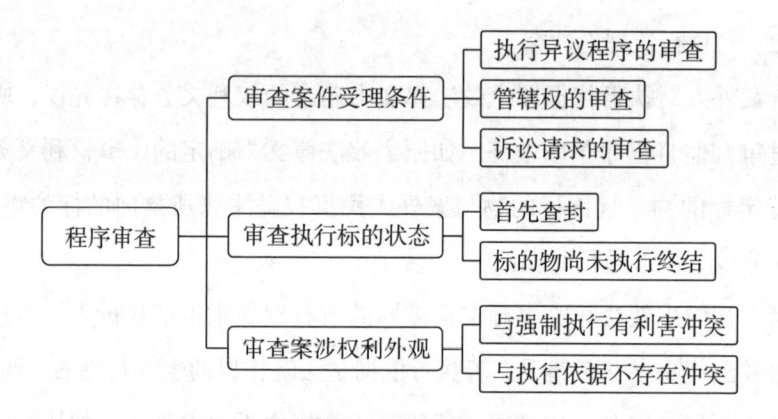

案外人救济
- 案外人的主张与执行依据有冲突
  - 执行依据为生效判决、调解的，申请再审或提起第三人撤销之诉
  - 执行依据为仲裁文书的，申请不予执行仲裁裁决
  - 执行依据为公证债权文书的，申请不予执行公证债权文书
- 案外人的主张与执行依据无冲突
  - 执行异议之诉

思维导图 2　案外人执行异议之诉的程序审查

程序审查
- 审查案件受理条件
  - 执行异议程序的审查
  - 管辖权的审查
  - 诉讼请求的审查
- 审查执行标的状态
  - 首先查封
  - 标的物尚未执行终结
- 审查案涉权利外观
  - 与强制执行有利害冲突
  - 与执行依据不存在冲突

（二）案外人执行异议之诉的实体审查

与案外人异议执行审查程序中以登记或占有的权利外观作为审查标准不同，案外人执行异议之诉中，法院应当对案外人主张权利的真实性、合法有效性以及保护的必要性进行审查，在依法综合评判及价值衡量后对案涉财产作出可否执行的判定。

1.案外人的举证证明责任

案外人对执行标的物提出执行异议之诉的，应当对其主张排除强制执行的民事权益承担证明责任。根据《最高人民法院关于深入开展虚假诉讼整治工作的意见》，法院应当全面审查案外人主张事实的真实性及法律关系的有效性，综合判断当事人是否存在捏造事实对执行标的提出异议的情形。需要注意的是，被执行人对案外人主张排除执行的民事权益予以认可时，不能免除案外人的举证义务。

如案例一中，周某与郑某对案涉房屋买卖的合同签订、价款支付、转移占有等事实均予以认可，但法院认为以现金方式支付300万元购房款明显有违常理，且郑某亦不能提供银行转账凭证、取款凭证等证明其付款真实性。因此案外人郑某的举证未达到优势证据的证明标准，即使该案未因程序问题被驳回起诉，郑某的诉讼请求亦不能得到法院支持。

2.权利优先顺位的审查

法院在审查案外人权利的顺位时，首先应区分申请执行人是优先债权人还是普通债权人，即申请执行人是否对案涉执行标的物享有担保物权、建设工程优先受偿权等法定优先权。如申请执行人的债权为普通债权，只要案外人主张的民事权益符合上述法定条件，一般可支持案外人请求排除强制执行的诉请。如申请执行人对案涉执行标的物依法享有对抗案外人的担保物权等法定优先受偿权，对案外人基于合同法律关系提出排除执行的诉请一般不予支持，但法律另外规定的除外。此时，需要依据《民法典》相关规定对案外人与申请执行人所享有的权利进行权衡，以判断案外人排除执行的主张能否得到支持。

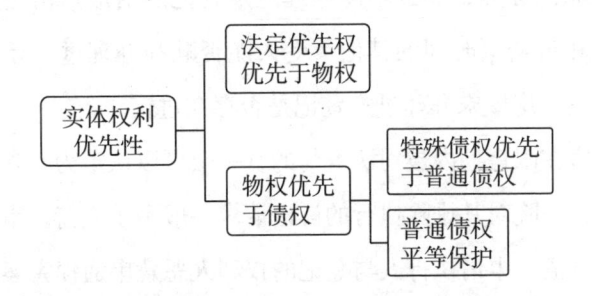

思维导图3　实体权利优先顺位的审查

3.案外人基于合同法律关系提出的执行异议之诉

（1）基于物权期待权提出的执行异议之诉

参照《最高人民法院关于人民法院办理执行异议和复议案件若干问题的

规定》第28条规定,案外人对执行标的物主张物权期待权的,根据下列要件判断能否排除执行:一是法院查封前案外人已与被执行人签订合法有效的书面买卖合同;二是法院查封前案外人已合法占有该不动产;三是起诉前案外人已支付全部价款或者已按照合同约定支付部分价款且已将剩余价款交付法院执行;四是非因案外人自身原因未办理不动产权属转移登记。

关于非因案外人自身原因未办理不动产权属转移登记的认定,只要买受人存在向不动产登记机构递交过户登记申请材料或向出卖人提出办理过户登记的请求等积极行为,即可以认定符合上述要件。当买受人不存在上述积极行为时,法院应综合考量主观、客观两方面因素,认定未办理过户登记能否归责于案外人。

关于主观方面的审查,应重点审查案外人是否存在怠于甚至故意不办理权属变更登记,或者由于自身未尽合理注意义务而导致不能办理权属变更登记的情形。如案外人为逃避税收等原因而故意未办理登记,未能注意到他人设定的抵押或者政策限制等造成的变更登记障碍。案件审理中,还应结合合同约定及履行情况、案外人自身的具体事实,对案外人的主观状态进行综合考量。

关于客观方面的审查,应重点审查是否存在因登记机构、出卖人阻碍等案外人不能控制的原因,导致不能办理过户登记的情形。司法实践中,可参考相同项目、相近购买时间的其他买受人能否顺利办理过户登记等事实,以判断案外人对案涉房屋未办理过户登记是否存在过错。

动迁安置房在限售期内被司法查封的,一般可以认定为案外人对不能办理过户存在过错,法院对其排除执行的诉讼请求一般不予支持。审理过程中,若发现因动迁房升值,申请执行人与登记的权利人恶意串通损害案外人合法权益的,则可向案外人释明,告知其通过提出第三人撤销之诉或依法对生效法律文书申请再审进行救济。动迁安置房在允许上市交易之后被司法查封的,在满足其他法定条件的情况下,法院对案外人排除执行的诉讼请求依法可予支持。

案外人以其已购买被法院查封的被执行人名下船舶、机动车等特殊动产为由，提出执行异议之诉，主张请求排除强制执行，符合下列条件的法院可予支持：一是法院查封前案外人已与被执行人签订合法有效的特殊动产买卖合同；二是法院查封前案外人已经长期实际占有使用特殊动产；三是起诉前案外人已经支付全部价款；四是非因案外人自身原因未办理权属转移登记。关于非因案外人自身原因未办理权属转移登记的认定，可参照上述非因案外人自身原因未办理不动产权属登记的规则进行审查。

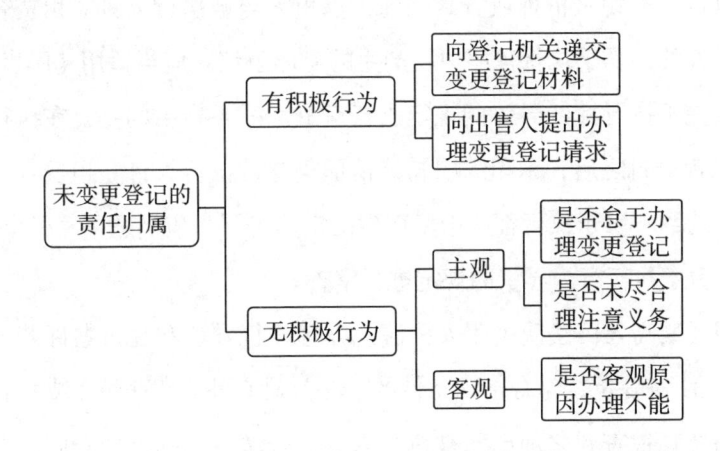

思维导图4　非因案外人的自身原因未办理变更登记的审查

（2）商品房消费者提出的执行异议之诉

参照《最高人民法院关于人民法院办理执行异议和复议案件若干问题的规定》第29条规定，商品房消费者物权期待权优先于建设工程价款优先受偿权和抵押权，同时满足下列要件的法院可予支持：一是保护的对象是为满足生活居住需要向房地产开发企业购买商品房的自然人；二是申请执行人的债权应为金钱债权；三是案外人与被执行人应当在法院查封之前签订合法有效的书面买卖合同；四是案外人的购房目的系用于居住，且其在同一设区的市或者县级市范围内无其他居住房屋；五是案外人已支付的购房款超过或接近合同约定总价款的50%，且对于剩余购房款愿意按法院要求交付执行。

司法实践中，存在不少房地产开发企业选择以房抵债方式支付工程款的情形。如房屋受让人已办理不动产登记，对其权利依法应予保护。然而对于尚未办理不动产登记的受让人，以房抵债协议仅能产生合同法上的效力，基于债权的平等原则，其对案涉房屋一般不享有排除执行的权利。

如案例二中，案外人刘某与被执行人A公司系以商品房买卖为名行以物抵债之实，且刘某名下有其他居住房屋，故执行法院驳回了刘某请求不得执行案涉房屋的诉讼请求。

（3）基于租赁权提出的执行异议之诉

在执行标的物被抵押或查封之前，承租人与被执行人订立租赁合同并提出执行异议的，属于执行程序中新产生的实体争议，应当适用《民事诉讼法》第234条关于执行标的异议的规定进行审查。需要指出的是，在执行标的物被抵押或者查封之后，承租人明知该情形仍与被执行人订立租赁合同并提出执行异议的，不属于执行程序中新产生的实体争议，应当适用《民事诉讼法》第232条关于执行行为异议的规定进行审查。

参照《最高人民法院关于人民法院办理执行异议和复议案件若干问题的规定》第31条规定，符合下列条件的，法院对案外人主张可予支持：一是承租人在租赁物被查封之前已与被执行人签订合法有效的租赁合同；二是承租人已按约支付租金；三是承租人已实际占有使用租赁物。

需要特别注意的是，如存在下列情形则应综合考量案外人是否构成虚假诉讼阻碍执行：一是案外人与被执行人存在关联关系；二是租金约定明显过低；三是租金支付方式有违常理，通常表现为一次性预付较长租赁期间的租金、以现金方式支付大额租金；四是应当办理租赁登记备案但未办理；五是存在名为租赁实为借贷的情形；六是签订租赁合同后未实际占有使用。对构成虚假诉讼的当事人，法院应当驳回其诉讼请求，并可依法处以罚款、拘留，情节严重的移送公安机关依法追究刑事责任。

4. 基于物权法律关系提出的执行异议之诉

司法实践中，不少案外人主张因缺乏购房资格、贷款资格等原因而借用被执行人名义购买房屋，主张其系案涉房屋的实际权利人，请求对登记在被执行人名下的案涉房屋排除强制执行。

关于借名人在履行相关合同义务后对出名人享有的权利性质，司法实践中尚存争议。我们认为，基于物权法定原则，借名人并不能当然取得案涉房产的所有权，其仅对出名人享有请求办理过户的权利。在因出名人未履行相关金钱债权导致案涉房屋被查封执行的案件中，因借名买房合同系借名人和出名人之间的内部约定，不得对抗善意第三人，故在借名人作为案外人提出执行异议之诉的情形下，对于该类诉讼请求一般不予支持。

如案例三中，李某证明案涉房屋的购房款由其实际支付，案涉房屋也一直由其占有使用。根据物权法定原则，其仅能依据与张某之间的合同享有相应债权。李某不能通过合同约定，对抗对案涉房屋登记享有信赖利益的申请执行人的执行申请，故法院判决驳回李某的诉讼请求。

5. 基于公司法律关系提出的执行异议之诉

执行法院冻结登记在被执行人名下的股权，受让人以其已经受让该股权为由，提出执行异议之诉请求排除执行，符合以下条件的可予支持：（1）受让人与被执行人在股权冻结前已签订合法有效的书面股权转让合同；（2）有限公司的其他股东半数以上同意其受让股权，或知晓其出资事实且未提出异议；（3）受让人在股权冻结前已足额支付股权转让价款；（4）受让人提供的股东名册、公司章程等文件能证明其已实际行使股东权利。

如案例四中，D公司以其为案涉股权的受让人为由提出执行异议之诉。法院经审查，D公司与黄某之间的股权转让协议真实且发生于法院冻结行为之前，D公司已行使股东权利且黄某已收取股权转让款，黄某的责任财产并未因股权转让行为而减少，故法院判决支持D公司的诉讼请求。

法院经审查存在以下情形的，对受让人排除案涉股权强制执行的诉讼请求一般不予支持：（1）转让股权需经批准方能生效但未经批准的；（2）转让股权需符合一定条件，但条件未成就的；（3）有其他证据证明转让人与受让人恶意串通以逃避、阻碍执行的。

（三）案外人依据另案生效法律文书提出执行异议之诉的裁判思路

首先，法院应当审查另案生效法律文书是否违反执行异议之诉管辖的规定，是否与执行案件的执行依据就同一法律问题或法律事实作出矛盾的判决；其次，应当审查案外人与被执行人是否存在通过另案诉讼规避执行的情形；再次，应当审查另案裁判是确权裁判还是给付裁判；最后，综合判断给付裁判的优先性。如申请执行人依据生效判决对案涉标的物享有抵押权，案外人依据另案生效法律文书对案涉标的物享有租赁权，案外人则不能依据涉及租赁权的给付裁判内容，排除申请执行人享有抵押权给付裁判的执行。

1. 依据查封前另案生效法律文书提出执行异议之诉

（1）执行依据为普通金钱债权给付裁判

案涉标的物在查封前，另案生效法律文书已将其确权给案外人，由于生效法律文书具有物权变动的效力，案外人依据另案生效法律文书请求不得执行的，法院应予支持。

（2）执行依据为非金钱债权裁判

第一，若作为执行依据的生效裁判为确权裁判，不论作为异议依据的裁判是确权裁判还是给付裁判，一般不应此排除执行，但法院应当告知当事人可对作为执行依据的确权裁判申请再审。

第二，若作为执行依据的生效裁判为给付标的物的裁判，而作为提出异议之诉依据的裁判是确权裁判，一般应据此排除执行，此时法院应告知申请执行人可对该确权裁判申请再审。

第三，若两个裁判均为给付标的物的裁判，法院需判定哪个裁判认定的给付权利具有优先性，进而判断是否可以排除执行。

2. 依据查封后另案生效法律文书提出执行异议之诉

执行法院查封案涉标的物后，案外人通过另案诉讼对案涉标的物进行确权，违反执行异议之诉管辖的规定。该另案生效确权判决书或调解书依法不能对抗执行法院的强制执行。

执行法院查封标的物后，当事人对该执行标的物向执行法院之外的法院起诉请求确认合同效力的,该诉讼虽不违背执行异议之诉管辖的原则,但因申请执行人未参与该诉讼,也不能依据该诉讼认定的事实在执行异议之诉中直接认定案外人合同效力,执行法院仍应对案外人的该项主张进行实体审查。

四、其他需要说明的问题

申请执行人提出许可执行异议之诉的,法院可参照上述审理思路和裁判要点进行审理。案外人对刑事裁判追缴或责令退赔部分的执行标的提出实体异议的,依据《最高人民法院关于刑事裁判涉财产部分执行的若干规定》,应通过《民事诉讼法》第232条处理,依法不得提出案外人执行异议之诉。案外人认为生效刑事裁判文书对案涉财物是否属于赃款赃物认定错误的,应当移送刑事庭处理;刑事庭无法通过裁定补正的,应当告知当事人通过审判监督程序处理。

刑民交叉案件程序问题的审理思路和裁判要点

詹文沁　张冰玢[*]

刑民交叉案件,是指一个完整的案件事实过程所包含的当事人合法权益,通常需要经由分别提起刑事和民事两种诉讼才能给予充分保护或救济的案件。刑民交叉案件包括"一因多果"型、"多因一果"型以及"行为延伸"型三个类别。本文仅讨论刑民交叉案件中相关民事案件的审判程序问题。刑民交叉案件在程序上如何相互协调,达到整体处理的最佳效果,下面结合典型案例,侧重以涉非法集资类犯罪的民间借贷和保证合同纠纷等案件为研究重点,对该类案件立案审查阶段和审理阶段的相关程序问题进行梳理、提炼和总结。

一、典型案例

案例一:涉及刑民交叉案件中犯罪嫌疑的认定

戴某与程某、谢某、贾某因房屋买卖产生纠纷,并将程某诉至法院。戴某诉称被人欺骗向谢某借款,并办理委托贾某卖房的委托公证。后贾某在戴某不知情且未收到任何购房款的情况下,与程某签订合同将戴某名下房屋售予程某,由此引发纠纷。审理过程中,一审法院认为本案存在犯罪嫌疑,裁定驳回戴某的起诉。戴某不服,上诉至二审法院。

案例二:涉及刑民交叉案件中同一事实的认定

A公司因诈骗罪被提起公诉。A公司在诈骗事实发生期间曾以公司周转为由向B公司借款。后因借款到期未还,B公司将A公司诉至法院。立案审

---

[*] 詹文沁,立案庭法官助理,法律硕士;张冰玢,立案庭法官助理,法学硕士。

查过程中，一审法院认为两公司间的借贷事实与A公司涉嫌犯罪的事实属于同一事实，裁定对B公司的起诉不予受理。B公司不服，上诉至二审法院。

案例三：涉及一因多果型刑民交叉案件分别救济途径的适用

C公司与D公司就某项目签订《采购合同》。后C公司在内部审核中发现，D公司的投标书与其他多家公司的投标书存在多处非巧合性雷同。C公司认为D公司构成串通投标，遂将D公司诉至法院请求解除合同并赔偿损失。案件审理期间，公安机关对D公司涉嫌串通投标罪立案侦查。一审法院认为本案存在犯罪嫌疑，裁定驳回C公司的起诉。C公司不服，上诉至二审法院。

二、刑民交叉案件程序问题的审理难点

（一）犯罪嫌疑认定难

《刑法》第13条已对"犯罪"的内涵和外延加以规定，但仅凭该原则性规定很难具体认定刑民交叉案件中当事人是否具有犯罪嫌疑。要认定犯罪嫌疑，审查的专业性和调查的全面性缺一不可。在一般刑事案件中，犯罪嫌疑的认定主体通常是侦查机关，其调查的手段和方法均具有较强的专业性。在刑民交叉案件中，民事法官仅凭民事案件相关证据直接认定刑事犯罪嫌疑难度较大。

（二）同一事实认定难

在明确刑民交叉案件存在犯罪嫌疑后，需要对案件进一步分类，分类的标准即为同一事实标准。法院需要判断刑民交叉案件中涉及的民事事实和犯罪构成事实是否属于同一事实。由于认定同一事实的审查要素尚未有统一的适用规范，实践中存在较大分歧。此外，"事实"是指法律事实还是自然事实，理论和实践中存在较大分歧。

（三）刑民处理顺序确定难

无论是犯罪嫌疑的认定，还是同一事实的明确，最终目的均在于刑民交

叉案件救济程序的选择。刑事程序优先还是民事程序优先，抑或两种程序并行不悖；单一救济途径还是双重程序保障，亦是刑民交叉案件程序问题的重要方面。刑民处理顺序确定难，主要表现在依据同一事实标准对刑民交叉案件进行分类后，不同类型案件的救济程序存在明显差异。

三、刑民交叉案件程序问题的审理思路和裁判要点

（一）基本原则与分类

1. 刑民交叉案件程序问题的处理原则

在对刑民交叉案件的程序处理上，"刑事优先于民事"是较为传统的理念。"先刑后民"原则的适用，在客观上的确曾对这类问题的处理起到积极作用，但对公权的过分倾斜，亦不可避免地对私权保护造成损害。现代诉讼制度更强调"公权与私权并重""公正与效率兼顾"的理念，这就要求我们在诉讼程序中精准确定公权与私权的平衡点，进而在公权与私权的平衡中实现刑民交叉案件的程序正义。

刑民交叉案件的程序问题，实为刑民交叉案件的救济途径问题。由于刑民交叉案件救济途径的多样性，我们应当将"充分、合理、有序救济"作为处理程序问题的基本原则。当事人合法权益遭受损害的，既要依法给予充分保护或救济的途径，又要将途径限定在合理范围内，避免在后续实体审理程序中发生重复救济或救济大于损失等情况。

"充分、合理、有序救济"原则在程序处理中的具体适用应当先确定刑民交叉案件的类型，再针对案件具体情况作出不同处理，具体又可分为驳回起诉、分别审理和中止审理等处理方式。

2. 刑民交叉案件基本分类

（1）"一因多果"型

"一因多果"型刑民交叉案件，是指一个行为造成两种以上的损害结果，即同一事实分别引起民事责任和刑事责任的案件。根据救济途径的不同，具

体又可分为三种类型。

第一种仅适用单一救济途径。该类案件中虽然行为本身同时符合民事责任和刑事责任的构成要件，使民事、刑事责任发生混同，但出于司法政策考量，相关追责及退赔只通过单一诉讼途径（刑事程序）予以处理。对应的常见刑事犯罪主要包括非法吸收公众存款、集资诈骗等非法集资类犯罪。

第二种原则上适用单一救济途径。该类案件中单方主体实施的单一行为会引发民事、刑事责任的竞合。虽然该行为因同时符合民事责任和刑事责任的构成要件而存在刑民两种救济途径，但依照司法政策，原则上在刑事程序中会对民事责任一并作出处理。对应的常见刑事犯罪主要包括非法占有、处置被害人财产的犯罪。

第三种适用分别救济途径。该类案件中单方主体实施的单一行为引发民事、刑事责任聚合。该行为同时符合民事责任和刑事责任的构成要件，应当分别承担民事或刑事责任，因此需要通过民事与刑事两个救济程序分别予以处理。对应的常见刑事犯罪主要包括侵犯人身权利或财物毁坏型犯罪。

（2）"多因一果"型

"多因一果"型刑民交叉案件，是指一案中多个行为或事由共同造成一个损害结果，但行为人在刑事犯罪中并无共犯关系，而是应当各自承担相应刑事与民事责任的案件。此类案件中，多个行为之间由于行为主体具有关联性而在判断责任时被视为彼此牵连。

（3）"行为延伸"型

"行为延伸"型刑民交叉案件，是指犯罪行为或其后续处置行为直接引发民事纠纷，使得刑事和民事诉讼相继发生的案件。此类案件中，多个行为之间仅仅由于行为具有关联性而在责任判断时被视为彼此牵连。在对两种行为分别进行法律评价时，一种判断可能依赖于另一种判断。在大多数情况下，民事判断需要依赖于刑事判断。如行为人将违法所得用于消费挥霍或偿还债务，进而引发财物所有人与实际占有人之间的善意取得之争等。

(二)犯罪嫌疑及同一事实的认定

1. 犯罪嫌疑的认定

关于民事案件是否存在犯罪嫌疑,实践中常以有权机关出具的相关意见作为重要参考,一般包括起诉建议书、起诉书等。在缺少上述材料的情况下,法院应当结合案件事实和相关证据,根据刑法规定的犯罪构成要件等对所涉犯罪嫌疑进行分析,进而作出恰当的论证并在裁定书中加以阐述。

如案例一中,没有侦查机关或检察机关出具的结论意见,现有证据材料亦不足以认定本案存在犯罪嫌疑。一审法院在欠缺有权机关结论和其他相应证据的情况下,不应以谢某等涉嫌犯罪为由驳回戴某的起诉,故二审法院依法撤销原裁定,指令一审法院审理此案。

需要注意的是,当法院与侦查机关对相关案件的处理意见存在分歧时,可以参照适用《全国法院民商事审判工作会议纪要》第129条规定。此外,法院在审理民事案件,尤其是虚假诉讼高发的民间借贷纠纷等案件过程中,应当对涉嫌犯罪的情形加强审查和甄别。《最高人民法院关于防范和制裁虚假诉讼的指导意见》第12条和《最高人民法院关于依法妥善审理民间借贷案件的通知》第2条都强调法院在审查犯罪嫌疑时应加强甄别。

2. 同一事实的认定

2014年《最高人民法院、最高人民检察院、公安部关于办理非法集资刑事案件适用法律若干问题的意见》明确了同一事实标准,在表述上直接着眼于"行为"和"事实"本身。因此,刑民交叉案件中的"同一事实"应当是指自然意义而非法律层面上的同一行为或事实。自然事实是指一个案件的完整事实,包括案件发生、发展、结果及其后续处置的全过程,其中往往包含多个法律事实。这些法律事实或同根并生,或因果相连,或后续延展,但都是一个完整案件事实不可或缺的组成部分。刑民法律事实发生的成因复杂多样,但交叉并存于一个自然事实过程之中。

判断刑民交叉案件中的同一事实,需要对构成民事事实和犯罪事实的要素进行分解。只有行为主体、行为客体或对象,以及行为表现(包括起因、经过及后果等要素）均相同，才属于真正意义上的同一事实。如案例二中，A、B 两公司间借贷事实的起因同 A 公司涉嫌犯罪事实的起因并不一致，只是存在主体等方面的牵连，不属于同一事实，故二审法院依法撤销原裁定，指令一审法院受理此案。

（三）刑民交叉案件程序问题的审理要点

1. "一因多果"型刑民交叉案件程序问题的审理要点

（1）三种基本类型的处理

一是单一救济途径。非法集资类案件涉及人数众多、当事人地域分布广、涉案金额大、影响范围广，严重影响社会稳定。根据《关于办理非法集资刑事案件适用法律若干问题的意见》，非法集资类犯罪受害人的民事权利仅能通过刑事追赃、退赔的方式解决，故对于受害人就此同一事实提起的以犯罪嫌疑人或刑事被告人为被告的民事诉讼，应当一概不予受理。

需要注意的是，实践中部分集资参与人在非法集资刑事案件立案前或者刑事诉讼过程中，以保证合同纠纷等为由对担保人提起民事诉讼要求其承担保证责任。此时非法集资案件中的犯罪构成事实和民事事实并非完全同一，仅是其中部分要素存在牵连。囿于民事程序保全措施的有限性及可能导致利益分配不均等问题，先予民事处理既不利于保障相关当事人的权利，也容易侵害其他担保人的合法权益。因此，对于非法集资类犯罪的保证合同纠纷案件应当遵循先刑后民原则，在刑事程序未审理完毕之前，对相关民事案件均应不予受理；待刑事程序审理完毕后，再对民事部分予以处理。

二是原则上适用单一救济途径。对于刑事部分所涉犯罪为非法占有、处置被害人财产的刑民交叉案件，其刑事追赃、退赔的范围并未明确，因此不能一概不予受理。根据《最高人民法院关于适用刑法第六十四条有关问题的批复》规定，只有刑事判决主文写明追缴或者责令退赔的具体内容，并对判决前已经发还被害人的财产予以注明时，才对民事起诉不予受理，否则仍应予以受理。

三是分别救济途径。此类案件多涉侵犯人身权利或财物毁坏型等,在刑事判决中不会出现责令退赔的判项。受害人的民事权益无法在刑事诉讼程序中得到救济,因此应允许受害人就同一事实提起附带民事诉讼或另行提起民事诉讼。

如案例三中,D公司虽因涉嫌串通投标罪被立案侦查,但该犯罪事实同其与C公司间的买卖事实并非同一事实,而仅仅是存在牵连,同时因为串通投标罪的刑事判决不会责令退赔,法院不应驳回起诉。因此二审法院依法撤销原裁定,指令一审法院依法审理此案。

(2)刑事判决追缴、退赔后就间接损失提起民事诉讼的处理

在"一因多果"型刑民交叉案件中,若相关刑事判决已经责令追缴、退赔,受害人就间接损失再次提起民事诉讼的,法院应当不予受理。原因在于:

第一,《最高人民法院关于刑事附带民事诉讼范围问题的规定》已于2015年被废止,其中关于"犯罪分子非法占有、处置被害人财产而使其遭受物质损失的……经过追缴或者退赔仍不能弥补损失,被害人向人民法院民事审判庭另行提起民事诉讼的,人民法院可以受理"的规定不可再作为此类案件的处理依据。法院应当适用《最高人民法院关于适用〈中华人民共和国刑事诉讼法〉的解释》第176条规定,即"被告人非法占有、处置被害人财产的,应当依法予以追缴或者责令退赔。被害人提起附带民事诉讼的,人民法院不予受理"。因此,被害人既不可以对被告人提起附带民事诉讼,也不可以单独提起民事诉讼。

第二,此种处理方式也是对合理救济原则的充分诠释。一方面,从侵权赔偿的角度而言,应遵循填平原则,避免重复保护与过度救济;另一方面,从法律解释论上说,一般认为犯罪给被害人造成的财产利益损害是多方面的,但基于现实考量,相关法律只支持被告人获得直接损失赔偿。因此,对利用经济合同等方式实施的侵财犯罪,不宜将违约金等合同项下的可期待利益纳入民事诉讼的受案范围。

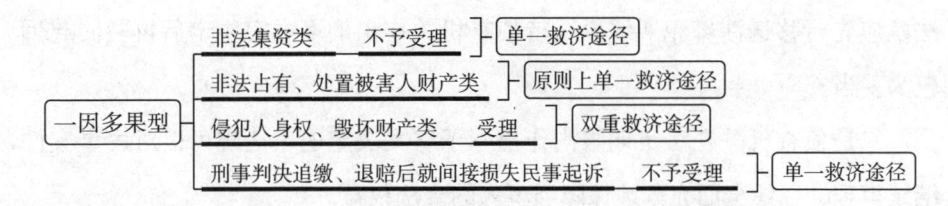

```
                    非法集资类        不予受理   ─ 单一救济途径
                    非法占有、处置被害人财产类 ─ 原则上单一救济途径
一因多果型 ─┤ 侵犯人身权、毁坏财产类    受理  ─ 双重救济途径
                    刑事判决追缴、退赔后就间接损失民事起诉  不予受理 ─ 单一救济途径
```

思维导图 1　一因多果型刑民交叉案件程序问题审查要点

2."多因一果"型及"行为延伸"型刑民交叉案件程序问题的审理要点

"多因一果"型及"行为延伸"型刑民交叉案件适用"刑民并行"或"先刑后民"原则。根据《全国法院民商事审判工作会议纪要》第128条规定，涉非法集资类犯罪以外的其他案件，因不属"同一事实"情形而分别发生民事纠纷和涉嫌刑事犯罪的，民事案件与刑事案件应当分别处理。《全国法院民商事审判工作会议纪要》第128条在列举五种情形后，特别强调实践中法院以民事案件涉嫌刑事犯罪为由不予受理或裁定驳回起诉的错误行为应予纠正。同时《全国法院民商事审判工作会议纪要》第130条也明确法院在审理民事案件时，如果必须以相关刑事案件的审理结果为依据而刑事案件尚未审结的，应当裁定中止诉讼，待刑事案件审结后再恢复民事案件的审理。如果民事案件不是必须以相关的刑事案件的审理结果为依据，则民事案件应当继续审理。

3.法院与侦查机关衔接问题的审理要点

法院作为民事纠纷受理的案件，经审理认为涉嫌刑事犯罪但尚未刑事立案的，可将案件线索移送侦查机关并根据以下情形分别处理。

一是法院认为案件不符合驳回起诉条件的，法院应当继续审理或中止审理。

二是法院认为案件符合驳回起诉条件的，则区分两种情形处理：若侦查机关在法定期限内作出不予立案决定，法院应当继续审理；若侦查机关在法定期限内作出立案决定，法院应当驳回起诉。

采用上述做法的原因有以下三点：

一是应当优先移送侦查机关。侦查机关刑事调查手段的专业性优于法院，且侦查机关的立案决定书具有法律效力，可直接作为民事案件的证据。因此法院应先行移送涉嫌犯罪线索，待侦查机关作出刑事立案决定后再驳回起诉较为妥当。

二是侦查机关在法定期限内作出不予立案决定的，法院可以对民事案件继续审理，以便全面充分地保障当事人的合法权益。

三是侦查机关未在法定期限内作出明确答复的应先行协商，协商不成的可参照《全国法院民商事审判工作会议纪要》第129条规定处理，避免案件久拖不决的情况发生。

四、其他需要说明的问题

本文研究重点在于立案审查阶段和民事审理阶段的涉刑民事案件的程序问题，对案件实体审理具有一定的参考性。如案件实体审理中遇到刑民交叉情形的，应由各审判庭结合案件实际情况及相关法律规定进行研究，并根据具体案情作出裁判。

以鉴定意见为由申请再审案件的审理思路和裁判要点

任德康　詹志雄[*]

在民商事申请再审案件中，再审申请人应当承担证明再审事由成立的责任。当事人以鉴定意见为由申请再审主要包括以下情况：一是原审未进行鉴定或鉴定意见未能令当事人信服，当事人在判决生效后要求重新鉴定或自行委托鉴定并申请再审；二是当事人缺席原审审理却在原审判决生效后方才得知，遂自行委托鉴定后申请再审。在再审审查阶段如何妥善处理此类案件，实践中尚存分歧。现结合常见的鉴定意见审查案例，包括笔迹鉴定、印章鉴定和自然人民事行为能力类鉴定意见等，对该类案件的审理思路和裁判要点予以梳理、提炼和总结。

一、典型案例

案例一：涉及以笔迹鉴定意见申请再审案件的审查

A公司与B公司签订买卖合同，王某以其持有的B公司股权作为质押担保并委托张某办理质押登记手续。A公司支付全部货款后，B公司仅供应部分货物，A公司遂诉至法院。原审诉讼中王某缺席审理，原审判决B公司返还A公司未供货部分货款，并判决王某承担担保责任。后王某提交笔迹鉴定意见书申请再审，鉴定意见认为王某在《股权质押合同》落款处的签名与样本字迹上签名并非同一人所写。经审查，本案《股权质押合同》《委托代理人证明》等4份股权质押文件上均有王某签名，《委托代理人证明》中王某委托张某办理股权质押手续，

---

[*] 任德康，申诉审监庭副庭长，大学本科；詹志雄，申诉审监庭法官助理，法学硕士。

《股权质押合同》中质押股权数有修改且张某在修改处签名并注明日期。

案例二：涉及以民事行为能力鉴定意见申请再审案件的审查

马某向徐某借款 50 万元，马某到期未还款，徐某遂诉至法院。原审诉讼中马某缺席审理，原审判决马某归还徐某借款 50 万元及利息。马某的法定代理人陈某申请再审，提交了另案中经法院委托的马某民事行为能力鉴定意见书及马某被认定为限制民事行为能力人的民事判决书等。鉴定意见认为马某的智能有轻度缺损，长期以来其学习、生活等社会功能存在相应缺陷，故诊断为轻度精神发育迟滞，系限制民事行为能力人。

案例三：涉及原审已鉴定申请人再提交新鉴定意见的审查

经原审法院委托鉴定，系争《借款协议》上担保人处 C 公司的公章与样本公章不一致，故原审判决 C 公司不承担担保责任。两年后在另案诉讼中，经法院委托鉴定证实 C 公司有两枚不同的公章且均在使用。原审债权人吴某知晓后，自行委托鉴定机构再次鉴定，认定《借款协议》上 C 公司公章系另一枚公章。现吴某依据新的鉴定意见书申请再审。

案例四：涉及申请人自行委托的鉴定意见与被申请人的反驳证据均有一定证明力情况下的审查

李某与 D 公司签订买卖合同，D 公司供货后李某向 D 公司出具一份《欠条》，后因李某未支付货款，D 公司诉至法院。原审诉讼中李某缺席审理，原审判决李某归还货款及利息。后李某自行委托鉴定机构对《欠条》进行鉴定，鉴定意见为"倾向认为《欠条》上李某的签名并非李某本人所签"。D 公司不认可鉴定意见，提供李某曾到过公司的视频及证人证言，以证明李某当场在《欠条》上签章。

二、以鉴定意见为由申请再审案件的审查难点

（一）鉴定意见的法律适用把握难

《最高人民法院关于适用〈中华人民共和国民事诉讼法〉的解释》（以下简称《民事诉讼法司法解释》）第 397 条规定：审查再审申请期间，再审申请

人申请法院委托鉴定、勘验的，法院不予准许。该条文引发两个法律适用难点：一是法院委托鉴定的证明力要高于再审申请人自行委托鉴定，既然不允许由法院委托鉴定，是否意味着法院亦不得采纳申请人自行委托的鉴定意见；二是如申请人提交的鉴定意见与被申请人提供的反驳证据都具有一定证明力，导致案件事实查明陷入僵局，法院对此应当如何妥善处理。

（二）鉴定意见的证明效力确定难

申请人提交的鉴定意见通常由其单方委托的鉴定机构出具，且鉴定材料未经双方当事人质证，被申请人往往拒绝质证或不认可鉴定意见的真实性，但该类鉴定意见可能对案件基本事实的认定起到决定性作用。在被申请人不予认可的情况下，法院如何进行质证、确定此类鉴定意见与案件的关联性及证明效力是该类案件的审查难点。

（三）鉴定所需的原件检材获取难

鉴定机构通常要求当事人提供原件作为鉴定检材，主要原因在于复印件更容易被伪造或篡改，且原件能更好地反映检材的客观特性，如笔迹鉴定中原有笔迹固有的层次感等。实践中，被申请人在原审中出示过原件后通常不再配合出具原件供申请人另行鉴定，而此类原件往往是原审据以裁决当事人责任的重要依据，如借条、金融借款或担保合同等。再审审查阶段，证明再审事由成立的责任归于申请人，而申请人在无法获取原件的情况下只能用原审卷宗中的复印件作为检材。此类复印件检材是否可用于鉴定、所作鉴定意见是否可被采纳存在争议。

（四）依法裁定再审与维护生效裁判的既判力权衡难

虽然申请人提交的鉴定意见并非由法院委托作出，但该鉴定意见仍系鉴定机构通过一定的鉴定方法，根据现有的证据和材料对相关专门性问题所作的结论性意见，具有较高的专业性。法院需从鉴定人的法律资质、申请人委托鉴定的材料、鉴定程序和方法以及被申请人质证意见等方面，对申请人提交的鉴定意见进行审查，进而判断该鉴定意见能否证明原审的认定事实或裁判结果错误。然而当事人对生效裁判申请再审时，该生效裁判可能已进入执行阶段，考虑到生效裁判的既判力，不宜将其轻易推翻。因此在审查过程中，法院需结合多种因素决定是否裁定再审，同时还需兼顾维护生效裁判的既判力，两者之间较难权衡。

三、以鉴定意见为由申请再审案件的审理思路和裁判要点

以鉴定意见为由申请再审案件中，再审审查的对象系生效裁判，法院应当考虑裁判的既判力和司法成本，对证据的审查认定应当采取较一审、二审更为严格的标准。经审查后，对于权利义务确实严重失衡、严重背离社会公平正义的错误裁判，应当依法纠错，及时保障当事人的合法权益。审查此类案件，应当明确再审审查阶段法院是否可以采纳申请人自行委托的鉴定意见及此类鉴定意见的性质，并根据申请人是否参加过原审诉讼，确定不同情形下常见鉴定意见的审查要点。

（一）申请人自行委托鉴定意见的证据性质

根据《最高人民法院关于民事诉讼证据的若干规定》第41条规定，对于一方当事人就专门性问题自行委托有关机构或人员出具的意见，另一方当事人有证据或理由足以反驳并申请鉴定的，法院应予准许。由此可以看出，法院在程序上并不禁止申请人自行委托鉴定，然申请人自行委托所得的鉴定意见与法院委托所得的鉴定意见存在三方面区别：一是鉴定材料未经双方当事人质证以确定材料的真实性；二是选定的鉴定机构未经过法院委托，鉴定机构的中立性未经过程序约束；三是委托鉴定的项目未经法院核定。因此，此类鉴定所得材料在客观性、关联性上较法院委托鉴定存在一定差距。申请人提交的鉴定意见是否应当作为新的证据采纳，对于案件是否进入再审意义重大，应当审慎对待。

(二) 申请人是否在法定申请再审期限内申请再审

根据《民事诉讼法》第 212 条规定，申请再审的期限为原裁判发生法律效力后 6 个月；如果原裁判有《民事诉讼法》第 207 条第 1 项、第 3 项、第 12 项、第 13 项情形的，申请再审的期限为申请人知道或者应当知道之日起 6 个月。需要注意的是，该 6 个月为除斥期间，不适用诉讼时效中止、中断、延长的规定。

申请人以鉴定意见为由申请再审，通常主张《民事诉讼法》第 207 条第 1 项、第 3 项或 8 项三种事由。如果申请人主张第 1 项或第 3 项事由的，即"有新的证据，足以推翻原判决、裁定的"或"原判决、裁定认定事实的主要证据是伪造的"，法院应当审查其是否在知道或应当知道该事由之日起 6 个月内申请再审，超过 6 个月则不再审查该项事由。

此外，根据《民事诉讼法司法解释》第 399 条规定，当申请人撤回再审申请后，如发现足以推翻原判决、裁定的新证据可再次申请再审，体现了再审审查程序维护公平正义的价值取向。因此，如果申请人自行委托的鉴定意见足以推翻原裁判认定的基本事实，则该鉴定意见可视为新的证据，申请人知道或应当知道的时间应当是鉴定意见作出之时。

如果申请人主张其申请再审符合《民事诉讼法》第 207 条第 8 项的情形，则需要区分具体情形：如果申请人主张原审存在无诉讼行为能力人未经法定代理人代为诉讼，法院应当审查申请人是否在原裁判生效后 6 个月内申请再审，超过 6 个月则不再审查该项事由；如果申请人系被遗漏的必要共同诉讼人，根据《民事诉讼法司法解释》第 420 条规定，法院应当审查其是否自知道或者应当知道之日起 6 个月内申请再审。

(三) 申请人缺席原审审理情况下常见鉴定意见的审查要点

1. 笔迹鉴定意见的审查要点

笔迹鉴定意见在民间借贷纠纷和金融借款合同纠纷中最为常见。在原审被告缺席审理的情况下，部分法官仅审查借条或金融借款合同上有被告签名，未要求原告补强该签名系被告本人所签的证据，而直接判决被告承担相应的还款或担保责任。判决生效后，原审被告自行委托鉴定且意见结论为系争签名非其本人所签，并以此作为新证据申请再审。此类鉴定意见的审查步骤如下：

（1）询问被申请人是否认可鉴定意见，如果被申请人对鉴定意见的真实性、合法性和关联性均予以认可，则可直接采纳鉴定意见的结论。

（2）如果被申请人不认可鉴定意见，法院需审查原审审理中是否有对笔迹进行鉴定，如已鉴定则原则上对申请人自行委托的鉴定意见不予采纳；如原审未鉴定，则法院需审查原审中未能进行鉴定是否因客观原因所致，自行委托鉴定的具体过程，所用检材来源是否为原审卷宗，比对样本的来源、数量及样本形成的时间，鉴定意见的肯定性程度，且可要求被申请人另提交证据补强证明签名系申请人所签。

（3）综合上述情况判断鉴定意见能否达到高度盖然性的程度，是否可以证明原裁判认定事实的主要证据中相关签名并非申请人本人所签。

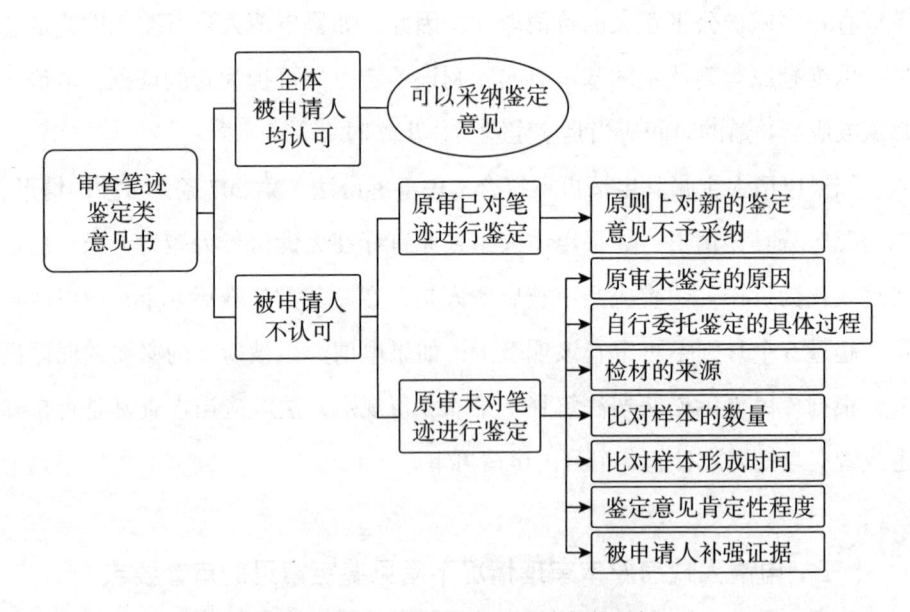

思维导图1　笔迹鉴定意见的审查要点

如果案件存在以下特殊情况，还需结合其他因素进行审查。

（1）如果原审证据中既有签名又有指纹，需审查申请人是否对签名和指

纹均进行鉴定;

（2）如果原审证据中有多处签名，申请人是否认可其中部分签名的真实性，或者其提交的鉴定意见是否对所有签名的同一性进行鉴定;

（3）如果原审认定借款系夫妻共同债务，还需考虑《民法典》及相关司法解释的具体规定。

如案例一中，虽然王某提交的鉴定意见证明案涉《股权质押合同》落款处王某的签名并非其本人所签，但是该案办理股权质押登记的其他文件中均有王某签名而王某未进行鉴定，且《股权质押合同》上质押股权数有修改并有委托代理人张某的签名，故不能排除是由张某签名的可能性。因此，该鉴定意见书不足以推翻原判决，遂裁定驳回王某的再审申请。

2. 自然人民事行为能力类鉴定意见的审查要点

申请人以原裁判关于当事人民事诉讼行为能力的认定错误，或者原审应当通知其法定代理人参加诉讼而未通知为由申请再审，并且提交鉴定意见证明其系限制民事行为能力人或无民事行为能力人的，此类鉴定意见的审查要点如下：（1）审查鉴定意见对鉴定检验过程的描述，包括被鉴定人的病史情况、检查过程中的表现、精神疾病类型及民事行为能力评定等内容。（2）审查鉴定意见能否反映原裁判认定的民事行为发生期间被鉴定人的民事行为能力。如果只能反映作出鉴定时的民事行为能力，则无法据此判断被鉴定人原审认定的行为能力受限，该鉴定意见一般不足以推翻原裁判。需要注意的是，如果被鉴定人患有精神发育迟滞，且被鉴定人的法定代理人可以提供证据证明被鉴定人自幼就患有此种精神疾病，整体智力水平低于常人。根据经验法则，我们认为可认定被鉴定人在原裁判认定的民事行为发生期间为限制民事行为能力人或无民事行为能力人。（3）审查被申请人能否提交申请人具有相应民事行为能力的证据。（4）审查其他关于被鉴定人民事行为能力的证据。

如案例二中，根据鉴定意见对马某智力及精神状况的描述，可以推定马某自幼即为精神发育迟滞，为限制民事行为能力人。因此，马某无民事诉讼行为能力，不能独立参加民事诉讼活动，应当由其法定代理人陈某共同参加诉讼，但原审未通知陈某参加诉讼，故在诉讼程序上确有错误。因马某在原判决生效6个月后才申请再审，根据《民事诉讼法》第212条规定，本案不能依据《民事诉讼法》第207条第8项规定提起再审。然而，马某提交的鉴定意见能够证明原判决对其民事诉讼行为能力的事实认定确有不当，再审申请符合《民事诉讼法》第207条第1项规定的情形，故法院裁定再审。

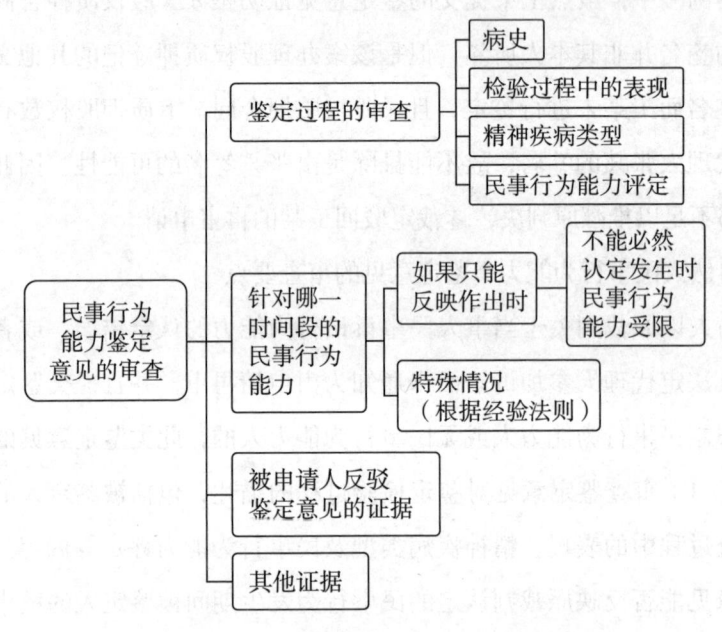

```
                          ┌─ 病史
                          ├─ 检验过程中的表现
            ┌─ 鉴定过程的审查 ─┤
            │              ├─ 精神疾病类型
            │              └─ 民事行为能力评定
            │
民事行为      │              ┌─ 如果只能反映作出时 ─── 不能必然认定发生时民事行为能力受限
能力鉴定 ────┤─ 针对哪一时间段 ─┤
意见的审查    │  的民事行为能力  └─ 特殊情况（根据经验法则）
            │
            ├─ 被申请人反驳鉴定意见的证据
            │
            └─ 其他证据
```

思维导图2　民事行为能力鉴定意见的审查

需要注意的是，部分申请人提交残疾证或医疗机构的诊断意见书以证明其民事行为能力受限，但这两种证据均不足以认定民事行为能力，法院应当告知申请人需对其民事行为能力进行鉴定后申请再审。

（四）申请人参加原审诉讼情况下鉴定意见的审查要点

实践中，原审未进行鉴定或原审鉴定意见未能令当事人信服，原审裁判生效后，当事人申请鉴定或要求重新鉴定的情况较为突出。因《民事诉讼法司法解释》第397条明确禁止再审申请人在再审审查阶段申请法院委托鉴定，故对于当事人要求重新鉴定的申请通常不予准许。如果申请人对原审鉴定意见提出异议，法院应审查原审在申请鉴定、鉴定程序、释明鉴定等问题上有无瑕疵，如无瑕疵则法院对申请人的异议一般不予采信。如原审在鉴定问题上存在瑕疵，则法院应当审查申请人提交的证据能否证明原审委托的鉴定机构或鉴定人员不具备鉴定资格、鉴定程序违法或鉴定意见依据不足。未能证明存在前述情形的，法院对申请人异议不予采信。

申请人不服原审法院委托鉴定的意见，在原审裁判生效后自行委托鉴定并以新的鉴定意见申请再审的，因自行委托鉴定的机构既非双方当事人协商确定亦非法院指定，如果被申请人不认可鉴定意见的真实性、合法性与关联性，该鉴定意见尚不足以推翻原审的司法鉴定意见。然而存在两种例外情况：一是申请人自行委托的鉴定机构系原审法院委托的鉴定机构，且该机构重新鉴定出具的鉴定意见与原鉴定意见不同；二是原审中当事人隐瞒相关情况导致原审鉴定意见不准确。在上述情况下，法院可根据新的鉴定意见及再审审查阶段的质证情况，考虑是否采纳新的鉴定意见结论。

如案例三中，C公司在原审中隐瞒了存在两枚不同公章且均在使用的情况，导致原审的鉴定意见不准确。吴某在获悉该情况后自行委托鉴定机构将两枚公章均作为比对样本进行鉴定，经鉴定《借款协议》上C公司的公章与另案中两枚公章中的一枚相一致。新的鉴定意见等证据材料显示本案原审确有错误，故法院裁定再审。

需要指出的是，当事人在原审中依法申请鉴定、勘验，原审法院应当准许而未予准许，且未经鉴定、勘验可能影响案件基本事实认定的，说明原裁判认定的基本事实缺乏证据证明，故法院可依据《民事诉讼法》第207条第2项规定裁定再审后，再根据需求启动司法鉴定程序。

（五）被申请人反驳鉴定意见的证据有一定证明力的审查思路

部分案件中，在收到申请人提交的自行委托鉴定意见及其他证据后，被申请人提供与案件有关联性且具有一定证明力的证据以反驳申请人鉴定意见的，因双方提交的证据相互矛盾，案件关键事实的查明陷入僵局。如果申请人申请法院再次委托鉴定，基于《民事诉讼法司法解释》第399条规定，法院通常不予准许，如此将陷入"若裁定再审依据不清晰，若裁定驳回理由不充分"的两难境地。此时，可参考两种审查思路。

第一，法院在听证时引导双方当事人共同在案外委托一家机构再次进行鉴定，并且确定鉴定样本及如何分摊鉴定费用，以提高双方当事人对鉴定意见的接受程度。

第二，虽然《民事诉讼法司法解释》第397条禁止法院在再审审查阶段依当事人申请启动司法鉴定，但对法院在确有必要的情况下依职权启动司法鉴定并未予以禁止，故我们认为法院依职权启动司法鉴定不受该条规定的限制。鉴于再审审查程序的特殊性，法院在此程序中依职权启动司法鉴定应该受到严格的限制，需同时满足以下条件：（1）再审申请人缺席一审的审理；（2）再审申请人非因主观原因缺席；（3）待鉴定的事项必须足以影响案件基本事实的认定，且很有可能影响裁判结果；（4）被申请人拒绝配合申请人委托鉴定，或者仅同意配合法院委托鉴定；（5）经法院释明后，双方当事人均同意由法院依职权启动司法鉴定。

如案例四中，李某缺席原审审理，其向法院申请再审时提交的鉴定意见结论为"倾向认为《欠条》上李某的签名并非李某本人所签"，该倾向性意见尚不能完全排除《欠条》上的签字系李某本人所签。同时，被申请人D公司提交的视频显示李某曾到过公司，但视频内容并不能证明系《欠条》签署当天所摄，而证人证言又系D公司员工所出具，与D公司存在利害关系。在此种双方证据的证明力相当的情况下确有必要由法院依职权启动司法鉴定程序以查明案件事实。法院在向当事人释明并征得双方同意之后，依职权启动司法鉴定程序，经鉴定《欠条》上的签名确系李某本人所签，李某最终撤回再审申请。

四、其他需要说明的问题

实践中，如申请人提交的鉴定意见能够证明原裁判认定的基本事实或裁判结果错误，法院通常依据《民事诉讼法》第207条第1项"有新的证据，足以推翻原判决、裁定的"规定裁定再审。因《民事诉讼法》及相关司法解释并未对该项的适用标准进行具体规定，本文对以鉴定意见为由申请再审案件的审查仅列举相关审查要点。在具体案件审查过程中，法院除考虑鉴定意见外，还需结合个案情况审慎作出决定。